햄릿 공연사 연구의
종합적 미학

햄릿 공연사 연구의 종합적 미학

안장환 지음

HAMLET

보고사
BOGOSA

서문

비록 늦은 감이 없지 않으나 갈 길이 아득한 공연예술가로서 담담하게 뒤를 돌아보면서 책을 서하고자 합니다. 이는 1990년대 초 뜨거웠던 여름 공연에서 시작된 생전 임하와의 인연에서 비롯되어 미천한 후학을 일깨워 주시매 오늘에 이름이요, 그 지난한 과정을 도와주신 선생님들과 동료들 그리고 무언의 내조자에 대한 감사에 가름이라 여김에 있음입니다.

셰익스피어와 그의 대표적 복수비극인 〈햄릿〉에 대한 최초의 기억은 초록의 청소년 시절로 거슬러 올라갑니다. 이는 아련한 노스탤지어의 추억처럼 필자의 뇌리 한편에 각인되어 있다가 불현 듯이 다가온 것이니, 이를 두고 무어라고 해야 할는지 모르겠으나, 이를 그저 차분하게 관조하는 것으로 그 감흥을 감추고자 할 뿐입니다.

이 책은 필자가 2000년대 초부터 본격적으로 시작한 탐구과정의 결과물로서 한국 〈햄릿〉 공연사 연구에 작은 밑거름이 되기를 소망함에 다름 아니며, 동시에 국내 최초로 극단 신협에 의해 전막공연이 이루어진 1950년대 초반부터 1960년대, 70년대, 80년대 그리고 90년대 중후반에 이르기까지 약 50년간에 걸쳐 행해진 다양한 〈햄릿〉 공연과 그 공연을 주도한 공연예술가들 가운데 각 시대별로 대표적이라 상정되는 다섯 공연예술가와 그들의 공연을 선별하여 연구 대상으로 삼았음을 밝히는 바입니다.

마지막으로 이 지난했던 연구과정에 도움을 주신 수많은 선생님들과 동료들에게, 특히 미문한 후학에게 학문의 길로 자극을 주신 임하 최진원 교수님, 부족한 제자를 절차탁마시켜주신 최치림 교수님, 연구 희귀자료에 많은 도움을 주신 김흥우 교수님, 김정옥 교수님, 안민수 교수님, 기국서 선배님, 김순국 후배님 그리고 묵묵히 내조를 해준 내자와 가족 그리고 멀리 계신 천국에서 한없는 사랑을 보내주신 어머님에게 이 책을 헌정합니다.

2022년 7월
주님 다시 오시는 그날을 위해 기도하면서
安長桓 識

목차

Ⅰ. 머리말

연극이 시대의 거울이며 동시에 시대를 비추는 등불이라는 말은 과거와 현재 그리고 미래에도 유효한 의미를 지니는 말이라 할 수 있다. 아울러 그것은 현재의 시점에서 과거를 아우르며 미래를 지향하는 동시대성을 의미하는 말이다. 즉 공연에서 보이는 희곡텍스트의 역사성과 생명력은 과거의 인식을 넘어 발전된 현재의 관점에서 재해석된다. 이는 동시대의 역사적 질문과 대답으로 수용되는 것을 말하는 것이다. 이러한 관점에서 볼 때 한국 고유의 연극전통은 고대 부족국가 시대의 제천의식인 제의에서 태동된 가무백희 및 농경의례와 관련된 무의식극(舞儀式劇)으로부터 삼국시대의 악무, 기악, 오기를 거쳐 고려의 팔관회와 산대잡극, 나례(儺禮), 조희(調戲), 우희(優戲), 잡희(雜戲)로 이어지고 있다. 근세에 이르러는 산대도감이 관장하는 산대희인 규식지희(規式之戲)와 소학지희(小學之戲)로 계승된다. 이는 18세기 중엽의 송만재의 시 관우희(觀優戲)에 나타나고 있는 가곡(歌曲), 판소리, 줄타기, 땅재주, 정재(呈才), 탈놀이, 백희(百戲), 소학지희, 무가(巫歌), 괴뢰희(傀儡戲) 등이 그것이다. 한편 임진왜란(1592)과 병자호란(1636)을 겪은 조선조 후기인 인조(1623~1649)에 이르러서는 공적인 주관이 어려워진다. 이때 연희자들은 각자의 고장으로 정착하여 현존하는 민속극인 가면극 등을 형성한다. 또한 19세기 후반 신재효에 의해 판소리는 12마당 중 6마당(춘향가, 심청가, 토별가, 흥부가, 적벽가, 횡부가)이 극본으로 정리된다. 이는 20세기에도 독연형태로 계승되어 분창형식인 '창극'으로 변용되면서 '구극' 또는 '국극'으로 분류된다. 이러한 전통연희를 계승한 '구극'과 대비하여 20세기 초 일본 유학파들에 의해 국내에 소개된 서구의 근·현대극은 '신극' 또는 '신연극'으로 불린다. 1908년 7월 26일 이인직은 최초의 상설극장인 원각사에서 신소설 〈은세계〉 — 일명 〈최병도 타령〉이라는 텍스트를 극화하여 11월 13일 첫 공연을 한다.[1] 이후 1910년대 신파극의 전성기를 지나 1920년대 초 김우진이 핵심멤버로 창립한 극예술협회를 시작으로 토월회, 극예술연구회 등의 활동이 이어진다. 이들을 통해 수많은 서구의 희곡텍스트들이 번역이나 공연형식으로 수용된다. 이러한 텍스트들 중 본고의 고찰 대상은 셰익스피어(Shakespeare, 1564~1616)의 〈햄릿(Hamlet)〉과 그 공연이다.

1. 연구 목적

일제강점기 이후 국내에 소개된 수많은 서구 근·현대극 텍스트들 중에서 〈햄릿〉을 선택한 기본적인 이유는 첫째, 서구 공연사 및 문학사를 대표하는 고전텍스트 중 하나이며, 둘째, 셰익스피어가 생존한 동시대는 물론 현재에 이르기까지 지속적으로 공연되고 있는 대표적인 텍스트로서 동시대의 관점에서 다양한 해석이 가능한 텍스트이고, 셋째, 서구 공연텍스트의 한국 공연사적 수용 관점에서 〈햄릿〉을 분석함으로써 동시대는 물론 향후 새로운 공연미학과 무대양식의 지향

---

1 이두현 외, 『한국의 공연예술』, 현대미학사, 1999, 19~28쪽 참고.

성을 제시할 수 있는 바탕을 도출할 수 있을 것으로 판단되었기 때문
이다. 이러한 이유로 본고의 공연사 연구 텍스트로 선택된 〈햄릿〉은
일본 유학파인 현철에 의해 1921년 『개벽』지[2]를 통해 츠보우지 쇼요
(坪內逍遙)의 일본어판을 중역하여 국내에 처음으로 소개된다.[3] 그러
나 이후 일제강점기를 지나 해방 이전까지는 공연다운 공연이 이루어
지지 않는다.[4] 한국에서 〈햄릿〉이 기성극단에 의해 최초 전막공연이
이루어진 것은 1951년 9월 극단 신협(한로단 번역, 이해랑 연출)에 의한
대구 키네마극장 공연이었다. 이후 6, 70년대 그리고 8, 90년대에 이
르기까지 각 시대적 배경과 상황, 시대사조, 미학 및 테크놀로지의
변화에 따라 다양한 공연예술가와 수많은 공연집단에 의하여 새롭고
독창적인 무대언어로 공연이 이루어진다.[5] 이 시기에 활동한 공연예

---

2 현철은 한국 최초의 셰익스피어 〈하믈레트〉의 번역본을 학예부장으로 있던 『開闢』지
   제11호(1921.5)부터 제30호(1922.12)까지 셰익스피어 비평판이 아닌 츠보우치 쇼요(坪
   內逍遙)의 번역본을 중역하여 발표한다.(제12호에는 게재치 않았음) 김병철, 『韓國近
   代飜譯文化史研究』, 을유문화사, 1975, 592쪽.

3 1920년대 이후 초기 한국 셰익스피어 번역과 공연에 많은 영향을 미친 츠보우치 쇼요
   의 〈햄릿〉의 번역본은 그가 본격적으로 번역을 시작한 1909년부터 1928년에 마무리한
   『沙公全集』과 이 전집을 1933년부터 1935년까지 전면적으로 개정 번역한 『新修ツェイ
   クスピア全集』에 수록되어 있다. 시기적으로 보아 1920년대 현철이 셰익스피어 〈햄
   릿〉 일본어판 중역 시 사용한 번역본은 『沙公全集』에 실린 것으로 판단된다. 그는
   1935년 사망할 때까지 셰익스피어 작품의 번역 작업에만 몰두하여 1928년 일본 최초
   로 셰익스피어 전 작품을 번역한다. 현철의 번역 원본 소재는 알 수 없으나 그가 번역
   한 〈하믈레트〉가 『한국연극』(1978.1~2)에 수록되어 있다. 河竹登志夫, 『日本のハム
   レット』, 南窓社, 1972, p.299; W. 셰익스피어, 현철 역, 〈하믈레트〉, 『한국연극』 1
   ·2, 한국연극협회, 1978.

4 극단 낭만좌가 최초의 번안극〈함레트〉(墓地一幕: 진우촌 각색, 김욱 연출)로 1938년
   2월 제1회 연극 콩쿠르에 참가함.(햄릿 역: 박학, 공연장소: 부민관 대강당) 이후 1945
   년 8월 해방될 때까지 셰익스피어 작품이 공연되지 않는다. 신정옥, 『셰익스피어 한국
   에 오다』, 백산출판사, 1998, 54~55쪽.

5 민병욱, 『한국 연극 공연사 연표』, 국학자료원, 1997, 181쪽; 신정옥(1998), 앞의 책,
   143~187쪽; 정철, 「한국 근대 연출사 연구」, 조선대 박사학위논문, 2000, 169~170쪽.

술가들 가운데 각 연대별로 공연사적 측면에서 동시대적인 공연미학, 사조의 흐름 및 그 시점에 따라 새로운 공연양식을 시도하거나 창출하여 동시대를 대표하는 것으로 판단되는 다섯 명의 연출가, 즉 한국적 리얼리즘의 맥을 이어간 5, 60년대의 이해랑, 전통과 실험적 양식을 통해 문화상호주의를 추구한 70년대의 안민수, 해체적 관점에서 동시대의 정치, 사회적 특성을 형상화하고자 한 80년대의 기국서, 집단창조와 제3의 연극론을 바탕으로 한국적 무대미학을 창출하고자 한 90년대 초반의 김정옥 그리고 독자적인 해체관점에서 보편적 연극성과 공연양식을 제시하고자 한 90년대 중후반의 이윤택을 선택하였다. 그리고 이들이 연출한 〈햄릿〉 공연을 중심으로 한국 공연사적 수용에서 나타나는 텍스트 〈햄릿〉에 대한 해석관점, 공연의 시대적 배경과 목적, 〈햄릿〉의 연출관점, 무대형상화의 특성 및 동시대의 공연비평 등 전반적인 특성들을 분석할 것이다. 이를 통해 〈햄릿〉 공연의 새로운 무대양식과 21세기의 공연문화 그리고 동시대의 관객들에게 부응할 수 있는 창의적인 공연형식과 미학 등에 대한 연구의 바탕을 상정하고자 한다.

2. 텍스트 〈햄릿〉의 기존 연구 검토

〈햄릿〉이 1921년 현철에 의해 일본어판 중역으로 국내에 최초로 소개된 이후 본격적인 공연뿐만 아니라 텍스트와 관련된 다양한 측면에서 연구가 이루어지기 시작한 것 역시 일제강점기를 지난 50년대 초반부터라고 할 수 있다. 그러나 이후 셰익스피어 관련 연구는 대부분 문학적 관점에 기초한 번역서[6], 희곡텍스트의 개론이나 미학적 관

점의 저서[7], 사조 및 시대적 상황을 접목한 텍스트의 극적 요소와 평가
에 관한 연구[8], 일부 전반적인 텍스트 수용사적 관점의 연구 등이 대부
분이다.[9] 공연의 실천적 수용 관점을 바탕으로 하는 〈햄릿〉에 대한
공연사적 측면에 대한 연구는 본고의 논의 대상 연출가 다섯 명 중
한 명인 기국서의 〈햄릿〉 공연에 대한 공연사적 연구가 있다.[10] 그
밖의 연출가들은 이들이 연출한 공연을 중심으로 연출가별 텍스트의
연출관점 및 미학적 특성 등에 대한 부분적인 연구가 있을 뿐이다.

이해랑에 대한 연구는 그의 개인적인 활동영역과 연출관점에 대한
것이 대부분이다. 먼저 강나현과 채승훈은 이해랑의 연출작품의 진행
과정을 기록한 연출노트와 창조적 실제에 대한 연출관점을 고찰한
다.[11] 송윤석은 이해랑의 활동 시기별 특성과 영역을 세분하여 그의

6 W. 셰익스피어, 최재서 역, 『햄릿』, 연희춘추사, 1954; W. 셰익스피어, 김재남 역, 『셰익스피어전집 1』, 휘문출판사, 1969; W. 셰익스피어, 여석기 외 공역, 『햄릿 외』, 동화출판사, 1970; W. 셰익스피어, 이경식 옮김, 『셰익스피어의 4대 비극연구』, 종로서적, 1987; W. 셰익스피어, 최종철 역, 『햄릿』, 민음사, 1994; W. 셰익스피어, 신정옥 옮김, 『셰익스피어 4대 비극집』, 전예원, 1995.

7 김재남, 『셰익스피어 문학론』, 을유문고, 1986; 이경식, 『英國戲曲研究』, 서울대학교 출판부, 1981; 이경식, 『셰익스피어』, 서울대학교 출판부, 1985; 이경식, 『셰익스피어 본문研究』, 서울대학교 출판부, 1986; 이대석, 『셰익스피어 극의 구조연구』, 한양대학교 출판원, 1995; 한명남, 『셰익스피어와 〈햄릿〉』, 중앙대학교 출판부, 1997.

8 김경숙, 「셰익스피어 극의 몸주체」, 부산대 박사학위논문, 2004; 김종환, 「〈햄릿〉 비평: 18세기에서 1960년대까지」, 『동서문화』 27, 계명대학교 동서문화연구소, 1995; 방승희, 「셰익스피어 극중극의 극적효과와 의미」, 동국대 박사학위논문, 2008; 유인촌, 「Oedipus Complex 側面에서 본 Hamlet의 性格研究」, 중앙대 석사학위논문, 1986; 조병진, 「셰익스피어 극의 무대구성 스타일에 대한 연구」, 『淸藝論叢』 11, 청주대학교 예술문화연구소, 1997.

9 신정옥(1998), 앞의 책, 같은 쪽; 오인철, 「Shakespeare 수용과정 研究-한국연극에 미친 영향과 관련하여」, 단국대 박사학위논문, 1986; 여석기, 「셰익스피어와 韓國」, 『예술과 비평』 12, 서울신문사, 1986.

10 김종우, 「기국서의 〈햄릿〉 공연사 연구-〈햄릿1〉~〈햄릿5〉」, 중앙대 석사학위논문, 2002.

예술관점과 연극사적 위상을 제시하고 있다.[12] 조현아는 드라마터지 관점에서 이해랑의 〈햄릿〉 공연을 원전의 보편적 가치를 관객에게 전달하고자 한 공연으로서 셰익스피어극과 리얼리즘의 관점에 대한 분명한 시각을 가지고 연출했다고 분석한다.[13] 한편 정철은 근대 연출사적 관점에 대한 연구와 관련하여 이해랑의 연출원리를 실제적인 연출작품과 연계하여 그 성과와 한계를 고찰하고 있다.[14] 또 정주영은 이해랑이 주도적으로 창단하고 활동한 극단 신협의 연극사적 위상을 시기별 활동상황과 함께 이 과정에서 나타나는 이해랑의 역할과 위치를 논하고 있다.[15] 김홍우는 이해랑의 개인적인 문제 그리고 전반적인 무대 활동과 더불어 연기자 및 연출가로서의 위상을 재조명하고 있다.[16] 더 나아가 유민영은 이해랑의 출생부터 사망할 때까지의 일생을 전반적이고 총체적인 관점에서 구체적인 자료를 바탕으로 정리 분석함으로써 개인적인 평가를 넘어 연극사적 위상과 가치를 논구한다.[17] 이외에도 이해랑의 리얼리즘과 연출관점 및 배경 등에 관한 연구가 있다.[18]

안민수에 대한 연구 역시 그의 연출과 수용관점에 대한 것이 대부분이다. 신현숙은 안민수의 〈하멸태자〉 공연을 전통양식에 의한 토착

11 강나현·채승훈, 『이해랑 연출교정』, 현대교육출판사, 1986.
12 송윤석, 「演劇人 李海浪 研究」, 동국대 석사학위논문, 1992.
13 조현아, 「우리나라 〈햄릿〉 제작물에 나타난 드라마터지의 양상연구」, 동국대 석사학위논문, 1999, 28~36쪽.
14 정철(1999), 앞의 논문, 같은 쪽.
15 정주영, 「劇團 新協史 研究」, 동국대 석사학위논문, 2004.
16 김홍우, 「무대의 황제 李海浪」, 『연극갈』, 엠애드, 2006.
17 유민영, 『李海浪 評傳』, 태학사, 1999.
18 안장환, 「이해랑의 리얼리즘과 연출관점에 대한 소고」, 『공연문화연구』 22, 한국공연문화학회, 2011.

화의 관점보다 동양사상과 연극의 원리 그리고 연기양식을 차용하여 원전을 재창조하고자 한 실험적인 연극이라고 분석한다.[19] 조현아는 연출가별 〈햄릿〉 공연에 나타나는 드라마터지 양상과 관련된 분석에서 안민수의 공연을 새로운 텍스트의 해석과 무대언어의 창출이라는 시각에서 고찰하고 있다.[20] 한은주는 안민수가 주로 활동한 1970년대 동랑 레퍼터리 극단의 설립과 운영 활동에 주도적인 역할을 한 인물의 하나로서 그의 역할과 위치를 논하고 있다.[21] 또 김숙현은 드라마센터에서 활동한 세 명의 연출가-유덕형, 안민수, 오태석-의 연출 특성을 분석한다. 이들 중 안민수가 빛과 소리에 의한 극적인 리듬과 템포를 바탕으로 이미지를 극대화한 총체적이고 창의적인 무대구성을 높이 평가하고 있다.[22] 또 이 논의를 좀 더 심도 있게 전개하여 텍스트를 창조적으로 형상화하는 생산자적 관점에서 안민수의 연출미학을 제시한다.[23] 박선희는 햄릿의 한국적 수용을 고찰하면서 안민수의 〈하멸태자〉 공연을 시적 언어와 춤을 활용한 전통의 현대적 수용 관점에서 분석한다.[24] 백로라는 1970년대 이후 시도된 한국적 실험연극의 특성을 생산자의 수용담론 측면에서 모색한다. 그녀는 안민수의 공연을 전통과 실험이라는 이데올로기를 극복하고 한국적 공연미학과 토착화에 기여한 바가 크다고 지적한다.[25]

---

19 신현숙, 「하멸태자-시, 공 체계를 통한 서양연극의 동양화」, 『한국연극학』 6, 한국연극학회, 1994.
20 조현아(1999), 앞의 논문, 46~53쪽.
21 한은주, 「동랑 레퍼터리 극단 연구-1970년대 활동을 중심으로」, 동국대 석사학위논문, 2000.
22 김숙현, 「1970년대 드라마센터의 연출 특성 연구」, 동국대 석사학위논문, 2004.
23 김숙현, 『안민수의 연출미학』, 현대미학사, 2007.
24 박선희, 「〈햄릿〉의 한국적 수용 연구」, 한양대 석사학위논문, 2007.

논의 대상 연출가 중 유일하게 기국서 햄릿시리즈에 대한 공연사적 관점의 연구가 선행되어 있다. 김종우는 각각의 공연을 정치극, 사회극적 관점과 원작의 해체 및 다양한 공연미학을 창출한 것으로 분석한다. 그 특성을 연극의 전통적인 서술 방식을 해체하고 파편적 이미지를 통하여 동시대의 정치, 사회적 문제들이 인간 정신에 미치는 부분들을 형상화하고자 한 것이라 주장한다.[26] 조현아는 드라마터지 관점에서 기국서의 〈햄릿〉 공연을 고찰하고 있다. 즉 텍스트를 동시대적으로 해석하여 정치, 사회적 관점에서 고전을 동시대적 시각에서 수용하고자 한 것으로 결론짓는다.[27]

김정옥에 대한 연구는 대부분 전통수용에 대한 연출관점과 공연미학에 대한 것이 주를 이루고 있다. 여석기는 연출가로서 김정옥의 위상과 개인적인 성향을 논의한다.[28] 조현아는 김정옥이 추구해온 공연미학을 구현하기 위해 전통적인 인식을 바탕으로 텍스트를 해석하여 집단창조와 총체연극을 추구한 측면을 드라마터지 관점에서 분석하고 있다.[29] 이석란은 해외연극의 한국적 수용을 논하면서 김정옥의 〈햄릿〉 공연에 대하여 '죽음'을 주제로 하면서 여기에 한국의 무속적 관점을 차용하여 형상화한 작품이라고 지적한다.[30] 또 김미도는 김정옥과의 인터뷰를 통하여 그의 공연활동과 연출관점 및 대외적인 활동

---

25 백로라, 「1970년대 한국 실험연극의 담론」, 『한국극예술연구』 30, 한국극예술학회, 2009, 361~397쪽.

26 김종우(2002), 앞의 논문, 같은 쪽.

27 조현아(1999), 앞의 논문, 61~68쪽.

28 여석기, 「연극인 김정옥」, 『한국연극』 2·3, 한국연극협회, 1983.

29 조현아(1999), 앞의 논문, 53~61쪽.

30 이석란, 「김정옥 연출에 있어서 해외연극의 한국적 수용에 관한 연구」, 중앙대 석사학위논문, 2003.

전반에 대하여 정리하고 있다.[31] 아울러 신현숙과 공동으로 김정옥의 연출 데뷔 50주년을 기념하여 그의 연출관점에 대하여 재조명하고 있다.[32] 이외에도 그가 연출한 다양한 공연의 연출관점, 전통의 수용 양상, 공연미학에 대한 연구들이 이루어지고 있다.[33]

　이윤택은 1986년 극단창단 이후 지속적으로 왕성한 활동을 해온 연출로서 그의 텍스트, 공연 및 공연미학 등과 관련된 연구가 가장 많이 누적된 경우라 할 수 있다. 그의 공연과 관련된 연구 가운데 특히 〈햄릿〉 공연에 대한 논의로서 먼저 조현아는 그의 1996년 〈햄릿〉 공연에 대하여 전문적인 드라마터그가 참여한 공연으로서 원전에 충실하면서 한국적인 독자성과 동시대적 보편성을 창출한 것으로 분석하고 있다.[34] 손신형은 〈햄릿〉 공연을 전면적인 해석과 국면적인 해석 등 두 가지 측면에서 접근하여 그의 공연미학을 고찰한다.[35] 권혜진은 이윤택 공연의 특징을 햄릿과 유령의 만남을 접신상황으로 해석하고 극중극 장면에 영어 대사를 차용함으로써 차별성을 부각시킨다. 또한 적극적인 오필리어의 행동, 햄릿과 어머니의 관계를 오이디푸스 콤플렉스 관점에서 접근한 부분들을 주목한다.[36] 최영주는 이

31　김미도, 「김정옥 선생과 함께」, 『한국연극』(302~309), 한국연극협회, 2001.8~2002.4.

32　김미도·신현숙, 『김정옥의 연출세계』, 연극과 인간, 2011.

33　김미도, 「1970년대 한국 연극의 전통 수용양상에 관한 연구」, 『한국연극학』 21, 한국연극학회, 2003; 김방옥, 「죽음풀이로서의 광대극」, 『한국연극학』 4, 한국연극학회, 1992; 김방옥, 「80년대 이후 희곡에 나타난 서사화의 경향」, 『한국연극학』 8, 한국연극학회, 1996; 신현숙, 「번역극 연출에 나타난 김정옥의 연극미학 연구」, 『인문과학연구』 11, 덕성여자대학교 인문과학연구소, 2007; 한상철, 「한국인의 정체성 연구」, 『한국연극학』 4, 한극연극학회, 1992.

34　조현아(1999), 앞의 논문, 63~43쪽.

35　손신형, 「To Be and Not to Be-이윤택〈햄릿〉의 공연미학」, 이화여대 석사학위논문, 2004.

36　권혜진, 「1990년대 한국 무대에서 셰익스피어의 〈햄릿〉 수용에 대한 연구」, 아주대

윤택이 연출한 〈햄릿〉을 문화상호주의 관점에서 한국양식으로 재구
성하여 현대연극으로 재창조한 공연으로 분석하고 있다.[37] 이와 더불
어 이윤택의 공연에 대한 미학 및 대담 연구논저, 수정 사실주의 관점
에서 분석한 연출관점 연구, 희곡의 특성에 대한 비교연구, 대중극으
로서의 위상 내지는 미학적 특성 등 다양한 관점의 연구가 있다.[38]

3. 연구 방법

본고에서는 1951년 9월 극단 신협에 의한 최초 〈햄릿〉 전막공연
이후 1990년대 중후반까지 〈햄릿〉을 연출한 수많은 연출가들 가운데
이해랑, 안민수, 기국서, 김정옥, 이윤택이 연출한 〈햄릿〉 공연을 중
심으로 논의를 전개하고자 한다. 이를 위해 먼저 Ⅰ장에서는 전향적
인 연구의 목적과 기존 연구 성과 등을 논의한 다음, Ⅱ장에서는 본
공연사 연구의 전제로서 텍스트 햄릿의 탄생 배경과 서구 공연사에
나타나는 흐름을 고찰할 것이다. 즉 영국르네상스와 엘리자베스 1세

석사학위논문, 2007.
37 최영주, 「한국 문화상호주의 〈햄릿〉 공연의 세 가지 방식에 관한 연구-초문화, 혼합문
   화, 글로컬화 소통방식의 미학과 문제점」, 『드라마연구』 30, 한국드라마학회, 2009.
38 김남석, 『한국의 연출가들』, 살림출판사, 2004; 김남석, 『난세를 가로 질러가다』, 연극
   과 인간, 2006; 김남석, 『이윤택 연극의 미학적 시원』, 푸른사상, 1986; 송유억, 「이윤택
   희곡의 제의적 특성 연구」, 원광대 석사학위논문, 2002; 이강임, 「이윤택 '민족극'의
   남근중심적 신화 해체하기」, 『한국연극학』 31, 한국연극학회, 2007; 이미원, 「이윤택의
   시회담론과 놀이정신」, 『한국현대 극작가 연구』, 연극과 인간, 2003; 이혜경, 「세계주
   의자를 꿈꾸는 '포스트모던적 모더니스트'-이윤택론」, 『연극의 현실인식과 자의식』,
   현대미학사, 1997; 정수연, 「이윤택의 대중극 연구」, 한양대 박사학위논문, 2004; 조영
   진, 「숨의 연기술에 대한 연구」, 경성대 석사학위논문, 2005.

시대 특성으로서 작가의 활동 시기에 나타나는 역사적인 특징과 사건, 정치사회적인 관습 등 시대적 배경을 분석한다. 이후 당대 극작가들에게 지대한 영향을 미친 것으로 알려지고 있는 세네카의 비극에서 드러나는 극작술의 특성들을 살펴보고자 한다. 그리고 이러한 영향에 의해 발전하게 되는 엘리자베스 1세 시대의 복수비극의 특성과 셰익스피어의 극작술과의 연계성 문제를 탐색한다. 또 〈햄릿〉의 저술 시기와 첫 이절판의 출판에서 나타나는 당시 텍스트 출판의 관행 및 작가들의 특징을 살펴보고자 한다. 이와 더불어 실질적인 서구 공연사적인 흐름의 특성을 개괄함으로써 국내 〈햄릿〉 수용 이후 나타나는 한국 공연사 연구와의 연계성을 모색할 것이다. 이를 바탕으로 Ⅲ장에서는 1950년대 이후부터 1990년 중후반에 이르기까지 셰익스피어 〈햄릿〉의 한국 공연사에 나타나는 공연의 특성을 분석하고자 한다. 특히 텍스트 〈햄릿〉의 해석관점, 공연의 시대적 배경 및 목적, 〈햄릿〉의 연출관점, 무대형상화의 특성 그리고 공연에 대한 평가 등을 중심으로 각 시대별 사조와 관점에 따라 다양하게 표출되는 공연 특성을 고찰하고자 한다. 먼저 텍스트에 대한 관점으로서 이를 동시대의 예술담론의 영향관계 속에서 분석하여 기본적인 특성과 관점을 탐색한다. 두 번째는 공연의 시대적 배경을 역사적, 정치적, 사회적 관점에서 고찰하여, 그러한 시기에 이루어진 〈햄릿〉 공연의 목적을 분석하고자 한다. 이는 공연사 연구에 있어 매우 중요한 논의 대상으로서 연구 대상 공연의 실천적인 이면을 논하는 데 필수적인 부분이라고 할 수 있다. 세 번째로는 〈햄릿〉 공연에 대한 연출가들의 개별적인 미학적, 형식적 근거가 되는 시대별, 사조별 이론적 바탕과 관점을 분석한다. 이를 근거로 실질적인 연출에서 나타나는 관점의 특성을 정리함으로써 공연에서 드러나는 무대형상화의 특성 논의 바탕을 제시하고자 한다. 네 번째로는 각 연출가별로 〈햄릿〉 공연의 무대형상화에서 나타나는 다양한 특성을 각각 세 가지 관점으로 압축하여 이들의 공연에서 창출되는 독창적이고 창의적인 공연양식들을 고찰한다. 그리고 마지막으로 이들 공연에 대한 당시 다양한 평가와 관객의 수용 양태 및 공연사적 관점에서 드러나는 공연의 의미와 위상을 분석하고자 한다. 이어지는 Ⅳ장에서는 앞장에서 고찰한 공연사적 관점과 특성들을 바탕으로 공연사 연구의 성과와 한계 그리고 앞으로의 과제 등을 살펴보고자 할 것이다.

이와 같은 본고의 셰익스피어 〈햄릿〉 한국 공연사 논의는 연구기초자료인 각 연출가들의 〈햄릿〉 공연텍스트, 공연영상자료, 공연프로그램 그리고 공연비평 등을 탐문조사를 통해 확보하여 연구의 기초자료로 삼고자 한다. 이와 더불어 서지학적 측면에서 연구주제와 관련된 연구담론들과 연계되는 논저 및 일부 관련되는 선행연구들을 논의에 부차적인 근거로 삼을 것이다. 아울러 기초자료 및 2차 연구자료 등의 연구에서 부족한 부분들은 연출가들과 공연에 참여한 배우나 스태프와의 인터뷰를 통해 연구 논의 미흡한 부분들을 보완하여 편차를 최소화하고자 한다. 더 나아가 각 연출가별 〈햄릿〉 공연에서 드러나는 공연양식과 무대미학 등에 대한 포괄적인 분석을 통해 각 연출가들의 창의적인 공연 특성을 도출하고자 할 것이다. 이를 바탕으로 이들이 〈햄릿〉의 한국 공연사에서 차지하는 위상과 21세기에 새로운 공연문화에 부응하는 공연텍스트, 공연양식 그리고 무대미학 등의 지향성과 과제 등을 고찰하는데 요구되는 바탕을 상정하고자 한다.

II.
공연사 연구를 위한 전제 고찰

1. 공연사 연구의 의의와 관점

20세기에 이르러 서구의 공연예술이 단순한 현실의 재현을 넘어 다양한 형식과 내용으로 전통적인 극 요소들을 해체하거나 재구성하여 새로운 무대언어로 창조되고 있음은 주지하는 바이다. 이러한 공연형식과 내용의 변화 및 파괴를 통한 새로운 공연예술의 형식을 모색하는 시대적 배경과 바탕에는 두 번의 세계대전을 전후로 하여 모더니즘(Modernism)의 가치와 형식을 거부하고 새로운 예술형식을 추구한 아방가르드(Avant-garde)와 실험연극(Experimental Theatre) 등이 있다. 또 모더니즘화에 대하여 휴 실버만(Hugh J. Silverman)은 다음과 같이 정의하고 있다.

모더니즘된다는 것은 전통과의 단절, 끊임없이 반복되는 전통적인 주제와 화제 그리고 신화를 거부, 자의식적으로 새롭게 되는 것, 시대적인 유행에 부응하는 것, 자신이 속한 문화적·사회적 여건을 비판, 현실을 반영하기는 하지만 있는 그대로를 객관적으로 아무런 평가 없이 반영하는 것이 아니라 경험한 그대로를 주관적으로 반영하는 것, 즉 예술가에게 특히 유용한 초월적이고 비판적인 의식을 가지고 반영하는 것 등이다.[39]

이처럼 모더니즘이 새로운 자의식적 표현형식을 모색하는 것이라
면 포스트모더니즘(Postmodernism)은 이러한 모더니스트(Modernist)와
그 이전의 문화적 기여에 대한 일차적 활동을 한정 내지는 분산시켜
탈중심화하는 것이라 할 수 있다.[40] 앙토닌 아르토(Antonin Artaud)가
그의 「연극과 그 이중성(The Theatre and Its Double)」에서 '더 이상 걸작
이란 없다'라고 주장하였을 때 이미 서구의 포스트모던 연극은 시작된
것이다. 이는 연극에서의 모든 표상 행위의 종말과 작가와 언어가
죽은 연극을 대체하는 신성한 연극과 배우의 해방, 순수한 육신의 현
존, 수동적이고 관조하는 연극을 대체하는 축제적인 참여 연극을 의
미한다.[41] 이와 같은 흐름은 1950년대에 등장하는 사무엘 베케트
(Samuel Beckett)의 초기 작품[〈고도를 기다리며(Waiting for Godot)〉, 〈승부
의 종말(Endgame)〉] 등이나, 1960년대 이후 실험극 운동으로 연결되어
나타나고 있다.

이러한 운동의 극작가로는 사무엘 베케트, 유진 이오네스코(Eugene
Ionesco), 헤롤드 핀터(Harold Pinter), 에드워드 올비(Edward Albee), 톰
스토파드(Tom Stopard), 셈 셰퍼드(Sam Shepard), 데이비드 라브(David
Rabe) 등이 있다. 또 실험연극집단에는 알란 캐프로(Alan Kaprow)의 헤프
닝(Happening), 줄리앙 베크(Julian Beck)와 쥬디스 말리나(Judith Malina)
의 리빙 시어터(The Living Theatre), 조셉 쉐킨(Joseph Chaikin)의 오픈
시어터(The Open Theatre), 피터 슈만(Peter Schuman)의 빵과 인형극단
(Bread and Puppet Theatre), 리차드 쉐크너(Richard Schechner)의 퍼포먼
스 그룹(The Performance Group)과 환경연극(Environmental Theater), 에

---

39 휴 실버만, 윤호병 옮김, 『포스트모더니즘』, 고려원, 1995, 13쪽.
40 위의 책, 11~12쪽.
41 Antonin Artaud, *The Theatre and Its Double*, Grove Press, 1958, 13~15쪽.

르지 그로토프스키(Jerzy Grotowski)의 실험극단(Laboratory Theatre)과 가난한 연극(Poor Theatre), 유제니오 바르바(Eugenio Barba)의 오딘극단(The Odin Theatre)와 제3연극(The 3rd Theatre), 피터 브룩(Peter Stephen Brook)의 빈 공간(The Empty Space) 무대개념과 국제연극연구센터(International Center of Theatre Research) 활동, 아우구스토 보알(Augusto Boal)의 토론연극(Forum Theatre) 등이 있다.[42]

이외에도 샌프란시스코 마임극단(The San Francisco Mine Troupe)의 코메디아 델알테(Commedia dellarte)의 공연방식을 이용한 정치성을 띤 실험연극, 리차드 포어맨(Richard Foreman), 로버트 윌슨(Robert Wilson) 등의 이미지 연극(The Theatre of Images) 그리고 자율창작방법에 의한 공연제작방법을 실험한 리 브루어(Lee Breuer), 메레디스 몽크(Meredith Monk), 라셀 로센샬(Rachel Rosenthal), 엘리자베스 르콤트(Elizabeth LeCompte), 앨런 핀너란(Alan Fineran) 등 수많은 공연예술가[43]와 공연 집단들이 활동하고 있다.[44]

한국에서 기성 극단에 의해 이루어진 본격적인 최초 〈햄릿〉 전막 공연은 한국전쟁 중이던 1951년 9월 극단 신협의 대구 키네마극장 공연이다. 이후 6, 70년대 그리고 8, 90년대에 이르기까지 각 시대적

---

42 이미원, 『포스트모던 시대와 한국연극』, 현대미학사, 1996, 51~52쪽 참고.
43 연극의 전체적인 연습과 진행 등을 총괄하는 역할로서 근대 서구 연극에서 연출가의 등장 이후 연극 제작과정에서 연출가는 중심적인 역할을 하여 왔으며, 그 연출에 대한 개념 역시 다양화되고 있는 것이 사실이다. 그러나 본고에서는 '연극'에서 보다 확장된 '미장센'의 개념과 20세기 중반 이후에 등장하는 실험극 등의 다양한 공연 장르 등에서 연출의 개념을 보다 확장하고 포괄한다는 측면에서 '공연'의 개념과 연습, 무대미술과 음악, 조명과 의상 등 공연제작에 관련된 제반 요소를 총괄하고 조율하는 역할로서 '공연예술가'라는 명칭을 사용하고자 한다.
44 최치림, 「공연과 텍스트의 관계에 대한 연구」, 『한국연극학』 15, 한국연극학회, 2000, 422쪽.

배경과 상황변화에 따라 수많은 공연예술가와 공연집단에 의한 〈햄릿〉 공연이 이루어진다. 이처럼 다양한 공연으로 형상화된 〈햄릿〉에 대한 새로운 해석과 관점 그리고 그 의미를 고찰하는 것은 본 공연사 연구에 있어 중요한 논의 대상 중 하나라 하겠다.

〈햄릿〉에 대한 논의는 17세기 삼일치법칙을 중요시했던 신고전주의 비평 관점으로부터 시작하여 19세기 낭만주의 시대의 성격심리비평으로 이어진다. 이는 〈햄릿〉을 공연을 전제로 한 텍스트로 간주하기보다는 문학적 텍스트로 판단하여 등장인물들의 성격을 심리적으로 분석하고자 하는 시도이다. 특히 이러한 관점은 앤드류 브레들리(Andrew C. Bradley)의 「셰익스피어 비극」에서 정점에 이르게 된다. 그는 복수 지연에 대한 요한 볼프강 괴테(Johann Wolfgang von Goethe)의 '감상적 햄릿론'과 사무엘 코울리지(Samuel T. Coleridge)의 '반성적 햄릿론'을 반박하면서 자신의 '우울증이론'[45]을 전개한다.

20세기 들어 〈햄릿〉에 대한 성격심리비평 관점에 대한 반발로서 텍스트의 이미지와 상징분석을 통하여 유기적 통일체로 파악하려는 시적 접근 또는 상징적 접근 방식이 등장한다. 토마스 엘리엇(Thomas S. Eliot)은 〈햄릿〉에서 중요한 것은 텍스트이고 패턴이지 인물이 아니라고 성격심리비평 관점을 비판한다. 그는 주인공의 감정을 객관적으로 표현할 수 있는 상관관계를 발견할 수 없기 때문에 이것은 '예술적 실패작'이라고 주장한다.[46] 그러나 이러한 엘리엇의 주장은 셰익스피어 텍스트의 언어가 수많은 해석과 개방성을 함의한 언어라는 것을

---

45 Andrew Cecil Bladley, *Shakespeare Tragedy*, Macmillan, 1904, pp.84~90.
46 Thomas Steams Eliot, *The Sacred Wood: Essays on Poetry and Criticism*, Routledge, 1960, pp.95~98.

간과한 것으로 판단된다. 〈햄릿〉에 대한 성격심리비평 관점이 등장인
물의 성격과 심리분석에 지나치게 집착하고, 시적 접근 방식은 언어
와 이미지 패턴에 과도하게 의미를 부여한다. 이처럼 원전이 쓰여진
당대의 사회적, 문화적, 역사적, 종교적 배경을 무시하는 것에 반발한
텍스트분석이 역사적 접근 방법이다. 즉 '역사적 접근' 내지는 '역사비
평방식'이 등장하게 된다. 엘머 스톨(Elmer E. Stoll)은 〈햄릿〉이 극장에
서 공연을 전제로 쓰인 공연텍스트임을 전제한다. 그는 엘리자베스
1세 시대의 무대 관습과 극적 구조를 중요시한다.[47] 아울러 도버 윌슨
(J. Dover Wilson)의 경우 원전에 등장하는 유령의 이율배반적인 명령
은 햄릿의 복수지연과 밀접한 관련이 있으며, 이는 엘리자베스 1세
시대 관점에서 유령의 존재를 분석해야 한다고 주장한다.[48]

〈햄릿〉에 대한 또 다른 중요한 관점 중 하나는 신화적 접근에 의한
방식이다. 프란시스 퍼커슨(Francis Fergusson)은 서구인의 집단 무의식
에 뿌리에는 희생양 신화의 제의적 양상이 원전에 나타난다고 주장한
다. 이는 고대극에서 흔히 볼 수 있는 희생양으로서 햄릿이 그 역할을
수행하고 있다는 것이다.[49] 햄릿은 희생양의 역할을 받아들이지 못하
여 행동을 지연하였으나 결국 이러한 것을 거부할 수 없음을 인식하
고 그 역할을 받아들인다는 것이다. 이와 같은 관점 외에도 햄릿을
수사적 언어 구조로 분석한 언어적 접근 방식이 있다.[50] 이는 의문,

47 Elmer Edgar Stoll, *Art and Artifice in Shakespeare*, Cambridge University Press, 1933, pp.108~109.
48 John Dover Wilson, *What happen in Hamlet*, Cambridge University Press, 1976, pp.46~47.
49 Francis Fergusson, *The Idea of Theater: A Study of Ten Plays,* Princeton University Press, 1949, pp.98~142.
50 Harry Levin, David Bevington ed., *20th Century Interpretations of Hamlet,* Prentice-

의심, 아이러니 등 세 가지 유형을 서로 연결된 패턴화 과정으로 보면서 그중 아이러니가 '비극적 실재' 즉 존재의 불합리성 혹은 공포를 인식하는 수단으로 보는 방식이다. 또한 실존적 해석 방식으로서 우리 시대에 〈햄릿〉을 비추어 보는 관점에서 현대인이 느끼는 불안과 감수성을 텍스트에 접목시키려는 방식이 나타난다. 이는 20세기 동시대적 관점에서 그 의미를 찾고자 하는 시도라 할 수 있다.[51] 또 다른 관점으로는 〈햄릿〉을 등장인물의 성격이나 심리가 아니라 텍스트 전체를 아우르고 있는 신비의 핵심으로 파악하고자 하는 것이다. 이러한 신비의 핵심은 종교적인 관점에서 분석하지 않으면 구체화할 수 없다고 주장한 종교적 접근 방식이 그것이다.[52]

또한 〈햄릿〉에 대한 언어의 투명성에 대한 회의와 언어의 본질에 대한 논의가 전개된다. 이것은 페르디낭 드 소쉬르(Ferdinand de Saussure)의 언어개념에 바탕을 둔 구조주의 관점을 말한다. 구조주의 관점은 텍스트에서 의미를 존재하게 하는 것은 구조이며, 의미를 창출하는 것을 규칙, 패턴, 구조라고 규정하고 있다.[53] 따라서 구조주의 관점에서는 무엇보다 언어의 투명성을 부정하고 기표와 기의의 본질적인 관계에 의문을 던진다. 이는 텍스트가 더 이상 작가의 의도나 시대적 배경에 근거하지 않으며, 텍스트를 자생적 의미를 지니고 있는 그 자체로 분석하고자 하는 것이다. 스테판 부스(Stephan Booth)의 경우 〈햄릿〉을 논하면서 1막 1장의 등장인물들이 언급하고 있는 유령

Hall, 1968, p.81.

51 Jan Kott, *Shakespeare Our Contemporary*, Methuen, 1967, pp.48~55.

52 C. S. Lewis, Claire Sacks and Edga Whan ed., *Hamlet: Enter Critics*, Appleton Century-Crofts, 1960, p.185.

53 김준오 외, 『구조주의』, 고려원, 1992, 1~4쪽.

의 존재에 대하여 주목한다. 그는 반복되는 등, 퇴장의 패턴을 지적한
다. 이것은 〈햄릿〉이 복수극이 될 것임을 암시하고 있다는 것이다.[54]
그러나 유령이 요구하는 복수에 의한 '죽음의 그림자'가 보여주는 상
징성은 원전의 주제가 '복수'의 관점을 넘어 '죽음'의 의미를 관통하는
것이라 하겠다. 반면 탈구조주의와 관련된 해체주의는 텍스트가 의미
를 구현한다는 관점을 거부한다. 언어들이 현존이라는 상황에 제한되
지 않으므로 의미의 부존재 또는 불확정성이라는 자유로운 놀이를
한다고 본다.[55] 〈햄릿〉에 대한 분석에서도 등장인물과 작가에 대한
환상과 핵심에 접근하고자 하는 관점에서 벗어나 그 환상을 없애고자
한다. 따라서 텍스트에 대한 탈구조주의 관점은 의미의 부재, 불확정
성, 보존성 등이 텍스트에 나타나지 않으면서도 그 안에 내포되어 있
다는 것이다. 이는 중심보다는 탈중심화의 관점에서 텍스트의 주변
상황에 관심을 가진다.[56]

한편 지그문트 프로이트(S. Freud)는 정신분석을 통하여 인간의 무
의식을 이드(Id), 자아(Ego), 초자아(Superego)로 구분한다. 이를 〈햄
릿〉에 대비하여 보면, 선왕의 유령은 햄릿의 본능적 충동인 어머니
거투르드(Gertrude)에 대한 근친상간적 욕망을 억제하는 초자아이며,
현왕 클로디어스(Claudius)는 쾌락원리에 따라 통제되지 않는 이드의
영역에 속한다. 또 햄릿은 선왕의 유령과 클로디어스 사이에서 갈등
하고 있는 자아를 나타낸다고 할 수 있다. 햄릿은 두 힘의 조정자인
동시에 심리적으로 두 힘 사이에서 갈등하고 현실적 상황에 의해 움

---

54 Martin Coyle ed., *Hamlet: New Casebooks*, St. Martin's Press, 1992, pp.57~67.
55 이광래 편, 『해체주의란 무엇인가』, 교보문고, 1989, 92~96쪽.
56 Martin Coyle ed.(1992), ibid., p.6.

직이는 존재라는 것이다. 햄릿의 무의식에서 이드는 그를 근친상간적
인 본능 욕망으로 몰아가며, 초자아는 그것을 금지시킨다는 것이다.[57]
이와 같은 프로이트의 정신분석에 기초하여 시작된 〈햄릿〉에 대한
정신분석학적 관점은 1970년대 이후 자크 라캉(J. Lacan)의 욕망이론으
로 재해석되어 나타난다. 라캉은 무의식도 언어처럼 구조되어 있다는
명제하에서 햄릿의 무의식 구조를 분석한다. 그는 〈햄릿〉에 나타나는
욕망은 '타자의 욕망'이며 동시에 '타자에 대한 욕망'으로서 무의식 속
에 억압된 남근이라고 정의한다. 따라서 거세의 상징인 레어티스
(Laertes)의 독에 묻은 칼을 맞기까지 '상상계'에 갇혀 있으나 그 후 클
로디어스라는 남근이 허상으로 바뀌게 된다. 그리고 자신이 타자의
남근이라는 상상을 허구로 깨닫는 순간, 아버지의 명령이 구현되는
'상징계'로 들어가 클로디어스를 공격하게 된다는 것이다.[58]

　〈햄릿〉에 대한 1970년대 이후 등장한 신역사주의 관점은 해체주의
와 공통적으로 텍스트와 컨텍스트(Context), 예술과 사회 사이의 경계
에 대하여 의문을 표방한다. 그러나 텍스트의 역사성과 동시에 다양
한 문화, 사회적 관행과 파편화된 역사를 중요시한다. 또한 마르크스
주의에 근거한 문화유물론적 관점과 마찬가지로 의미의 창출에 있어
문화, 사회, 정치적 관계를 주목한다. 또 사회변혁에 있어 주체의 역
할 중요성보다는 지배적 담론에 의한 변형과 억압을 강조한다. 아울
러 페미니스트적 관점과 동일하게 성차별과 가부장적 권위와 여성의
타자적 문제에 관점을 공유하지만 그 해결의 문제점을 여성 자신보다

---

57 Sigmund Freud, *New Introductory Lectures on Psychoanalysis,* Norton, 1964, pp.95~104.

58 Jacques Lacan, James Hulbert tans., *Yale French Study*, St. Martin's Press, 1977, pp.55~56.

는 권력의 문제와 연결시킨다.[59]

1980년대 들어 서구의 수많은 페미니스트들은 자크 데리다(Jacques Derrida)의 해체론, 미셸 푸코(Michel Foucault)의 담론분석과 권력분석, 라캉의 정신분석 등을 차용하여 텍스트에 대한 분석을 시도한다. 이는 서구사회에 뿌리박힌 가부장제적 전제로서 성차별과 여성의 왜곡된 이미지에 대한 논의이다. 구체적으로 사회, 경제, 문화적 여건하에서 여성이란 주체가 어떻게 형성되고 변형되면서 진행되어왔는가에 관심을 기울인다. 먼저 스위트 렌츠(C. R. Swift Lenz)와 게일 그린(Gayle Green) 등은 셰익스피어의 작품의 여성인물에 대하여 페미니스트적 관점으로 접근한다. 이들은 가부장제의 본질과 희극과 비극에서 여성을 형상화하는데 미친 영향 관계를 분석한다.[60] 이와 같은 관점의 연장선에서 자넷 아델만(Janet Adelman)은 〈햄릿〉에 대한 페미니스트 관점에서 여성혐오적인 대사에 대한 분석과 햄릿의 무의식과 성적 욕망을 연계하고 있다. 또한 햄릿이 자신의 정체성을 찾기 위하여 추구하는 욕망은 아내이자 어머니의 존재에 대하여 중대한 문제로 보았다. 그는 거투르드를 〈햄릿〉의 중심인물이라고 주장한다.[61]

마지막으로 〈햄릿〉에 대한 마르크주의에 근거한 문화유물론적 관점 역시 텍스트의 역사성을 중요시한다. 신역사주의 관점과 달리 텍스트가 동시대의 역사에 적극적으로 개입한다. 또 현재의 문화적 상

59 Jean E. Howard and Marison F. O'conner, eds., *Shakespeare Reproduced: The Text in History and Ideology*, Methuen, 1987, pp.19~33.
60 C. R. Swift Lenz, Gayle Green and C. T. Neely eds., *The Woman's Part: Feminist Criticism of Shakespeare*, University of Illinois Press, 1980, p.4.
61 Janet Adelman, *Suffocating Mothers: Fantasies of Maternal Origin in Shakespeare's Plays, Hamlet to Tempest*, Routledge, 1992, pp.11~37.

황과 행위 그리고 주체의 저항성에 주목하고 있다. 이는 주체가 도전
과 저항의 가능성을 지닌 존재이며, 역사와 문화를 형성하는 존재로
보는 것이다. 이러한 관점의 차이는 권력에 대한 강화, 봉쇄 그리고
전복에 대한 관점에서 신역사주의가 봉쇄에 중점을 두는 반면, 문화
유물론적 관점에서는 전복에 중점을 두는 것으로 나타난다.[62]

이와 같이 〈햄릿〉에 대한 다양한 관점[63]은 각 시대별로 다양한 공
연예술가들의 분석과 해석에 따라 새로운 시각에서 의미를 생산해내
고 있음을 보여주는 것이다. 또한 각각의 관점은 어떤 형태로든 동시
대의 공연예술가, 특히 연출가들의 햄릿의 분석이나 해체와 재구성은
물론 연출관점과 무대형상화 등에 영향을 주었다고 할 수 있다. 따라
서 이러한 관점이 시대적 특성과 배경에 따라서 공연과 연출가들에게
어떠한 영향을 주어 새로운 무대언어와 미학을 창출하고 있는지를
밝히는 것은 의미 있는 본고의 분석 작업이라 하겠다.

2. 텍스트 〈햄릿〉의 탄생 배경과 서구의 공연사적 흐름 고찰

본 장에서는 본격적으로 〈햄릿〉의 한국 공연사에 나타나는 다양한
공연예술가들에 의한 무대형상화 특성을 분석하기에 앞서 그 공연의
바탕이 되는 〈햄릿〉의 탄생 배경과 그 시대적 특성을 살펴보고자 한

---

62 Jonathan Dolimore and Alan Sinfield, eds., *Political Shakespeare: New Essays in Cultural Materialism,* Manchester University Press, 1985, pp.10~13.
63 본고에서 논의되는 공연예술가들의 다양한 관점은 오로지 공연미학적 관점에서만 논의하는 것을 원칙으로 할 것이다. 따라서 5, 60년대 이후 서구유럽과 미국 등지에서 등장하는 다양한 공연미학에 대한 정치적 시각과 평가는 논외로 하고자 한다.

다. 먼저 〈햄릿〉 탄생의 배경이 되는 영국에서의 르네상스와 시대적 특성을 살펴본 다음, 셰익스피어 비극텍스트 창작에 많은 영향을 미친 세네카의 비극과 동시대의 복수비극 특성을 분석한다. 그리고 〈햄릿〉 출판 및 보존에 대한 동시대적 상황을 고찰한다. 마지막으로 셰익스피어 생존 시기부터 20세기 중후반에 이르기까지의 〈햄릿〉 공연에 대한 개괄적인 흐름과 특성을 살펴봄으로써 한국 〈햄릿〉 공연사 연구 논의에 대한 연계성을 고찰하고자 한다.

1) 영국르네상스와 엘리자베스 1세 시대의 특성

르네상스[64]는 구체적으로 14세기 무렵부터 16세기에 걸쳐 일어난 그리스 로마의 고전문화의 부흥 그리고 그에 따른 인간중심적인 문화의 탄생을 의미한다. 이것은 의심할 여지없이 과거 이천년의 인류역사에서 가장 깊고 지속적으로 유럽인들의 정신을 장기간에 걸쳐 규정하고 이끌어온 시대이다. 그리고 중세에서 근세로의 전환이 일어난 것이 바로 이 시기라 여겨지고 있다. 아울러 20세기 초반에 이르기까

---

64 르네상스(Renaissance)는 '재생'의 의미를 지닌 말로써 어원은 라틴어 '레나스키 (renasci)'에서 파생된다. 1550년에 이탈리아의 지오르지오 바자리(Giorgio Vasari)가 『가장 뛰어난 화가, 조각가, 건축가의 생애(Delle Vite de' piu eccellenti Pittori, Sculttori ed Architettori)』라는 저서에서 처음으로 이 '르네상스-재생'이라는 용어를 미술사의 시대 구분의 의미로 사용한다. 아울러 괴테의『이탈리아 기행(Italienische Reise)』, 볼테르(Francois Voltaire)의 『제국민의 풍속과 정신에 관한 시론(Histoire des voyages de Scramentado écrite parlui-méme)』, 스탕달(Stendhal)의 『이탈리아 회화사(Histoire de la peinture en Italie)』 등에서 역시 그러한 의미로 예술의 양식에 대하여 사용된다. 그러나 미실레(J. Michelet)의 『프랑스사』에 이르러 비로소 16세기를 유럽 전체에 걸친 르네상스의 시기로 생각하게 되며, 야콥 브르크하르트(J. C. Burckhardt)는 여기에서 '세계의 발견', '인간의 발견'이라는 용어를 빌려 '르네상스'라는 개념을 결정적으로 시대와 문화의 개념으로 확장시켜 사용하게 된다. 야콥 크리스토프 브르크하르트, 정운용 역, 『이탈리아의 르네상스문화』, 을유문화사, 1983, 15~17쪽.

지 단순한 예술생활뿐만 아니라 정신적, 윤리적 생활 전체의 기초를 만들었다고 하겠다. 그러나 르네상스가 결코 14, 15세기에 갑자기 일어난 것이 아니라 긴 중세를 통하여 서서히 일어났다고 주장하는 견해가 있다. 이는 고전이 중세에 완전히 소실된 것이 아니라 기독교 속에 흡수되어 중세 요소의 중요한 요소의 하나가 되었다고 보는 것이라 할 수 있다. 이처럼 르네상스와 함께 근세가 시작된다는 견해는 논란의 대상이 되어 왔다. 그 경계의 구분을 논하는 것에 관계없이 중세나 바로크(Baroque)와 마찬가지로 복합적인 것이라 하겠다.[65] 따라서 오늘날의 사가들은 르네상스를 중세라는 한 시기의 황혼이자 근대라는 또 다른 시대의 여명기로서 그 속에 낡은 이념과 제도가 새로운 그것들과 공존하고 있던 시기로 평가하고 있다.

그러나 초기 르네상스에서 영국은 북구유럽이나 이탈리아, 프랑스에 비하여 뒤처진다. 영국의 르네상스가 헨리 7세(Henry Ⅶ 1485~1509) 통치 시기까지는 시작되었다고 보기 어렵다. 이것이 충분히 꽃피게 된 것은 엘리자베스 1세(Elizabeth Ⅰ) 시대 후기라고 할 수 있다. 고대의 부활이며 본질적으로 지적 재생이자 문예부흥운동인 르네상스는 이탈리아에서 시작되어 지적, 정신적 운동으로 인식되어 왔다. 그러나 영국에서는 북구의 다른 나라에 비하여 하나의 파생적 개념으로 통용되거나, 단순히 튜더(Tudor)왕조의 한 시대를 대변하는 것으로 인식된다. 영국의 역사에서 16세기는 위대한 한 세기였지만 그것을 르네상스 시대로 인식하기보다는 오히려 영국교회의 확립, 해상왕국으로서 영국의 탄생, 영국이 최초로 이룩한 거대한 경제적 발전과 튜더왕조의 제국적 감시하에 근대 영국이 형성되기 시작한 시대로 인식되

---

65 프리드리히 블루메, 편집부 역, 『르네상스와 바로크음악』, 삼호출판사, 1988, 12~17쪽.

어 왔던 것이다. 그러나 이탈리아에 대하여는 호의적인 시각으로 보았으며, 고전문화 특히 그리스, 로마문화의 재생적 힘은 의심하지 않는다.[66]

튜더 왕조의 첫 번째 통치자인 헨리 7세는 보스워스(Bosworth) 전투에서 폭군 리차드 3세(Richard Ⅲ)를 물리친 헨리 튜더(Henry Tudor 1457~1509)로서 30년이나 지속된 요크(York: 흰 장미) 가문과 랭카스터(Lancaster: 붉은 장미) 가문 사이에 벌어진 장미전쟁을 종식시키고 1485년 왕위에 오른 인물이다. 그의 조모 캐서린(Catherine)은 프랑스 찰스(Charles) 6세의 모친이다. 그녀는 헨리 5세(Henry Ⅴ)의 급작스런 사망으로 미망인이 된다. 그 후 왕의 의상 담당이던 오웬 튜더(Owen Tudor)와 비밀리에 결혼하여 에드먼드 튜더(Edmond Tudor)를 낳는다. 그가 후에 헨리 7세가 된 헨리 튜더의 부친이다. 헨리 7세로부터 시작된 튜더 왕조는 그의 둘째 아들인 헨리 8세(Henry Ⅷ, 1509~1547), 그다음은 에드워드 6세(Edward Ⅵ, 1547~1553), 메리 1세(Mary Ⅰ, 1553~1558) 그리고 엘리자베스 1세(1558~1603)로 모두 헨리 8세의 자녀들이며 3대에 걸쳐 유지된다. 이와 같은 튜더 왕조의 마지막 국왕인 엘리자베스 1세 시기는 16세기 영국의 정치, 종교적 상황을 마무리하는 시점이다. 헨리 8세는 왕비 캐서린(Catherine)과의 이혼 문제라는 정치적인 이유로 인하여 로마 교황의 내정 간섭을 거부하고 종교개혁을 시도한다. 또 메리여왕 시절에는 로마 교황과의 탈국교정책이라는 종교정책과 정치적 상황이 교차한다. 따라서 엘리자베스 1세 시기에 있어 정치와 종교의 중도주의 정책은 상호보완적인 관계를 보여준다. 이는 16세기 튜더 왕조의 전체에 걸쳐 진행된 정치와 종교문제가 광범위하고 포용

---

66 W. K. 퍼커슨, 진원숙 역, 『르네상스사론』, 집문당, 1991, 325~326쪽.

적인 정책으로 마무리되고 있음을 의미하는 것이다.[67]

　특히 엘리자베스 1세가 등극한 당시 국외로는 스페인의 필립 2세 (Philip Ⅱ)가 스코틀랜드의 메리 스튜어트(Mary Stuart) 여왕과 동맹을 맺고 위협한다. 또 국내로는 교회의 감독이나 교권이 하부로까지 영향을 미치지 못한다. 이런 상황에서 엘리자베스 1세는 정치와 종교를 통일시켜 왕권을 강화하고 외부세력으로부터 영국을 지키는 것을 중요시한다. 따라서 그녀는 에드워드 6세나 메리여왕 시기와 같은 극단적인 정책을 피하고 가톨릭과 프로테스탄트를 서로 절충하려는 포용정책을 펴게 된다.[68] 그러나 이러한 종교개혁 조치들은 영국이 유럽의 가톨릭 문명국가들인 이탈리아, 프랑스, 스페인 등과 단절되고 고립되는 것을 의미하는 것이다. 이와 같은 엘리자베스 1세의 통치는 나라를 통일하고 그녀의 존재는 눈앞에 보이는 가시적인 통일의 징조를 제시한다. 특히 1588년 로마교황의 명령을 받은 스페인의 필립 2세의 무적함대를 격파함으로써 그 기반을 더욱 공고히 하게 된다. 아울러 모험과 실험의 충돌, 학문과 문화에 대한 신념, 탐험, 무역, 사회생활 그리고 전쟁과 같이 엘리자베스 1세 시대를 특징 지워주게 되는 국가적 업적에 대한 긍지로 나타난다. 이러한 시대정신은 당대의 드라마와 서정시, 교육 등에도 영향을 준다. 15, 16세기 영국의 시와 읍 그리고 어느 정도 규모의 마을에는 학교가 설립되며, 엘리자베스 1세 시대에 이르러는 그 수가 300여 개에 달하게 된다.[69]

---

67 조정현, 「16세기 잉글랜드의 정치와 종교의 상호 관계성 연구」, 성공회대 석사학위논문, 2006, 52~56쪽.

68 최연제, 「16·17세기 영국 청교도 개혁사상 연구」, 장로회신학대 석사학위논문, 2000, 13~18쪽.

69 J. S. Smart, *Shakespeare: Truth and Tradition,* Clarenden Press, 1928, p.37.

셰익스피어의 고향 스트랫포드 온 에이본(Stratford on Avon)에 학교가 처음 지어진 것은 1427년경이다. 역대의 학교장 중에는 인근의 옥스퍼드(Oxford) 대학 출신들이 대부분이다. 그중 1477년부터 1478년까지 역임한 리처드 폭스(Richard Fox)는 옥스퍼드의 코퍼스 크라이스트(Corpus Christ)의 창설자이다. 이후 1569년에서 1571년 사이에 역임한 월터 로쉬(Walter Roche), 1571년에서 1575년 사이에 역임한 사이몬 헌트(Simon Hunt), 1575년에서 1579년 사이에 역임한 토마스 젠킨스(Thomas Jenkins) 등 모두 옥스퍼드 교수를 지낸 인물들이다. 이와 같은 학교의 교육은 주로 라틴어 문법을 주된 교육목표로 삼아 '문법학교(Grammer School)'로 불린다. 이 학교에서는 다양한 라틴 작가들의 문장과 내용을 분석 비교함으로써 학생들로 하여금 작문과 유창한 라틴어 회화능력을 키우도록 가르친다.[70] 반면 교과과정에 그리스어 교육이 있었으나 교회에서 외교와 법을 담당하는 유럽 전역의 관리들에 의하여 널리 사용된 라틴어와는 달리 효용가치를 잃은 죽은 언어로서 그리스어 교육은 저조하였다. 만약 셰익스피어가 여느 아이들처럼 7세에 스트랫포드의 '문법학교'에 다니고 마쳤다면 이들 세교장과 선생들의 지도로 그와 같은 교육을 받았을 것이다.

엘리자베스 1세의 시대는 정치, 종교, 사회 전반에 걸친 약 45년(1588~1603) 동안의 뛰어난 통치업적에도 불구하고 그녀가 확실한 후계자를 지명하지 못한다. 이러한 문제는 당대 귀족이나 기사 등과 같은 정치관계자들의 끊임없는 논란과 우려의 대상이 된다. 그 이유는 그녀의 사망 후 또 한 차례의 계승논란이나 내란 혹은 통치의 무정

---

70 Forster Watson, *The English Grammer Schools to 1660*, Farnk Cass & Ltd., 1968, pp.8~9.

부 상황이 될 가능성이 높았기 때문이다. 이러한 우려는 엘리자베스 1세가 1603년 3월 24일 사망하기 얼마 전 궁정신하들의 간곡한 소청으로 그녀의 후계자로서 정적이던 스코틀랜드 메리 스튜어트 여왕의 아들인 제임스 1세(James I)를 인정하고 이를 추밀원에서 추대함으로써 일단락된다. 그는 선대 엘리자베스 1세보다 더욱 열렬한 연극의 후원자가 된다. 셰익스피어는 이러한 튜더 왕조 마지막 격정의 시대를 장식한 엘리자베스 1세의 집정 초반부인 1564년 4월 23일 태어나, 스튜어트 왕조의 시작인 제임스 1세(1603~1625) 치하의 1616년 4월 23일 사망에 이르기까지 영국문화의 황금기를 대표하는 극작가로서 삶을 자리매김하게 되는 것이다.

2) 세네카의 비극과 엘리자베스 1세 시대의 복수비극

그리스비극을 직접 접할 수 없던 엘리자베스 1세 당대 극작가들은 로마시대의 비극작품 특히 세네카의 비극작품을 통하여 간접적으로 그리스 비극을 경험한다. 세네카가 남긴 글이나 비극작품들 중에 현존하는 것에는 다음과 같은 것이 있다. 즉 대화 혹은 회화식으로 쓰인 산문으로써 dialogi라고 명명된 도덕적이고 윤리적인 10여 종의 논설문과 네로황제에게 자비를 권유한 de Clementia와 7권으로 된 de Beneficiis 등이다. 또 자연현상과 과학지식에 관해서 쓴 글인 Naturales Quaestiones와 그가 은퇴 무렵인 서기 63년경 무렵부터 쓴 124개 서간문을 20권으로 구성한 Epitulas Morales가 있다. 그리고 마지막으로 운문으로 쓰인 비극작품들로서 Octavia을 그의 작품으로 보느냐 여부에 따라 아홉 혹은 열 개로 인정되는 작품들이 있다. 이와 같은 세네카의 비극작품의 필사본은 모두 400여 개가 존재한다.[71] 이들 중 11세기 이탈리아에서 만들어진 Codex Etruscuo, MS E, group E, Tradition E 또는 E로 불리는 필사본과 단순히 A라고 불리는 필사본 등이 중요시된다.[72]

세네카의 비극작품 중 네로황제 당시의 역사적 실존 인물을 등장인물로 한 옥타비아를 제외한 나머지 아홉 개 작품들은 모두 소재를 그리스 신화에서 가져온다. 세네카는 이 소재들을 극화하면서 타이어스티즈를 제외한 나머지 여덟 작품 중 다섯 작품을 에우리피데스(Euripides)의 비극에서 그 플롯을 차용한다. 그리고 소포클레스(Sophocles)의 작품에서 두 개, 아이스킬로스(Aeschylus)의 작품에서 한 개를 가져와 플롯의 바탕으로 삼는다. 이러한 세네카 비극작품들은 기본적으로 5막 구조와 프롤로그, 코러스, 혼령들과 초자연적인 요소들로 구성된다. 그리고 구체적인 극적 요소에는 고정적인 등장인물들, 독백과 방백, 언어의 대결, 과장된 장광설의 대사, 반복적인 어구의 사용, 복수, 선정주의, 주인공의 성찰과 복수지연, 금욕주의 사상 등이 있다. 아울러 그리스 비극에는 없는 장면과 요소들이 다수 나타난다. 특히 주인공들은 운명이나 정해진 신탁 등과의 투쟁보다는 자신들의 폭력적이고 선정적인 행동의 희생양이 된다. 세네카는 그리스 비극의

---

71 R. J. Tarrant ed., *Seneka: Agamemnon*, Cambridge University Press, 1976, pp.23~94 참고.

72 전자는 〈헤라쿨레스(Hercules)〉, 〈트로아데스(Troades)〉, 〈포에니사(Phoenssae)〉, 〈메데아 (Medea)〉, 〈페드라(Phaedra)〉, 〈외디푸스(Oedipus)〉, 〈아가멤논(Agamemnon)〉, 〈티에스테스(Thyestes)〉, 〈헤라쿨레스(Hercules)〉 등 9작품이 수록되어 있으며, 후자는 작품의 배열과 일부 명칭을 달리하여 〈헤라쿨레스 퓨렌스(Hercules Furens)〉, 〈타이어스티즈(Thyestes)〉, 〈테바이스(Thebais)〉, 〈히포리투스(Hippolytus)〉, 〈외디푸스(Oedipus)〉, 〈트로아스(Troas)〉, 〈메데아(Medea)〉, 〈아가멤논(Agamemnon)〉, 〈옥타비아(Octavia)〉, 〈헤라쿨레스 외테우스 (Hercules Oetaeus)〉 등 10작품이 수록되어 있다. L. D. Reynolds ed., *Texts and Transmission: A Survey of the Latin Classics*, Clarendon Press, 1983, pp.381~382.

성격과 신화 등을 이용함에 있어서도 거기에 자신만의 극의 목적과 해석, 가치관과 철학을 접목시켜 인간의 감정과 심리상태를 극화하는 독창성을 추구한다.[73]

세네카비극의 또 다른 주요한 특징의 하나는 격정이 이성과의 싸움에서 이김으로써 파국이나 재난이 닥치는 것이다. 다시 말해 타이어스티즈가 자식으로 만든 요리를 먹는 것, 히포리투스의 죽음과 페드라의 자살, 외디푸스가 자신의 눈을 찌르는 것, 메디아의 자식살해, 헤라클레스의 죽음 등은 그리스신화의 것과 유사하다. 그러나 여기서도 세네카는 등장인물들의 성격이나 태도를 변화시킴으로서 문제의 파국이나 재난의 충격이 더욱 강하게 표출하여 인간의 격정이 이성을 압도하는 극적인 면을 보여주기도 한다.[74] 악이 선을 압도할 수는 있어도 진정한 의미에서 정복이나 승리는 있을 수 없다는 세네카비극의 도덕적 의미는 후대 특히 셰익스피어의 작품을 비롯한 〈골보덕 (Gorboduc 또는 Ferrex and Porrex)〉, 〈스페인 비극(The Spanish Tragedy)〉 등 영국르네상스 시대의 비극에 큰 영향을 준다.[75]

세네카의 비극작품들은 위기 혹은 자각을 기점으로 시작되는 것이 통상적인 구조이다. 1막은 막 지나간 위기를 회상하면서 장차 닥치게 될 무엇인가에 대한 예측을 보여준다. 2막은 주인공의 복수계획과 그것을 그의 심복들과 의논하는 부분을 다루고 있다. 따라서 극의 액션

---

73 Norman T. Pratt, *Seneca's Drama,* The University of North Carolina Press, 1983, pp.77~78.

74 Niall Rudd, *Essays on Classical Literature Selected from 'Arion' with an Introduction*, Hefffer, 1972, pp.449~455.

75 J. Leeds Barroll ed., *Shakespeare Studies*, The University of South Carolina Press, 1974, pp.1~2.

은 2막에서 시작된다. 3막에서는 주인공과 상대방 적수가 대결하는 것이 나타난다. 4막에서는 파국이 어떻게 될 것인가를 구체화시킨다. 그리고 5막에서는 파국이 초래한 결과를 적나라하게 표현하는 것으로 마무리된다. 그러나 이러한 5막 구조는 그리스비극에서 이미 사용되고 있으며 로마시대의 시인인 '바로(Marcus Terentius Varro, BC116~BC27)'가 보편화 시킨다. 또 '호라스(Quintus Horatius F. Horace, BC65~BC8)'에 의해 고정된 규칙으로 구체화된다. 분명한 것은 세네카의 비극작품 중 〈테바이스〉와 〈옥타비아〉를 제외한 모든 작품이 5막 구조로 되어 있다는 것이다. 이러한 부분 역시 16세기 영국의 르네상스 시기의 비극작가들에게 영향을 주었을 것으로 상정된다.[76]

초기 영국의 고전적 비극작품에는 두 가지의 공통된 특징이 있다. 첫째는 모두 한 사람 이상의 작가들에 의해서 쓰인 것이며, 두 번째는 모두 무언극을 극중에 가지고 있다는 점이다. 이러한 무언극은 1561년에 세네카의 비극에 영향을 받아 토마스 노턴(Thomas Norton, 1532~1584)과 토마스 샤크빌(Thomas Sackville, 1536~1608)에 의해 공동 창작된 영국 최초의 극작품인 〈골보덕〉에 처음 등장한다. 이러한 부분의 중요한 의의는 비록 소재는 영국의 역사에서 가지고 왔으나 이 작품 이후 무언극이 영국의 비극작품들의 필수적인 요소가 된다는

---

76 세네카 비극의 또 다른 특징 중 하나는 혼령이나 초자연적인 요소들이 등장인물로 나타나는데, 혼령의 경우 〈타이어스티즈〉의 탄타루스(Tantalus)의 혼령, 〈아가멤논〉의 타이어스티즈의 혼령, 〈옥타비아〉의 아그리피나의 혼령 등이 그것이다. 이 혼령이나 초자연적인 요소들은 대부분 액션에는 참여하지 않으나 유기적인 극적 역할을 함으로써 코러스와는 달리 극적 중요성을 지니고 있다. 즉 혼령의 경우 독백이나 유사한 대사로써 피의 복수를 주장하곤 하는데, 이렇게 복수를 호소하는 혼령의 등장 역시 16세기 영국 극작가들에게 강한 영향을 준 요소들 중의 하나라 하겠다. J. W. Cunliffe, *The Influence of Seneca on Elizabethan Tragedy*, Macmillan, 1893, pp.44~45.

점이다. 이러한 과도기적인 초기 비극작품들은 궁전이나 대학 등의 사적인 무대에서 공연된다. 그 이유는 법학을 공부하는 학생들이 여왕이나 학생들을 위해서 쓴 것으로서, 일반 대중을 위해서 쓴 작품이 아니기 때문이다. 그러나 이 극작품들은 영웅적 전통을 지닌 대중극이자 세네카적인 고전비극 요소가 복합적으로 가미된 것이 대부분이었다.

엘리자베스 1세 시대에 유행하던 연극형태인 복수극을 이해하기 위해서는 그 당시의 법의식을 이해하는 것이 유용할 것으로 판단된다. 당시 대중들은 살인을 오늘날과 다르게 인식한다. 살인이란 분별력 있는 성인이 정상적인 상황에서 스스로 살해 상대에 대한 악의를 가지고 불법으로 사람을 죽이는 행위로 여긴다. 튜더 왕조 시대의 복수는 개인적인 폭력으로 규정되고 있다. 또 복수를 금지하는 법이 있으나 피해자는 이를 무시하고 피의 복수에 대한 의지를 공공연하게 실천에 옮긴다. 이러한 현실과 더불어 세네카의 비극작품에 영향을 받아 유행하던 복수극은 일반적으로 등장인물이 현실이나 상상에 의하여 피해를 보았다는 판단과 이에 대한 복수를 다루는 연극으로써 '피의 비극' 혹은 '유혈비극'으로 불리기도 한다.[77] 이러한 복수극의 특징은 유혈비극으로써 그것의 주된 액션은 복수의 진전을 통하여 살인자의 죽음과 복수자 자신의 죽음을 초래한다는 것이다.[78] 또 다른 특징은 살해당한 인물의 혼령이 나타나서 재난이나 복수를 예고하거나 요구한다. 그리고 복수자의 주저하는 심리나 지연 그리고 복수자의

---

77 M. H. Abrams, *A Glossary of Literary Terms*, Rine hart and Winston, 1981, pp.203~204.
78 A. H. Thorndike, *The Relations of Hamlet to Contemporary Revenge Plays*, Publications of the Mordern Language Association of America, 1902, pp.125~126.

위장이나 실제적 광중이 나타나는 점이다.[79]

　이처럼 세네카 비극들의 특징들은 직간접적으로 엘리자베스 1세 시대의 비극들에 영향을 준다. 토마스 키드(Thomas Kyd, 1558~1594), 셰익스피어, 존 마스턴(John Marston, 1575~1634), 크리스토퍼 말로우 (Christopher Marlowe, 1564~1593), 존 웹스터(John Webster, 1575~1634), 시릴 터너(Cyril Tourneur, 1575~1626) 등 당대의 극작가들은 그들만의 독창적인 방식으로 세네카의 비극을 수용하고 자신만의 복수극으로 발전시킨다. 이들 중 특히 셰익스피어는 직접적으로 세네카를 모방하지 않는다. 일반적으로 세네카의 비극작품에는 액션이나 성격의 발전에 정규적인 극적 발전이 없다. 그러나 셰익스피어의 천재적인 창의력은 세네카적인 요소와 고유한 전통을 조화시킨다. 또 존엄한 것에 우스운 것을 섞어 긴장을 풀어주는 희극적 장면을 도출해 낸다.[80] 이를 통해 창조적이며 독창적인 엘리자베스 1세 시대 최고의 복수비극 〈햄릿〉을 창출하게 되는 것이다.

3) 셰익스피어의 〈햄릿〉과 첫 이절판(First Folio)

　셰익스피어 4대 비극 중 최고의 걸작인 〈햄릿〉의 완전한 제목은 〈덴마크 왕자, 햄릿의 비극적 이야기(The Tragical History of Hamlet, Prince of Denmark)〉이다. 〈햄릿〉의 최초 자필 원고가 완성된 것은 1601년으로 상정된다. 1602년 7월 26일에 당국에 등록하고[81] 1603년

---

79 Felix E. Schelling, *Elizabethan Drama 1558~1642,* Archibald Constable&Co. Ltd., 1908, pp.553~554.

80 Frederick S. Boas, ed., *The works of Thomas Kyd,* Clarendon Press, 1955, pp.128~130.

81 Edward Aber, ed., *A Transcript of the Registers of the Company of Stationers of London, 1554~1640,* privately printed, 1875~1894, vol.3 in 5 volumes, p.212.

에 최초 사절판(Bad Quarto-Q1)이 단행본으로 출판된다.[82]

셰익스피어는 그가 학교 시절에 배운 세네카의 작품들과 엘리자베스 1세 시대 유행한 세네카 유형의 비극들 특히 〈햄릿〉의 경우 동시대 작가 중 한 사람인 토마스 키드의 비극작품에서 많은 영향을 받은 것으로 보인다.[83] 〈스페인 비극〉은 주제가 아버지가 죽은 아들을 위해 복수하는 것이다. 역시 그의 작품으로 추정되고 있으나 현존하지 않는 Ur-Hamlet(early Hamlet, earlier Hamlet 또는 original Hamlet)은 아들이 아버지의 원수에게 복수하는 것이 주제이다. 이와 더불어 덴마크 역사가 삭소 그라마티쿠스(Saxo Grammaticus)에 의해 1200년경 기록되고, 1514년에 출판된 『덴마크 역사(Historia Danica)』는 〈햄릿〉의 이야기 출전으로 알려져 있다. 그 내용은 어느 덴마크 왕이 형제에 의해 살해된다. 그 형제는 형의 부인 '게루다(Gerutha)'와 결혼한다. 그녀의 아들인 '암레스(Amleth)'는 복수할 계획을 세우고 그동안에 미친 척 가장한다. '암레스'는 그를 염탐하는 궁정대신을 살해하고 추방되나, 다시 돌아와 복수를 한다는 것이다. 그러나 이 책을 1570년 불어로 번역한 프랑소아 벨레포레스트(François de Belleforest)의 『비극의 역사(Histoires Tragiques)』가 1608년까지는 영어로 번역되지 않는다. 따라서 그 내용을 직접 차용했다고 보기 어려우며 불어번역본에서 간접적인 영향을 받았을 것으로 상정된다.[84] 그러나 극적 요소들 중 '유령'의

---

82 R. B. McKerrow, *The relationship of English Printed Books to Author's Manuscripts in the Sixteenth and Seventeenth Centuries Sandars Lectures,* Cambridge University Library, 1928, p.301.

83 T. S. Eliot, *Shakespeare and the Stoicism of Seneca,* The Shakespeare Association Publications, No.13, Oxford University Press, 1927, pp.6~7.

84 이대석, 「셰익스피어 극의 이해」, 한양대학교 출판부, 2002, 102~103쪽.

문제는 위의 두 저서 어디에도 나타나있지 않다는 점에서 〈햄릿〉의 유령은 세네카의 비극에서 영향을 받은 것으로 보인다.

이러한 영향 중 현존하지 않는 Ur-Hamlet에 대한 존재 여부와 작가에 대한 논의는 동시대 '대학 재사(The University Wits)'인 토마스 네쉬(Thomas Nashe)가 쓴 로버트 그린(Robert Green)의 Menaphon(1589) 서문에 기고한 글에 언급되고 있다. 그는 당시 유행하던 복수비극을 세네카의 영역본[85] 즉 세네카의 비극을 무조건으로 모방하여 Ur-Hamlet과 같은 폭력과 유혈이 낭자한 저급한 비극을 만들어내고 있으며, 이런 세네카의 추종자들이 토마스 키드의 유형을 따르고 있다고 비난한다.[86] 이러한 비난은 '대학재사' 출신인 내쉬나 그린 등이 '문법학교(Grammar School)' 출신인 키드가 Ur-Hamlet과 〈스페인 비극〉으로, 세익스피어가 자신의 비극작품으로 대성하는 것에 대한 반감에서 나온 것으로 판단된다. 또 다른 공연에 대한 것으로서 1594년 6월 11일 뉴잉턴 버트(Newington Butts) 극장에서 새로운 작품이라는 표시가 되어 있지 않는 〈햄릿〉이 공연된다. 이후에도 몇 번의 〈햄릿〉 공연이 언급되고 있다는 점에 미루어 그 Ur-Hamlet의 존재가 상정되고 있는 것이다.[87]

---

85 제스퍼 헤이우드(Jesper Heywood)를 비롯한 대부분 영국의 세네카 번역자들은 세네카의 비극 열 작품이 수록되어 있는 필사본 A를 바탕으로 번역하였으며, 1559년 〈트로아스〉가 최초로 번역되고 1560년대에는 〈테바이스〉를 제외한 모든 작품이 영역되어 나왔다. 그리고 1581년 토마스 뉴튼(Thomas Newton)이 〈테바이스〉를 번역하여 기존에 번역된 아홉 개 번역본을 합쳐 세네카 전작품의 완역본으로 합쳐 출판하게 된다. Charles Whibley, ed., *The Tudor Translations Second Series,* Constable and Co. Ltd., 1927 참고.

86 G. B. Harrison, ed., *The Reprint Series of The Bodley Head Quartos*, The Bodley Head Ltd., 1923, pp.45~46.

87 E. K. Chamber, *William Shakespeare: A Study of Facts and Problems*, the Clarendon

　　이와 더불어 셰익스피어가 배우였다는 점 역시 확실해 보인다. 동
시대 작가인 벤 존슨(Ben Jonson)의 두 작품 〈10인 10색(Every man in
His Humour, 1598)〉과 〈시제이너스(Sejanus, 1603)〉의 배우 목록에 셰익
스피어의 이름이 들어 있다. 또 벤 존슨의 1623년에 최초로 나온 첫
이절판(First Folio) 전집에 들어 있는 '중심 배우들(Principal Players)'의
명단에도 셰익스피어의 이름이 들어 있다. 또한 자신의 작품인 〈햄
릿〉에서 '유령' 역을 훌륭하게 소화하고 있으며, 〈뜻대로 하세요(As
you like it)〉에서는 '아담(Adam)' 역을 맡았다고 전해진다. 그러나 그의
극작활동은 1591년부터 시작한 것으로 보이며, 배우활동은 1592년부
터인 것으로 추정하고 있다.[88] 셰익스피어가 제일 먼저 어느 극단에서
작업을 시작했는지는 알 수 없다. 그러나 1592년에서 1594년까지 3~4
개의 극단을 위해 자신의 첫 작품을 썼다. 그리고 1594년부터는 나머
지 그의 전 생애를 함께한 극단인 '챔벌레인 경의 남자들(The Lord
Chamberlain's Company 또는 Men)'을 위해서만 작품을 쓴다. 1603년 엘
리자베스 1세 여왕이 사망 이후 제임스 1세가 후원자가 되면서 극단
명칭은 '군주의 남자들(King's Men)'으로 바뀐다.

　　1593년은 런던에서 유난히 악성 전염병인 흑사병이 만연하여 거의
모든 극장이 문을 닫는다. 극단은 지방 공연을 떠나거나 한동안 공연
이 중단된다. 이 시기에 셰익스피어는 주로 시에 대한 작업을 한 것으
로 보인다. 1593년에 사우쌤튼(Southamton)의 백작 헨리 리슬리(Henry
Wriothsly)라는 젊은 귀족에게 헌정한 〈비너스와 아도니스(Venus and
Adonis)〉와 1594년도에는 〈루크리크의 치욕(The Rape of Lucrece)〉이라

Press, 1930, pp.411~412.
88 M. M. Badawi, *Background to Shakespeare,* The Macmillan Press Ltd., 1981, pp.19~20.

는 두 편의 긴 설화시를 발표한다. 이 중 〈비너스와 아도니스〉는 그가
자필 서명한 최초의 작품이며 시인으로서 그의 명성을 확고히 한다.
이 두 작품은 그의 생전에 여러 판이 거듭 출판된다. 이후 그는 4,
5년간에 걸쳐 소네트(Sonet)를 지속적으로 쓴 것으로 상정된다. 현존
하는 가장 오래된 소네트 출판본은 1609년에 나온 것으로서 이미 당
시 필사본으로 알려진 것이다. 이와 같은 두 편의 설화체 시와 소네트
그리고 존 실리스버리 경(Sir John Salisbury)에게 헌정한 〈불사조와 산
비둘기(The Phoenix and the Turtle, 1601)〉라는 짧은 시 등은 그의 희곡
작품에서 볼 수 있는 운문 시 이외의 유일한 작품들이다.[89]

  엘리자베스 1세 시대의 영국에서 작가의 극작품이 인쇄되어 출판
되는 과정을 알아보는 것은 현존하는 셰익스피어의 극작품들을 이해
하는 데 도움이 될 것으로 판단된다. 당대의 극장 주인들은 대부분
배우들이다. 몇 사람의 배우가 공동 투자하여 극장을 짓거나 빌려서
공연하고 그 공연 수입을 그들이 투자한 비율에 따라 배분하는 방식
이다.[90] 이러한 배우들은 당시에 '대표하는 배우(A Leading actor)', '중요
한 배우(Principal actor)' 또는 '중요한 연기자(Principal player)'라고 불린
다. 그러나 경우에 따라 필요한 배역을 위하여 도우미 역할을 하는
사람들을 고용하는데 이들은 '견습배우(Hirelings)'라고 부른다.[91] 따라
서 '연기자'라고 하면 항상 주요 역할을 하는 '중요한 연기자'를 의미하
는 것이다.

  셰익스피어 당시의 극작가와 출판 판권에 대한 관례를 보면 극작

---

89 M. M. Badawi(1981), ibid., pp.20~21.

90 H, Granville-Baker & G. B. Harrison, ed., *A Companion to Shakespeare Studies*,
   Cambridge University Press, 1977, pp.10~13.

91 op.cit., pp.35~37.

가가 자신의 자필 원고를 극단에 넘기면 그때부터 그것의 모든 판권
은 극단의 소유가 된다. 따라서 작가는 그 작품의 출판에 관여하지
않는 것이 상례였다. 극작가 역시 자신의 작품이 인쇄되고 활자화되
는 것에 무관심했던 것으로 보인다. 특히 셰익스피어의 경우 유난히
그것이 심하다. 그는 자신의 극작품의 인쇄 원고나 그것의 어느 중판
에도 자구의 가감이나 수정하는 등 텍스트 본문에 손을 댄 흔적이
없는 것으로 알려지고 있다. 이는 중판 이상에 들어 있는 어떤 자구나
행의 변형도 작가와는 전혀 관련이 없다는 것을 상정케 하는 것이다.
또 당시에는 시의 창작과 달리 극작품에 대해서는 진정한 의미의 창
작 활동으로 보지 않는 풍조와 천시하는 경향이 만연한다. 그것은
셰익스피어가 자신의 어느 극작품에도 자필 서명을 한 적이 없다는
사실에서 분명히 드러난다. 즉 유일한 서명이자 자신의 최초 작품이
라고 한 1593년에 출판된 첫 시집 『비너스와 아도니스』에서만 자필서
명을 하고 있음에서도 여실히 나타나고 있는 것이다. 또 셰익스피어
가 사망 후 극단의 옛 동료인 존 헤밍스와 헨리 콘델은 윌리엄 허버트
(William Herbert)와 필립 허버트(Philip Herbert) 두 형제 귀족에게 바친
첫 이절판 전집[92]의 헌정사에서도 그 전집에 실린 셰익스피어의 극작
품들을 두 번씩이나 '하찮은 것(trifles)'이라고 지칭하고 있는 데서도
알 수 있다. 이와 같은 당시의 극작품에 대한 경향을 가장 잘 보여주는
인물이 토마스 보드레이(Thomas Bodley)이다. 그는 옥스퍼드 대학에

---

92 셰익스피어의 유언에 따라 기증된 금가락지와 265.8파운드의 유산을 가지고 존 헤밍
스(John Hemings)와 헨리 콘델(Henry Condell)이 1623년 편찬한 이 최초 이절판 전집
에는 그의 극작품 37편과 두 편의 장시-〈비너스와 아도니스〉, 〈루크리크의 치욕〉,
소네트 154편 그리고 기타 시 67편 등이 실려 있다. 한명남, 『셰익스피어와 햄릿』,
중앙대학교 출판부, 1997, 35~36쪽.

보드레안 도서관(Bodleian Library)을 1602년 11월 8일에 개관한다. 그
는 보드레안 도서관 같은 고상한 도서관에는 극작품 같은 쓸모없는
책들을 넣으면 안 된다고 주장한다. 또 1610년에 서적조합(Stationer
Company)과 맺은 협정에 따라 영국에서 출판되는 모든 책을 한 권씩
기증받도록 되어 있었다. 그러나 그의 생존 시 단 한 권의 극작품도
소장하지 않는다. 1620년에 발간된 보드레안 목록(Bodleian Catalogue)
에도 셰익스피어의 극작품은 단 한편도 들어 있지 않다는 사실에서도
알 수 있다.[93]

셰익스피어의 극작품 '자필 원고'가 탈고되어 극단에 넘어가면, 극
단에서는 먼저 필경사로 하여금 그의 자필 원고를 베껴 정서한 필사
본을 만든다. 이 필사본은 공연허가를 받기 위해 당국에 제출된다.
그 이유는 당시 1606년 5월 27일 자로 제정된 관련법인 '배우활동에
대한 제한 법령(Act to Restrain Abuses of Players)'에 저촉되는 하나님이
나 예수에 대한 신성모독적인 내용여부를 검열하기 위함이었다. 이러
한 검열이 끝나면 검열필 직인을 찍어 주는데 이 과정에서 '필사본'의
텍스트 본문이 잘리거나 수정되는 경우도 있다. 또 검열필 직인이
찍힌 이 '필사본'은 '무대공연용 대본'으로 사용한다. 이는 다시 검열을
받을 필요 없이 재사용이 가능하였으므로 극단에게는 귀한 재산목록
이 되는 것이다.[94] 따라서 한 작가의 동일한 극작품의 텍스트가 두
가지로 늘어나게 된다. 아울러 셰익스피어의 텍스트 변형과정에서 상
정되는 또 다른 사실 중 하나는 당시 전염병인 흑사병이 만연하여
런던의 극장들이 폐쇄되고 극단들이 지방 순회공연을 가게 되는 일이

---

93 G. W. Wheel ed., *Letters of Sir Thomas Bodley to Thomas James*, 1926, pp.220~221.
94 E. K. Chambers, *The Elizabethan Stage*, Clarendon Press, 1967, pp.338~339.

종종 발생한다. 이때 극단들은 런던에서 미리 챙겨오지 못한 작품의
대부분을 단원들의 기억으로 재구성한다. 설사 가져온 대본들도 지방
공연 시에는 그 지역 관객들의 취향과 수준에 맞추어 텍스트의 내용
을 가감한다. 여기서 같은 작가의 극작품에 또 다른 '이본 필사본'이
생긴다. 그리고 그것들이 불법 유출되거나 인쇄되어 저질 첫 사절판
인쇄본(Bad First Quarto-Q1)과 공연텍스트가 되는 것이다.[95]

　이와 같은 셰익스피어 작품의 '자필 원고'와 '필사본 원고', '인쇄본
원고' 등이 현존하지 않는 상황에서 셰익스피어 텍스트에 대한 작가의
'자필 원고'에 가장 근접한 텍스트를 확립하고자 하는 노력은 1892년
영국 런던에 서지학회(The Bibliographical Society)가 창립되면서 시작된
다. 20세기 중반까지 알프레드 폴라드(A. W. Pollard)[96], 로날드 멕케로
우(R. B. Mckerrow)[97], 월터 그레그(W. W. Greg)[98] 등을 중심으로, 20세

---

95 그중 대표적인 것에는 〈헨리 6세 2부〉(1594), 〈헨리 6세 3부〉(1595), 〈로미오와 줄리
엣〉(1597), 〈리처드 3세〉(1597), 〈헨리 5세〉(1600), 〈윈저의 유쾌한 아낙들〉(1602), 〈햄
릿〉(1603), 〈리어왕〉(1608), 그리고 〈리처드 2세〉(1608), 〈페리클리즈〉(1609)〉 등의 첫
사절판 즉 저질 첫 사절판로 불리는 판본들이 그것이다. 이러한 저질 판본들은 권위가
거의 없는 것이며, 첫 이절판 발행 시에도 모두 배제되어 일체 인쇄에 사용하지 않은
것으로 밝혀졌다. Kenneth Muir & S. Shoenbaum, *A New Companion to Shakespeare
Studies*, Cambridge University Press, 1971, pp.226~229.

96 Alfred. W. Pollard, *Shakespeare Folios and Quartos: A Study in Bibliography of
Shakespeare's Plays 1594~1685,* Methuen, 1909; Alfred. W. Pollard, *A New Shakespeare
Quarto*, Bernard Quaritch, 1916; Alfred. W. Pollard, *Shakespeare's Fight with the Pirates
and the Problems of the Transmission of his Text*, Cambridge University Press, 1917.

97 Ronald. B. Mckerrow, *A Dictionary of Printers and Booksellers in England, Scotland,
Ireland and of Foreign Printers of English Books, 1557~1640*, the Bibliographical
Society, 1910; Ronald. B. Mckerrow, *An Introduction to Bibliography for Literary
Students*, the Clarendon Press, 1927; Ronald. B. Mckerrow, *Prolegomena for the Oxford
Shakespeare: A Study in Editional Method,* the Clarendon Press, 1939.

98 Walter. W. Greg, *1623~1923 Studies in the First Folio for the Shakespeare Association*,
Milford, 1924; Walter. W. Greg ed., *Shakespeare Quarto Facsimiles: No. 4. Hamlet,
1604~5*, the Clarendon Press, 1940; Walter. W. Greg, *The Editorial Problem in*

기 후반에는 월커(A. Walker)[99], 바우워(F. Bowers)[100], 힌만(C. Hinman)[101] 등을 중심으로 눈부신 발전을 거듭한다. 〈햄릿〉을 비롯한 모든 셰익스피어의 텍스트를 확립하기 위한 노력의 궁극적인 목표는 '비평판(Critical Edition)' 중에서도 작가의 '자필 원고'에 가장 근접한 '결정판(Definitive Edition)'을 내는 것이다. 이와 같이 모든 셰익스피어의 결정판들은 작품들의 모든 자구와 구두점을 포함한 변형과 와전 등과 같은 난제들이 텍스트 바탕이론과 정정방식에 따라 정립된다. 아울러 이 텍스트에 대한 주석이나 대교주석, 즉 '본문비평자료(Appartus Criticus)'를 부여함으로써 셰익스피어 텍스트의 '비평판'을 얻게 된다. 따라서 '결정판'으로 인정받게 되는 것은 현재까지 인정되고 있는 방법론에 의해 정정 확인된 부분과 이 텍스트에 대한 충분한 주석 그리고 이들의 상호관계와 권위에 대한 분석 등 이 세 가지의 요건이 완벽하게 이루어진 경우이다.[102] 따라서 '결정판'이란 작가의 의도를 현존하는 증거를 통하여 충실히 재생한 것이다.[103] 이것은 현존하는 가장

Shakespeare: A Survey of the Foundation of the Text, the Clarendon Press, 1942; Walter. W. Greg ed., *Shakespeare Quarto Facsimiles: No. 7. Hamlet, 1603,* the Clarendon Press, 1951; Walter. W. Greg, *The Shakespeare First Folio: Its Bibliographical and Textual History*, the Clarendon Press, 1955.

99 A. Walker, *Textual Problems of the First Folio: "Richard Ⅲ", "King Lear", "Troilus and Cressida", "2 Henry Ⅳ", "Hamlet", "Othello",* Cambridge University, Press, 1953.

100 F. Bowers, *Principles of Bibliographical Description,* Princeton University Press, 1949; F. Bowers, *On Editing Shakespeare and the Elizabethan Dramatists,* University of Pennsylvania Libraries, 1955; F. Bowers, *Bibliography and Textual Criticism,* the Clarendon Press, 1964; F. Bowers, *Essays, Text and Editing,* The University Press of Virginia, 1975.

101 C. Hinman, *The Printing and Proof-Reading of the First Folio of Shakespeare*, Oxford the Clarendon Press, 1963; C. Hinman ed., *The Norton Facsimile: The First Folio of Shakespeare*, Paul Hamlyn, 1968.

102 F. Bowers, *The Bibliographical Society of America 1904~1979: A Retrospective Collection,* The University Press of Virginia, 1980, pp.528~538.

권위 있는 인쇄본들인 Q1, Q2, F1 등 초기 셰익스피어 텍스트 인쇄판 본과는 비교가 되지 않을 정도로 본래 작가의 '자필 원고'에 가장 가깝고 올바른 텍스트를 보여주게 된다. 결론적으로 〈햄릿〉의 '비평판' 내지 '결정적 비평판'[104]은 인쇄 원본의 오식을 제거하고 와전 등을 정정하여 작가의 최초 '자필 원고' 텍스트에 가장 근접한 〈햄릿〉으로 탄생하게 되는 것이다.

4) 텍스트 〈햄릿〉의 서구 공연사적 흐름 분석

셰익스피어가 최초로 소속되었던 극단인 Lord Chamberlain Company(또는 Men)가 공연하던 글로브 극장 주변에는 대중적 오락인 동물들의 싸움을 시연하는 '베어가든(Bear garden)'이 병존한다. 이런 주변 여건으로 인하여 〈햄릿〉 공연 시 동물들의 비명소리와 관객들의 환호성이 뒤섞인 상황에서 공연이 진행된다. 당시 관객들은 공연을 보면서 자유롭게 음식과 음료를 먹고 마시며 배우들의 연기에 환호와 야유를 보낸다. 또 배우들의 화려한 의상과 다양한 음악은 대중적인 오락으로 인식된다. 아울러 배우의 연기가 마음에 들지 않을 경우 무대 위에 올라가 논쟁을 벌이는 관계로 공연이 중단되기도 한다.[105] 이에 본 장에서는 〈햄릿〉 자필 원고가 완성된 1601년 이후 20세기 중후반까지 무대화된 수많은 〈햄릿〉 공연들 가운데 시대별로 대표적

---

103 op.cit., p.523.

104 〈햄릿〉의 대표적인 '결정적 비평판'으로 인정받고 있는 판본들: J. Dover Wilson ed., *The New Shakespeare: Hamlet*, Cambridge University, Press, 1934; G. L. Kittredge ed., *Hamlet*, Ginn and Company, 1939; G. B. Evans ed., *The Riverside Shakespeare*, Houghton Mifflin, 1974; Harold Jenkins ed., *The Arden Shakespeare: Hamlet*, Methuen &Co. Ltd., 1982.

105 한영림, 『셰익스피어 공연무대사』, 도서출판 동인, 2007, 78~79쪽.

인 공연을 선별하여 그 흐름의 특징을 개괄하고자 한다.

먼저 셰익스피어는 생존 당시 최고 배우였던 리처드 버비지(Richard Burbage, 1568~1619)를 모델로 〈햄릿〉의 비극적 주인공을 설정한다. 따라서 그가 최초로 보여준 햄릿 연기는 누구도 흉내 낼 수 없는 독창적인 것이다. 그의 목소리는 청중을 끌어드리는 엄청난 흡인력으로 관객의 인기를 독차지한다. 그 이유는 당시 공연에서 중요한 것은 시각적인 몸동작이 아니라 대사를 관객에게 얼마나 감동적으로 전달할 수 있느냐 여부에 달려 있었기 때문이다. 따라서 1619년 버비지의 급작스런 죽음은 자신만의 독창력으로 공연을 이끌던 정통적인 〈햄릿〉 공연의 막을 내리는 것을 의미하는 것이다. 이후 1620년대 스튜어트 왕조 시기의 〈햄릿〉 공연은 등장하는 주요 배역을 고르게 분배하여 앙상블을 추구하는 형태의 공연으로 변화되기에 이른다. 한편 1645년 찰스 1세(Charles Ⅰ, 1600~1649)의 재정적 파산으로 셰익스피어의 왕립 소속 극단인 'King's Men'은 해체되고, 크롬웰(Oliver Cromwell, 1599~1658)의 청교도 혁명과 공화정으로 인해 공연전통의 단절이 지속되면서 셰익스피어 시대의 공연방식은 그 맥이 끊어지게 된다.[106]

그러나 1660년 왕정이 복고되자 다시 무대공연을 재개한 배우들은 이전의 방식대로 공연을 하게 된다. 비버지 사후 그의 역할을 이어받은 존 로윈(John Lowin, 1576~1653)과 죠셉 테일러(Joseph Taylor)는 과거의 공연형태를 유지한다. 또 이 극단의 공연방식을 기억하고 있던 토마스 킬리그루(Thomas Killigrew, 1612~1683)의 'King's Company'와 윌리엄 데이브넌트(Sir William Davenant, 1606~1668)의 'Duke of York's Company' 등이 극단운영에 대한 특허권을 왕으로부터 허가받음으로

---

106 위의 책, 110~114쪽.

서 셰익스피어 공연의 전통을 이어간다. 이들 중 킬리구르의 극단은 청각효과를 강조하여 배우의 목소리와 대사전달에 의한 전통방식을 중시한다. 반면 데이브넌트의 극단은 당시 유럽에서 유행하던 스펙터클한 무대효과 기법을 도입한다. 또 자연스럽게 장면을 전환할 수 있는 기계장치를 처음 사용함으로써 공연에 혁신을 일으켜 흥행에서 성공을 거둔다. 특히 데이브넌트는 데이비드 게릭(David Garrick, 1717~1779)이라는 배우가 등장하기 전까지 왕정복고기 최고의 배우였던 토마스 베터튼(Thomas Betterton, 1635~1710)에게 셰익스피어식 연기를 전수한다. 그는 계산된 섬세함은 부족하나 햄릿의 살아있는 젊음을 표출하면서 독창성을 지닌 적절한 품격과 자세 그리고 음색을 구사할 수 있도록 지도하여 원래 공연에 가장 근접한다.[107] 특히 햄릿 역할의 베터튼이 아버지 유령을 보고 놀라서 의자를 넘어뜨리는 연기는 이후 1세기가 넘도록 하나의 전통으로 전수된다.[108]

1742년 오필리어(Ophelia) 역의 페그 보핑턴(Peg Woffington)과 함께 햄릿 역할로 런던 공연무대에 데뷔한 데이비드 게릭은 1776년 그가 은퇴할 때까지 이 역할을 지속적으로 연기한다. 특히 유령과의 조우 장면에서 검은 의상을 입은 채 홀로 등장해 불쌍한 선왕에 대해 한탄과 함께 과장된 동작을 사용한다. 또 재빠른 동작으로 뒤로 돌아가 관객의 뒤쪽에서 나타나거나, 호레이쇼가 무대 오른쪽을 향해 '오 왕이시여'라는 대사를 외치면 '선왕의 유령'은 이미 무대 위에 등장하여 관객을 놀라게 하는 수법을 쓰기도 한다. 또한 유령이 사라진 뒤에도 햄릿은 계속에서 무대 위에 남아 유령이 사라진 방향을 아무런

---

107 Stanley Wells, ed., *Shakespeare in the Theatre,* Oxford University Press, 2000, p.18.
108 한영림(2007), 앞의 책, 146쪽.

동작 없이 바라보는 연기로 관객의 열렬한 호응을 얻는다.[109] 또 게릭
은 1772년 12월 18일 드루리 레인(Drury Lane)의 왕립극장에서 〈햄릿〉
을 자신이 직접 삼일치이론에 따라 각색한 대본으로 공연한다. 그는
4막까지는 원전의 구조를 유지한다. 그러나 5막 이후에서는 무덤지기
장면이 극적 효과를 약화시킨다는 이유로, 오필리어와 거트루드의 죽
음 장면은 시대적 조류에 맞지 않는다는 이유로 삭제한다. 따라서
로젠크랜츠(Rosencrantz)와 포틴브라스(Fortinbras)는 전혀 등장하지 않
는다. 이들 대신 길덴스턴(Gildenstern)이 군대를 이끄는 인물로 등장
한다. 이에 따라 마지막 장면에서 죽는 인물은 클로디어스와 햄릿
둘뿐이다. 이러한 각색은 공연전통과 원작을 훼손시키는 것으로 비난
을 받는다. 이런 비난에도 불구하고 그는 자신의 공연이 당시 문화를
주도하던 부르주아 관객의 도덕적 감수성에 더 호소력이 있다고 주장
한다.[110]

　　1779년 게릭이 사망한 후 배우이자 극장 경영인 내지는 각색자로
1788년부터 시작하여 1817년 은퇴할 때까지 활동한 존 필립 켐블(John
Phillip Kemble, 1757~1823)이 있다. 그는 게릭의 다음 세대를 대표하는
인물로서 햄릿 역할에서 게릭을 능가한다는 평가를 받는다. 또 고상
하면서도 권위주의적인 연기로 게릭의 정통성을 이어가는 배우이자
극장 경영자로 평판을 얻는다.[111] 특히 그의 공연은 햄릿의 내적 갈등
을 표출하는 독백 부분이 삭제되는 등 극적 사건이 빠르게 전개된다.
그러나 주요 장면인 '유령과의 조우'와 '죽느냐 사느냐' 등의 독백 장

---

109 Stanley Wells, ed.(2000), ibid., pp.24~25.
110 한영림(2007), 앞의 책, 175~176쪽.
111 Stanley Wells, ed.(2000), ibid., p.33.

면, '오필리어의 미침'과 '무덤지기의 대화' 장면 등을 희가극의 극적 구조 형식으로 진행한다. 이에 대해 당시 비평가인 윌리엄 해즐릿 (William Hazlitt) 등으로부터 비난을 받기도 한다.[112]

한편 오델로의 이아고를 파괴적인 인물로, 오셀로 역할을 거친 정열의 인물로 연기하여 관객의 인기가 높았던 에드먼드 킨(Edmund Kean, 1789~1833)[113]의 아들인 찰스 킨(Charles Kean, 1811~1868)은 아버지의 대를 이어 명성을 날린다. 1838년 이후 햄릿 역할을 거의 주도하던 그는 빅토리아 여왕의 총애를 받는다. 이후 그는 1848년 윈저 궁 (Winsor Castle)에 설립된 왕립연극단(Royal Theatricals)의 연출자가 된다.[114] 또 다른 배우이자 극장 운영자였던 윌리엄 찰스 메크레디 (William Charles Macready, 1793~1873)는 〈햄릿〉 공연뿐만 아니라 모든 공연에서 공연에 참여하는 배우 전원이 연습하면서 통일적 효과를 이루기 위한 앙상블방식과 리허설제도를 확립한다. 그는 고증된 의상과 사실적 무대배경, 셰익스피어 원전의 복원, 인물의 내적사고와 감정에 중점을 둔 공연을 지향한다.[115] 그의 제작 원칙은 19세기 셰익스피어 공연의 기준이자 지침서가 된다. 또 셰익스피어의 시적 이미지를 회화적 이미지로 변용한 상자 모양의 무대 안에 시각적 전시효과를 창출한다. 이후 킨(C. Kean)도 이러한 시대적 요구에 부응하여 역사적 상황을 사실적으로 묘사하여 특정한 순간에 창출되는 인물의 내적인 성격을 표현하는데 주력한다. 그는 철저하게 고증절차를 거친 시각적 효과를 극대화한 무대를 지향한다. 이러한 킨의 역사주의 방식

112 이윤택, 『연희단거리패의 햄릿』, 연희단거리패, 1996, 39쪽.
113 Stanley Wells, ed.(2000), ibid., pp.55~56.
114 한영림(2007), 앞의 책, 252~253쪽.
115 Stanley Wells, ed.(2000), ibid., pp.57~61; 67~83 참고.

은 이후 독일의 작세-마이닝겐의 공작 게오르그 2세(Georg Ⅱ, 1826~ 1914)의 연출방식에도 지대한 영향을 미치게 된다.[116]

1856년 햄릿 역으로 런던의 리시움 극장(Lyceum Theatre) 무대에 처음 등장한 헨리 어빙(Henry Irving, 1838~1905)은 이후 연속으로 200회 이상을 공연하면서 대단한 호평을 얻는다. 그는 켐블이나 킨의 명성을 뛰어넘는 연기력으로 관객의 사랑을 받게 된다. 그는 단순한 배우가 아니라 생각하는 학자이자 신사로서 햄릿을 표출하여 예술적 완성도를 격상시켰다는 평가를 받는다. 그는 영국 황실로부터 귀족의 칭호를 부여받는다. 특히 당시 비평가였던 헤즈릿은 햄릿과 미친 오필리어와의 장면을 격랑 치는 파도 위에 수천 송이의 꽃이 뿌려지는 아름다움과 같이 말로 설명할 수 없는 깊은 감동을 받았다고 극찬하고 있다.[117]

1895년 엘리자베스 시대 무대학회(The Elizabethan Stage Society)를 창립한 배우이자 감독인 윌리엄 포얼(William Poel, 1852~1934)은 엘리자베스 1세 시대의 공연방식복원을 강력하게 추진한 인물이다.[118] 그는 무대장치에 따라 셰익스피어의 대사를 삭제하는 관행에서 벗어나 엘리자베스 1세 시대 연출방식을 추구한다. 이는 신속한 장면전환과 중단 없는 극 진행, 단순한 무대배경과는 대조적으로 화려한 의상, 음악, 악기 등의 사용, 원전의 장점과 대사의 악센트를 살려 연기한다는 점을 최대한 복원하고자 한 것이다. 이와 같은 셰익스피어 연극의 대표적인 특징들은 맨 무대(bare stage), 장치의 불특정화(unlocalization),

---

116 한영림(2007), 앞의 책, 259~264쪽.

117 Stanley Wells, ed.(2000), ibid., pp.106~111.

118 op.cit., p.163.

연극적 허위(delusion)를 전제한 환상(illusion) 창조 등이다.[119] 이러한 그의 원칙에 따라 1881년 런던의 세인트조지 극장(St. George's Hall)에서 공연된 〈햄릿〉은 초기 원전 공연대본에 충실하게 근거하여 엘리자베스 1세 시대 의상과 음악을 도입한다. 이에 따라 미친 오필리어가 상복을 입고 류트(lute)를 연주하는 장면은 오케스트라 음악을 사용하던 빅토리아 시대 공연과는 전혀 다른 무대효과를 창출한다.[120] 그러나 그는 종종 셰익스피어의 텍스트를 너무 무분별하게 각색하여 논란의 대상이 되기도 한다.

1905년 모스크바 예술극장을 주도하며 자신의 연기 시스템을 구축해가고 있던 콘스탄틴 스타니슬라브스키(Konstantin Stanislavski, 1863~1938)는 극단 안팎에서 자신의 연기술에 대한 비판이 일어나자 자신의 심리적 테크닉의 보편타당성을 증명하고자 한다. 이를 위해 그는 이사도라 덩컨(Isadora Duncan)이 추천한 고든 크레이그(Gordon Craig, 1872~1966)의 〈햄릿〉 공연제의를 받아들여 그와 함께 공연을 준비하게 된다. 이때 크레이그가 제안한 무대는 선과 면, 빛과 어둠의 입체적이며 기하학적인 무대구성이다. 즉 밝은 그림자가 햄릿의 어두운 실루엣과 함께 반복되면서 죽음에 대한 독백과 움직임에 의해 거의 춤과 같은 형상으로 나타나는 것이다.[121] 이처럼 크레이그의 비사실적

---

119 셰익스피어시대의 무대연출상의 특징은 빠른 템포의 대사와 대사위주, 막간 포즈 없는 연속성, 장치의 불특정화 등이 있다. 연기 스타일은 중세적 개념과 보편주의 (universalism)에 근거한 유형연기를 중요시하였으며, 대사연기에 거의 모든 비중을 두었다. 이러한 무대구성 양식은 오늘날의 공연에도 영향을 주어 서사적(epic) 개념, 극장주의적(theatrical) 개념, 빈 공간(empty space) 개념 등이 발견되고 있다. 조병진, 「셰익스피어 극의 무대구성스타일에 대한 연구」, 『靑藝論叢』 11, 1997, 33~35쪽.

120 한영림(2007), 앞의 책, 288~289쪽.

121 인나 살로미에바, 김태훈 편역, 『스따니슬랍스끼의 삶과 예술』, 태학사, 1999, 233~234쪽.

인 무대장치와 해석에 대한 우려에도 불구하고 스타니슬라브스키는 사실주의 연기술의 보편타당성을 검증한다는 관점에서 이러한 제안을 받아들인다. 그러나 이 둘 사이에 존재하는 기본적인 관점의 차이를 극복하는 데 어려움을 겪는다. 그 이유는 배우의 타고난 직관을 통해 〈햄릿〉에 접근하고자 한 스타니슬라브스키의 무대형상화 관점에 반하여, 크레이그는 상징적이며 초현실주의적인 무대구성과 인형으로서 자신의 의도대로 연기할 수 있는 배우를 원했기 때문이다. 따라서 크레이그의 연출 방향은 상당 부분 수정된다. 이는 현실적인 면에서 크레이그의 무대장치를 완벽하게 제작할 수 있는 무대기술이 뒷받침되지 못한 점도 원인에 하나라고 할 수 있다.[122]

1934년 존 길거드(John Gielgud, 1904~2005)가 연출한 제임스 에기트 (James Agate, 1877~1947) 주연의 〈햄릿〉이 런던 신 극장(New Theatre)에서 공연된다. 이 공연은 시적인 분위기를 고조시키는 감미로운 운문대사의 음악성이 뛰어난 무대라는 호평을 받는다.[123] 그러나 햄릿이 미친 척하면서 어릿광대짓을 하는 장면의 연기 등 산문대사 연기에서 많은 문제점을 드러내기도 한다. 반면 1937년 타이란 거쓰리(Tyrone Guthrie, 1900~1971)가 연출하고 올드 빅(Old Big) 극장에서 공연된 〈햄릿〉에서 주연을 맡은 로렌스 올리비에(Laurence Olivier, 1907~1989)는 농담을 하거나 야유를 보내는 산문대사를 능숙하게 처리한다. 또 운문대사의 경우에도 운율에 구애받지 않고 자연스러운 감정을 표출한다. 이러한 그의 시도는 시적인 아름다움과 음악성에서는 부족하지만

---

122 지유리, 「스타니슬라브스키와 무대 위의 '셰익스피어'」, 연세대 석사학위논문, 2002, 38~41쪽.
123 Stanley Wells, ed.(2000), ibid., pp.210~215.

심리적인 리얼리티를 살릴 수 있는 장점으로 평가받는다.

1965년 피터 홀이 연출하여 왕립 셰익스피어 극장(Royal Shakespeare Theatre)에서 공연된 데이비드 워너(David Warner, 1941~) 주연의 〈햄릿〉은 동시대 영국의 반체제적 성향이 강했던 신세대 젊은이의 전형적인 모습으로 형상화된다. 그는 극의 초반 '햄릿'을 부패, 위선, 정치적 권모술수가 만연된 덴마크 권력층에 대한 혐오감을 반항아적인 행동으로 표현한다. 워너는 운문대사의 운율준수나 음악성보다는 현대적인 억양으로 구사하여 자연스런 감정을 표출하는 사실성에 무게를 두고 연기한다. 또한 이 공연은 참신하고 독창적인 작품해석으로 햄릿의 복수지연에 대한 새로운 원인을 현대적 젊은 계층의 상황에 접목시켜 텍스트에 내재된 심층적 의미와 잠재력 등 보편적인 가치를 보여준다. 이에 따라 원전을 새롭게 창출한 공연이라는 호평을 받는다. 그러나 공연의 템포가 느리다는 점이 아쉬운 부분으로 지적된다.

이러한 단점을 보완한 공연으로는 1957년 올드 빅 극장에서 마이클 벤덜(Michael Benthal)이 연출하고 존 네빌(John Neville, 1925~)이 주연한 〈햄릿〉 공연이 있다. 이 공연은 극중극으로부터 마지막 장면까지 군더더기 없는 진행으로 박진감과 긴장감을 지속시켰다는 평가를 받는다. 그러나 햄릿의 복잡한 성격과 내면세계를 파악할 수 있는 상황조절이 부족하다는 지적을 받기도 한다. 또 워너의 〈햄릿〉 공연은 주인공의 유능하고 용의주도한 모습을 보여주지 못했다는 평가를 받는다. 이러한 문제점을 보완해 준 공연에는 1975년 버즈 굿바디(Buzz Goodbody, 1947~1975)가 연출하고 벤 킹즐리(Ben Kingslley, 1943~) 주연으로 라운드하우스(Roundhouse) 극장에서 공연된 〈햄릿〉이 있다. 이 공연은 뛰어난 지혜와 강한 의지력을 보여주어 주변 인물에 압도되는 무기력한 워너의 햄릿과 상반된 햄릿을 훌륭하게 표현한 것으로

호평을 받는다.[124]

　이와 같이 다양하고 복잡 미묘한 햄릿의 성격을 비교적 골고루 표출한 공연으로 평가받는 공연으로는 1992년 왕립 셰익스피어 극장에서 공연된 애드리안 노블(Adrian Noble, 1950~)이 연출한 케네스 브레너(Kenneth Branagh, 1960~) 주연의 〈햄릿〉을 들 수 있다. 이 공연은 원전의 대사를 거의 빠짐없이 준수한다. 또 주인공의 외적 행동뿐만 아니라 절제하고 사색하는 연기를 가미하여 내면세계를 외적 행동과 조화시킨다. 또 시대적 배경을 1990년 전후로 설정함으로써 길구드가 주연한 〈햄릿〉의 고전 배경이나 워너가 주연한 〈햄릿〉 공연의 현대적 배경이 지닌 문제점을 한 번에 보완한다. 이와 같은 이유는 20세기 초는 여전히 왕정체제가 많이 남아있던 시기로서 정치사회적인 상황이 현대적인 상황보다 자연스러웠기 때문이다. 따라서 이러한 배경 설정으로 고전적 품격과 현대적 관련성을 동시에 아우르는 효과를 창출함으로써 작가가 의도한 복합적이며 다양한 주인공의 모습을 창출한 공연이라는 긍정적인 평가를 받는다.[125]

　길거드와 올리비에의 대조적인 대사와 연기방식을 혼합한 경우로서 1994년 '피터 홀(Peter Hall, 1955~1975)'이 연출하고 길거드 극장(Gielgud Theatre)에서 스티픈 딜레인(Stephen Dillane, 1956~)이 주연한 〈햄릿〉 공연을 들 수 있다. 이것은 길거드의 90세 생일 기념으로 그의 햄릿 연기에 대한 경의를 표하기 위해 마련된 공연이다. 이 공연에서 햄릿 역을 맡은 딜레인은 극 초반부에서는 길거드 식의 시적인 대사

---

124 신응재, 「20세기 영국의 〈햄릿〉 공연」, 『Shakespeare Review』 38, 한국셰익스피어학회, 2002, 163~168쪽.
125 위의 논문, 171~173쪽.

를 구사하면서 고결하고 순수한 햄릿의 성격을 표출한다. 아울러 희극적 장면에서는 성격이나 행동은 물론 어조까지 현대적 구어체로 바꾸어 길거드의 햄릿 연기 단점을 보완한다. 또 마지막 장면에서 클로디어스를 살해하는 상황에서는 올리비에를 능가할 정도의 격렬하고 잔인한 연기를 보여주어 길거드의 고전적인 연기를 현대적으로 발전 보완할 수 있는 방향을 제시한 공연으로 인정받는다.[126]

한편 1955년 피터 브룩(Peter Brook, 1925~)은 모스크바 순회공연을 마치고 피닉스 극장(Phoenix Theatre)에서 자신이 연출한 〈햄릿〉을 공연한다. 그가 셰익스피어 극에 접근하는 기본적인 방향은 인간적인 요소에 있었다. 그것은 인간과 그 삶에 대한 근원적인 고찰이라고 할 수 있다. 이러한 관점은 텍스트에 대한 실험과 탐구는 진실한 고찰을 방해하는 관습적인 요소들을 제거하는 과정이며 해답을 찾을 수 있는 모든 가능한 요소들에 대한 끝없는 도전이라고 하겠다.[127] 이 공연의 헐벗은 무대는 드라마를 지루하지 않게 하면서도 더욱 긴장된 무대를 창출한다. 이를 통해 화려한 무대장치가 없어도 풍부한 감정과 고통을 훌륭히 창출할 수 있다는 것을 보여준 공연이다. 즉 단순성, 준엄성, 경제성이 이 공연의 핵심이라는 평가를 받는다. 이 공연은 브룩 자신이 연출한 최초의 원숙미가 돋보인 셰익스피어의 비극공연이었다.[128]

1964년 브룩과 오랜 시간 공연 작업을 함께한 찰스 마로위츠(Charles

---

126 신응재(2002), 앞의 논문, 158~162쪽.

127 손지나, 「피터 브룩의 셰익스피어극에 대한 현대적 접근 방법과 그 의의에 관한 연구」, 성균관대 석사학위논문, 1999, 44~45쪽.

128 마이클 커스토, 허순자·정명주 옮김, 『피터 브룩: 현대연극의 표상』, 을유문화사, 2007, 147~152쪽.

Marowitz, 1934~)는 자신의 실험적인 공연에 대한 목표를 다음과 같이 밝히고 있다. 즉 쇼크효과, 외침, 주문, 가면, 인형 그리고 의식적 의상 등을 통해 시적 상태와 삶의 초월적인 경험을 창출하고 더위와 추위의 감각을 불러일으키기 위해 빛의 변화를 이용한다. 모든 것이 동시에 사람의 의식 속으로 쏟아져 들어오게끔 분리된 영역에서 서로 다른 행위를 제시한다. 이에 따라 그 절정이 모든 사람에게 익숙한 움직임의 템포와 정확하게 일치함으로써 동시대의 현실에서 경험하는 것과 같은 실질적인 리듬을 창조하는 것이다.[129] 이러한 관점을 바탕으로 원전을 몽타주(montage)와 콜라주(collage) 방식으로 재구성한 그의 〈햄릿〉 공연은 대사의 조각들과 불연속적인 장면들을 크로스 컷(cross cut)이나 클로즈업(close up) 내지는 느린 디졸브(dissolve) 등의 몽타주 수법으로 구성한다. 이 공연은 모든 사람들의 집단적 무의식에 햄릿의 분위기가 내재되어 있다고 전제한 것이다. 이에 따라 햄릿의 삶에서 나오는 잠재적인 섬광들을 형식화하여 잠재의식을 표현주의적 이미지로 재창조한 것으로 평가받는다.[130]

1977년 하이너 뮐러(Heiner Müller, 1929~1995)에 의해 쓰인 〈햄릿기계(Hamlet Machine)〉의 창작 동기는 자신에게 30년간 강박관념으로 남아 있던 〈햄릿〉을 파괴하기 위한 것이다. 그는 이 텍스트에서 〈햄릿〉의 주인공 이름을 그대로 인용하고 있다. 그러나 극적 구성은 표면적으로만 전통적인 5막 구조를 이루고 있을 뿐 극적 장면들은 일관된 줄거리의 흐름이나 인물들 간의 상호 대화도 없이 진행된다. 이는

---

129 크리스토퍼 인네스, 김미혜 역, 『아방가르드 연극의 흐름: 스타니슬라브스키부터 피터 브룩까지』, 현대미학사, 1997, 202쪽.

130 위의 책, 215쪽.

전통적인 극형식을 파괴한 대표적인 작품에 속한다. 아울러 이 텍스트에 등장하는 햄릿을 비롯한 역사적 인물들은 뮐러에 의해 변형되어 원전에 등장하는 인물의 성격이나 의미와는 거리가 있다. 또 주제와 연관된 응축되고 변형된 인용문, 화자가 분명하지 않은 대사와 암시적인 독백들이 보여주는 난해성은 공연을 통해 관객들에게 생산적 사고와 토론을 유발하려는 뮐러의 철저히 계산된 의도에서 창출된 것이다. 이러한 의도는 관객에게 당혹감과 알고자 하는 충동을 유발하여 풀 수 없는 무언가에 대한 해석[131]을 유도하려는 것이라 하겠다.[132]

이상에서 선별적으로 살펴본 서구의 〈햄릿〉 공연사 흐름에서 나타나는 대표적인 공연들은 작가의 생존 시부터 20세기 중후반에 이르는 동안 공연이 이루어진 동시대별 정치적, 사회적인 관점뿐만 아니라 다양한 해석과 양식으로 무대화되고 있음을 알 수 있다. 이는 텍스트에 내재된 동시대적인 보편성과 그 연극성 내지는 공연성 때문인 것이다. 이러한 관점은 21세기의 다원화되는 문화적 수용 양상과 그

---

131 이창복 지음, 『하이너 뮐러 문학의 이해』, 한국외국어대학교 출판부, 2002, 221~227 쪽 참고.

132 1990년 뮐러가 연출한 베를린앙상블의 〈햄릿머신〉 공연을 베를린 현지에서 직접 관람한 기국서에 의하면 첫 장면의 경우 무대 오른쪽에서 햄릿은 무언가를 읽고 있다. 그리고 무대 왼쪽에는 클로니어스와 거트루드가 일정한 거리를 두고 마주보고 서 있는 상황이다. 이때 무대 중앙 우측에 사선으로 설치된 철재 층계를 따라 흰 팬티정도만을 착용한 선왕의 유령이 긴 칼을 끌면서 등장한다. 그가 먼저 햄릿에게 다가가면 읽던 책을 탁 덮는다. 다시 무대 왼쪽의 두 사람에게 다가가 그 사이를 지나가면 두 사람은 자지러지듯 뒤로 물러난다. 이는 불가시적인 존재에 대한 현재적 인물들의 반응이자 보이지 않는 권력의 힘에 영향을 상징하는 것으로 판단한다. 마지막 장면에서 주인공들이 차례로 죽어갈 때 단순히 죽음으로 끝나는 것이 아니라 무대 좌우에 비스듬히 배치된 묘비를 향해 마지막 순간까지 서로 먼저 붙들려고 애쓰면서 거기에 자신의 이름을 새기려는 처절한 움직임으로 형상화한다. 이는 인간의 명예와 권력에 대한 끝없는 욕망을 상징적으로 표출한 것으로 보인다고 술회하고 있다. 기국서와의 인터뷰, 일시: 2011.4.8. 오후 2시~4시 30분, 장소: 수유리 소재 자택(단군산장).

논의에서 의미하는 바가 크다고 할 수 있다. 아울러 이러한 〈햄릿〉이 6, 70년대와 8, 90년대를 거치면서 어떠한 해석과 공연양식으로 수용되는가에 대한 한국 공연사적 측면에서의 연구는 향후 새로운 공연미학과 공연성의 방향을 가늠하는 바탕을 제시할 수 있다는 점에서 그 의의가 있다고 할 수 있을 것이다.

III.
한국에서의 텍스트 〈햄릿〉 공연사 연구

전 장에서는 〈햄릿〉에 대한 다양한 관점과 탄생 배경, 다양한 판본과 이후 정립된 결정적 비평판들 그리고 서구 〈햄릿〉 공연사적 흐름에서 나타나는 특성에 대하여 살펴보았다. 이에 본 장에서는 이러한 셰익스피어의 〈햄릿〉이 한국 공연사적 측면에서 어떠한 형태의 무대형상화로 공연되고 수용되어 왔는가에 대하여 고찰하고자 한다. 본격적인 최초 공연이 이루어진 1950년대 초반부터 90년대 중반까지 각 연대별로 활동한 수많은 공연예술가들 가운데 각 시대를 대표하는 것으로 상정되는 50년대의 이해랑, 6~70년대의 안민수, 80년대의 기국서, 90년대 초반의 김정옥, 90년대 중후반의 이윤택이 연출한 〈햄릿〉 공연을 중심으로 한국 공연사적 수용에서 나타나는 텍스트 〈햄릿〉에 대한 해석관점, 공연의 시대적 배경과 목적, 〈햄릿〉의 연출관점, 무대형상화의 특성 및 동시대의 공연비평 등이 주요 논의 대상이다.

1. 이해랑 연출의 〈햄릿〉(키네마극장, 1951):
'리얼리즘'과 '앙상블' 관점을 중심으로

이해랑(1916.7.22~1989.4.8)이 연출한 〈햄릿〉은 그의 나이 삼십 대

초반인 1949년 12월 서울 시공관(12.14~15)에서 중앙대학교 연극부의
〈햄릿〉(정인섭 번역) 공연이 처음이다. 이후 기성극단의 최초 전막공연
인 1951년 9월 대구 키네마극장에서 극단 신협의 〈햄릿〉(한로단 번역,
유치진 각색[133]) 공연과 같은 해 10월 부산에서의 재공연, 1952년 마산,
대전, 전주, 광주, 목포, 군산 등 지방 순회 재공연, 1953년 9월 서울
시공관 재공연과 10월 동양극장 재공연, 1958년 부산대학교 연극부
햄릿 공연, 유치진과 공동연출 한 1962년 4월 〈햄릿〉(여석기 번역) 드라
마센터 개관기념공연(4.12~5.31)[134], 1985년 5월 중앙일보사가 주최한
〈햄릿〉(여석기 번역) 호암아트홀 개관기념공연(5.16~5.22) 그리고 그의
마지막 연출이자 유작이 된 1989년 4월 중앙일보사 및 KBS주최의 〈햄
릿〉(여석기 번역) 호암아트홀 공연(4.15~4.23) 등이 있다. 이처럼 이해랑
은 네 번의 극단 및 개관 공연연출, 두 번의 학생극 연출과 네 번의
재공연 연출을 포함하여 총 열 차례에 걸쳐 〈햄릿〉을 연출한다. 그러
나 본 장에서는 1951년 공연을 중심으로 1962년 공연과 1985년 공연
그리고 그의 마지막 연출작이 된 1989년 공연[135] 등을 참고하고자 한다.

---

133 기본적으로 '각색'은 '시'나 '소설'텍스트를 '희곡'텍스트로 전환시키는 작업을 지칭한
다. 그러나 본고에서는 대부분 셰익스피어의 작품들처럼 〈햄릿〉 역시 상당 부분 운문
으로 쓰인 점을 감안하여 재해석을 바탕으로 이루어지는 예술행위로서 '각색'을 '개작'
또는 '편극'과 같은 개념으로 사용하고자 한다.

134 이 공연의 경우 개관 공연 포스터(남해국제탈공연예술촌 및 서울예대 예술사료팀 소
장자료) 등 홍보자료에는 유치진 연출로 되어 있다. 그러나 이해랑 및 번역자 여석기
의 회고 및 증언을 근거로 판단할 때 연습 초기에는 유치진이 관여하였으나 연습
중후반부터는 전적으로 이해랑이 연출한 것으로 판단된다. 따라서 공동연출 내지는
협력연출로 보는 것이 타당하다 하겠다. 이해랑, 『허상의 진실』, 새문사, 1991, 411~
412쪽. 및 여석기, 「셰익스피어와 韓國-玄哲 이후 65년의 軌跡」, 『예술과 비평』 12,
서울신문사, 1986, 213~214쪽 참고. 송만조와의 인터뷰, 일시: 2011.8.23. 오후 1~2시,
장소: 경기도 안산 소재 서울예술대학 예술사료팀 사무실.

135 공연을 얼마 남겨 놓지 않은 상황에서 이해랑 연출이 1989년 4월 8일 갑자기 사망하자

1) 텍스트 〈햄릿〉에 대한 관점

연출가 이해랑은 그의 평생 연극 작업을 통하여 '리얼리즘(Realism)' 연극과 무대예술의 진실을 추구한 인물이라고 할 수 있다. 따라서 이해랑의 텍스트 〈햄릿〉에 대한 분석에 앞서 그의 연극철학의 바탕이 된 '리얼리즘'의 개념과 이해랑이 추구한 텍스트에 나타나는 '리얼리즘'의 배경 등에 대하여 살펴보고자 한다. 이는 그의 텍스트 〈햄릿〉에 대한 관점은 물론 공연목적과 연출관점 등을 분석하는데 중요한 바탕이 될 것으로 판단된다.

(1) 리얼리즘 연극의 한국적 수용에 따른 개념 고찰

한국에서의 리얼리즘 연극의 수용은 일제강점기인 1910년대 신파극 공연의 전성기를 지나 1920년대 일본 유학생들의 모임인 극예술협회와 토월회로부터 시작된다.[136] 이들은 신파극 공연에 나타나는 비사실적인 일본 전통극의 잔재들을 극복하고 당대의 연극을 개량하기 위하여 최초로 공연대본과 무대연습, 무대장치와 의상, 소도구 등을 준비하여 공연을 하였으며 자연스러운 일상적 대화와 연기 그리고 사실적인 무대장치와 등장인물의 조화를 통해 새로운 신극으로서 서구 근대극을 소개한다. 그러나 토월회의 공연이 사실주의 연극의 수준에 이르렀던 것은 아니다. 이들이 공연한 대부분의 텍스트들이 일본 유학을 통해 배운 비속화된 서구의 근대극이었기 때문이다.[137]

무대 감독 채승훈과 조연출 경상현 등과 함께 채윤일이 연출 작업을 마무리한다. 채윤일, 「마지막 무대의 연출」, 『한국연극』 5, 한국연극협회, 1989, 46쪽 참고.

136 서연호, 「1920년대 연극의 전개」, 『한국현대연극 100년』(공연사 I :1908~1945), 한국연극협회, 연극과 인간, 2008, 109~110쪽.

137 이두현, 『한국신극사연구』, 서울대학교 출판부, 1990, 126~128쪽.

1930년대에 왕성한 공연활동을 펼친 극예술연구회 역시 대부분 리얼리즘에 근거한 번역극과 창작극을 공연한다. 이들은 당시 농촌이나 서민생활을 소재로 일제강점기하에서의 우회적인 저항과 삶의 고뇌를 재현하고자 하였다. 그러나 이들의 공연양식은 배경화적인 장치와 과장된 분장, 유형적인 의상, 관객에게 펼쳐 보이는 연기 등 리얼리즘 연극 도입과정에서 변용된 양식들이었다.[138] 이러한 성향과 공연양식은 1945년 해방정국과 한국전쟁을 지나 1960년대 초반까지 뿌리박힌 관행과 연극의식의 부족으로 그대로 답습된다.

한편 기존 한국 리얼리즘 연극 양식의 주된 특성이었던 삶의 외형적인 재현이나 단순한 모방과 양식은 경제적, 물질적 변화에 따른 의식변화에 의해 다양한 방법의 모색과 절충주의 표현양식을 차용하여 수정 리얼리즘 연극 양식으로 변화된다.[139] 이러한 변화의 바탕에는 1960년대 초반 이후 젊은 연극인들과 관객층의 확대, 새로운 서구 연극 및 이론의 수용 그리고 전통극에 대한 새로운 인식변화가 자리잡고 있었다.[140] 이와 더불어 리얼리즘 연극의 기본개념과 그 양식적 특성에 대한 이해부족 그리고 그 수용의식 및 방법적 한계에 기인한 것이라 할 수 있을 것이다.[141] 이에 본 장에서는 신극 초기 도입 이후 해방과 한국전쟁 그리고 6, 70년대에 걸쳐 한국 연극과 공연양식의 주류로서 다양한 양태로 수용되어 왔으며, 작금에도 논자에 따라 수많은 논의와 주장이 제기되고 있는 리얼리즘과 그 연극의 본질적인

---

138 이영택, 「한국 리얼리즘 연극의 양태분석」, 동국대 석사학위논문, 1986, 18쪽.

139 위의 논문, 19쪽.

140 서연호, 「한국연극과 리얼리즘: 인식과 전개-희곡사적 측면」, 『한국연극』 4, 한국연극협회, 1987, 41쪽.

141 이영택(1986), 앞의 논문, 19~20쪽.

개념을 재정리하고자 한다. 그리고 이를 바탕으로 이해랑의 텍스트 〈햄릿〉에 대한 리얼리즘 관점에서의 수용배경을 분석하고자 한다.

먼저 '리얼리즘'이란 용어와 함께 선행되는 '리얼리티(Reality)'의 개념은 '실질적으로, 진실로, 진짜로 존재하는 것'을 의미하는 라틴어 'Realitas'을 어원으로 하는 용어로서 '실재(實在)' 또는 '현실(現實)'을 뜻하는 낱말이다. 따라서 리얼리즘은 '진짜 존재'에 대한 대립 항으로서 어떤 것을 '가짜 존재'로 설정하느냐에 따라 '리얼리티'가 의미하고 지시하는 대상이 변하게 된다. 즉 '꿈이나 환상'에 대한 반대개념으로 사용하면 그것은 '현실'을 나타낸다. 또 보다 높은 층위의 개념으로서 '현실' 그 자체를 '가짜로 존재하는 것'으로 인식하게 되는 경우 '리얼리티'는 '본질 – 실재하는 것'을 의미하는 개념이 되는 것이다. 다시 말해 '리얼리즘'이란 우주만물의 현상에 '진짜'와 '가짜'가 있다는 대전제하에 '진짜 리얼리티'를 규정하고 재현하고자 하는 관점이라고 하겠다. 그러나 각각의 논자에 따라 저마다의 관점에서 '리얼리티의 실재'를 정의하고자 하는 데서 '리얼리즘'의 개념과 주장이 다양화 될 수밖에 없으며, 그 정의의 함의를 도출하는데 어려움이 상정되는 것이다. 이러한 관점에서 이해랑은 1945년 광복 이후 좌우이데올로기의 대립 상황에서 이루어진 좌익진영이 주도한 연극단체의 신파적 잔재와 '도식적, 선동적, 혁명적 리얼리즘'에 염증을 느낀다. 이에 따라 그가 추구한 '안티리얼리즘'의 진정한 의미는 좌파연극이 주창하던 '선동적 리얼리즘'과의 대립적 상황에서 출발한 '반선동적 리얼리즘'이라고 할 수 있다.[142] 이것은 '진정한 리얼리즘'의 의미를 함의한 것으로서 이를 본 연구자는 '순수한 리얼리즘'[143]이라 부르고자 한다.

---

142 이해랑(1991), 앞의 책, 385쪽.

　서구 '리얼리즘'의 개념은 서구철학의 주류인 플라토니즘(Platonism)에서 유래한 '리얼리티'의 의미와 함께 '체험의 현실'이 아닌 '관념의 세계'를 가리키는 것이다. 이처럼 원래 '관념론'과 관련된 개념이었던 '리얼리즘'이 13세기 스콜라철학(Scholasticism)에 와서는 '정의, 선, 이상, 이데아' 등의 '보편개념(普遍槪念)'이 된다. 그것들이 발견되는 특정한 객체와는 상관없이 현실적으로 존재한다는 '개념론(槪念論)'인 그들의 철학이론을 설명하는데 이용된다. 그러나 던 스코투스(Dun Scotus, 1266~1308)와 그 제자들에 의해 주장된 '유명론(唯名論, Nominalism)'은 어떠한 '보편개념'의 존재도 전적으로 부정한다. 이들은 이 세상에 존재하는 유일한 실체는 개체들뿐이며, 그 명칭 속에는 어떠한 개념도 '실재'하지 않고 단지 이름에 불과한 것이라 주장한다. 따라서 개체들만이 유일무이한 실체이기 때문에 보편적 원리가 지배하는 형태나 부류는 물론 보편적 법칙도 존재하지 않는다는 것이다.[144] 이러한 '리얼리즘'의 개념에 관한 논쟁은 기존 스콜라철학의 '리얼리즘'에 대하여 유명론자들이 반박하고, 대항하는 이론으로 사용한 것이라 할 수 있다. 그러나 이 단계에서도 '리얼리즘'에 대한 변형이 거론된다. '극

---

143 철학과 신학에서 사용되었던 리얼리즘의 개념이 문학, 미술, 연극 등 예술분야의 용어로 등장하게 되면서 다양한 수식어가 그 용어 앞에 붙게 된다. 그중 대표적인 것들을 살펴보면, 객관적 리얼리즘, 고급 리얼리즘, 공상적 리얼리즘, 관념적 리얼리즘, 국민적 리얼리즘, 낙관적 리얼리즘, 낭만적 리얼리즘, 단조로운 리얼리즘, 대도시 리얼리즘, 목가적 리얼리즘, 비관적 리얼리즘, 사회주의적 리얼리즘, 시적 리얼리즘, 심리적 리얼리즘, 심층자아적 리얼리즘, 소박한 리얼리즘, 아이러니적 리얼리즘, 일상적 리얼리즘, 역동적 리얼리즘, 외면적 리얼리즘, 유심적 리얼리즘, 자연주의적 리얼리즘, 지속적 리얼리즘, 저급 리얼리즘, 전투적 리얼리즘, 조형적 리얼리즘, 주관적 리얼리즘, 초주관적 리얼리즘, 풍자적 리얼리즘, 하층부 리얼리즘, 형식적 리얼리즘 그리고 환상적 리얼리즘 등 논자와 평자의 관점에 따라 실로 다양한 층위의 리얼리즘 논의가 있음을 알 수 있다. 데미안 그랜트, 김종운 역, 『리얼리즘』, 서울대학교 출판부, 1987, 2~3쪽.
144 예영수 지음, 『영미희곡사상사: 문학과 철학의 만남』, 형설출판사, 1992, 33~34쪽.

단적 리얼리즘'이라든가 '완화된 리얼리즘'이라든가 하는 용어가 쓰여 졌음은 이 개념 중에도 강조되는 부분에 대한 견해의 차이가 있음을 보여주는 것이다.[145] 이러한 중세 스콜라철학의 '보편실재론'과 철학적 합리주의는 그 후 르네 데카르트(Rene Descartes) 등에 계승되어 '관념 의 실재'를 형이상학의 원리로 삼는 '합리주의 관념론'으로 발전한다. 또 유명론은 사물에서뿐만 아니라 인간의 의견이나 판단에서도 다양 성이 존재한다고 주장한 미셸 몽테뉴(Michel Montaigne)[146]와 칼 막스 (Karl Marx)의 '유물론' 그리고 아우구스트 콩트(Auguste Comte)의 '실증 주의'로 계승된다.

19세기 콩트에 의해 주창된 '실증주의(Positivism)'는 실증할 수 있는 것만을 연구 대상으로 하며, 실증할 수 없는 '본질', '실체', '현상' 등은 그 연구의 대상으로 인정하지 않는다. 1842년 발간된 콩트의 『실증철 학강의(Cours de philosophie positive)』는 데카르트 이래 요구되어 왔던 과학의 방법을 구체화하면서 철학, 문학, 미술, 연극 등 예술계 전반에 충격을 주게 된다. 여기서 콩트는 신학적 단계와 형이상학적 단계, 실증적 단계를 구분하면서 과학의 진보가 항구적일 것임을 주장한다. 자연 혹은 외부세계에 대한 객관적 관찰과 묘사는 서구의 르네상스 이후 지속적으로 이루어진다. 그러나 콩트에 이르러 보다 구체적으로 주어진 것, 사실적인 것, 그가 현상이라고 파악한 실증적인 것으로부 터 출발할 것을 요구한다. 아울러 주어진 것의 본질과 원인에 대해 질문하는 것은 비생산적인 것으로 간주하여 철학적 논의에서 추방해

---

145 데미안 그랜트, 김종운 역(1987), 앞의 책, 4~5쪽.
146 Michel Montaigne, Donald M. Frame, trans., *Essays,* Stanford University Press, 1958, pp.598~599.

야 한다고 주장한다. 이러한 관점에서 자연주의는 초기에 리얼리즘과 거의 동일한 의미를 갖는 것으로 나타난다. 또 진실을 얻기 위한 방법으로서 계몽주의 이래의 과학적 합리성에 경도되어 있던 개념에서 더 나아가, 과학의 성과와 결합하고 그 방법을 구체적으로 적용하고자 하는 것을 지향한다.[147] 인간이 오관으로 인식할 수 없는 것을 거부하는 '실증주의'는 '경험적 실재'만을 '실재－리얼리티'로 간주하는 리얼리즘으로서 '자연주의(Naturalism)'의 기본 관점으로 확고하게 자리 잡게 되는 것이다. 이것은 1877년 4월 졸라에 의해 주도된 자연주의 선언문에서 어떤 유파, 어떤 규범도, 어떤 권위에 대한 것도 부정하고 각자가 원하는 대로 연구하고 창조할 수 있다고 주장하면서 구체화된다. 이러한 의미는 자연주의적 관점의 예술작품에 대한 졸라의 정의에 잘 나타나고 있다.

> 제아무리 귀중한 물질이라 해도 손에 닿는 그 물질에 생명을 주지 않으면 못 배기는 손길이 있듯이, 예술가들에게는 창조의 손길이 있다. 그것은 숨결이요, 자신이 갖고 있는 그 무언가이다. 자연을 대하는 작가의 모습은 크게 남아있어야 한다. 작가가 자연을 바라보는 강도, 자연을 자기 틀 안에 집어넣기 위하여 자연을 왜곡하는 충격적인 방법, 마지막으로 손에 닿는 모든 것에 남기는 흔적, 이러한 것들이 진정한 인간적 창조, 진정한 천재가 남기는 서명이다.[148]

이와 같은 관점은 '리얼리즘'의 '제한적 환영성'을 거부하는 자연주의의 혁명성과 과학적 방법에 근거한 미학적 엄정성을 추구한다. 이

---

147 알리 미테랑, 김미연 옮김, 『졸라와 자연주의』, 탐구당, 1993, 33~43쪽.
148 위의 책, 160쪽.

것은 아리스토텔레스 이후 '재현'을 목적으로 '현실'에 대한 객관적 모 방을 추구하여온 서구의 '리얼리즘'의 인식을 근본적으로 전복시키는 것이라 할 수 있다. 그러나 처음부터 '리얼리즘'과 '자연주의'가 차이를 지닌 개념은 아니다. 낭만주의에 대한 새로운 과학주의적 경향이 '리 얼리즘'을 의미하는 것이기도 하였다. '리얼리즘'과 '자연주의'의 대비 에서는 '리얼리즘'에 자연과학적 요소를 의식적으로 결합시킨 것이 '자연주의'로 인식된다. 결국 외부 '현실'을 재현하는데 어느 정도의 과학주의가 관여하느냐에 차이가 있으나 '리얼리즘'과 '자연주의' 사이 에는 낭만주의에 비하여 과학주의의 우월성이 공존한다고 하겠다.[149]

르네상스 이후의 '리얼리즘'과 19세기의 '실증적 자연주의'는 모두 외부 현실에 대한 객관적 묘사와 모방을 추구한다. 그러나 자연주의 는 엄밀한 실증주의 방법으로 사물을 묘사함으로써 무한히 사물에 접근하고자 한다. 그럼으로써 묘사층위의 변화를 일으키게 되는 것이 다. 거시적 차원에서 미시적 차원으로 층위가 변화하게 된다. 이러한 묘사층위의 변화는 '사실주의'와 '자연주의'의 미적효과 창출에서 차 별성이 드러난다. 여기서 '자연주의' 미학의 미시성이 도출되는 것이 다. 따라서 공연텍스트 속의 드라마는 사라지고 '상황'만이 존재하게 된다. 드라마틱한 사건은 모두 무대 밖에서 일어나고, 무대 위에는 지루하고 따분한 하루의 일상에 대한 세밀한 묘사만이 남게 되는 것 이다. '스토리'와 '역사성'은 사라지고, 무대와 객석 사이에 '제4의 벽' 을 상정하여 극적 환상을 창조하는 것이 '자연주의'인 것이다. 이러한 관점에서 드라마의 전체적인 흐름을 주도하는 '관통선'은 사라지고 정 지된 순간의 '파편성'만이 형상화된다. 또 하나의 사건에 대한 '역사성'

역시 사라지게 되는 것이다. 오늘날 실험극 등에서 보이는 '파편성', '평면성', '미시성' 등의 미학적 관점은 '자연주의' 연장선에 있다고 할 수 있을 것이다.[150]

아울러 관념적 '보편 개념'을 의미하던 '리얼리즘'이 19세기 후반 서구의 연극 분야에서 다시 등장하는 시기, 즉 헨릭 입센(Henrik Johan Ibsen, 1828~1906)의 첫 번째 사회 사실주의 희곡 〈사회의 기둥(Pillars of Society)〉이 씌어진 1877년에서 버나드 쇼(Bernard Shaw, 1856~1950)의 〈의사의 딜레마(The Doctor's Dilemma)〉가 쓰인 1906년까지의 약 30년간의 짧은 기간에 단명했다고 볼 수 있다.[151] 이는 세계연극사적 관점에서 '보편적 문화현상'이 아니라 제한된 지역에 나타난 '특수한 문화현상'임을 보여주는 것이라 하겠다. 따라서 이러한 '리얼리즘'이 유물론과 실증주의적 맥락에서 논의되고, 신고전주의와 낭만주의에 반대하여 자연이 제공해주는 원형을 충실하게 모방하는 미학 전반을 지칭하는 용어로 쓰이게 되었다는 점은 가장 포괄적 의미에서 '리얼리즘'이 시대를 불문하고 모든 '재현예술'을 의미하는 개념임을 보여주는 것이라 할 것이다.

(2) 〈햄릿〉에 대한 리얼리즘 관점과 배경

이해랑에게 연극의 시작은 동경 유학 시절, 문학 등을 공부하던 유학생들이 주축이 되어 1934년 6월 창단한 동경학생예술좌(東京學生藝術座)[152]에서이다. 이때 그가 처음 접한 작품은 유치진 작 〈춘향전〉(5

---

150 김효, 『현대연극의 쟁점』, 연극과 인간, 2004, 276~277쪽.

151 J. L. 스타이안, 원재길 옮김, 『근대극의 이론과 실제 1』, 탑출판사, 1995, 12쪽.

152 창단 멤버에는 박동근(법정대 영문과), 주영섭(법정대 법학과), 마완영(법정대), 이진순(일본대 예술과), 허남실, 김동원(일본대 예술과), 한적선(일본대 예술과), 임호권

막으로 유치진 각색, 주영섭 연출)이다. 이 작품에서 그는 사령, 농부 그리
고 잔치 장면에 등장하는 지방 관리의 역할을 한다. 여기에서 그는
연극에 대한 즐거움과 함께 연극이야 말로 자신이 바라던 자신이 살
수 있는 세계로서, 마치 연극을 하는 것이 자신에 대한 해방과 기쁨임
을 느끼게 된다.[153] 또 '무엇인가 새롭게 창조할 수 있다는 것과 연극이
인생의 진실을 강력하게 표현하는 인간적인 예술'이라는 연극에 대한
자신만의 예술관을 터득한다.[154] 아울러 그의 연극관 즉 리얼리즘에
대한 기본적인 관점이 노정되는 것 역시 그의 유학 시절에 형성된
것으로 보인다. 그는 연극의 본질에 대한 그의 견해를 밝히는 글에서
행동을 무시한 말은 연극의 대화가 될 수 없다고 주장한다.

> 행동은 말보다 정직하게 인간을 표현하는 것이며, 언어는 인간의 통신
> 의식인 동작에서 발생하였다. 또한 생활은 동작이며 인간은 생활을 한다.
> 사람이 없는데 연극이 있을 리 없고 생활이 없는데 연극이 있을 리 만무하
> 다. 또한 동작이 무시된데 연극이 있을 수 없다.[155]

이처럼 단순한 극적 갈등만으로는 극적인 인간을 표현할 수 없으
며 인간이 표현되지 않는 무대는 연극이 아니라는 것이다. 이와 같은
이해랑의 연극의 본질에 대한 인식은 기본적으로 그의 '리얼리즘'에

(일본대 예술과), 김영화(일본대 예술과), 김용하(미술수업), 유종열(와세다대 상과),
황순원(와세다대 영문과), 주경은(문화학원), 김영수(일본대 예술과) 등 14명 이었으
며, 1934년 6월 24일 동경시 우입구 고전동 11번지 하숙집에서 창단한 아마추어 학생
연극단체이다. 이해랑은 1935년경 창립공연이 끝난 직 후 친구 김동원의 추천으로
가입하게 된다. 유민영(1999), 앞의 책, 82~86쪽.
153 이해랑(1991), 앞의 책, 255~256쪽.
154 세계일보, 1958년 3월 18일.
155 이해랑(1991), 앞의 책, 6쪽.

대한 연극철학의 기반을 이루고 있다. 이것은 그가 유학 시절 접하고
시작한 근대적 리얼리즘 연극의 본질적 가치관이 자신만의 신념으로
자리 잡게 되는 것을 알 수 있다. 그러나 해방 이후 좌익진영의 연극단
체들과 연극 예술인들이 '리얼리즘'을 자신들의 전매특허처럼 주장한
다. 그는 도식적인 극작법과 언제나 천편일률적으로 부르주아 지주와
자본가를 타도하기 위한 군중봉기와 난동으로 일관되는 연극에 반대
하여 순수한 리얼리즘을 추구하게 된다.[156] 그러한 의지는 그의 '참된
신극운동의 지향'이라는 선언문에 잘 나타나고 있다.

> 그러나 감격의 해방을 맞이하여 민족진영 연극인들은 참된 예술의 연극
> 을 하고자 하였으나 좌익연극인들은 예술적 창조성을 부인하고 정치주의
> 적 당의 연극을 인민에 복수한다는 미명하에…… 이제 해방 일을 맞이하여
> 우리들은 다시 한번 새로운 각오 아래 신극운동에 박차를 가할 것을 맹세
> 하는 바이다.'[157]

라는 글에서 그대로 드러나고 있는 것이다. 이러한 가치관은 더 나아
가 '연극의 순수성' 소위 순수연극을 지향하게 되는 신념으로 발전하
게 된다. 그는 또 다른 글에서,

> 연극예술이 연극 이외의 다른 것을 위하여 존재하지 않으면 안 된다는
> 슬픈 명제는 확실히 연극술에 대한 부정적 태도를 의미하는 것이 아니면
> 안 된다. 왜 그러냐 하면 그 본질에 있어 근본적으로 자연을 말하고 현실
> 밖에서 현실과는 독립해 있는 새로운 환상의 세계를 창조하려는 연극예술
> 의 내적 욕망을 무시하고 어떤 치우친 사상의 구체적 실현을 위하여 그

---

156 위의 책, 86~87쪽.
157 위의 책, 65쪽.

사상의 선동을 꾀하려는 행동은 연극예술에 대한 반동이 아닐 수 없기 때문이다.[158]

라고 주장한 데서 알 수 있다. 그러나 이와 같은 이해랑의 '리얼리즘'에 대한 연극관은 예술원 회원으로 당선된 후 1954년 서울시 문화상을 타고 같은 해 2월 미국 국무성의 초청으로 미국 연극계를 3개월간 시찰하면서 변화를 가지게 된다. 그는 뉴욕 브로드웨이와 오프브로드웨이 그리고 워싱턴의 여러 극장에서 연극을 관람하면서 다양한 공연을 접한다. 뉴욕에서의 느낌은 작품, 연출, 연기 등에서 두드러지게 다른 면을 발견하지 못한다. 그러나 엘리아 카잔(Elia Kazan)의 철저한 리얼리즘 연극연출 공연을 보고서 그동안 자신이 한국에서 했던 연출에 대하여 깊이 숙고한다. 그리고 엘리아 카잔과 리 스트라스버그(Lee Strasberg)가 엑터스 스튜디오(Actor's Studio)를 만들어 배우교육을 시키고 있는 연극교육 현장을 방문한다. 거기에서 '스타니슬라브스키 시스템(Stanislavski System)'에 의한 연극기법과 연출을 교육하고 인재를 양성하는 것을 보게 된다. 특히 미국 브로드웨이의 카잔의 공연과 스트라스버그의 교육현장에서 받은 '미국식 리얼리즘'에 대한 충격은 귀국 후 그의 연출에 지대한 영향을 준다. 또한 엑터스 스튜디오 탐방은 그에게 세계적 연극의 흐름에 대한 인식을 변화시킨다. 여기에서 현대 리얼리즘의 구조적 바탕을 이루고 있는 '스타니슬라브스키 시스템'의 진수를 새롭게 느끼게 된다.[159] 그것은 물론 그가 동경예술대학 유학 시절 공부하였으나 해방 이후 좌파 연극단체의 선동적 리얼리즘 연극에 반대하여 자신만의 독자적 리얼리즘 연극을 지향하면서 도외

---

158 위의 책, 14쪽.
159 위의 책, 380~388쪽.

시했던 것을 다시 음미하게 되는 것을 말하는 것이다. 따라서 이러한 동시대적 배경에서 나타나는 이해랑의 〈햄릿〉에 대한 '리얼리즘'의 관점은 일본 유학을 통하여 접한 서구 '리얼리즘'의 수용과 충돌에서 나타나는 또 다른 '제3의 무대언어'라 하겠다. 아울러 이해랑 자신의 인생관과 '순수한 연극'을 추구한 연극철학에서 나온 '리얼리즘', 즉 '순수한 리얼리즘'이며 텍스트의 '형상화'를 위한 방법론이라고 할 수 있을 것이다.[160]

2) 공연의 시대적 배경과 목적

　본 장에서는 19세기 후반 신고전주의와 낭만주의에 대한 반발로부터 시작된 서구의 사실주의와 근대극을 일본이 본격적으로 받아들여 신극개량운동이 이루어진 시점으로부터 20세기 초반 일제강점기, 이해랑이 동경 유학 시절 유학생들이 주축이 되어 창단한 동경학생예술좌에 가입하여 연극 활동을 시작한 1930년대 그리고 해방 직후까지의 동시대의 특성을 포괄적으로 개괄하고자 한다. 이러한 시대적 배경을 바탕으로 한국전쟁 중이던 1950년대 초반 이해랑 연출이 최초 전막공연을 시도한 〈햄릿〉의 공연목적 등을 분석할 것이다.

(1) 공연의 시대적 배경 분석

　19세기 후반 서구 연극 사조에는 신고전주의와 낭만주의에 대한

---

[160] 특히 이해랑의 연기방법론의 주된 특징은 깊은 호흡, 동기화되지 못한 정면연기나 몸 돌리기, 정서를 강조하기 위한 비사실적인 동작선, 허공을 비사실적으로 오래 응시하기 등이 있다. 연출로서 배우의 호흡, 시선의 방향, 몸의 방향, 걸음의 폭까지 일일이 지정해 주었다. 김방옥, 「한국연극의 사실주의 연기론 연구」, 『한국연극학』 22, 한국연극학회, 2004, 176쪽.

반발과 기존의 모든 미학적 관점과 창작 및 공연형식을 거부하는 사실주의가 대두된다. 이는 서구의 이천오백년 연극사ー기원전 5세기 이후 그리스·로마시대의 비극과 희극, 중세 암흑기의 종교극과 신비극, 14~16세기 유럽의 르네상스 시기를 거쳐 17, 8세기의 신고전주의 그리고 19세기 초반을 주도한 낭만주의에 이르기까지ー에서 가장 커다란 변화를 가져온 양식이다. 전통적인 규범이나 이상적인 구성을 근간으로 하는 낭만주의에 대항하여 자연에 대한 객관적인 관찰과 사실에 근거한 분석을 바탕으로 하는 과학과 이성을 주장하는 사실주의 관점이 그것이다. 이는 서구 연극사에서 고대와 현대를 구분하는 기점이 된다고 할 수 있다.[161]

　이러한 서구의 시대적 관점과 흐름을 일본은 명치유신(明治維新) 이후 동양의 어느 나라보다 더 빠르게 받아들인다. 제1차 세계대전 전후의 영향으로 정치사회적으로는 민주주의 사상이 팽배한다. 예술적으로는 낭만주의를 넘어 동시대에 유행하던 리얼리즘 연극을 비롯하여 상징주의, 표현주의, 초현실주의, 다다이즘에 이르기까지 서구의 근대 연극을 적극적으로 수용하게 된다. 특히 연극계는 이미 자유극장(自由劇場, 1909~1919)이 서구 근대극을 소개한 후 문예협회(文藝協會, 1911~1913)를 거쳐 예술좌(藝術座, 1913~1919)가 일본 전국을 순회한다. 이들은 입센, 니콜라이 톨스토이(Lev Nikoaerich Tolstoi, 1828~1910), 모리스 메텔링크(Maurice Meterlink, 1862~1949), 체홉, 막심 고리키(Maksim Gorkii, 1868~1936) 등의 작품을 공연하며 신극 향상을 위한 노력을 지속한다.[162] 그러나 쇼요 이후 오사나이 가오루, 시마무라 호오게츠

---

161 페터 쏜디, 송동준 역, 『현대 드라마의 이론』, 탐구당, 1994, 19쪽.
162 이러한 일본 신극운동의 서양연극 수용은 다양한 방식으로 나타나는데 그중 대표적

등이 주도하는 일본 신극운동의 공연 흐름은 입센, 스트린드베리히, 체홉, 고리키, 쇼 등과 같은 자연주의나 사실주의 작품으로 집중된다. 이러한 경향으로 셰익스피어 텍스트들은 고전극으로 분류되어 신극운동에서 밀려난다. 그리고 관객의 무관심 등으로 공연대상에서 사라지는 결과로 이어진다.[163] 이러한 일본 신극운동의 흐름과 결과는 19세기 구한말 개화의 상징적 시점인 1894년 갑오경장과 1910년 일본의 강점기 이후 시작된 한국인 일본 유학생들에게도 그대로 영향을 준다. 일본 전통연극의 반발로 생겨난 일본 신파연극은 그대로 한국으로 전파된다. 동시에 일본 신파연극의 거부와 개량운동으로 시작된 일본의 신극운동 역시 거의 유사한 형태로 일본 유학생 연극집단을 통하여 한국 신극운동에 결정적인 영향을 미친다고 할 수 있다.

한국 근대 연극사에서 1920년을 전후한 시기는 매우 중요한 전환기이다. 1919년 3.1운동이라는 민족의 큰 격동을 기점으로 민주주의, 민족주의, 코뮤니즘(Communism), 아나키즘(Anachism) 등 근대적인 여러 정치사상들이 물밀듯 들어오고 그에 따른 민족의 근대적 자각이

으로 신극 운동에 선봉에 섰던 츠보우치 쇼요는 셰익스피어 텍스트를 중심으로 수용을 주도하고, 오사나이 가오루(小山內薰)와 시마무라 호오게츠(島村抱月)는 동시대의 리얼리즘 등 근대극을 중심으로 수용하고자 한다. 이들 중 일본의 셰익스피어 수용의 초석을 다진 츠보우치 쇼요는 1906년 2월 자신이 東京專門學校와 이후 早稻田 大學에서 가르친 시마무라 호오게츠 등 제자들을 중심으로 文藝協會를 창립하고, 1907년 11월 자신이 번역한 〈햄릿〉을 공연하게 된다. 그러나 대본은 〈햄릿〉 원전을 충실하게 번역하였으나, 공연은 아마추어적이라는 평가와 함께 별다른 성과를 이루지 못하고 막을 내린다. 이에 충격을 받은 츠보우치 쇼요는 일본 최초의 연기학교인 文藝協會演劇研究所를 설립하고 배우를 양성하는 한편 1909년 문예협회를 재정비하여 1911년 5월 일본 신극사상 새로운 이정표를 세운 〈햄릿〉을 帝國劇場에서 성공적으로 공연하게 된다. 하경봉,「日本 셰익스피어 公演史 硏究」, 중앙대 석사학위논문, 2002, 35~39쪽 참고.

163 安西徹雄 編,『日本のツェイクスピア100年』, 荒竹出版, 1989, pp.39~40.

일어나던 시기였기 때문이다. 이런 시기에 서구 리얼리즘 연극과 계몽운동을 주도하는 최초의 신극운동이 1920년 3월 동경유학생들이 결성한 연극단체인 극예술협회(劇藝術協會)가 창립되면서 시작된다. 이듬해 동경 유학생들의 모임인 동우회 건립기금을 위한 이들의 귀국 순회공연은 1921년 7월 9일부터 8월 18일까지 부산, 김해, 마산, 경주, 대구, 목포, 서울, 평양, 진남포, 원산 등 25개 지역을 약 40일간 순회 공연한다. 이들의 순회공연으로 한국에서도 신극운동이 시작되는 계기가 된다. 이로 인하여 활기를 띠게 되는 신극운동은 1920년대 토월회의 연극 활동으로 이어진다. 동경유학생 연극단체인 토월회는 1923년 봄 동경에서 조직된다.[164] 이들은 같은 7월 4일부터 8일까지 여름방학을 이용하여 경성 조선극장에서 제1회 공연으로 박승희의 창작극 〈길식(吉植)〉, 유젠 필롯 작 〈기갈〉과 체홉 작 〈곰〉, 쇼 작 〈그 남자가 그 여자의 남편에게 어떻게 거짓말을 하였나〉 등을 전회원이 출연하여 공연한다. 그러나 제2회 공연 이후 대부분의 창립동인이 탈퇴하고 박승희가 대표가 되어 제3회 공연부터는 대중적인 신극운동단체로 방향을 바꾼 토월회를 이끌어가게 된다. 따라서 순수한 토월회의 공연사적 의의는 제2회 공연까지로 보는 것이 타당하다고 하겠다.[165]

---

164 1923년 봄 東京 神田區 錦町 18번지 하숙집에서 순수한 문학동호회 모임으로서 "이상은 하늘에 있고 발은 땅을 디딘다."라는 뜻을 가지고 토월회(土月會)를 창립한다. 창립동인으로는 김복진, 김기진, 이서구, 박승희, 박승목, 이제창, 김을한 등이며, 이후 연학오와 이수창이 추가로 가입하게 된다. 창립 시기에 대하여 박진은 1922년 11월에 하였다고 주장하나, 창립동인인 김기진은 1922년 5월에 창립하였다고 하였고, 또 다른 동인인 박승희는 1923년 봄이라고 증언하고 있다. 그러나 이들이 1923년 여름방학을 이용하여 공연을 한 점을 미루어 상정할 때, 1923년 봄(4월~5월경으로 추정)이 설득력을 가진다고 판단된다. 박승희, 「토월회 이야기 (1)」, 『思想界』 5, 사상계사, 1963 참고.

165 서연호, 「1920년대 연극의 전개」, 『공연사 I (1908~1945) 한국현대연극 100년』, 한국 연극협회, 연극과 인간, 2008, 110~112쪽.

토월회의 뒤를 이어 등장하는 신극운동 단체는 1932년 창립되고 1938년 이후 극단 극연좌(劇硏座)로 명칭을 바꾼 극예술연구회(劇藝術硏究會)이다. 1931년 7월 8일 창립된 극예술연구회는 홍해성, 윤백남, 서항석, 유치진, 이헌구 등이 연극영화전람회를 개최하기 위하여 조직한 극영동우회(劇映同好會)가 그 출발점이다. 1920년대의 토월회 신극운동을 1930년대에 계승 발전시킨 것이 극예술연구회라 할 수 있다. 토월회는 일본 신극운동의 초기 흐름을 번안을 통하여 수용하고자 한다. 그러나 극예술연구회의 홍해성을 비롯한 창립동인들은 축지소극장의 활동과 그 이후 일본의 본격적인 신극운동을 직접 몸으로 체험한다. 이들 대부분이 서구문학을 전공한 문학도이다. 따라서 이들은 사실주의 근대극에 대한 자유극장 활동과 아일랜드의 국민극운동에서 영향에 자극을 받아 그 영향에서 신극운동을 전개했다는 성향에서 토월회와 차이점을 보여준다.

1931년 9월 만주사변이 발발한 이후 사상탄압은 일본 연극계뿐만 아니라 국내 연극계에도 더욱 가중되기 시작한다. 1934년경부터는 예술본위 작품이 아니면 공연할 수 없는 상황에 이르게 된다. 극예술연구회는 제17회 공연을 마지막으로 1938년 3월 일제에 의하여 강제 해산된다. 이에 극예술연구회는 1938년 4월 극단 극연좌로 개명과 체제를 바꾸고 신극활동을 이어간다. 이 무렵 동경학생예술좌 출신의 김동원, 이해랑, 이진순 등이 신인 연기자로 가입한다. 제19회와 20회 공연은 순수한 연극연구단체를 넘어 보다 발전된 연극을 지향하는 연극공연극단으로 평가받게 된다. 이후 1939년 3월 제2회 동아일보 주최 제2회 연극경연대회에 함세덕의 〈도념 1막〉으로 참가한다. 같은 해 5월 제24회 공연으로 〈춘향전〉, 〈목격자〉, 그리고 〈도념〉 등을 마지막으로 일제의 탄압을 견디지 못하고 극연좌도 해산한다.[166] 이로

써 토월회의 뒤를 이어 1930년대 신극운동을 전개한 극예술연구회와
그 후 신인 극연좌의 활동도 막을 내린다. 이후 일제강점기 말기인
1940년대의 친일연극단체인 조선연극협회와 국민연극시대인 암흑기
를 맞이하게 된다. 그리고 1945년 해방과 좌우 대립의 혼란기를 거쳐
1950년 국립극단의 창단과 전속극단인 신협의 공연활동 그리고 한국
전쟁과 전후 수복 이후의 신극활동 등으로 이어진다.

(2) 〈햄릿〉 공연의 목적

이해랑은 위와 같은 시대적 배경과 흐름에서 자신이 일본 유학 시
절 체득하게 된 것 중 인간의 감성과 고뇌 등 인생의 희로애락을 심도
있게 표출하는 리얼리즘 작품과 그 성향을 자신의 연극 활동에 중요
한 목적으로 삼고 있다. 이는 〈햄릿〉에 대한 10여 차례의 공연에서
등장인물의 심리와 내면의 문제를 리얼리즘적 관점에서 표현하고자
한 시도와 그가 연출한 다양한 공연의 성향에서도 그 일면이 드러난
다.[167] 이와 같은 성향은 그가 정신적 고통을 겪던 청년시절, 연극을
통하여 인생과 삶의 새로운 의미를 발견하고 받아들이게 된 것이다.
이는 그의 일생을 통하여 일괄되게 지속되는 리얼리즘 연극과 배우를
연극의 중심으로 바라보는 연극에 대한 가치관의 연장선상에 있다고
볼 수 있다. 아울러 이해랑의 공연연출과 배우를 아우르는 그의 연극
에 대한 철학과 목적성에 대한 관점은 다음과 같은 그의 소견에서
그 단초를 파악할 수 있다.

---

166 유민영, 「지식인들의 본격적인 근대극운동: 극예술연구회 창단」, 『공연사 I (1908~
    1945) 한국현대연극 100년』, 한국연극협회, 연극과 인간, 2008, 220~221쪽.
167 정철(1999), 앞의 논문, 169~170쪽.

연극은 순간의 예술이다. 예술 장르 중에서도 가장 단명하면서도 집약
적이고 강한 호소력을 지닌 것이 연극이다. 또한 무대에는 후세의 영광이
깃들 수 없고, 오로지 막이 오르는 순간만이 중요한 것이며, 다른 예술과
달리 막이 내린 후에는 아무것도 남지 않는다. 그러나 일찍이 괴테가 말한
것처럼 연극은 고귀한 사람들의 가슴에 남는다.[168]

고 술회하고 있다. 이처럼 그에게 있어 텍스트의 연출을 통한 공연활
동은 실존적 존재 이상의 의미와 목적을 지닌 것이다. 〈햄릿〉 공연에
대한 기본적인 목적성 역시 이와 같은 관점의 연장선상에 있음을 보
여주고 있다.

먼저 1951년 9월 대구 키네마극장에서 공연된 〈햄릿〉은 지난한
한국전쟁과 그 피난의 역경 속에 자리 잡은 것이다. 이해랑은 군인이
전장에서 전투를 하는 것이 본연의 임무이듯이 공연예술가인 연극인
들은 전쟁이라는 어수선하고 불안한 상황에서 관객들을 위하여 공연
을 하는 것이 의무라고 판단한다.[169] 우선 한국전쟁 전 극협[170]과 국립
극장 소속의 신협[171] 공연에서 민족의 자주권과 저항정신을 표현했던

---

168 유민영, 『우리시대 演劇運動史』, 단국대학교 출판부, 1990, 486~487쪽.
169 유민영(1999), 앞의 책, 265쪽.
170 극예술협회(약칭: 극협)는 1947년 4월경 전 극예술원(1947년 1월 30일 이미 해체된
   극단 전선의 김동원, 이해랑, 이화삼, 윤방일 등이 유치진과 함대훈을 고문으로 이진
   순과 함께 음악가 이안드레아의 재정적 후원으로 창립한 단체임. 1947년 2월 25일
   유치진 작, 연출로 〈조국(2막)〉을 창립공연으로 올리고 재정난으로 해산한다) 멤버들
   이 주축이 되어 한국문화흥업사(輔國文化興業社)의 재정적 후원과 우익학생단체인
   전국학생연맹(대표 이철승)의 지원 등을 바탕으로 동인제 극단으로 창립하게 된다.
   창립멤버에는 유치진, 이해랑, 김동원, 이화삼, 박상익, 장훈, 김선영, 윤방일, 조미령
   등이다. 박영정, 「해방기의 연극계 재편과정」, 『공연사Ⅱ(1945~2008) 한국현대연극
   100년』, 한국연극협회, 연극과 인간, 2008, 32~33쪽.
171 1949년 1월 12일 대통령령 제47호로 공포된 국립극장설치령에 따라 초대 국립극장장
   에 선임된 유치진은 전속 극단인 신극협의회(新劇協議會, 약칭 : 신협)을 중심으로

〈자명고〉(自鳴鼓, 유치진 작)과 운명적 가정비극의 아픔을 표현하여 관객의 공감을 불러일으킨 〈뇌우〉(雷雨, 조우 작, 김광주 번역)를 계속하여 무대에 올린다. 이후, 새로운 공연텍스트를 물색하던 그는 당시 전쟁 상황에서 발생하는 인간의 삶과 죽음의 문제를 간접적으로 표출할 수 있는 텍스트로 〈햄릿〉을 선택하게 된다. 당시 피난지 극장의 여건은 말 할 수없이 빈약한 것이어서 결코 그러한 대작을 공연할 수 있는 상황이 아니었다. 그러나 그의 진정한 연극에 대한 열망과 목적의식은 그와 같은 열악한 조건을 극복하게 한다. 그는 단원들과의 단기간의 연습에도 불구하고 피난지 관객들의 열렬한 호응을 얻어 내는 결과를 창출한다. 이는 이해랑이 주인공 햄릿을 '회의적이고 우유부단한 인물'이 아닌 '적극적이고 행동하는 인물'로 해석한 부분과 햄릿의 정신적 갈등을 극적 긴장으로 압축하고자 한 연출의도와 주도면밀한 연습계획 및 최전선의 전장에서 정신적으로 무장되고 성숙된 단원들과의 끈질긴 연습이 뒷받침된 결과라고 할 수 있다.[172]

1962년 이해랑은 드라마센터 개관 공연인 〈햄릿〉을 유치진과의 공동연출로 막을 올린다. 당시 국립극장 신협단장으로 재직하고 있던 그는 부산과 대구 피난 시절 연출자와 셰익스피어 텍스트 번역자로 만나 알게 된 한로단의 부탁으로 드라마센터를 방문한다. 이때 연출

1950년 1월 19일 국립극장을 발족하는데, 간사장에는 극작가 이광래, 예술국과 지방국 편제에 그 하부 조직으로 극작분과, 연기분과, 연출분과, 무대분과가 있었다. 그중 핵심분과인 연기분과에는 남자배우 이해랑, 김동원, 박상익, 오사량, 최삼, 전두영, 송재로, 이화삼, 주선태, 박제행, 박경주, 고설봉, 장훈 등 13명과 여자배우 김선영, 유계선, 황정순, 유해초, 백성희 등 5명이 초기 멤버였다. 구성 단원들의 대부분은 극협 단원이 중심이며, 일부 동양극장 출신의 배우가 선정된 것을 알 수 있다. 김성희, 「전쟁기와 전후연극의 전개」, 『공연사 II (1945~2008) 한국현대연극 100년』, 한국연극협회, 연극과 인간, 2008, 72~73쪽.

172 유민영(1999), 앞의 책, 269~273쪽.

이 부재한 상태에서 진행되고 있던 막바지 연습현장을 참관하면서 과거 여러 차례 연출 경험을 바탕으로 몇 장면의 문제점을 조언한 다.[173] 결국 이것이 계기가 되어 개관공사 준비로 정신없이 바쁜 유치진의 간곡한 부탁과 인연으로 안정적인 국립극장에 사표를 내고 본격적으로 참여하게 된다. 그는 평소 자신의 연극에 대한 가치관과 목적의식을 가지고 얼마 남지 않은 연습기간 동안 철저하게 준비하여 작품의 수준과 관객의 호응이 인상적이라는 평가를 받는다. 이는 특수한 무대적 상황을 효과적으로 이용하고 출연진들의 조화를 이끌어낸 결과라 하겠다.[174]

이해랑이 이와 같은 〈햄릿〉 공연의 목적을 가장 심도 있고 화려하게 표출한 무대는 1985년 호암아트홀 개관 공연이라고 할 수 있다. 그러한 바탕에는 충분한 재정적인 지원을 받아 자신의 취향에 부합하는 출연진과 무대미술, 의상, 대소도구 등을 제대로 갖출 수 있었기 때문이다. 그러나 보다 근원적인 면에서 그 자신 인생의 연륜과 무대에서 쌓아 올린 공연예술가로서의 뚜렷한 목적의식과 가치관이 자리잡고 있다. 다시 말해 등장인물들의 마음에서 우러나오는 원숙한 인간의 세계와 그것이 현실에 확실히 존재하는데도 그것을 보지 못하고 지나쳐 버린 삶의 진실을 극적 행위 속에서 표현하기 위한 무대형상화의 목적을 추구한 때문이라 할 수 있을 것이다.[175]

---

173 이해랑(1991), 앞의 책, 411~412쪽.
174 한국일보, 1962년 4월 14일.
175 이해랑(1991), 앞의 책, 114~116쪽.

3) 〈햄릿〉의 연출관점

본 장에서는 연출관점 출발의 기본적인 요소 중 하나인 텍스트의 전통적인 개념과 현대적 개념 등 서구의 텍스트에 대한 관점의 변화를 살펴보고, 이를 바탕으로 이해랑의 〈햄릿〉에 대한 연출관점을 분석하고자 한다.

(1) 〈햄릿〉 분석을 위한 텍스트의 관점 변화 고찰

텍스트의 라틴어 어원인 '텍스투스(Textus)'라는 용어를 처음 사용한 것은 마르쿠스 퀸틸리아누스(Marcus Fabius Quintilianus, 35?~95?)로서 그의 수사학과 문학이론에 관한 대표적인 저서인 『웅변교육론(Institutio Oratoria)』에서이다. 여기서 '텍스투스'는 언어사용의 실례를 짜여진 직물에 비유하는 메타포(Metaphor)[176]로서 사용된다. 이후 스토아학파로부터 20세기 중반까지 텍스트에 대한 고전적이고 전통적인 개념은 텍스트가 두 개의 중요한 구성요소인 시니피앙(Signifiant-기표)과 시니피에(Signifie-기의)로 이루어져 쓰인 메시지라고 통용된다. 이러한 맥락에서 전자인 시니피앙은 텍스트의 물질성 그 자체를 나타내는 '문자, 단어, 문장'을 가리키며, 후자인 시니피에는 일의적이고 명확한 의미를 지닌 존재로 인식되어 왔다.[177] 이러한 개념을 구조주의 공연미학 관점으로 볼 때, 극작가에 의하여 쓰인 '희곡', 연출이나 공연집단에 의하여 창출된 공연을 위한 '계획이나 아이디어(idea)' 더 나아가 '문자화된 것', '약호화된 것', '개념화된 것'과 공연의 바탕이 되는

---

176 Michael Kelly, ed., *Encyclopedia of Aesthetics*, Vol.4, Oxford University Press, 1998, p.371.

177 유영식, 「롤랑 바르트의 후기구조주의 텍스트이론 연구」, 홍익대 석사학위논문, 2004, 20~21쪽.

제반 요소들인 시간, 공간, 장치, 대·소도구, 조명, 음악, 움직임 등의 집합체까지를 텍스트의 개념으로 확대할 수 있을 것이다.[178]

　이러한 현대적 텍스트 개념은 소쉬르의 구조주의 언어학에서 시작된다. 그는 기호 안에서의 차이가 언어를 결정짓는다고 주장한다. 이러한 개념을 기호학적 관점에서 규정하고 현대 텍스트 개념을 확장시킨 루이 옐름슬로우(Louis Hjelmslev, 1899~1965)는 '랑그(langue)'와 '빠롤(palole)'이라는 소쉬르의 대립 항을 '체계(system)'와 '과정(process)'이라는 대립 항으로 대체한다. 그 목적은 주어진 텍스트를 모순되지 않고 철저하게 기술하고 파악하고자 하는데 있다. 그 이유는 이를 바탕으로 텍스트에 대한 지식의 기반을 구축할 수 있기 때문이다. 그 지식은 '과정'과 '체계'와 관련되어 '랑그'를 구축하고 모든 텍스트들의 구조는 그 '랑그'에 따라 세워지고 구성[179]된다는 것이다. 또 텍스트의 '부분'이라고 불리는 사항들의 '의존성'과 '동질성' 관계를 주목한다. 그는 이 부분들의 관계가 이루는 총체를 텍스트라 규정한다. 이러한 텍스트는 종합적인 것으로서 그것은 언어들의 연역적인 절차와 귀납적인 종합을 통하여 모든 의미[180]가 다양한 부분에서 랑가쥬를 통해 범주화되어 나타난다는 것이다.[181]

178 최치림, 「공연과 텍스트에 관한 연구」, 『한국연극학』, 한국연극학회, 2000, 376~377쪽.
179 루이 옐름슬레우, 김용숙 외 옮김, 『랑가주 이론 서설』, 동문선, 2000, 26~27쪽.
180 위의 책, 43~46쪽.
181 첫째, 운문과 산문이 혼합된 다양한 문체적 형태, 둘째, 정상적인 문체로서 창조적 문체와 모방적 문체, 고풍적인 문체로서 창조적이며 동시에 모방적인 문체, 셋째, 고상한 가치의 문체와 천박한 문체 그리고 그 중립적 가치를 지닌 문체, 넷째, 말하기, 글쓰기, 제스처 신호 등 다양한 장르의 문체, 다섯째, 성냄, 즐거움 등 다양한 감정의 동요, 여섯째, 한 공동체의 공통 랑가쥬, 사회적이고 전문적인 그룹의 랑가쥬 등 다양한 고유어, 국가의 랑그, 상용어, 방언, 사투리 등의 지방 랑가쥬, 다양한 기관, 또는 목소리 등의 외관적 특징 등 여러 형태로 나타나며 이러한 랑가쥬의 외관적 특징은

이러한 개념은 롤랑 바르트(Roland Barthes, 1915~1980)의 텍스트 개념에서 나오는 '층위' 개념으로 연결된다. 텍스트는 '랑가주'의 구조로서 저자의 의도는 사라지고 '의미'는 독자에 의하여 별도로 창출된다고 본다. 그는 이러한 '의미'의 생성이 저자의 '작품'과 '텍스트'를 구분 짓는다고 주장한다.[182] 더 나아가 텍스트는 기의와는 분리된 기표들의 역동적이며 다층적 '층위'의 형성과정으로서 전통적 관념에 상충되는 역설적인 양상을 수용하는 독자의 반응에 따라 다양한 의미가 나타나는 놀이의 공간이라는 것이다.[183] 이러한 바르트의 '작품'과 '텍스트'에 대한 상호개념을 연극에 대입하면, 극작가에 의하여 쓰인 희곡을 '작품'이라고 볼 수 있다. 또 관객 앞에서 이루어지는 '공연'을 '공연텍스트'로 정의할 수 있다. 이러한 관점은 1960년대 이후 나타나는 실험극의 공연텍스트 개념과 상통하는 것이다. 열린 개념으로서 전통적인 희곡의 관습과 원리를 해체하고 그것의 언어적 기능까지 거부하는 탈텍스트 중심주의적 특성을 보여준다. 이는 연출가나 공연집단이 직접텍스트를 해체나 재구성하고 제작 공연하는 '자율창조방법(Autonomous creative method)'으로 나타나게 된다.[184]

줄리아 크리스테바(Julia Kristeva, 1941~)는 텍스트의 '생산성(Productivity)'과 다원적 성격 즉 '상호텍스트성(Intertexuality)'을 주목한다. 그는 언술행위의 주체인 초월적 자아에 의한 의미작용을 상정하고 이를 이념적이며 역사적 산물로 제시하고 있다. 또 이러한 의미생성 과정의 두 양태를 '세미오틱(le semiotique)'과 '쌩볼릭(le symbolique)', 즉 '의

상호적이며 연대적인 텍스트 '범주'에 속한다는 것이다. 위의 책, 139~141쪽.
182 서정철, 『기호에서 텍스트로: 언어학과 문학기호학의 만남』, 민음사, 1998, 455~456쪽.
183 Roland Barthes, *Image, Music, Text*, Hill and Wang, 1977, pp.156~157.
184 최치림(2000), 앞의 논문, 382쪽.

미작용'과 '지시작용'으로 규정한다. 이것이 언어를 구성하는 의미생성 과정에서 불가분의 관계를 맺는다. 이 둘 사이의 변증법은 '서술', '메타언어', '이론', '시' 등과 같은 텍스트 담론의 유형을 결정하고 다양한 분절양상을 허용하며 매우 상대적이라는 것이다.[185] 따라서 '상호텍스트성'이라는 것은 하나 혹은 여러 개의 기호 체계가 또 다른 기호체계로 '전위(transposition)'되는 것을 의미한다. 그 결과 다양한 의미체계의 언술행위에 대한 장과 대상은 항상 복수적이다. 그리고 그것들은 파열됨으로서 그 양태의 다원적 성격[186]을 나타내게 된다. 아울러 현대텍스트가 지닌 다양한 난해성, 한계, 진보성은 텍스트가 소진하고 있는 역사를 계승하는 동시에 그 연결고리 속에 들어 있다는 것이다. 다시 말해 텍스트는 그것을 초월하는 의미작용 과정 속에서 모든 긍정성을 수용하는 초언어적 실재이며, 동시대적 언어는 물론 역사적 언어를 포괄하는 것으로 정의한다.[187]

더 나아가 미하일 바흐친(Mikhail Bakhtin, 1895~1975), 데리다 등은 모든 '쓰여진 것'과 '말하여진 것'을 텍스트 속에 포괄시킨다. 이를 통해 텍스트의 범위를 일상회화, 문학, 철학, 법, 종교는 물론 연극, 영화, 무용, 음악, 축제 등 모든 문화현상으로까지 확대한다. 미학의 모든 대상을 텍스트로 간주하고 극대화시킨 것이다. 바흐친은 텍스트란 사유와 경험 사이에서 중재되지 않은 실재이자 본질이며, 텍스트가 존재하지 않는 영역에는 연구의 대상은 물론 사유도 존재하지 않는다고 주장한다. 이는 텍스트 사이의 상호 연관적인 차원에서 제외된

---

185 줄리아 크리스테바, 김인환 역, 『시적 언어의 혁명』, 동문선, 2000, 24~25쪽.

186 위의 책, 66~67쪽.

187 위의 책, 268~270쪽.

언술이란 존재하지 않는다는 '상호 텍스트성'을 말한다. 두 담론 사이의 차이에서 드러나는 상호텍스트적인 관계에 의하여 본질적인 담론의 유형이 만들어진다는 것이다.[188] 또한 데리다는 소쉬르가 주장한 언어의 자의성과 기표와 기의의 자의성을 인정하면서도 문자언어가 음성언어를 대리 표상하고 문자가 언어의 이미지라는 그의 논리는 자기모순이라고 지적한다. 이에 따라 데리다는 문자언어가 결코 음성언어의 이미지나 상징이 아니라고 규정한다. 그리고 문자언어를 음성언어의 종속으로부터 해방시키고 문자텍스트의 공간을 폭넓게 확장시킨다. 텍스트의 범주를 확장시켜 기호로 이루어진 모든 것을 텍스트로 파악한다. 텍스트에는 고정된 의미나 중심이 부재하며 '흔적'으로만 존재한다는 것이다. 따라서 그 대상으로서 기표와 기의관계의 '차이'가 무한히 미끄러지고 '지연'되는 '차연(la différance)'으로서 '흔적의 현전'만이 존재한다. 이 은폐된 흔적의 시간적 운동 속에서 모든 기호의 무한한 '유희'가 이루어지며, 텍스트 밖에는 아무것도 존재하지 않는다고 주장한다.[189]

그러나 파트리스 파비스(Patrice Pavis)의 경우 공연과 관련된 텍스트의 범위를 여섯 가지로 구분하고 있다. 첫째, 희곡텍스트(Dramatic text)로서 연출가가 무대형상화에 책임을 지며, 극작가에 의하여 구성된 텍스트, 둘째, 연극적 텍스트(Theatrical text)로서 관중이나 관객 앞에서 구체적인 공간 안에서 구체적이고 공개적으로 이루어지는 상황의 텍스트, 셋째, 공연(Performance)으로서 텍스트를 포함하여 상호 관련된

---

188 김동욱 편, 『바흐친과 대화주의』, 나남, 1990, 195~200쪽.
189 자크 데리다, 김웅권 옮김, 『그라마톨로지에 대하여』, 동문선, 2004, 57~71쪽; 112~122쪽 참고.

요소들을 이용하여 의미를 생산하고 창출하는 무대 전반에 나타나는 행동의 통일된 조화, 넷째, 미장센(Mise-en-scene)으로서 텍스트와 공연 사이에 상호 관련된 모든 요소들, 다섯째, 연극적 사건(Theatrical event)으로서 미장센에 의해 이루어진 공연과 관객에 의해 나타나는 공연환경과 상호 관련된 것들, 마지막으로 공연텍스트(Performance text)로서 한 작품에 대한 연출로 창출된 공연과 관중 사이를 설명할 수 있는 것 등으로 나눈다.[190]

　　이와 같은 파비스의 주장에 대하여 쉐크너는 위의 여섯 가지 주장을 이론적이고 문화상호적 측면에서 수용한다. 그러나 마지막 부분인 '공연텍스트'에 대해서는 '관중의 참여'는 물론 공연이 이루어지는 동안에 '무대 위와 밖'에서 일어나는 '모든 것'을 포함하고 의미하는 것이라고 주장한다.[191] 그는 '공연텍스트'란 '총보(The score)' 또는 '무대와 관련된 모든 것들의 집합체(The total mise en scène)'로서 공연과 관련되어 나타나는 대사, 제스처, 연행자들, 공간, 관중, 음악, 조명 등 무대에서 나타나거나 관련된 모든 요소들을 통칭하는 것이라고 본다.[192] 아울러 문자화된 '희곡적 텍스트'는 행위가 중심이 되는 '공연텍스트'보다 훨씬 이후에 나타난 것이다. 다시 말해 희곡문학에 의한 서구 연극의 전통적 텍스트 개념은 문자가 발명되고 사용되면서 스크립트가 드라마로 변화된다는 것이다. 이것이 그의 텍스트에 대한 관점으로서 공연이란 드라마와 스크립트에 대한 연행자들의 반응이며 재현

---

190 Patrice Pavis, *Languages of the Stage*, Performing Arts Journal Publications, 1982, pp.160~161.

191 리차드 쉐크너, 김익두 역, 『민족연극학』, 도서출판 신아, 1985, 45~46쪽.

192 Richard Schechner, *The End of Humanism*, Performing Arts Journal Publications, 1982, pp.32~33.

이라고 규정한다.[193]

이와 같이 텍스트에 대한 관점의 변화는 전통적인 글쓰기의 결과로 나타나는 '쓰여진 텍스트'로부터 '공연텍스트'로 확장되고 더 나아가 모든 문화현상을 포괄하는 현대적 '텍스트'의 개념으로 전환되고 있음을 알 수 있다. 그러나 보다 분명한 것은 시대의 흐름에 따라 공연 철학이나 미학, 무대기술 등의 발전과 변화에 따라 다양한 형태의 텍스트가 나타났으며, 또 나타날 것으로 판단된다. 오늘날 공연예술가들의 공통적인 관심은 수많은 극작가들이 남겨 놓은 희곡텍스트들을 어떠한 형식과 방법론으로 새롭게 무대화하는가에 그 관점이 있다고 할 수 있을 것이다. 이러한 관점의 연장선상에서 이해랑을 비롯한 본고의 연구 대상 연출가들이 텍스트 〈햄릿〉을 어떠한 연출관점에서 해석 내지는 재구성하여 무대형상화를 지향하는가를 논의하고자 한다.

(2) 〈햄릿〉의 연출관점 분석

이해랑은 〈햄릿〉에 대한 기본적인 관점은 '회의하는 햄릿'이 아닌 보다 적극적으로 움직이는 '행동하는 햄릿'으로 해석하고 있다. 이러한 연출관점은 그 의도를 밝히는 글에서 다음과 같이 나타난다.

〈햄릿〉은 주인공이 회의적이고 사색적이며 우유부단한 성격이 진하게 깔려있는 텍스트인데 그 성격을 그대로 가져가면 연극의 박력이 없을 것 같아 연출관점을 다른 각도로 약간 바꾸기로 했다. 선왕인 아버지의 원수에 대한 불타는 복수의 정열을 강조하면서 극의 흐름을 주인공 햄릿의

---

193 Richard Schechner, *Essays on Performance Theory*, Drama Books Specialist, 1977, pp.39~40.

정신적 갈등과 함께 극적 긴장으로 압축하였다. 이러한 의도가 관객의 호응을 받았다.[194]

고 말하고 있다. 이처럼 1951년 〈햄릿〉 공연에서 햄릿을 적극적인 인물로 해석하고 극적 긴장으로 압축하고자 한 연출의 관점은 전쟁이라는 당시의 상황과 부합되는 것이다. 이것은 이해랑 자신의 적극적이고 행동적이며 긍정적인 세계관이 반영된 것으로 판단된다. 또한 〈햄릿〉과 같은 번역극 텍스트에 대한 이해랑의 기본적인 연출관점은 자신이 의도하는 텍스트의 흐름을 강조하기 위하여 어느 장면을 삭제 또는 첨가하고 장면의 앞과 뒤를 바꾼다는 것이다. 그러나 연출가가 텍스트에 수정을 가하는 것은 어디까지나 부분적인 것이며 송두리째 하는 것은 드물다고 보았다. 왜냐하면 번역텍스트는 그 극작가가 살고 있는 나라에서 초연할 때 이미 톡톡한 산고를 치른 텍스트라는 입장을 가지고 있기 때문이다. 또 그것을 공연하면서 배우가 무대에서 관객을 상대로 공연하는 것을 보고 실제로 관객과의 창조가 제대로 이루어지고 있는가를 면밀히 검토하여 각각의 장면들을 정리한 텍스트이기 때문이라는 것이다.[195]

이와 같은 이해랑의 텍스트에 대한 연출관점은 언어중심주의 사상에 바탕을 둔 서구의 텍스트 중심주의와 맥을 같이하는 것이다. 즉 '쓰여진 텍스트'가 공연의 출발점이 된다는 관점이라고 할 수 있다.[196] 이러한 시각에서 텍스트에 대한 연출관점은 세 가지 유형으로 나타난다. 첫째, 텍스트에 대한 재현(Representation)이다. 연출가 개인의 상상

---

194 이해랑, 「남기고 싶은 이야기들-극단 신협(34)」, 중앙일보, 1978년 12월 9일.
195 이해랑, 『또 하나의 커튼 뒤의 人生』, 보림사, 1985, 188~189쪽.
196 최치림(2000), 앞의 논문, 386~387쪽.

이나 해석은 일체 허용되지 않으며, 어디까지나 극작가의 관점에서 텍스트를 이해하고 해석해야 하는 경우이다. 연출가는 극작가의 심부름꾼이자 그 뜻을 충실히 전달하는 역할뿐이다.[197] 심포니연주가 악보에 의해 연주되어지듯이 공연 역시 텍스트에 의해 이루어진다는 것이다. 연출가의 어떠한 재능이나 변화, 다양한 지식과 해석, 창조적 관점은 요구되지 않는다. 오로지 텍스트가 지시하는 대로 공연 작업이 이루어지게 된다.[198] 따라서 공연은 텍스트의 정확한 반영으로 재현되는 경우를 말하는 것이다.

둘째, 텍스트의 재해석(Reinterpretation) 관점이다. 이는 19세기 말과 20세기 초에 등장한 상징주의 연극에 심취된 연출가들인 메테르링크, 뤼네-뾔(Lugné-Poe), 크레이그, 막스 라인하르트(Max Reinhardt) 등이 사실주의나 자연주의 연극의 철저한 재현을 추구하는 방법론에 이의를 제기하면서 시작된다. 이들은 언어에 의한 표현 대신에 상징과 은유를 통한 창조적 표현에 관심을 가지고 다양한 해석으로 사고와 표현의 영역을 확대하게 된다.[199] 특히 크레이그는 연출가의 임무는 극작가의 희곡텍스트를 해석하는 것이라 정의한다. 그는 꿈과 환각의 무의식적 현실을 추구하는 상징주의에 심취하여 오래전에 쓰인 희곡텍스트는 새로운 관객을 위하여 재조명되어야 한다고 주장한다.[200] 또한 라인하르트는 각각의 희곡텍스트는 자신만의 독특한 연극적 분위

---

197 Ellen Donkin and Susan Clement, eds., *Upstaging Big Daddy*, The University of Michigan, 1996, p.11.

198 Richard Honby, *Script into Performance: A Structuralist Approach*, Applause Books, 1995, pp.92~93.

199 크리스토퍼 인네스, 김미혜 역(1997), 앞의 책, 39~63쪽.

200 Amy S. Green, *The Revisionist Stage*, Cambridge University Press, 1994, p.17.

기가 있다. 따라서 그 희곡텍스트 속에 내재된 분위기를 이해하고 그것이 살아있도록 만드는 것이 연출가에게 중요한 관점이라는 것이다.[201] 리차드 혼비(Richard Honby)는 텍스트에 대한 해석을 대리석 같은 조각모델(Sculpture Model)로 비유한다. 그는 대리석의 크기, 모양, 색, 질감 그리고 가격 등이 그것이 재료로 쓰이는 조각 작품에 영향을 미쳐 조각가 자신이 작품의 영감이 떠오를 때까지 기다리는 것과 같은 것으로 본다.[202] 즉 텍스트 해석에 대한 궁극적인 의미는 연출가의 관점에서 텍스트로부터 영감을 얻어 그 제작과정을 통하여 그 텍스트에 새로운 의미를 창출한다는 것이다.

셋째, 텍스트의 각색(Adaptation)에 대한 연출관점이다. 텍스트에 대한 연출의 재해석 관점은 필연적으로 각색을 통해 텍스트를 도출하도록 한다. 연출관점이 텍스트에 대한 단순한 재해석의 차원을 넘어 텍스트를 비판하고 개작하는 결과에 이르게 되면서 연출가가 '리라이터(rewriter)'가 되는 것을 말하는 것이다. 텍스트에 대한 재해석이나 구성에 대한 변화를 시도한다. 따라서 등장인물의 성격이 변형되고 일정한 인물이 없어지거나 추가되기도 한다. 장면 역시 첨삭이 이루어지거나 보완되면서 연출의 관점에 따라 재구성된다. 동시에 텍스트가 공연되는 시대적 상황에 따라 텍스트의 시대와 지리적인 조건이 변화되기도 한다. 또 영상, 무용, 음악, 조각 같은 인접 예술이 활용된다.[203] 이러한 희곡텍스트에 대한 관점은 연출은 공연을 위하여 텍스트를 단순히 해석하는 것이 아니라 텍스트에 대하여 비판적 자세를

---

201 op.cit., p.19.

202 Richard Honby(1995), ibid., pp.102~104.

203 최치림(2000), 앞의 논문, 394~395쪽.

가져야 한다는 견해와 상통하는 것이다.[204] 이는 독자를 대상으로 쓰
인 소설텍스트와는 달리 희곡텍스트가 관객과의 상호교류를 전제로
한 공연을 위하여 쓰인 것이기 때문이라 하겠다.

　혼비는 개작에 대하여 공연을 하나의 독립된 예술형태로 보고 시네
마모델(Cinema Model)을 제시한다. 이것은 영화제작에서처럼 연극 제
작에서도 배우, 무대장치, 공간, 조명 등을 포함한 모든 요소처럼 텍스
트도 하나의 가변적 요소임을 상정하는 것이다.[205] 아울러 가장 이상적
인 공연텍스트와 공연은 '스크립트 더하기 공연(Script plus performance)'
이 아니라 '스크립트를 공연하는 것(Script into performance)'이라고 주장
한다. 이것은 관객들이 스크립트와 공연이 분리된 것으로 알지 못하게
하여 직접적이고 구체적인 변화를 통하여 관객의 일체감을 도출하는
새로운 공연으로 창조되는 경우이다.[206] 이와 같이 연출관점에서 텍스
트를 개작하고 공연하는 작업방식은 텍스트의 내용보다 그 내용을
누가 어떻게 재탄생시켰는가에 주목하게 된다. 그것은 연출관점의 초
점이 무엇(what)에서 어떻게(how)로 바뀌게 되는 것을 말하는 것이다.
아울러 이러한 관점은 공연작품의 제목(title) 앞에 극작가 대신 연출가
의 이름을 사용하는 것으로 나타난다. 그 대표적인 예에는 찰스 마로
위츠의 〈햄릿〉, 그로토프스키의 〈아크로폴리스(Akropolis)〉, 피터 브룩
의 〈리어왕〉, 앙드레 서반(Andrei Serban)의 〈트로이의 여인들〉, 피터
셀라즈(Peter Sellas)의 〈휘가로의 결혼(Marriage of Figaro)〉 등이 있다.[207]

──────────
204 Michael Issacharoff and Robin F. Jones, eds., *Performing Text*, University of
　　Pennsylvania Press, 1988, pp.139~140.
205 Richard Honby(1995), ibid., pp.93~94.
206 op.cit., pp.108~109.
207 최치림(2000), 앞의 논문, 399쪽.

　　이해랑의 경우 위에서 살펴본 세 가지 텍스트에 대한 연출관점 중에서 기본적으로 텍스트에 대한 '재해석'과 '각색'의 관점이 교차되고 있는 것으로 판단된다. 이러한 텍스트에 대한 관점을 바탕으로 그는 셰익스피어 작품을 연출하면서 배우들에게 연출로서 몇 가지 요구한다. 내용이 없는 연기를 철저히 배격할 것이며, 생각은 우주와 같이 광대하게 사유하고 표현은 별과 같이 작게 압축해야 한다. 그리고 현실적인 조건이나 극적 정서보다 예술적 분위기를 표현하는데 집중할 것을 요구하고 있다.[208] 더 나아가 리얼리즘 연극에서는 작가나 연출가들이 감히 등장인물들의 입을 통하여 자신의 관점을 표출하지 못한다고 지적한다. 다만 등장인물의 뒤에 숨어서 연극 전체의 구조적인 뉘앙스를 통하여 자신의 해석이나 관점을 관객이 느낄 수 있도록 반영하는 것이 고작이라는 것이다.[209] 그러나 셰익스피어 작품들은 다르다고 분석한다. 그중 특히 〈햄릿〉의 경우 등장인물들이 자신도 모르는 소리를 마음대로 읊조리는 장면과 행동이 더욱 많이 나타난다는 것이다. 대부분의 독백 장면은 물론 2막 2장 중 햄릿이 길덴스턴(Guildenstern)과 로젠크랜츠(Rosencrantz)와 만나기 전 자신의 심경을 창공에 비유하는 장면에서 이러한 특성이 나타나고 있다.

> 햄릿: ……이렇듯 수려한 산천도 황망하게만 느껴질 뿐. 저 하늘 기막히게 아름다운 창궁도 보게. 저 찬란한 하늘! 불타는 듯 황금빛 별들을 쪼아놓은 장엄한 천장! 저것도 나에겐 다만 독기 서린 멍석으로밖엔 안 보이거든! 그리고 이 인간 참으로 오묘한 조화! (중략) 지혜는 신 그대로, 천지간의 정화, 만물의 영장은 이를 두고 말함이

---

208 이해랑(1985), 앞의 책, 222~223쪽.
209 이해랑(1991), 앞의 책, 145~146쪽.

아닌가? 이러한 인간이건만 대체 나에겐 뭐란 말인가. 쓰레기 떼미! 진개로 밖에는 보이지 않아······.[210]

위와 같이 자신의 시정을 읊어 대고 있으며, 숙부에 대한 불타는 복수심과 어머니에 대한 갈등 그리고 포틴브라스(Fortinbras)의 영웅적인 행동과 레어티스(Laertes)의 남자다운 모습에 대한 선망 등이 자신을 압박하고 있다. 그러나 극중극이 끝난 다음 어머니의 침소에 가서 미친 사람과 같이 광기 어린 행동과 입에 담지 못할 욕설을 퍼부어대며 무자비하게 어머니를 공격하는 행동을 보인다는 것이다. 또 다른 장면인 3막 1장 햄릿의 독백을 보면,

> **햄릿:** 사느냐 죽느냐 이게 문제로다. 어느 쪽이 더 사나이다울까? 가혹한 운명의 화살을 받아도 참고 견딜 것인가, 아니면 밀려드는 재앙을 힘으로 막아 싸워 없앨 것인가? 죽음이란 잠자는 것! 잠들어 만사가 끝나 가슴쓰린 온갖 마음과 육체가 받은 모든 고통이 사라진다면 건 바라마지 않는 생의 극치. (중략) 알지도 못하는 저승으로 날아가느니 차라리 현재의 재앙을 받는 게 났다는 결론. 이래서 우리는 다 겁쟁이가 되고 결의의 저 생생한 혈색도 우울의 파리한 병색이 그늘져 충전하던 의기도 흐름을 잘못 타 마침내는 실행의 힘을 잃고 마는 것이 고작이다. (하략)[211]

위의 독백에서 묘사하고 있는 것처럼 창공에 빛나는 별을 보며 언

210 W. 셰익스피어, 여석기 역, 유치진·이해랑 공동연출, 〈햄리트〉 공연텍스트, 1962년 드라마센터 개관 공연, 67~68쪽. 이 자료는 남해국제탈공연예술촌 촌장으로 있는 김흥우 촌장과의 인터뷰에서 제공받은 이해랑 연출 관련 자료 중 하나임. 김흥우와의 인터뷰, 일시: 2010.8.18. 오후 2시~4시, 장소: 남해국제탈공연예술촌 사무실.
211 유치진·이해랑 공동연출(1962), 앞의 〈햄리트〉 공연텍스트, 79~80쪽.

제나 '사느냐 죽느냐 하면서 심각한 고민을 하고 있던 햄릿이 사랑하는 오필리어를 보자, 다음 장면에서 갑자기 돌변하며 저주를 퍼부으며 수녀원으로 가라고 외치고 있다.[212] 이러한 행동에 대해 이해랑은 자신의 생각에 사로잡혀 제대로 운신도 못하는 나약하고 사색적인 인간이 아니라 오히려 행동이 앞서는 인물로 분석한다. 그에 따라 사물에 대한 판단을 하기 전에 먼저 감정의 논리에 충실한 노예가 된다는 것이다.[213] 이러한 예는 5막 1장 장면에서도 나타난다. 어릿광대들의 공연 중 어릿광대 요릭(Yorick)의 해골을 들고 인생에 덧없음과 허무한 것을 한탄한다. 이러던 햄릿이 오필리어의 무덤으로 함께 뛰어들어 레어티스와 몸싸움을 하다가 무덤에서 나와 레어티스에게 하는 대사의 경우이다.

> **하므렡:** 자 맹서다. 무엇을 할 것인지 말해보라. 울 텐가? 싸울 텐가? 단식을 할 텐가? 자기를 쥐어뜯을 텐가? 초를 마실 텐가? 악어를 먹을 텐가? 나도 할 수 있다. 그대는 울음소리로 외치러 왔는가? 여인의 무덤 속에 뛰어들어 나를 모욕하랴 함인가? 산채로 오피리어와 함께 파묻히랴면 나도 파묻히자. (하략)[214]

---

212 엘리자베스 1세 시대의 용어의미를 좀 더 이해한다면 셰익스피어 운문의 문장구성 의미의 다양성을 파악하는데 도움이 될 것이다. 예를 들어 수녀원(Nunnery)이란 단어가 그 시대에 '갈보집(brothel)'이란 뜻이라는 것을 모른다면, 햄릿이 오필리어에게 하는 고도로 함축된 대사인 '수녀원으로 가시오(Get thee to a nunnery)'(Ⅲ ⅰ)를 이해하지 못 할 것이다. 또 햄릿이 폴로니우스에게 '생선장수(fishmonger)'라고 말할 때(Ⅱ ⅱ), 자신이 미친 것을 폴로니우스가 믿게끔 유도하기 위하여 허튼 소리를 한 것이 아니라 그가 자신의 '비밀을 탐지(fish out)'를 하려고 한다는 것을 넌지시 나타낸 것이며, 이것은 폴로니우스가 햄릿을 유혹하는 미끼로 수치스럽게도 자신의 딸을 이용하고 있음을 암시하는 것이다. 왜냐하면 당시 관객에게 '생선장수'는 '뚜쟁이(a procurer of women)'를 암시하는 것이기 때문이다. M. M. Badawi(1981), ibid., pp.4~5.

213 이해랑(1991), 앞의 책, 146~147쪽.

위의 예에서 보이듯이 느닷없이 레어티스에게 '초를 마실 텐가? 악어를 먹을 텐가?'라고 미친 사람의 광기를 나타낸다. 그다음 장면에서는 레어티스에 대한 자신의 행동을 후회한다. 이와 같이 〈햄릿〉의 모든 등장인물들이 극적 정서를 긴장시키고 극의 주제를 향해 집중하고 있는 상황에서 유독 햄릿만이 극적 긴장 속에서도 어릿광대와 같은 어이없는 행동을 하고 있다. 그러나 이러한 햄릿의 돌발적이고 광기 어린 행동에서 다른 등장인물에서는 느낄 수 없는 인간적인 매력이 나타난다. 특히 독백 장면은 〈햄릿〉의 극장성과 오락적인 흥미 그리고 예술적인 감동을 주고 있다고 지적한다.[215]

이해랑은 〈햄릿〉을 그 나름대로 정리하면서 그 이유를 극적 흥미와 예술적 감동, 연극적인 구성과 앙상블 그리고 관객의 반응을 고민하기 때문이라고 주장한다. 이에 따라 햄릿에 대한 연출관점은 시대의 변화에 따라 약간의 변화를 보여주고 있다. 먼저 1951년 9월 대구 키네마극장에서 이루어진 최초 셰익스피어 〈햄릿〉 공연은 처음으로 전막을 무대에 올린다는 열정으로 연습에 임한다. 그러나 약 열흘간의 연습으로 공연을 해야 했기 때문에 그 기간이 너무나 촉박하여, 출연진 전원(사진4)이 대구 키네마극장 분장실에서 합숙하면서 하루 16~17시간을 연습에 매달린다.[216] 이러한 연습과정을 통하여 이해랑

214 W. 셰익스피어, 한로단 역, 『셰익스피어 3대 걸작선: 하므렡·오델로·멕베스』, 동문사, 1954, 177~178쪽. (1951년 극단 신협 〈햄릿〉 공연텍스트 번역본임.) 김흥우와의 인터뷰(2010.8.18.), 앞의 인터뷰 제공자료.

215 이해랑(1991), 앞의 책, 148~149쪽.

216 1951년 9월 대구 키네마극장에서의 극단 신협의 첫 셰익스피어 작품 공연인 〈햄릿〉에서는 클로디어스 역에 이해랑, 거투르드 역에 황정순, 햄릿 역에 김동원, 레어티스 역에는 최무룡, 오필리어 역에는 김복자 그리고 폴로니어스 역에는 오사량이 캐스팅되었다. 특히 오사량의 폴로니우스 캐스팅 사실을 최초로 확인하였으며, 대구 키네마극장 분장실이 실질적으로 군에서 파견된 대위급 중대장(김동주 대위)의 통제하에

은 셰익스피어의 작품을 원전대로 충실하게 소개하고 그의 작품세계를 무대에 재현하는데 역점을 두면서도 극의 흐름을 나름대로 정리하고 있다. 즉 1막 1장 버나도(Barnado), 프란시스코(Fracisco), 호레이쇼(Horatio), 마셀러스(Marcellus)가 선왕의 유령을 만나는 장면을 생략하고 1막 2장에서부터 극을 시작한다. 왕의 대관식이 끝난 후 호레이쇼와 마셀러스가 등장하여 햄릿에게 1막 1장 에루시아노 성에서 선왕의 유령을 보았다는 이야기를 꺼낸다. 그리고 1막 4장 성벽 장면에서 햄릿, 호레이쇼, 마셀러스 등이 등장하여 선왕의 유령을 만나는 것으로 극의 진행을 각색한다. 그러나 1951년 9월 키네마극장 공연 시 이해랑 연출이 이처럼 각색한 실질적인 이유는 당시 극장의 여건이나 관객들의 어수선한 분위기를 가라앉히고 극의 흐름에 집중시키기 위한 것이다.[217]

1985년 호암아트홀 〈햄릿〉 공연[218] 시에는 그의 연출관점이 보다 발전하고 있음을 알 수 있다. 1장에서 유령이 등장하지 않고 4장에 가서 처음으로 선왕 자신이 아우인 클로디어스에게 피살된 사실을 털어놓는다. 이는 하나씩 숨겨진 극의 동기를 밝히는 극적 효과를

문예중대 1소대로 편성된 극단 신협단원들의 군내무반으로 사용되었음을 오사량 선생과의 대담에서 확인하였다. 오사량과의 인터뷰, 일시: 2010년 9월 13일 오후 3~4시, 장소: 서울 사당동 오사량 선생 자택.

217 이해랑(1991), 앞의 책, 364~365쪽.

218 1985년 호암아트홀 개관 공연의 주요 출연진을 보면 햄릿 역에 유인촌, 클로디어스 역에 김동원, 거트루드 역에 황정아, 폴로니어스 역에 오현경, 오필리어 역에 유지인, 호레이쇼 역에 황만선, 묘지기 역에 김진태 등이 연기의 앙상블을 보여준다. 이외에도 윤승원, 강만희, 이동수, 최재영(2000.9.16.작고), 박재주, 기정수, 전영수 등이 출연한다. 이들 출연 배우들 중 오필리어의 유지인을 제외한 거의 모든 출연진은 각각 다른 〈햄릿〉 공연에 출연한 경험이 있는 배우들이다. 유민영, 『한국연극의 位相』, 단국대학교 출판부, 1991, 456~457쪽. 한국일보, 1985년 5월 12일.

노린 것이다. 이러한 관점은 관객들에게 숨 막히는 극적 긴장을 불러일으키면서 그 긴장감이 앞으로 전개될 극적 상황에 대한 기대와 관심을 창출하기 위한 것으로 판단된다.[219] 아울러 등장인물들 중 핵심적인 역할인 햄릿에 대한 해석을 1951년 초연 시 '행동하는 인물'로 형상화한 것을 좀 더 발전시킨다. 이를 통해 '인간적인 고뇌'와 함께 '적극적인 행동과 열정'을 지닌 인물로서 한 순간 광기가 폭발하여 행동으로 실천하는 인물로 구축한다.

또한 이해랑은 1985년 호암아트홀 개관 공연 시에는 햄릿이 포틴브라스가 행군하는 광경을 선망의 눈으로 바라보며 자신의 우유부단함을 자책하는 4막 4장 '성에 가까운 덴마크 해안'의 독백 장면을 삭제한다. 그는 당시 관객들에게 이 장면이 설득력이 없다고 판단한 것으로 그 이유를 밝히고 있다.[220] 그러나 1989년 마지막 연출인 공연에서는 당시 시대적 혼란상을 반영하여 군중 장면과 포틴브라스에 비중을 두고 있다. 또 나라가 혼란에 빠졌는데도 자신의 고민에 여념이 없는 햄릿을 대비시킴으로써 포틴브라스의 영웅적인 행동을 부각시켜 햄릿의 책임 회피적 행동의 일면을 대비하기도 한다. 이처럼 이해랑의 공연에서 보이는 햄릿은 그 복수나 광기의 대상에 대한 분별력 있는 판단과 사유에 앞서 먼저 자신의 감정에 충실하게 된다. 그리고 그에 따라 광기 어린 행동이 앞서는 인물로 형상화시키고 있다.[221] 이러한 이해랑의 관점은 칼 야스퍼스(Karl Jaspers)가 그의 『비극론(Über das Tragische)』에서 말한 그 의지를 가진 '알 수 없는 경지' 가운데 주어지

---

219 강나현·채승훈(1986), 앞의 책, 34~35쪽.
220 이해랑(1985), 앞의 책, 188쪽.
221 이해랑, 「그의 전부」, 일간스포츠, 1985년 6월 24일.

는 '본연의 존재'에 대한 깨달음이 햄릿의 비극 속에 깃들어있다고 규정하고 있는 햄릿의 비극적 성격에 대한 관점과 상통하는 것이라 할 수 있다.[222] 그러나 이해랑이 이처럼 자신이 뜻하는 텍스트의 흐름을 강조하기 위하여 장면을 첨삭 내지는 재정리한 것은 텍스트 중심주의 관점에서 '재해석'하거나 '각색'한 것으로 보인다. 이는 연극이 관객과의 집단적인 감동을 창조하기 위하여 배우의 정서적 통일과 행동을 중심으로 모든 것을 무대에서 증명하여 보여주는 행동으로 일관된 예술이라는 그의 연출관점을 극대화하기 위한 것이라 하겠다.[223] 또한 자연주의 리얼리즘 계열에 속하는 체홉 작품 등에서는 산문적이고 일상적인 섬세한 묘사로 이루어진 대사가 나타난다. 그러나 셰익스피어처럼 운문과 산문이 뒤섞여 있으며 시적언어가 주류를 이루고 있는 극작품 특히 〈햄릿〉에서는 항상 외적인 흐름보다는 내면적인 극의 흐름에 역점을 둔다. 또 등장인물도 주인공 한 사람에게 무게중심이 치우치지 않도록 모든 등장인물의 비중을 적절히 안배하여 그 과정에서 드러나는 앙상블을 중요시하는 연출관점을 지향한 것으로 판단된다.

4) 무대형상화의 특성

공연예술가이자 연출가로서 '리얼리즘'을 일생의 연극화두로 살다간 이해랑에게 있어 연극은 배우의 연기와 문학으로서의 희곡텍스트 그리고 그것을 정신적으로 받아들이는 관객이 함께 이루는 것이다. 또한 배우가 자신의 육체를 가지고 텍스트의 전 과정을 연기로 형상

---

222 칼 야스퍼스, 사회과학연구회 역, 『悲劇論』, 도서출판 서명, 1981, 75~87쪽 참고.
223 강나현·채승훈(1986), 앞의 책, 40~41쪽.

화하여 관객에게 보여주는 것인 동시에 관객의 요구에 따라 그 내용과 형식이 변화되는 것이 연극이자 공연이라고 정의한다.[224] 이러한 공연의 중개자로서 연출은 현실적인 매력을 텍스트에 부여하고 그것을 배우를 통하여 자신의 관점을 표출한다는 것이다. 즉 공연과 관련된 모든 부분인 무대미술, 장치, 음악, 음향, 조명, 의상, 분장 등을 통합하는 존재인 동시에 정신적인 배우라 규정한다.[225] 이에 본 장에서는 이해랑의 사실주의 연출관점에서 〈햄릿〉 공연에 나타나는 다양한 무대형상화 특성 중 (1) '극장성'과 '사실성'의 변용적 조화 (2) '내적 감성'과 '외적 행동'의 앙상블 (3) '관객'과의 교감을 통한 역할창조 등을 중심으로 그 특성과 관점을 살펴보고자 한다.

(1) '극장성'과 '사실성'의 변용적 조화

이해랑은 근대 사실주의 연극에 대하여 생활 그대로를 반영한 것과 같은 사실적인 무대를 관객에게 보여준 것이라 규정한다. 등장인물들의 심적 생활이 직접 표면에 드러나기보다는 일상적인 대화와 군소 사건들로 구성된 '사실성'과 그 시적인 이미지를 표출한다는 것이다. 이에 비하여 〈햄릿〉의 경우 등장인물들 간의 극적 정서와 극적 행동 사이에 논리적인 일관성이 결여되어 있다. 이러한 비현실적이고 '사실성'이 희석된 극적 상황에서 표출되는 자유분방한 인간의 살아있는 모습들이 보여주는 오락적인 흥미, 즉 '극장성'은 그 논리적인 허점에도 불구하고 재미와 인간적인 매력을 느끼게 한다는 것이다.[226] 더

---

224 위의 책, 31쪽.
225 이해랑, 「演劇十話-연출」, 중앙일보, 1967년 1월 14일.
226 이해랑(1991), 앞의 책, 145~149쪽.

나아가 이해랑은 이렇게 상반되는 두 개념인 비논리적이며 오락적인 '극장성'과 일상적인 사실주의에 입각한 '사실성' 등의 변용적 조화를 무대형상화에 중요한 관점으로 인식한 것으로 상정된다. 이러한 관점은 특히 햄릿의 독백 장면들과 '극중극' 등과 같은 상황에서 잘 드러나고 있음을 알 수 있다. 먼저 위와 같은 관점이 표출되는 여러 독백 장면 중에서 텍스트 1막 2장 대관식 이후 혼자 남은 햄릿의 최초 독백과 이후 등장하는 호레이쇼와의 대화 상황을 살펴보도록 하겠다.

> 햄리트: (1)아무쪼록 어머님 분부를 따르겠습니다.
>
>   왕: 오 기특한 지고 … 거어트루드, 햄리트의 슬기로운 승낙. 이 한마디에 나의 마음이 가뜬하여지오. 이 기쁨을 나누기 위한 주연을 베풀어라. (중략) (나팔취주. 일동 퇴장하고 햄리트만 남는다)
>
> 햄리트: (2)아 이 추하고 더러운 몸 덩어리 녹고 녹아 이슬이 되어라. 차라리 자살을 극죄로 마련한 하늘의 계명이나 없었더라면 (중략) 그것이 한 달도 채 못되어 아니 생각질 말자, 약한 자여 그것이 여자라든가 (중략) 이러고서야 세상이 제대로 될 리가. 안되지. 있을 수 없어. 그러나 가슴이 터져도 입은 다물어야 해. (호레이쇼, 마셀러스, 버나아도 등장)
>
> 호레이쇼: 왕자님.
>
> 햄리트: 아니 이건 호레이쇼 아니야!
>
> 호레이쇼: 삼가 문안드립니다. (중략)
>
> 햄리트: 어머님 혼례에 참석하러 왔었다고 하게.
>
> 호레이쇼: 아닌 게 아니라 바로 잇달아서.
>
> 햄리트: (3)아무렴 돈을 아껴야지 돈을. 초상 때 음식이 식기 전에 그걸 바로 혼인잔치 상에 올려야 한단 말이야 (중략) (4)아 아버님, 아버님 모습이 보이는 것 같아.
>
> 호레이쇼: 아니 어디?
>
> 햄리트: (5)이 마음속에. (하략)[227]

위의 상황은 선왕의 돌발적인 죽음에 이어 어머니와 삼촌의 너무 빠른 혼인에 실망한 햄릿이 마지못해 왕의 대관식에 참석한 후 친구인 호레이쇼 등에게 자신의 심정을 토로하고 있는 상황이다. 즉 햄릿의 대사(1)에 나타나는 새로운 왕과 어머니에 대한 복종적인 자세는 극 진행의 사실적인 면이 드러나는 대목이라고 할 수 있다. 그러나 이들이 퇴장한 이후 홀로 남은 햄릿의 독백 대사(2)에서 나타나는 모습은 어머니에 대한 원망과 자신을 질책하고 후회하는, 고뇌와 갈등으로 가득 찬 전혀 다른 인물로 비약적으로 변화되고 있다. 또 이어 등장한 호레이쇼와 나누는 대화를 보면, 햄릿(3)의 대사처럼 가장 현실적이고 이성적으로 재물의 가치의 효용성을 이야기하던 인물에서, 대사(4)에 나타나고 있는 것처럼 비논리적인 무한한 상상력을 표출하는 인물로 형상화되고 있다. 이와 같이 일상적인 '사실성'과 비일상적인 '극장성'이 공존하는 장면에 대하여 이해랑은 연극공연의 세계는 단지 가시적인 무대공간의 제약 속에서만 존재하는 것이 아니라고 생각한다. 그러한 무대와 그 무대에 선 배우를 통하여 그 밖에 존재하는 세계와 소통하는 것이며 보이는 세계와 더불어 볼 수 없는 세계에 대한 조화를 통하여 보다 큰 극적 가치를 창조한다는 것이다. 아울러 진실한 면모와 그 공간을 무한히 확대하는 것이라 주장한다.[228] 다음은 2막 2장 장면 중에서 왕의 사주(사진2)를 받은 햄릿의 친구들인 로젠크랜츠와 길덴스턴이 햄릿의 심사를 염탐하기 위해 찾아와 대화를 나누는 상황이다.

---

227 유치진·이해랑 공동연출(1962), 앞의 〈햄릿〉 공연텍스트, 16~19쪽.
228 이해랑, 「배우예술의 영역」, 『예술원보』 26, 대한민국 예술원, 1982, 11~18쪽 참고.

햄리트: (앞으로 나오며) (1)그렇다면 말세가 가까워진 게로군. 하지만 그 소식은 믿을 수 없어. 그래 좀 더 따져 보겠는데 자네들 행운의 여신에겐 꽤 총애도 받는다더니, 어째 이런 감옥으로 오게 됐나?

로젠/길덴: 감옥?

햄리트: (2)이 나라는 감옥이야.

로젠: (3)그렇다면 세계가 다 감옥이게요?

햄리트: 물론, 큼지막한 감옥이지. (중략) (웃으며 돌아온다. 중앙에 서서 선물을 받아들고)

햄리트: 하ー어렵잖어. 내가 앞질러 말해주지. (중략) (4)이렇듯 수려한 산천도, 기막히게 아름다운 창궁도, 내게는 황망하게만 느껴질 뿐, 보게 저 찬란한 하늘! 불타는 듯, 황금빛 별들을 쪼아 놓은 장엄한 천장! 저 천장도 나에겐 다만 독기서린 멍석으로 밖엔 안 보이거든! 그리고 (5)인간, 참으로 오묘한 조화, 이성은 뛰어나고 능력은 무한하며 자태와 거동은 훌륭하기 이를 데 없고, 행동은 흡 천사요, 지혜는 신 그대로라 ー 천지 간의 정화, 만물의 영장은 이를 두고 말함이 아닌가? (하략)[229]

위의 장면은 햄릿의 무분별하고 일탈적인 말과 행동 등 광기를 염탐하기 위해 찾아온 두 친구 로젠크랜츠와 길덴스턴에게 그들의 처지를 오히려 염려하고 있는 상황이다. 먼저 햄릿의 대사(1)과 (2)에 나타나는 현실적이고 사실에 근거한 이성적인 판단이 보여주는 '사실성' 즉 세상이 '감옥'과 같다는 충고는 오히려 두 친구를 당황하게 하고 있다. 더 나아가 대사(4)와 (5)에서 '감옥' 같다던 세상을 느닷없이 아름다운 '산천'과 '창공'에 비유한다. 그리고 찬란하고 장엄한 하늘을 칭송하면서 인간을 오묘한 조화와 천사 같은 지혜를 지닌 만물의 영장으로 묘사한다. 이러한 극단적인 비논리적 대목에 이르러서는 두

---

229 W. 셰익스피어, 여석기 역, 이해랑 연출, 〈햄릿〉 공연텍스트, 1985, 40~43쪽.

친구 모두 햄릿에 대한 정확한 판단을 할 수 없는 혼란에 빠져버렸음을 보여준다. 이처럼 일상적이고 현실적인 등장인물의 모습과 비현실적이고 비약적인 논리가 공존하고 있음을 알 수 있다. 이 장면 역시 이해랑이 각색한 〈햄릿〉 공연에서 표출되는 일상적인 '사실성'과 비일상적인 '극장성'의 변용적 조화를 보여주는 상황 중 하나라고 하겠다. 다음은 3막 2장 '극중극' 장면에서 이것을 관람하는 햄릿과 왕 그리고 왕비 사이에 나타나는 대화와 그 상황을 살펴보도록 하겠다.

> (가)(극중 왕과 왕비 정답게 등장. 서로 껴안는다) (나)(왕비 무릎을 꿇고 왕에 대해 변함없는 사랑의 맹세를 표시한다. 왕은 왕비를 부축해 일으키고 머리를 왕비의 목에 얹는다. 그리고는 꽃이 만발한 둑에 눕는다. 이와 같은 무언극의 진행에 따라 배우1이 대사를 낭송해 준다) (중략)
>
> 배우1: (극중 왕비의 목소리로) 열녀는 불갱이부! 새 남편 품에 안겨 새 꿈을 꾸는 것은 돌아가신 남편을 또 다시 죽이는 일.
> 햄리트: (방백) 쓰다, 써─(중략) (1)어머님, 마음에 드십니까? 이 연극이?
> 왕비: (2)왕비의 말이 너무 많구먼!
> 햄리트: (3)하지만, 맹세는 지킬걸요.
> 배우1: (극중 왕비의 목소리로) 아 평화스런 화원. 푹 잠드셨네.
> (다)(극중 왕비, 극중 왕이 잠든 것을 보자 자리를 떠난다)
> 햄리트: (4)살인마, 어서 시작해라! (라)(한 사나이 등장. 왕의 머리에서 왕관을 벗겨 들고 거기에 입 맞추고) (중략) (마)(왕의 귀에다 독약을 부어 넣는다)
> 햄리트: (5)이제 두고 보십시오. 저 살인마는 왕비를 손에 넣게 됩니다. (왕 창백해져서 허청허청 일어선다)
> 왕비: (6)아니 어떻게 되셨오? (중략)
> 폴로니어스: 연극을 중지해라. 연극을!
> 왕: (7)불을 쥐어라 들어가련다.
> 신하들: 들어라 등불! (햄리트와 호래이쇼만 남고 일동 퇴장) (하략)[230]

위의 장면은 햄릿이 삼촌 클로디어스의 선왕 살해 음모를 밝혀내기 위한 목적으로 광대들을 초대하여 꾸미는 '극중극'을 왕과 어머니, 오필리어 그리고 여러 신하들이 함께 관람하는 상황이다. '극중극'을 관람하는 사실적인 관객으로서 극중 인물들의 모습과 '극중극'에 등장하는 비현실적인 인물이 공존하는 이중적인 극적 행동이 표출되는 상황이다. 이는 전형적인 메타드라마의 형태인 동시에 햄릿의 대사 (1), (3), (4), (5)와 왕비의 대사(2)와 (6) 그리고 왕의 대사(7)로 이어지는 등장인물들의 논리적인 극적 행동의 '사실성'과 지문(가), (나), (다), (라) 그리고 (마)로 표출되는 '극중극'의 집약적이고 비약적이며 흥미진진한 '극장성'이 드러나는 상황인 것이다. 이해랑은 이러한 장면에서 새로운 무대언어의 도입이나 창출 없이, 상반되는 두 상황의 절묘하고 변용적인 조화를 통하여 관객에게 새로운 극적 흥미와 집중을 도출하고 있다고 할 수 있을 것이다.

(2) '내적 감성'과 '외적 행동'의 앙상블

이해랑이 텍스트의 연출과 무대형상화에서 중요시한 또 다른 관점 중 하나는 그 텍스트에 내재되어 있는 진실과 바탕 그리고 텍스트 전체의 흐름과 등장인물 성격 간의 맥락을 간파하여 독창적인 창조성을 발휘할 수 있어야 한다는 것이다.[231] 이는 배우의 역할창조에서도 마찬가지이다. 작가가 원고지라는 표현매체를 통하여 텍스트 속에 글로써 상상 속의 인물을 묘사하듯이, 배우는 영혼이 실려 있는 육체 그 자체가 표현수단이자 도구이므로 육체와 영혼을 예술적으로 가다

230 위의 공연텍스트, 59~62쪽.
231 이해랑(1991), 앞의 책, 154~155쪽.

듣어야 한다고 지적한다.[232] 이러한 그의 관점은 배우의 창조행위인 연기를 무대형상화 요소 중 가장 중요한 요소의 하나로 인식하고 있음을 보여준다. 더 나아가 배우는 극작가가 창조해 놓은 인물에 접근하여 그 내면의 소리를 듣고 자신의 영혼에서 울려 나오는 '내적 감성'이 요구하는 것을 살아있는 그의 육체적인 '외적 행동'을 통하여 조화롭고 창의적으로 표현해야 한다고 주장한다. 특히 이와 같은 관점이 분명히 드러나는 여러 장면 중 하나인 3막 1장 햄릿의 독백과 오필리어와의 대화 장면을 살펴보도록 하겠다.

> 햄리트: (1)사느냐 죽느냐 이게 문제로다. 어느 쪽이 더 사나이다울까? 가혹한 운명의 화살을 받아도 참고 견딜 것인가, 아니면 밀려드는 재앙을 힘으로 막아 싸워 없앨 것인가? 죽음이란 잠자는 것! (중략) 이래서 우리는 다 겁쟁이가 되고 결의의 저 생생한 혈색도 우울의 파리한 병색이 그늘져 충전하던 의기도 흐름을 잘못 타 마침내는 실행의 힘을 잃고 마는 것이 고작이다. (중략)
>
> 오필리어: (가)왕자님 요즘은 어떠하시온지?
>
> 햄리트: (2)고마운 말씀, 태평무사 무사태평이오.
>
> 오필리어: (나)왕자님께서 저에게 주신 가지가지 선물 여기에. 벌써부터 돌려보내드리려 하면서 여태까지. 자 받으소서.
>
> 햄리트: (3)아니 난 선물한 적 없는데. (중략)
>
> 오필리어: 저도 그렇게 믿었죠.
>
> 햄리트: 그까짓 것 믿지 않았어야 할 걸. 말은 바탕에 아무리 미덕을 접붙여도 소용없지. (4)썩은 본바탕이 드러나지 않고는 못 배기니까. 난 그대를 사랑한 적이 없었다.
>
> 오필리어: (다)그렇다면 내가 속았게요.

---

232 위의 책, 424~425쪽.

> **햄리트:** (5)수녀원으로 가오! 왜 사내와 사귀어 죄 많은 인간을 낳겠다는
> 거야? (중략) (6)아무도 믿지 말고 그저 수녀원으로 가버려요.
> (7)아버지는 어디 계시지?
> **오필리어:** (라)네, 집에요.
> **햄리트:** (8)그럼 못 나오게 문을 꼭 잠가두어 바깥에 나와 어릿광대 노릇
> 하지 못하게. 잘 있어요. (하략)[233]

위의 장면에 나타나는 햄릿의 독백 대사(1)은 주변 인물 누구에게
도 털어놓지 못한 햄릿의 고뇌와 갈등 그리고 복수를 위한 결단의
순간에 흔들리는 나약한 자신의 모습과 심정을 극적으로 토로하고
있는 상황이다. 이와 같은 햄릿의 진솔한 '내적 감성'은 차분하고 천천
히 움직이는 그의 '외적 행동'과 조화를 이루고 있다. 이를 통해 보다
더 큰 내면적인 극적 감동과 가치를 창출하면서 극적 인물의 진정한
모습으로 형상화된다고 지적하고 있다.[234] 또 두 등장인물이 주고받는
오필리어의 대사(가), (나), (다)와 햄릿의 대사(2), (3), (4) 그리고 (5)
와 (8)의 상황을 보면, 잠시 전에 자신의 심정을 차분히 고백하던 햄릿
의 행동과 형상은 사라지고 의도된 '광기'와 '분노'를 표출하는 전혀
다른 인물로 변화되고 있음을 알 수 있다. 이 장면은 자신이 오필리어
에게 순수한 사랑의 징표로 준 선물의 존재와 가치를 부인할 뿐만
아니라 어떤 인간도 믿지 말고 '수녀원으로 가라'고 다그치는 상황이
다.(사진3) 특히 대사(8)의 '어릿광대' 노릇을 그만하라는 대목에서 나타
나는 과격한 '외적 행동'은 '오필리어'가 차분하게 자신의 '내적 감성'을
표출하는 극적 행동과 대립적인 조화를 이룬다. 이를 통해 햄릿을 '광

---

233 유치진·이해랑 공동연출(1962), 앞의 〈햄리트〉 공연텍스트, 79~83쪽.
234 이해랑(1991), 앞의 책, 115쪽.

기'와 '복수의지'에 가득 찬 새로운 인물로 형상화시키고 있다고 할
수 있다. 다음은 5막 1장에서 햄릿이 무덤 파는 광대와 나누는 대화
장면을 살펴보도록 하겠다.

> 햄리트: (1)그게 누구 것인가?
> 광대: (해골을 들고) (2)이 염병할 놈의 자식! 글쎄 이 녀석이 제 대가
> 리에다 포도주를 병째 부었습죠. 이게 바루 저 임금의 어릿광대
> 요릭이라우.
> 햄리트: 그게?
> 광대: 네, 틀림없습죠.
> 햄리트: (3)아, 가련한 요릭, 호레이쇼 내가 이 사람을 잘 아네. 농담 재담
> 이 기막히든 자요. 나를 몇 번이나 등에 업고 다녔는지 모르겠
> 오. 이 끝에 입이 있었겠군. 여기다가 몇 번이나 입을 맞추었거
> 든. (중략) (4)호레이쇼 알렉산더 대왕도 땅속에서는 이런 꼴을
> 하고 있을까?
> 호레이쇼: 그야 물론이죠.
> 햄리트: (5)알렉산더 대왕은 죽는다. 그리고는 묻힌다. 묻히면 흙으로 화
> 한다. 그러면 결국 알렉산더 대왕이 진흙으로 된 맥주 통 마개가
> 될 수도 있지 않나? 제왕 시이저도 한번 죽으면 흙이 되어 참바
> 람 들어오는 구멍을 막는다니. 아 천하를 뒤흔들던 그 흙덩어리,
> 이제 겨우 삭풍을 막기 위해 파벽을 메우다니. 쉬 저리 갑시다.
> (장례식 행렬 등장. 관에 든 오필리어, 레어티즈, 왕, 왕비, 정신
> 들, 사제) (하략)[235]

위의 장면은 햄릿이 호레이쇼와 함께 무덤지기 광대가 파낸 요릭
의 해골을 보면서 인생의 허무함에 대하여 이야기 나누는 상황이다.

---

235 이해랑 연출(1985), 앞의 〈햄릿〉 공연텍스트, 99~100쪽.

즉 햄릿의 대사(1), (3), (4) 그리고 (5)에서 나타나고 있듯이, 과거 화려했던 임금의 어릿광대 요릭과 천하의 정복자 '알렉산더'와 '시이저' 죽음의 공통점은 모두 한줌 흙으로 돌아가는 것이다. 또 삭풍을 막는 진흙 벽과 병마개의 수단으로 변화되고 있다. 햄릿은 이를 보고 인간과 그 인생의 무상함에 대한 '내적 감성'을 차분한 '외적 행동'과 함께 토로한다. 이를 통해 인생의 고독과 진실을 이해하는 극적 인물로 형상화되고 있다. 이해랑은 이처럼 등장인물이 자신의 내면세계를 거짓 없이 털어놓는 '내적 감성'과 '외적 행동'의 조화된 상황을 통한 무대형상화에서 보다 더 큰 극적 가치와 진실한 인간의 모습을 발견하는 것이라 관점을 피력한다.[236] 마지막으로 5막 2장에서 햄릿이 레어티즈와의 결투를 앞두고 호레이쇼와의 대화에서 드러나는 변화 양상을 보도록 하겠다.

> **호레이쇼:** (1)이 내기에는 실패하실 것입니다.
> **하므렡:** 그렇게 생각하지 않소. 그가 불란서로 간 이후 나도 끊임없이 연습해왔소. 득점을 접어준다니 이길 것이오. (2)그러나 그대는 모르겠지만 여기 이 가슴 쪽이 온통 병든 것 같소. 그렇지만 상관없어.
> **호레이쇼:** 아니 그러시다면 전하…
> **하므렡:** (3)무어 못난 생각이야. 일종의 의혹이지 여자의 마음을 어지럽게 하는 따위의.
> **호레이쇼:** (4)마음이 꺼림직하시거든 그만두시지요. 양 폐하께서 이리 행차하시는 것을 제가 중지하시도록 하고 전하께서 몸이 불편하시다고 말씀 여쭙지요.
> **하므렡:** 천만에 그럴 거 없오. 나는 전조라는 것을 무시하오. (5)참새 한

236 유민영(1999), 앞의 책, 446~447쪽.

마리가 떨어지는 것도 특별한 하늘의 섭리가 있소. 지금 오며는 나중에 올 리 없고 나중에 오지 않을 것이면 이제 올 것이오. (중략) 어느 사람이고 죽은 뒤에 남길 것이란 알바조차 없을 지니 일즉 죽은들 무에 어떠하리오? 내버려두오. (왕, 왕비, 레어티스, 귀족들, 오스릭, 시합도를 가진 종자 등 기타 등장)[237]

위의 장면은 햄릿과 레어티즈와의 결투를 만류하는 호레이쇼와 의혹이나 전조를 믿지 않는 햄릿이 하늘의 섭리에 대해 느끼는 자신의 심경을 토로하고 있는 상황이다. 즉 호레이쇼의 대사(1)과 (4)에 나타나고 있듯이 레어티즈와의 결투를 차분하면서도 적극적인 자세로 거듭하여 만류하고 있다. 그러나 햄릿은 대사(2)와 (3)에서 자신의 '병든 가슴'과 '의혹' 그리고 '여자의 마음'을 언급한다. 이는 선왕의 죽음에 대한 의혹과 복수의지 그리고 어머니와의 갈등과 고뇌를 표출하는 것이다. 더 나아가 이러한 햄릿의 '내적 감성'은 대사(5)에 이르러서는 '전조'를 무시한다. 그러나 '참새 한 마리가 떨어지는 것에도 하늘의 섭리'가 있으며 다가올 죽음과 운명에 대해서도 초연한 자세로 맞이할 수 있다는 의연한 '외적 행동'으로 형상화되고 있다. 이해랑은 이러한 등장인물들의 대화와 독백에 대하여 대화는 그 인물이 고조된 극적 경지에 이르는 동안의 이야기라고 말한다. 또 독백은 그 대화가 끝나갈 때 그 저변에 감춰진 공연의 실질적인 정신적 내용으로서 극적 인물의 진정한 모습이자 내면을 형상화하는 것이라 주장한다.[238]

---

237 이해랑 연출(1951), 앞의 〈햄리트〉 공연텍스트, 188~189쪽.
238 유민영(1999), 앞의 책, 447~448쪽.

(3) '관객'과의 교감을 통한 역할창조

이해랑은 관객이 그 연극공연을 어떻게 받아들이느냐에 따라 그 공연의 예술성이 좌우된다고 말한다. 이는 관객의 요구에 따라 그 내용과 형식 등 모든 것이 변화되는 것을 의미한다. 또 관객은 단순히 공연을 보는 것에만 그치지 않고 극작가, 연출 그리고 배우 등과 함께 그 공연에 적극적으로 참여하여 창조적인 형상화를 하는데 결정적인 역할을 한다는 것이다.[239] 이와 같은 관객과의 교감은 연극공연에 참여하여 무대에 선 배우와 같이 연극을 창조하려는 관객의 긴장된 숨소리를 전신으로 느끼는 가운데 무대에 선 배우 자신만이 느낄 수 있다.[240] 또 변화무쌍한 배우에게는 세 가지의 본질적인 얼굴이 있다. 첫째는 자기의 얼굴이고, 두 번째는 변화를 시도하여 자신이 가져보고 싶은 얼굴이며, 그리고 세 번째는 남에게 보이는 얼굴 즉, 관객이 보는 얼굴이 그것이다. 그런데 배우가 갖고 싶어 하는 얼굴과 관객이 보는 얼굴에는 많은 차이가 있다. 왜냐하면 관객은 무대에서 연기하고 있는 배우의 얼굴만을 보고 있으며, 배우가 한 인물로 변화되어 무대에 등장하기까지의 창조과정의 얼굴을 보지 못하기 때문이라는 것이다.[241] 이해랑은 이처럼 공연텍스트의 무대형상화에 있어서 배우와 더불어 관객을 중요한 요소의 하나로 인식하고 있음을 알 수 있다.

먼저 3막 3장에서 자신의 죄에 대한 참회의 기도를 하고 있는 클로디어스 왕과 햄릿이 등장하여 이를 지켜보는 상황에서 등장인물인 배우와 관객과의 사이에 이루어지는 교류문제와 형상화의 관계성을

---

239 강나연·채승훈(1986), 앞의 책, 31쪽.
240 이해랑, 「잊을 수 없는 演劇」, 『한국연극』 8, 한국연극협회, 1976, 35~36쪽.
241 유민영(1999), 앞의 책, 428~429쪽.

살펴보도록 하겠다.

> **왕:** 수고하오. (폴로니어스 퇴장) (1)이 더러운 죄악, 그 악취가 하늘을 찌르는구나. 인간 최초의 저주, 동기를 죽인 죄. 이제 기도를 드릴 수도 없다. 형의 피로 두껍게 굳어버린 이 저주받은 손을 하늘의 자혜로운 물로 씻어줄 수는 없는가? (중략) (2)덫에 걸린 내 영혼! 살려 주오 천사님! 이 딱딱한 무릎. 강철 같은 가슴도 갓난아기 숨결처럼 부드러워졌다오. (무릎을 꿇고 기도한다) (햄리트 등장)
> **햄리트:** (3)기회가 왔다! 지금이다 (칼을 빼든다) 아니다. 기도드릴 때 죽으면 천당엘 가게 된다. 그러면 그게 무슨 복수랴. 온갖 죄악의 영욕이 불꽃처럼 피어 올을 때, 그때 해버려야 한다. (중략) (4)어차피 가야 할 지옥이지만 죄에 알맞은 때를 타서 보내줄 테다. 참, 왕비가 기다리시지. 너 기도하고 있다만 그 기도는 필경 네 고통만 연장시킬 뿐일 것이다. (퇴장)
> **왕:** (일어서면서) (5)말은 하늘로 사라진다만 마음은 땅에 깔리고 마누나. 마음 없는 말이 어찌 천당에 올을 수 있을라구. (퇴장)[242]

위의 장면에 표출되고 있는 클로디어스 왕의 대사(1)과 (2)는 이전의 장면에서 햄릿이 꾸민 '극중극'인 '무언극'과 '곤자고의 살인'을 보고 친형을 죽인 죄책감에 떨면서 무릎 꿇고 자신의 죄악에 대한 참회의 기도를 하고 있는 상황이다. 이때 어머니를 만나러 왕비의 침소로 가던 햄릿이 등장하여 이 장면을 보고 발길을 멈추어 선다. 그리고 선왕에 대한 복수를 하기 위해 칼을 빼어든다. 그리고 한발 한발 왕에게 다가선다. 그러나 햄릿은 결정적인 순간에 복수를 포기하고 지연시키고 있다. 그 이유는 기도할 때 죽으면 악인도 천당에 간다는 믿음

---

242 유치진·이해랑 공동연출(1962), 앞의 〈햄리트〉 공연텍스트, 105~106쪽.

때문이다. 그런데 길지 않은 이 상황을 집중하여 지켜보는 관객에게
는 이 시간이 긴 것으로 느껴진다. 햄릿이 든 칼은 단순한 소품이
아니라 왕을 죽일 수 있는 칼로 믿게 된다. 이러한 관객의 극적 환상과
상상력은 가상적인 상황을 진실한 것으로 믿게 만드는 것이다. 동시
에 여기에 등장한 인물로서 배우는 그러한 관객의 극적 환상을 구체
화시키면서 계획된 행동선에 따라 자신의 발걸음과 움직임을 보여주
게 된다. 이해랑은 이러한 장면에서 햄릿으로 분장한 배우는 무대에
선 자신만의 공연을 하고 있는 것이 아니라, 객석에 앉아 있는 관객들
이 그 상황에 집중하고 느끼면서 배우 자신들과 극적인 호흡을 같이
한다고 지적한다. 따라서 배우는 이러한 사실을 교감하면서 그 역할
을 새롭고 창조적으로 형상화해야 한다는 것이다.[243] 다음은 1막 4장
햄릿 등이 선왕의 유령을 목격하는 장면이다. 이 장면에서 이루어지
는 관객의 집중과 긴장감을 유도하고 그러한 교류를 통한 창의적인
무대형상화 관점을 살펴보도록 하겠다.

(유령 등장)
호레이쇼: 왕자님 저것을!
  햄리트: 오 천지신명이시여 이 몸을 두호하소서. 너는 신령이냐? 요귀냐?
천상의 영기냐? 지옥의 독기냐? 그대가 무엇인지 모르겠지만 인
간의 탈을 쓰고 나타났으니 나 그대에게 말을 건네겠노라. 나는
그대를 덴마크 왕이라 햄리트라 아버님이라 부르고자 한다. (중
략) (유령 햄리트를 손짓해 부른다) 어떻게 하란 말씀이오.
호레이쇼: 따라오라는 손짓. 왕자님께서는 조용히 하고 싶은 이야기가 있
나 봅니다. (중략)

---

243 이해랑, 「연출의 창조적 실제」, 『한국연극』 1, 한국연극협회, 1985, 38쪽.

> **햄리트:** 내 운명이 나를 부르는 것이다. 온몸의 모든 혈관에서 힘이 솟는
> 다. 아직도 날 부르고 있다. 놔, 다시 막으면 베일 테다. 비켜라
> 비켜! 자 같이. (유령과 햄리트 퇴장)[244]

위의 장면은 1막 1장에서 선왕의 유령을 목격한 호레이쇼와 마셀
러스, 버나아도가 왕의 대관식이 끝난 후에 햄릿에게 유령의 출현을
보고한 이후 이 사실을 확인하기 위해 그 장소인 성벽을 찾아가 '선왕
의 유령'을 만나는 장면이다. 그러나 이해랑은 햄릿 1막 1장에 최초로
등장하는 '선왕의 유령'을 실제 공연에서 1막 4장에 처음으로 등장시
킨다. 특히 1951년 공연의 경우 첫 장면을 대관식 장면으로 시작한다.
1막 1장부터 등장인물의 대사로만 전달되는 '선왕의 유령'의 존재를
1막 4장에 처음으로 등장시켜 자신의 죽음과 관련된 비밀들을 털어놓
게 하여 숨겨진 공연의 극적 동기를 밝히고 있다. 그 이유는 관객으로
하여금 선왕의 대사에 대한 집중과 긴장감 그리고 극 전개에 대한
기대감을 고조시켜 무대에 등장한 인물과의 교감을 극대화함으로써
보다 창의적인 무대형상화를 추구하기 위함이라는 것이다.[245]
한편 4막 4장인 덴마크 평야에 등장하는 포린브러스와 그 군대를
선망어린 눈으로 바라보는 햄릿이 등장하는 장면을 이해랑은 1985년
공연에서는 4막 1장과 2장 장면을 삭제하고 4막 2장으로 각색하여
공연하고 있다. 이 장면에서 나타나는 관객과의 교류와 관련된 관점
을 살펴보도록 하겠다.

244 이해랑 연출(1985), 앞의 〈햄릿〉 공연텍스트, 20~22쪽.
245 이해랑(1985), 앞의 책, 38~39쪽.

(전략)

(1) (포린브러스, 군사들 퇴장. 군대의 떠나는 소리. 향진하는 소리) (햄리트, 로젠크렌쓰, 길던스틴 기타 등장)

> **햄리트:** (2)여보, 저 군사는?
> **부대장:** (3)노르웨이 군대올시다. (중략)
> **햄리트:** (4)지휘관은 누구요?
> **부대장:** (5)노르웨이 왕의 조카님 포린브러스. (중략)
> **로젠크랜:** 자 가보실까요.
> **햄리트:** 곧 뒤를 따를 테니 먼저 가요. (햄리트 혼자만 남는다) (6)듣고 보는 일마다 나의 둔해진 복수심에 매질을 하는구나. 저 군사를 보라. 조그마한 명예를 지키려고 숱한 대군이 쾌히 죽음의 터로 나가지 않는가? (중략) 아버지는 죽고, 어머니는 더럽히우고, 이성으로나 감정으로나 도저히 참을 수 없는 모욕을 받고 그래도 여전히 잠꼬대만 하고 잔인해야 한다.[246] 잔인해야 해. (퇴장)[247]

이해랑은 4막 4장 덴마크항의 가까운 광야 장면인 위 상황을 최초 전막공연을 시도한 1951년 대구 공연 시부터 1985년 호암아트홀 개관 공연 연출 이전까지 항상 삭제해온 장면이다. 이 이유를 당시 한국전쟁 중에 지쳐있던 1951년 대구 공연의 관객들에게나 그 이후 공연에서 다양한 이야기 전개나 미디어 방송극에 익숙한 관객들에게 수용되지 않을 것 같다는 판단에서 내린 결정이라는 것이다.[248] 그러나 포틴브라스의 행군하는 모습을 선망의 눈빛으로 지켜보면서 햄릿 자신의 우유부단한 행동을 책망하는 독백 장면을 1985년 호암아트홀 개관기

---

246 강나연·채승훈(1986), 앞의 책, 40~41쪽.
247 이해랑 연출(1985), 앞의 〈햄릿〉 공연텍스트, 81~83쪽.
248 강나연·채승훈(1986), 앞의 책, 40쪽.

념 공연에서는 지문(1)과 대사(2), (3), (4) 그리고 (5)에 묘사된 포틴브라스와 그 군대를 국가에 충성하는 책임감 있는 인물로 표출한다. 또 햄릿 독백 대사(5)에 나타나는 그의 성격을 단순히 자책만 하는 우유부단한 인물이 아니라 행동과 의지를 가진 역동적인 인물로 형상화함으로써 대단한 볼거리와 극적 긴장감을 창출하고 있다.[249] 이는 시대의 흐름과 변화에 따라 동시대의 관객들이 이와 같은 무대적 상황을 수용할 수 있다는 연출관점에 의한 것이라 하겠다.

5) 공연비평과 관객의 수용양태 분석

이해랑의 1951년 〈햄릿〉 공연은 한국전쟁이라는 특수한 상황에서 이루어진 공연이라는 점에서 본격적인 비평이나 평론은 이루어지지 않는다. 그러나 전쟁이라는 극한 상황에서 공연이 진행되었다는 점은 작품의 완성도 여부나 관객 동원의 흥행 성공에 관계없이 높이 평가되어야 할 부분으로 판단된다. 먼저 유민영은 당시 극단 신협의 〈햄릿〉 공연을 긍정적인 관점에서 평가하면서 그 성공 요인을 세 가지로 분석하고 있다. 첫째, 연출의 감각적인 작품 해석으로서 전쟁이라는 특수한 상황과 시기에 부합되는 인물로서 햄릿을 보다 적극적인 인물로 형상화시켰으며, 둘째, 짧은 연습기간에도 불구하고 주도면밀하고 끈질긴 연습으로 부족한 연습기간의 공백을 메우면서 출연 배우들의 연기 집중력과 앙상블을 유도하고, 마지막으로 출연 단원들이 전장에서 생사의 경계선을 넘나들면서 이루어진 위문공연에서 다져진 정신무장과 성숙의 저력이 대작 〈햄릿〉을 단기간에 무대화시킬 수 있었다

---

249 유민영(1999), 앞의 책, 444~445쪽; 이태주, 『충격과 방황의 한국연극』, 현대미학사, 1999, 483쪽.

고 평가하고 있다.[250]

여석기의 경우, 이해랑, 김동원 등 유능한 연출가와 배우[251] 그리고 노련한 유치진을 중심으로 한 이 극단은 당시 여러 가지 악조건에도 불구하고 그들의 과거 레퍼토리를 재상연한 후 곧바로 공연에 도전하여 흥행적으로도 큰 성공을 거둔다고 평가한다. 이것은 한국에서 셰익스피어 작품이 첫 전작 공연을 기록한 것이다. 전방에서 치열한 전투가 계속되는 상황에서 이렇듯 야심찬 공연기획을 했다는 사실만으로도 연극행위를 통한 전쟁참화의 문화적 극복이라는 매우 고무적인 현상이라고 극찬하고 있다.[252] 그러나 공연을 통하여 우리가 셰익스피어를 소화하려고 할 때 기본적으로 인식해야 하는 문제들을 제기한다. 특히, 셰익스피어의 대사가 지니는 시극(詩劇) 특유의 뉘앙스를 번역에 내재된 난제를 넘어 어떻게 포착할 것인가의 문제점이 그것이다. 내면의 극적 함의와 외면에 나타나는 표현 사이의 균형을 어떻게 유지하여 극 전체의 템포와 리듬을 얼마만큼 섬세하고 민감하게 창출하느냐 등의 과제를 해결하는 데까지는 미치지 못한 공연으로 지적하고 있다.[253]

---

250 유민영(1999), 앞의 책, 271~273쪽.

251 주요 단원 중 남자배우 및 연출로는 이해랑, 김동원, 이진순, 윤방일, 박경주, 오사량, 최무룡, 장민호, 심재훈, 김규대, 박상호, 장일호, 조항, 김한극, 주선태, 박암, 민구 그리고 여자배우에는 김복자, 복혜숙, 서월령, 황정순, 이희숙, 강효실, 나옥주, 강유정, 윤인자, 최은희 등이 있었다. 이들 중 복혜숙과 서월령은 대극장 무대에 적응 못하고 다시 영화계로 돌아갔으며, 민구와 윤인자 역시 결혼이라는 사적인 이유로 당시 극단 신협을 떠나게 된다. 유민영(1990), 앞의 책, 256~261쪽.

252 여석기, 「한국연극사: 1945에서 1979년까지」, 『한국의 공연예술』, 현대미학사, 1999, 48~49쪽.

253 여석기, 「셰익스피어와 한국연극: 현철 이후 65년의 軌跡」, 『동서연극의 비교연구』, 고려대학교 출판부, 1987, 203~204쪽.

1951년 대구 키네마극장 공연의 주된 관객들은 대부분 피난민들이다. 그럴 수밖에 없는 것이 마땅히 갈 곳이 없는 피난민들은 낮에는 거리와 공원과 다방 그리고 밤에는 선술집과 극장으로 몰린다. 극장은 언제나 발 디딜 틈도 없을 만큼 초만원을 이룬다. 그것은 대구 공연에서만 그런 것이 아니고 부산, 마산, 진주, 전주, 광주 등 순회공연하는 극장마다 모두 마찬가지이다. 관객들이 몰리자 배우들의 고통도 이만저만이 아니다. 왜냐하면 객석 정원의 3~4배 정도의 관객이 들어차므로 관객들에게 골고루 대사 전달을 위해 발성을 높여야 하였고, 배우들의 연기도 액션이 과장되는 등 무리가 따랐기 때문이다.[254]

1962년 4월 드라마센터[255] 개관 기념으로 이해랑·유치진 공동 연출로 공연된 〈햄릿〉의 경우 기존의 공연과 여러 면에서 차별화된다. 첫째, 드라마센터의 특이한 무대구조를 살려 다각적인 연출기법을 창출하고자 한 점, 둘째, 거기에 따라 단일한 무대장치로서 연극의 흐름을 고르게 본 점, 셋째, 연기진의 더블 캐스팅을 시도한 점, 넷째, 기존에 나와 있던 번역 텍스트를 대신하는 새 번역대본을 준비하였다는 점, 다섯째, 장기공연을 기획한 점 등 새로운 공연문화를 추구한 점에서 긍정적인 평가를 받는다.[256] 아울러 우리의 기대에 어긋남이 없이

---

254 유민영(1990), 앞의 책, 255~258쪽.
255 드라마센터는 사실 당시로는 동양 제일가는 중형극장이다. 신예 건축가 김중업에 의해 설계된 드라마센터는 건평 220평에 무대 넓이 120평 좌석이 473석으로서 원형 무대가 그 특징이다. 그리고 무대는 메인 스테이지 양옆으로 사이드 스테이지가 있고, 이것이 계단으로 연결되어 백스테이지가 객석 뒤에 마련되어 관객은 무대의 한가운데서 연기자와 호흡을 나누는 느낌을 갖게 끔 구조가 되어 있다. 이외에도 대형 롱 스포트 10대, 빔 스포트 15대, 구름, 눈, 비, 파도, 연못 등을 환등식으로 비추는 이펙트 머신 등 특수 조명 기자재와 효과는 장내의 벽이나 천장을 음향이 잘 공명되도록 장치되며, 객석과 무대를 돌아가며 9개의 스테레오 사운드트랙이 장치되어 입체적인 음향효과를 내도록 설계된다. 위의 책, 302~303쪽.

이번 공연은 우리 연극계에 장래가 있다는 뚜렷한 희망을 보여주었다는 호평을 얻는다.[257] 그러나 무대구조를 지나치게 염두에 둔 번거로운 배우의 등퇴장은 극 흐름에 지장을 주며, 무엇보다도 두 연출가의 공동연출이 모든 새로운 시도에도 불구하고 새로운 공연양식을 창출은 물론 장치, 조명, 의상 부분에서의 실패와 '신협스타일'에서 벗어나지 못한 공연이라는 혹평을 받는다.[258] 또 더블 및 트리플캐스팅[259]에 의한 신구(新舊) 연기자들의 대조에서 어느 쪽도 상대방을 설득할 만한 연기의 창출에 이르지 못한 것으로 평가받는다.[260] 그럼에도 불구

---

256 여석기(1987), 앞의 논문, 206쪽.

257 한국일보, 1962년 4월 14일.

258 조선일보, 1962년 4월 15일.

259 이 공연의 조연출이던 김정옥의 회고에 의하면, 더블 캐스팅에는 햄릿 역의 김동원과 최상현, 클로디어스 왕 역의 장민호와 남성우, 레어티즈 역의 양동군과 김성원 그리고 트리플 캐스팅에는 거트루드 왕비 역의 황정순, 천선녀, 박명희, 오필리어 역에는 권영주, 오현주, 김보애 등이다. 호레이쇼 역에, 이중 양광남만이 단독으로 캐스팅된 이유는 연기력과 함께 마지막 장면에서 죽은 햄릿의 시신을 수습하여 퇴장할 수 있는 근력이 요구되기 때문이었다. 그리고 조연출 김정옥의 주요한 임무 중 하나는 이들 각 개인의 일정을 감안하여 연습순서를 결정하는 것이며, 이 작품의 조연출 경험을 통하여 후일 연출로서 텍스트 해석, 연출과 배우 및 스태프 간의 견해 차이와 소통 등에 대한 해결방식 등에 대한 소중한 경험과 방식을 터득할 수 있었다고 술회하고 있다. 한편 이외에도 본 연구자가 서울예대 예술사료팀의 송만조 교수와 인터뷰 및 제공자료 등에서 확인한 바 폴로니어스 역에는 오사량, 로젠크랜츠 역에 김동훈, 길덴스턴 역에 김성옥, 오스릭 역에 박규채, 사제 역에 김진홍, 마셀러스 역에 오현경, 버나아도 역에 오기정, 프랜시스코 역에 김기일, 극중 왕 역에 이성웅, 극중 왕비 역에 박병오 (남자로서 여성 역할을 함), 극중 악역에 김기일, 극중 서사 역에 하강일, 어릿광대 역에 강춘희, 박병오, 유령 역에 나영세 외 2명, 정신 역에 유용환, 김년수, 강진환, 홍성우, 정두수, 귀부인 역에 여운계, 박은경, 심정현, 김영자, 박성희, 군인 역에 홍종화, 김재웅, 횃불잡이 역에 전학주, 김진홍, 고수 역에 이성웅 등이 출연한다. 주요 스태프로는 번역에 여석기, 미술에 박석인, 음악에 정윤주, 조명에 최태순, 의상에 김봉년, 효과에 심재훈, 박연진, 무대감독에 김상호, 소품에 정철, 펜싱 지도에 김부남 등이 참여한다. 김정옥과의 인터뷰, 일시: 2011.6.15. 오전 10~12시, 장소: 경기도 광주 소재 얼굴박물관. 송만조와의 인터뷰 (2011.8.23), 앞의 인터뷰 및 제공 자료.

260 여석기(1987), 앞의 논문, 206~207쪽.

하고 햄릿 역의 김동원은 특유의 연기로 관객을 사로잡는다. 신진 연기자 중 로젠크랜츠 역의 김동훈, 오필리어 역의 오현주와 권영주 그리고 길덴스턴 역의 김성옥 등은 연기 가능성에 대하여 호평을 받기도 한다.[261] 그러나 전후에 침체한 연극계에 활력을 불어넣음으로써 무대예술의 르네상스를 이루려는 드라마센터 개관 및 〈햄릿〉 공연의 꿈은 처음부터 불길한 조짐을 보여주기 시작한다. 왜냐하면 전반적인 호평에도 불구하고 관객 동원에 실패한 때문이다. 공연기간 중 매일 473석의 객석이 만원이 되어도 월 육백만 환의 수입밖에 되지 않는다. 실제 운영 경비는 매월 1800만 환이 소요되는 실정이다. 그러나 약 50일간의 공연기간 중 평균 입장관객은 약 250명, 비라도 오는 날이면 20여 명 정도의 관객이 관극한다.[262]

1962년 공연 이후 '이해랑이동극장' 공연활동과 정당정치활동으로 공백기를 가진 이해랑은 〈햄릿〉(여석기 번역)에 대한 다섯 번째 공식연출을 1985년 5월 호암아트홀 개관기념작품으로 공연하게! 된다. 유민영은 이 공연이 이루어진 호암아트홀에 대하여 기존의 어느 극장시설보다 〈햄릿〉을 형상화하는데 유용한 극장이라고 지적한다. 동시에

---

261 경향신문 1962년 5월 3일.
262 당초 1962년 3.1절에 맞추어 개관 공연을 시작하려고 하였으나 준비가 늦어지는 바람에 4월 11일에야 겨우 개관 공연의 막을 올린다. 첫날은 낙성식과 함께 의자기증자 및 박정희최고회의 의장을 비롯한 사회저명인사들만을 초대하여 막을 올린다. 다음 날인 4월 12일부터 본격적인 공연에 들어가 개관 공연은 1962년 5월 31일까지 약 50일간의 장기공연을 가진다. 한편 본 연구자가 서울예대 예술사료팀의 송만조 교수와 인터뷰 및 제공 자료 등에서 확인한 바 드라마센터 총 좌석 수는 483석이며, 공연회수는 총 50회에 초대 및 유료 관객을 포함한 총관객수는 17,829명이다. 또 제2회 공연인 〈밤으로의 긴 여로〉를 포함한 총 입장 수입은 911,395원, 총지출은 1,641,891원으로 730,496원이 적자인 공연이었다. 유민영(1990), 앞의 책, 303~304쪽. 송만조와의 인터뷰(2011.8.23), 앞의 인터뷰 및 제공 자료.

김동원(클로디어스 역), 유인촌(햄릿 역), 오현경(폴로니어스 역), 황정아
(거트루드 역) 등의 주역들과 조역의 황만선(호레이쇼 역)과 김진태(묘지
기 역) 등 잘 짜여진 출연 배우들의 앙상블과 인간 감성의 세밀한 부분
까지 파고 든 연출의 원숙미를 높이 평가한다. 연극적 환상을 삶의
진실에 맞춤으로써 깊은 감동을 관객들에게 주었으며, 무대장치, 의
상, 대소도구 등의 화려함이 품격을 높여준 공연이라고 호평한다.[263]

이해랑의 마지막 〈햄릿〉 연출이 된 1989년 4월 호암아트홀 공연에
대하여 김문환은 셰익스피어 작품 공연에 대한 한국 연극의 자존심을
지키면서, 셰익스피어 비극의 진수를 느끼게 해준 공연으로 평가한
다.[264] 이는 햄릿 역의 유인촌, 클로디어스 역의 이호재, 폴로니어스
역의 박규채, 거투르드 역의 김지숙, 오필리어 역의 김미숙 등 호화
출연진[265]과 함께 잘 정제된 대사와 감정 연기의 앙상블로 관객에게
다가가는 리얼리즘 무대로 형상화시킨 이해랑의 마지막 연출에 대한
긍정적인 평가로 판단된다. 그러나 앞의 여석기의 지적처럼 셰익스피
어 작품의 공연사적 수용 측면에서 넘어야 할 과제는 여전히 남아
있었다. 그 과제는 서구의 리얼리즘과 작품들의 절대적인 영향하에

---

263 유민영(1991), 앞의 책, 456~457쪽.

264 한국일보, 1989년 4월 28일.

265 이밖에 주요 출연진으로는 레어티즈 역 이승철, 길덴스틴 역 권병길, 로젠크렌즈 역
심우창, 선왕 역 김종철, 호레이쇼 역 이호성, 오즈릭 역 이인철, 묘지기 1역 김동수,
마셀러스 역 손호익, 버나아도 역 안인상, 극중 왕비 역 차명화, 포틴부라스 역 김형일,
사제 역 심형민, 프란시스코 및 극중 배우 역 박정곤, 묘지기 2역 오재현 등 이외에
20여 명이 참여한다. 주요 스태프로는 번역 여석기, 무대미술 김동진, 효과 박용기,
작곡 김정길, 검술지도 김병총, 무대제작 허학성 및 김성종, 조명 김지성, 음향 원태희,
분장 김기진, 의상 서수나 및 김희숙, 소품 이금순, 무대감독 채승훈, 조연출 경상현
등이 참여한다. 공연주최: 중앙일보사 및 KBS, 공연장소: 호암아트홀, 공연일시: 1989
년 4월 15일부터 23일까지, 〈햄릿〉 공연프로그램.

출발한 한국 신극이 극복해야 하는 공연양식을 의미한다. 이러한 리얼리즘 극은 등장인물의 성격과 심리묘사를 바탕으로 연극적 과장을 억제하고 텍스트의 무대화를 추구한다. 그러나 연출과 연기의 방향을 설정하여 관객과 교류하고 감동을 주고자 한 방법론이 동시대의 셰익스피어 텍스트 공연에 적용하여 통하지 않거나 한계에 부딪치게 될 때, 그것을 극복하고 새로운 공연양식을 창조해내는 것이 결코 쉬운 일이 아니기 때문이라 할 것이다.[266]

2. 안민수 연출의 〈하멸태자〉(드라마센터, 1976):
'번안'과 '양식화'의 관점을 중심으로

1970년대 초반 한국 연극계에는 우리 전통연극에 대한 관심과 함께 서구의 고전텍스트와 한국적 제의식이나 전통연희 즉 무속과 가면극, 전통음악과 소리, 무용과 움직임 등과의 접목을 통한 문화상호주의적인 재창조 작업이 나타나기 시작한다. 이러한 출발점에 있던 공연예술가 중 안민수(1940.1.30.~2019.5.23)가 있다. 그는 유학 시절 하와이대학에서 배운 동양 연극과 뉴욕 등의 연극 활동에서 경험한 1950, 60년대 이후 나타나는 아방가르드적 공연과 실험연극에 대한 관심과 열정을 국내 무대에 형상화하기 위한 의도의 하나로서 〈햄릿〉[267]을

---

266 여석기(1987), 앞의 논문, 204쪽.

267 안민수는 1976년 〈햄릿〉을 〈하멸태자〉로 번안하는 데 있어 영어본 〈햄릿〉 비평판한 종류(정확한 판본을 기억하고 있지 못하였음)와 국내 번역본으로는 여석기 번역본과 김재남 번역본을 저본으로 참고하여 번안한 것으로 술회하고 있다. 안민수와의 인터뷰, 일시: 2011.9.9, 오후 5시~5시 30분, 장소: 동국대 연극학과 사무실.

선택하게 된다. 이에 본 장에서는 국내외 공연을 통하여 당대에 수많은 비난과 찬사를 동시에 받은 1976년 드라마센터 〈하멸태자〉 공연을 중심으로, 1977년 라마마 극장(La MaMa E.T.C.) 주최로 열린 제1회 세계연극축제공연(The First World Theater Festival) 등을 참고하고자 한다.

1) 텍스트 〈햄릿〉에 대한 관점

안민수의 〈하멸태자〉 공연에 바탕이 되는 텍스트 〈햄릿〉에 대한 번안과 공연에는 문화상호주의와 그 연극개념이 자리 잡고 있다. 따라서 본 장에서는 〈하멸태자〉 공연의 밑바탕이 되는 문화상호주의와 연극의 개념을 논의한 다음, 〈하멸태자〉에 나타나는 문화상호주의적 관점에 대하여 분석하고자 한다.

(1) 문화상호주의의 개념 고찰

문화상호주의(Interculturalism)의 기본적인 개념은 문화 사이를 매개하는 형태이다. 이는 동서양의 다양한 문화가 상호교류하고 각자의 특성과 가치를 존중하면서 새로운 문화를 창출하는 것이다. 이러한 전제하에서 동서양의 전반적인 교류가 발생한 이후 모든 연극형태는 문화상호적이었다고 상정할 수 있을 것이다. 그러나 고대로부터 현대에 이르기까지 동서양의 모든 문화현상이 정치, 경제, 사회, 종교 등 권력과의 연관성을 떠나서 독립적으로 존재할 수 없으며, 항상 그것의 발전과 영향하에 있어 왔다고 하겠다. 특히 르네상스 이후 서구의 동양에 대한 시각은 산업혁명 시대에 이르러 서구열강의 식민지 정책 등 동양에 대한 인식과 지배가 다각화된다. 이에 따라 더욱 노골적으로 서구중심의 편향성인 오리엔탈리즘(Orientalism)을 보여주게 된다.[268] 이와 같은 인식의 바탕에서 19세기 말부터 20세기 초에 이르는 시기에 연극에서의 문화상호주의적 경향이 서구 유럽 국가들과 아시아 국가들인 중국, 일본 등에서 나타나기 시작한다. 서구의 전위적 공연 예술가들은 서구문화의 이성중심주의, 개인주의 및 합리주의에 대항 하여 연극의 재연극화라는 변화를 추구한다. 이들은 서구 연극이 상 실한 본질적 요소들을 동양의 연극적 요소에서 찾고자 한다. 반면 동양 특히 중국이나 일본의 선구적인 공연예술가들은 서구의 개인주 의 관점과 합리주의를 수용하여 사회계몽과 급진적인 사회개혁 및 근대화를 이루는데 기여할 수 있도록 서구 연극의 삶에 대한 사실주 의적 관점을 도입하고자 노력하게 된다.[269]

문화상호주의적인 연극에 대한 인식과 형태는 자국의 문화와 타 지역의 문화가 어떻게 수용되고 통합되어 재창조되는가에 따라 다양 한 관점에서 논의와 공연이 이루어지고 있다. 이러한 문화상호주의 연극이 재창조하는 다양한 유형의 연극형태에 대해 마빈 칼슨(Marvin Carlson)은 타국문화의 자국적 수용 정도에 따라 일곱 가지 유형으로 나누어 분류하고 있다.[270] 첫째, 수용자에게 긴밀하게 익숙한 전통에

---

268 일반적으로 학문적 전통과 관련하여 '오리엔탈리즘'은 '동양'과 '서양'이라고 하는 것 사이에서 만들어지는 존재론적이자 인식론적인 구별에 근거한 하나의 사고방식이다. 따라서 시인, 소설가, 철학자, 정치학자, 경제학자, 식민지 제국의 관료를 포함한 수많 은 저술가들이 동양과 그 주민, 풍습, 정신, 운명 등에 관한 이론, 서사시, 소설, 사회적 설명, 정치적 기사를 쓰는 경우 그 출발점으로서 '동양'과 '서양'을 나누는 기본적인 구분이 되어 왔다. 아울러 19세기부터 20세기 초반에 이르기까지 서구 열강의 식민지 주의에 대한 난폭한 정치성을 드러내는 용어로 인식되기도 한다. 더 나아가 '오리엔탈 리즘'은 '동양'을 다루기 위한 즉 '동양'에 관하여 서술하거나 '동양'에 대한 권위를 부여하거나 '동양'을 묘사하거나 가르치는 경우 또는 그곳에 식민지를 세우거나 통치 하기 위한 제도적 개념으로도 인식된다. 다시 말해 '오리엔탈리즘'이란 '동양'을 지배 하고 재구성하며 억압하기 위한 서양의 방식인 것이다. 에드워드 사이드, 박홍규 옮 김, 『오리엔탈리즘』, 교보문고, 2009, 13~28쪽 참고.
269 한국연극학회 편, 김형기, 「탈식민주의 관점에서 본 문화상호주의 연극」, 『탈식민주 의와 연극』, 연극과 인간, 2003, 76쪽.

바탕을 둔 자국의 전통적인 공연형태들을 일컫는다. 즉 일본의 능(能)
이나 프랑스의 전통적인 코메디아 프랑세스(Comédie Française)와 같
이 오랜 역사를 지니고 있으면서 자국문화에 지배적 위치에 있는 형
태들이 있다. 둘째, 타문화적 요소들이 자국의 전통적인 요소들과 동
화되거나 조화된 공연형태를 말한다. 관객들은 타문화적 요소들을 즐
기고 감동하지만 이러한 요소들이 타문화적 형태에 속하는 특성이라
는 사실조차 인식하지 못하는 경우이다. 셋째, 타문화적 요소들이 독
자적으로 수용되는 것이 아니라 전체적으로 자국의 전통적인 요소들
과 동화된 공연양식을 보여주는 경우이다. 대표적인 예로는 예이츠의
〈능(能)텍스트〉들이나, 니나가와 유키오의 〈메디아〉 또는 〈멕베스〉
공연 등이 있다. 넷째, 타국적 문화 요소들이 자국의 전통적인 요소들
과 완전히 동화되거나 수용되어 새로운 공연형태로 창조되는 경우이
다. 대표적인 공연형태로는 이태리의 코메디아 델알테를 자신만의 독
특한 스타일로 승화시킨 프랑스의 몰리에르 희극이 있다. 다섯째, 타
국적 문화와 공연 자체가 자국에 총체적으로 그대로 수용되는 경우이
다. 프랑스와 북유럽에서의 코메디아 델알테, 영국에서의 이태리 오
페라, 일본에서의 미국 서부영화 수용 등이 대표적인 예라 하겠다.
여섯째, 타국적 문화 요소들이 그 자체로 존재하면서, 자국의 문화와
공연 등에서 자극적인 소외효과를 일으키거나 그 자체로 다른 면을
보여주는 경우이다. 데이비드 황(David Hwang)의 〈M. 나비부인(M.
Butterfly)〉에서 나타나는 '동양 춤'이나, 뉴욕의 실험극단인 아이론데
일(Irondale)의 〈바냐 아저씨 쇼(The Uncle Vanya Show)〉 공연에서 보이
는 '러시아 장면'들이 그 예이다. 일곱째, 타국의 공연물 전체를 그대

---

270 Patrice Pavis, ed., *The Intercultural Performance Reader,* Routledge, 1996, pp.82~83.

로 받아들여 자국의 전통에 동화시켜 수용하고자 하는 시도 없이 그
대로 재창조하는 경우이다. 대표적인 형태로는 미국에서의 일본의 부
토(Bhutto 또는 Butoh) 춤을 들 수 있다.

　더 나아가 칼슨은 보다 적극적으로 그 대안을 찾아야 한다고 주장
한다. 모든 연극은 그 특성상 지역적 특수성을 지니고 있다. 그러나
문화가 국경을 초월하여 자발적으로 혼합되고 대중적이고 탈텍스트
적인 연극형태가 일반화되고 있으므로 상호연관성을 추구해야 한다
는 것이다. 따라서 자신의 문화 영역 내에서 그 특수성만을 고집하려
고 하다면 문화적으로 상이한 지역 간의 소통에서 중대한 오류가 발
생할 수 있다는 것이다.[271]

　칼슨의 주장과 달리 또 다른 맥락에서 파비스는 이러한 문화상호
적 연극 문제에 접근한다. 서로 상이한 사회적, 문화적인 컨텍스트들
이 원천문화(Source Culture)와 목표문화(Target Culture)의 텍스트 사이
에서 그것이 어떻게 접근되고 수용되는가에 따라서 문화상호적인 연
극의 재창조 과정을 11단계로 나누어 그 방법론을 설명하고 있다.
이것은 공연예술가들이 자국문화와 타국문화의 특수성과 보편성을
이해하고 수용하기 쉬운 다른 문화적 요소들을 찾아내고 재창조하여
동시대의 관객들에게 어떻게 전달할 것인가에 대한 논의를 의미한다.
그 내용을 구체적으로 살펴보면, 첫 번째 단계는 원천텍스트의 사회
적, 문화적 모델화 작업, 두 번째 단계는 원천텍스트의 예술적 모델화
작업, 세 번째 단계는 공연예술가 중 각색자의 명확한 목표설정, 네
번째 단계는 각색 작업의 수행, 다섯 번째 단계는 연기자들의 연기트

---

271 Marvin Carlson, Becomes Less Provincial, *Theatre Survey,* Vol.45, No.2, 2004, pp.177~
180.

레이닝을 통한 준비 작업, 여섯 번째 단계는 연극 및 공연형태의 선택
작업, 일곱 번째 단계, 원천문화의 이해와 자국적 수용을 통한 문화의
연극적 재현 작업, 여덟 번째 단계는 자국적 수용을 위한 사회의 상징
적 기능과 문화와 예술의 약속을 이해하고 그것을 바탕으로 수용 전
환 장치들을 선택하는 작업, 아홉 번째 단계는 스펙터클의 수용과 해
독가능성을 검토하는 단계, 열 번째 단계는 목표문화의 예술적, 사회
적, 인류학적 모델화 작업, 마지막으로 열한 번째 단계는 타국문화에
대한 자국문화 전환과 재창조 작업의 결과물을 자국의 관객이 수용하
는 시점 등을 말하는 것이다.[272] 이와 같은 문화상호주의적 연극작업
의 그 이론적 바탕은 포스모더니즘의 담론 중 하나인 데리다의 해체
주의 관점에 힘입은 바가 크다고 할 수 있다. 데리다는 순수한 기원으
로 인식되어온 '음성언어'에는 이미 스스로를 자기로부터 나누는 작용
으로서 '흔적'이라는 것이 있다고 주창한다. 이러한 기원에서의 분열
과 그 흔적을 '에크리튀르(écriture)'라고 명명한다. 그리고 이와 같은
기원으로부터의 자기를 자기로부터 나누고 거리를 생기게 하는 작용
을 '차연(différance)'이라고 부른다. '차연'은 '다름(difference)'을 생겨나
게 하는 기원적인 '지연'작용이며 우회로인 동시에 '공간내기(espace-
ment)'의 작용이라는 것이다. 따라서 그는 '말하기와 글쓰기', '정신과
육체', '선과 악', '우연과 본질', '동일성과 차이', '현전과 부재', '공간과
시간', '남성과 여성', '원문과 복사', '재현과 보충', '안과 밖', '본질과
현상', '기원과 파생', '중심과 주변' 등 대립항의 논리인 이성중심주의
와 음성주의를 비판하는 동시에 그것을 해체하고자 한다. 이와 같은
해체의 개념은 기존의 구조에 대하여 다른 구조를 구성하는 것이 아

---

272 Patrice Pavis, *Theatre at Crossroads of Culture*, Routledge, 1992, p.4.

니다. 오히려 처음의 구조를 우회함으로써 그것을 지지하고 있던 제 반 가치를 불안정한 상태로 만들면서 전혀 새로운 형태를 만들어내는 것을 말하는 것이다.[273]

연극에서의 해체주의 역시 근본적으로 그 방법론의 연장이라고 할 수 있다. 텍스트의 궁극적인 핵심과 의미는 끝없이 지연되고 반복되 며 관객은 현재의 특수한 상황만을 경험하게 된다. 또한 해체주의 이전의 '중심'은 텍스트뿐만 아니라 사회적, 문화적 구성에서도 구조 가 있다고 규정한다. 그 구조는 '중심'을 정점으로 하여 상하가 총체적 의미구조를 이루면서 의미망의 핵심을 이루고 있다는 것이다. 그러나 해체주의는 그 중심 개념을 우회하고 파괴시킨다. 텍스트의 의미를 조직된 '상하 구조'가 아니라 '차연'과 '반복'을 통하여 드러나는 의미들 의 '상호작용'이라고 진단한다. 이처럼 해체주의에서 나타나는 '중심' 사고의 전환과 관점의 변화는 문화상호적 측면에서도 '전통과 현대', '서양과 동양' 등 '중심과 주변'에 대한 기존의 이분법적인 사고와 인식 을 변화시킨다. 동시에 '자국의 문화'와 '타국의 문화' 간의 교류와 수 용을 통한 제3의 새로운 문화를 재창조하는 방법론의 바탕을 이루게 된다고 하겠다.

동양연극과 서양연극 간의 문화상호적 연극의 본격적인 교류는 크 게 두 단계로 그 시기를 나누어 살펴볼 수 있다. 먼저 18세기부터 20세 기 초반에 이르기까지 서구제국주의 승리의 전리품과 권력의 상징이 며, 대중의 취향을 충족시키기 위한 공연형태로서 오페라나 오페레타 (Operetta, 희가극 혹은 경가극), 가면극 같은 대중적인 오락극이 유행하 던 시기이다. 이는 서구의 자본주의와 제국주의 관점이 이국적이고

---

273 이광래 편, 『해체주의란 무엇인가』, 교보문고, 1989, 371~388쪽.

스펙터클한 드라마를 통하여 대중들에게 동양을 환상의 대상으로 동
경화하는 작업이라고 할 수 있다. 이러한 시기의 서구 연극에서 보이
는 문화상호적인 시도는 서구중심의 자기민족중심주의 관점에서 이
루어진다. 그러나 또 다른 방향에서는 서구 연극의 답보상태에 빠진
돌파구로서 동양 등 타 문화권에 대한 전통연극의 예술성과 미학적
관점에 대한 새로운 평가를 통하여 그들의 상징적 문화유산들의 예술
성을 심도 있게 수용하고자 한다.[274] 그러나 보다 본격적인 문화상호
적 연극의 등장은 1960년대 후반 이후 그로토프스키, 브룩, 로버트 윌
슨, 리 브루어, 쉐크너, 바르바, 아리안느 므누슈킨(Ariane Mnouchkine),
페터 슈타인(Peter Stein), 미카엘 그뤼버(Michael Grüber), 스즈키 다다시
(鈴木忠志) 등의 진취적이고 전향적인 노력으로 나타난다. 이들은 서
로 다른 문화의 연극전통과 고유성을 인정하고 그 가치를 인식한다.
이를 바탕으로 문화상호적 연극의 보편적 개념을 확대시켜 본격적인
문화상호주의 연극을 활발히 전개한다. 이들 초기 문화상호주의 연극
과 공연예술가들의 활동은 이성과 언어중심 그리고 모방적이며 재현
적인 서구 연극이 상실하고 있는 원초적 연극형태를 지향한다. 아울
러 아시아 연극에서 제의적이며 초월적인 인류보편의 원형적인 양식
을 발견한다는 점에서 공통적인 성향을 보여준다.[275] 1980년대 중반

---

274 대표적인 사례로는 크레이크의 아프리카 및 아시아 가면을 자신의 공연에 응용하고
    자 하는 시도가 있었으며, 라인하르트는 자신의 〈오이디푸스〉 공연에서 일본 歌舞伎
    의 花道을 사용하였고, 메이어홀드(Vsevolod. E. Meyerhold)는 일본 전통극의 기법을
    도입하여 자신의 작품에서 양식화를 통한 '리얼리티'을 표출하는데 응용하고 있다.
    또 타이로프(Alexandre Tairov)는 인도 연극의 의상과 제스처 등의 여러 요소를 그의
    공연연출에서 수용하였으며, 브레히트(Bertolt Brecht)는 그의 '소외이론' 정립에 중국
    경극의 연기술을 참고한 것으로 알려지고 있다.
275 Patrice Pavis, ed.(1996), ibid., p.97.

이후 브룩과 므누슈킨 등은 그들이 국적, 문화 그리고 계급을 뛰어넘는 보편적인 연극언어와 동시대의 모든 관객에게 직접 소통할 수 있는 문화상호적인 공연문법을 찾고자 한다.[276] 그러나 이들의 공연 작업들이 동양의 이국적 문화를 시청각적인 이미지로 전이하여 대규모의 스펙터클한 연출을 주도함으로써 상업적이며 소비적이라는 비난을 받는다. 또 서로 다른 문화의 소통에서 중요시되는 문화적 대등성과 그 전통과 가치에 대한 진정한 이해와 실천이 이루어지지 않았다는 제3세계 출신의 학자를 비롯한 포스트구조주의자들의 강한 비판에 직면하게 된다.[277]

이러한 문화상호주의 연극의 선구자 중 '문화상호주의 연극'이라는 용어를 국가적 차원의 공적 문화교류인 '국제주의(Internationalism)'에 대한 상대적 개념으로 처음 사용한 사람은 쉐크너이다. 그는 개인적인 차원의 비공식적인 문화교류가 상이한 문화 간의 진정성 있는 만남과 교류라고 주장한다.[278] 그는 〈69년의 디오니소스(Dionysus In 69)〉 공연 이후 1971년부터 1972년에 걸쳐 아시아 지역을 여행한다. 특히 인도를 비롯한 인도네시아, 파푸아 뉴기니, 홍콩, 일본 및 스리랑카 등의 여행을 통해서 보고 배운 경험과 지식을 자신의 공연에 도입한다. 그는 단순히 아시아적인 것을 모방하는 것이 아니다. 그는 자신의 경험을 실천적이고 심도 있게 자신의 공연 속에 연출하고자 한다. 그는 다음과 같이 주장한다.

---

276 op.cit., pp.63~66; 93~98.
277 op.cit., p.28; pp.79~92; 149~161.
278 op.cit., pp.41~50.

어떤 문화도 순수하지 않으며, 어떤 문화도 그 자체로 존재하지 않는다. 문화는 상호 간의 영향을 주고받으면서 이루어진 일종의 덩어리로서 혼합된 것이며, 재사용되는 양피지와 같다. 그러므로 그것에 대하여 우리는 '문화'라고 하지 말고 '문화들'이라고 불러야 할 것이다.[279]

따라서 그는 인종차별이 없는 민족성을 추구하는 것이 가능하다고 말하면서 그것을 그의 작업을 통하여 실천하고자 한다. 그것에 대한 부정적인 시각에도 불구하고 우리 인류가 살아남기 위해서는 문화상호적이 되는 것을 배워야 한다. 그는 인종주의의 함정에 빠지지 않고 민족성을 선택하고 실천하는 것은 문화상호 간 선택의 문제로서 불가능한 일이 아니라고 역설한다.[280] 이와 같은 쉐크너의 주장은 문화상호주의 연극이 지향하는 목표와 실제 사이에 존재하는 괴리를 극복할 수 있는 함의를 보여주고 있다. 그 이유는 그의 주장이 동서양 문화의 보편성과 특수성에 대한 이해와 진정성을 가지고 제3의 연극과 공연문화를 재창조할 수 있다는 가능성을 제시하고 있기 때문이다. 이는 해체주의 담론이 제시하고 있는 총체적 관점을 극복하고 서구중심주의 사고에서 벗어나 다원적인 문화를 수용하여 재창조하고자 하는 문화상호주의 연극에 대한 지향성을 보여주는 것이라 할 것이다.

(2) 〈햄릿〉에 대한 문화상호주의적 관점 분석

안민수는 미국 유학 시절 동양연극과 더불어 50년대부터 70년대 미국연극계를 주도하던 아방가르드적 실험연극에 관한 다양한 지식

---

279 Richard Schechner, *Interculturalism and Performance: Writings from PAJ*, PAJ Publication, 1991, p.308.

280 op.cit., pp.309~312.

과 경험을 얻게 된다. 여기에는 50년대 말 회화로부터 시작하여 관객
들에게 새롭고 풍부한 지각의 기능성을 열어 놓은 해프닝이 있다.
그 뒤를 이어 60년대 퍼포먼스 그룹 등이 모든 공간은 공연을 위해
사용할 수 있다는 명제와 '6가지의 환경연극원칙'[281]하에 만들어진 환
경연극이 등장한다. 이후 정치적 성향을 가지고 집단적 창작방식을
통하여 사회변혁을 추구했던 리빙시어터와 오픈시어터 등의 그룹이
활동한다. 그리고 이들의 지나친 정치적 편향성에 반발하여 정신적이
고 내면적인 가치를 추구하며 여러 장르를 결합한 이미지 연극 등이
있다. 이와 같이 서로 다른 성향의 다양한 실험적인 연극을 경험한
안민수는 이를 구체적으로 실천하기 위하여 〈햄릿〉을 문화상호주의
적인 관점에서 번안하게 된다.[282]

안민수는 〈햄릿〉을 〈하멸태자〉로 개명 및 번안하면서 전체 5막과
20장[283] − 1막 5장, 2막 2장, 3막 4장, 4막 7장, 5막 2장 등 − 으로 이루어

---

281 '환경연극에 대한 여섯 가지 지침' [1항] 모든 연극적 사건은 서로 관련된 사항의 집합
체이다. [2항] 모든 공간은 공연을 위하여 사용될 수 있다. [3항] 연극적 사건은 완전
히 변형된 공간 또는 발견된 공간에서 일어날 수 있다. [4항] 초점은 유동적이며 다양
하다. [5항] 모든 제작 요소들은 자신들만의 언어로 공연된다. [6항] 텍스트는 작품의
시작점도 아니며, 제작의 목적도 아니다. 전혀 구술적인 텍스트가 존재하지 않을 수도
있다. Richard Schechner, 6 Axioms for Environmental Theatre, *TDR*, T39 XII3, Spring,
1968, pp.41~64 참고.

282 이외에도 연극이 빵과 같이 생활의 토대라고 믿으며, 야외적 환경에서 수백 명의 관객
이 참여하는 축제적 공연을 주도한 '빵과 인형극단', 신화적 주제를 구체화하거나 사회
적 문제를 다루면서 민속예술과 음악, 신앙을 소재로 하여 공연을 하거나 해변을 공연
장소로 선택하여 환경 연극을 추구한 '스네익씨어터' 그리고 코메디아 델알테의 공연
기법을 도입하여 민중연희양식에 초점을 맞추어 노동자 문제와 정치적 성향을 추구
한 '샌프란시스코 마임극단' 등 이외에도 다양한 그룹과 극단들이 있다. 테오도르 쌩
크, 남선호 옮김, 『현대연극의 이론과 실제』, 청하, 1991, 89~194쪽 참고.

283 막과 장에 대한 구분은 아래 셰익스피어 〈햄릿〉 번역본과 비평판을 기준으로 한 것임.
W. Shakespeare, 여석기 역, 〈햄릿〉, 『世界의 文學大全集』, 동화출판공사, 1972; W.
Shakespeare, Harold Jenkins ed., *The Arden Shakespeare: Hamlet*, Methuen & Co.

진 극적 주요 사건과 흐름의 구성에서 막과 장의 구분을 없앤다. 그리고 극의 시대적 배경과 공간을 덴마크라는 북구 유럽에 역사적으로 실존하는 국가를 배경으로 하는 허구의 왕조에서 동양 혹은 한국적인 느낌을 주는 아사라국이라는 가공의 왕조로 변형시킨다. 그리고 햄릿 전체 분량의 약 1/5 수준으로 압축한다. 이것은 기본적으로 운문과 산문 등 다양한 등장인물들의 대사로 이루어진 '언어중심의 텍스트'를 '행위중심의 공연텍스트'로 변화시키는 것이다. 더 나아가 서구의 고전인 〈햄릿〉을 동시대 관객들에게 원전의 사실적 재현이 아닌 자국적 수용을 통하여 재창조하고자 하는 문화상호주의적 관점을 보여주는 것이라 하겠다. 안민수는 이를 구체적으로 실현하기 위하여 주요한 인물과 사건들을 변용적으로 수용한다. 그리고 약 40여 개의 연속적이고 비약적으로 이어지는 장면들로 번안하고 있다. 이와 같은 장면들을 구체적으로 살펴보면 다음과 같다.

1. 선왕의 죽음을 애통해하는 하멸의 곡소리와 호려소의 피리소리.
2. 미휼왕과 가희왕비의 결혼과 하멸의 수용.
3. 미휼왕과 가희왕비의 사랑놀이.
4. 어머니 가희왕비의 결혼에 대한 비탄의 독백.
5. 호려소의 피리소리와 하멸의 대화.
6. 하멸과 선왕 지달의 유령 및 미휼왕유령과의 만남.
7. 하멸에 대한 호려소의 염려와 맹세.
8. 하멸과 오필녀의 사랑.
9. 미휼왕, 가희왕비 그리고 파로의 하멸에 진의에 대한 우려.
10. 파로의 하멸에 대한 진의 탐색.
11. 하멸이 사당패에게 '서초왕의 시역' 공연 의뢰.

Ltd., 1982.

12. 하멸과 선왕 지달 유령의 다시 만남.

13. 하멸과 미휼왕 유령의 다시 만남.

14. 미휼왕과 파로가 하멸에 대한 광기를 상사병으로 판단함.

15. 하멸 자신의 번뇌에 대한 독백.

16. 하멸의 오필녀의 사랑에 대한 질책.

17. 미휼왕과 파로가 하멸을 타사도로 보내기로 결정함.

18. 오필녀의 광기와 미침.

19. 미휼왕, 가희왕비, 파로, 정신들 그리고 하멸과 호려소 등의
    극중극 관람.

20. 하멸과 호려소가 선왕의 독살에 대한 음모를 확신함.

21. 미휼왕의 참회 염불.

22. 하멸의 복수 지연과 망설임.

23. 미휼왕과 가희왕비의 불안함과 파로의 염탐의지.

24. 하멸의 가희왕비 처소 난입과 파로의 죽음 그리고 어머니에 대한
    비난.

25. 하멸과 선왕 지달 유령과의 세 번째 만남.

26. 하멸의 어머니 가희 왕비에 대한 염려.

27. 오필녀의 미침과 광기 모습.

28. 미휼왕과 가희왕비의 오필녀에 대한 염려와 하멸의 타사도행을
    결정함.

29. 미휼왕, 가희왕비의 하멸에 대한 염려와 부탁.

30. 미휼왕, 타사왕에게 하멸에 대한 살해 편지.

31. 오필녀의 자살.

32. 대야손이 미휼왕에게 아버지 파로에 대한 복수 다짐과 동생
    오필녀의 죽음을 알게 됨.

33. 하멸과 호려소가 미휼왕 친서의 비밀을 알게 됨.

34. 오필녀의 장례식과 상녀군의 소리.

35. 하멸과 대야손의 오필녀 죽검 앞에서의 싸움.

36. 미휼왕과 대야손의 결투 음모.

37. 호려소의 하멸의 결투 만류.

38. 미휼왕과 가희왕비 앞에서 하멸과 대야손의 진검 결투.

39. 기희왕비의 독배 마심과 죽음, 대야손의 고백과 죽음, 미휼왕의 죽음.
40. 하멸의 '오! 천지에는 정적뿐!'이라는 대사와 죽음 그리고 호려소의 피리소리, 종소리 그리고 곡소리. (막)[284]

이상과 같은 장면들 중 사건의 핵심을 보여주는 대표적인 장면들을 살펴보도록 하겠다. 먼저 원전은 1막 1장 엘시노어 성의 망대와 보초들의 대사와 '선왕의 유령'이 등장하는 사건으로 시작된다. 그러나 〈하멸태자〉는 첫 번째 장면이 선왕의 죽음과 함께 나타나는 극적 상황을 암시하는 다음과 같은 긴 지문으로 시작하고 있다.

곳: 아사라
하늘에는 흙비가 나리고 해가 불꼬리를 달고 나른다. 아사라의 궁정에는 선왕 지달의 죽음을 슬퍼하는 백성의 곡성이 그득한데 거상입고 굴건한 태자 하멸이 댓돌에 쿵쿵 머리 쪼아 운다. 호려소의 슬픈 피리소리. 긴 시간이 흐르고, 하멸이 큰 숨을 모으면 댓돌 위 마루 그 위에 미휼왕과 가희가 짝을 이루어 있다.[285]

이 첫 번째 지문에 나타나는 '흙비'나 '해의 불꼬리' 등이 표출하는 것은 선왕 지달의 죽음이 정상적이 아니라 것을 상징한다. 하멸이 선왕의 급작스런 죽음을 긴 시간 동안 애도하는 이면에는 죽음이 극을 관통하고 있다. 즉 비극적 결말에 이르게 될 것임을 강하게 암시한다. 이는 원전에서 보이는 선왕 유령과의 조우 이후에 나타나는 '햄릿'의 죽음에 대한 문제 인식과 다른 관점이라 하겠다. 안민수는 번안을

284 동국대학교 연극영화학과 편, 〈하멸태자〉, 『연극학보』 24, 도서출판 엠애드, 1996, 195~231쪽 참고.
285 위의 책, 196쪽.

통하여 원전에 나타나는 죽음에 대한 인식문제를 처음부터 제기한다. 동시에 하멸로 하여금 선왕의 죽음에 대한 애통함을 '댓돌에 쿵쿵 머리 쪼아' 통곡하는 행위를 통하여 형상화하고 있다. 이러한 관점은 죽음을 보다 동양적이며 한국적 사생관의 가치기준으로 수용하고 있음을 상정케 한다. 이어 등장하는 미휼왕과 어머니 가희 왕비가 짝을 이루고 무대 단상 위에 앉아 있음은 이 둘이 이미 혼인한 것을 의미한다. 그리고 하멸이 바닥에 머리를 조아려 '읍하는' 행동을 통해 그 사실을 인정하고 받아들이고 있음을 부각시키고 있는 것이다. 이 상황은 원전의 대관식 장면에 상응하는 것으로서 이를 한국적이며 동양적인 상황으로 변용한 장면이라 하겠다.

다음은 네 번째 장면 하멸이 어머니 가희왕비의 정절과 윤리의식 등 도덕성을 신랄하게 비판하고 비탄에 빠지는 독백 장면에 이어 선왕의 유령과 만나는 여섯 번째 장면이다.

하멸: 가엾어라. 아버님 저 원한 서린 모습. (선왕 지달왕이 나온다)
지달: 가엽다 생각 말고 이 애비의 원한을 풀어다오.
하멸: 그 무삼 말씀이시오. 아버님.
지달: 이글이글 타는 지옥의 유황불에 내 몸을 태울 시간이 다가오는구나. 하멸아 원통히 죽어간 네 아비의 원수를 갚아라. (미휼왕이 나온다)
미휼왕: 하멸 내 말을 믿거라. 전하는 독사에 물려 타계하셨다.
지달: 네 아비를 죽인 그 독사는 지금 머리에 왕관을 쓰고 있지 않느냐. (중략)
하멸: 오… 이 무슨 배반이냐. (중략) (사이) (하멸 무릎 꿇어 두 번 절하고 굴건을 벗는다. 엎드려 조아린다) (중략) (이윽고 하멸은 거상 벗어젖히고 머리 풀어 미쳐 춤을 춘다. 오필녀가 행복하게 춤추고 노래하며 나온다)[286]

원전에서는 '선왕 유령'이 1막 1장에서 처음부터 스스로 등장한다. 햄릿은 이것을 발견한 보초들의 보고를 듣고도 믿지 못하고 스스로 확인한 후에도 의심하고 갈등하는 행동을 보인다. 그러나 〈하멸태자〉에서는 하멸 자신이 선왕의 유령을 발견함과 동시에 선왕임을 확신하고 선왕 지달 유령과의 대화를 적극적으로 시도한다. 아울러 이 장면에 특이한 부분은 또 다른 선왕을 상징하는 유령인 '미휼왕의 유령'이 동시에 등장한다는 점이다. 이 각각의 유령은 선왕의 죽음과 그 복수 의지에 대한 하멸의 내면적인 갈등을 보다 구체적으로 형상화시키고자 하는 연출관점이 드러나는 대목이다. 이것은 원전의 유령 등장 상황과 차별되는 〈하멸태자〉만의 창의성이 돋보이는 장면이라 하겠다. 더 나아가 이 장면에서 표출되는 하멸의 갈등과 광기는 그가 걸치고 있던 상복인 '거상'과 '굴건'을 벗고 머리를 풀어 헤치면서 신들린 듯 춤을 추는 '동작'과 '움직임' 등의 행동을 통하여 구체적으로 형상화된다.

다음은 아홉 번째에서 열다섯 번째 장면 사이에 일어나는 사건이다. 이 상황에서 하멸의 진의를 의심하는 미휼왕과 가희왕비 그리고 파로가 하멸의 광기를 탐색하는 장면이 이어진다. 그 와중에 하멸은 사당패를 불러 '서초왕의 시역' 공연을 주문하게 된다. 또 다시 하멸에게 나타나는 지달왕과 미휼왕의 유령에 의한 하멸의 심리적 갈등과 광기를 미휼왕과 파로는 상사병으로 판단하고 하멸의 동태를 살피게 한다. 이때 원전의 3막 1장의 햄릿의 독백 장면이 그 내용은 유사하나 한국적 상황으로 번안된 하멸의 독백으로 연결된다.

---

286 위의 책, 198~201쪽.

(왕과 파로 한켠에 숨는다. 달 몇 차갑게 밤이 그냥 서 있는데 (1)입에
큰 칼 문 하멸이 뜨락을 나선다. 한동안 칼을 들어 한번 저어본다)

> 하멸: 살아 연명하련가 죽어서 슬어질 것인가 이것이 문제로다. 어느 편
> 이 더 장부다울까. 가혹한 운명의 화살을 받아도 참고 견디랴. 싸
> 워 이기랴. 죽어서 잠이 든다. (중략) (2)허기에 이 고해 같은 이생
> 에 집착이 남는 법. 하지 않고서야 누군들 이 세상 세도가의 멸시,
> 힘 있는 자의 횡포, 버림받은 사랑의 고뇌, 소인배의 불손, 이모든
> 것을 참고 견딜 것이랴. 이 한 자루의 칼이면 끝날 것을 다만 나그
> 네 한번 가면 다시 돌아온 적이 없는 저 미지의 세상이 불안하니
> 망설이게 되는 것도 당연한 일이로다. (중략) (3)이러한 조짐으로
> 해서 더 겁쟁이가 되고 병색이 그늘져 마침내는 실행할 기운을
> 잃고 마는 것이리라.[287]

이 상황에서는 원전의 햄릿과 마찬가지로 하멸 역시 삶과 인생의
고뇌를 느끼고 있다. 그러나 하멸은 '가장된 광기'가 아닌 '어머니'와
'여성' 그리고 인간과 세상에 대하여 자신이 느끼는 분노와 광기를
외부로 분출하기보다는 내면으로 응축하고 있음을 보여준다. 이러한
하멸의 광기와 지문(1)에 묘사되고 있듯이 칼을 입에 물고 '선왕'에
대한 '복수'를 다짐한다. 그러나 이러한 복수의지가 엉뚱하게도 자신
이 사랑하던 오필녀에게ㅡ'그래도 시집을 가려거든 천지 쑥맥에게 가
거라. 정신 있는 사내가 누가 장가를 가? 가! 머리 깎구 절간으로 당장!
ㅡ절간으로 들어가!'[288]ㅡ라는 충동적이고 돌발적인 행동으로 분출된
다. 이러한 행동은 오필녀에게 충격을 주어 결국 그녀를 사랑의 상처
에 의한 광기와 스스로 죽음으로 이르게 하는 원인으로 작용하게 된

---

287 위의 책, 208~209쪽.
288 위의 책, 210쪽.

다고 할 수 있다. 그러나 이 장면에 표출되는 하멸의 의지는 원전의 상황과 달리 단순히 하멸의 고뇌만을 보여주는 독백이 아니라는 점이다. 즉 '큰 칼을 입에 물고 뜨락에 나선' 후 그 칼을 휘둘러 허공을 가르는 결의에 찬 '행동'이 독백(2)와 (3)에 나타나는 결심과 상충하고 있는 것이다. 이는 하멸의 '복수의지'와 갈등을 상충시키고자 하는 새로운 연출관점이 표출되는 대목으로 판단된다.

다음은 열아홉 번째에서 스물여섯 번째 장면 사이에 일어나는 사건들이다. 미흌왕과 가희왕비, 하멸과 호려소 및 정신들이 모인 자리에서 진행되는 극중극인 '서초왕의 시역' 장면, 하멸의 복수 지연과 미흌왕의 참회염불 그리고 하멸의 파로 살해사건 등이 이어진다. 이들 가운데 '극중극' 장면을 살펴보도록 하겠다.

> 왕비: (1)오늘은 무척 쾌활해 보이는구나.
> 하멸: 소자 하찮은 어릿광대, 하하, 허긴 사람이 유쾌하지 않고서야 어디 살맛이 나오리까? (호려소에게) 우리 어머님이야말로 온통 희색이 만연이시군. 아버님 돌아가신지 채 두 달도 못 되는데…….
> 호려소: (2)전하! 그 갑절이 흘렀습니다.
> 하멸: 뭐? 벌써 그렇게?
> 호려소: (3)상복을 벗은 지 오래지 않으셨오이까.
> 하멸: 하하하 어느새 그렇게 되었던가? (4)(극중 선왕과 왕비 춤추어 서로 깊이 애무하고 변함없는 사랑의 맹세를 한다)
> 하멸: 쓰다! (5)(이윽고 왕이 꽃밭에 누워 잠드는 것을 보고 왕비 자리를 뜬다. 사나이 춤추어든다. 왕의 머리에 쓴 왕관을 벗어 자기 머리에 쓰고 왕의 귀에 독약을 퍼붓고 나간다. (중략) 왕비가 처음에는 싫은 듯 거절하더니 어느새 승낙하고 꼬리쳐 춤을 춘다. 둘은 서로 사랑하여 미쳐서 논다) (하략)[289]

위의 장면은 원전의 3막 2장에 나오는 '극중극' 장면을 번안한 대목이다. 위 대사 중 밑줄 친 왕비(1), 호려소(2, 3)의 대사는 원전에서는 햄릿과 오필리어가 '극중극'을 관람하는 장면 중에 등장하는 오필리어의 대사이다. 번안 과정에서 오필리어는 이 장면에 등장하지 않고 그 역할을 왕비(1)와 호려소(2, 3)가 대신하고 있다. 원전에서는 오필리어의 죽음이 4막 7장에서 왕비의 몇 마디 대사[290]로 처리된다. 그러나 〈하멸태자〉에서는 그녀의 '죽음'과 '장례식' 과정을 보다 비중 있게 다루며 오필녀의 역할을 부각시키고 있음을 알 수 있다. 반면 '극중극' 장면은 원전의 '쥐덫' 장면을 삭제하고 '무언극' (4)와 (5) 장면만을 압축하여 보여주면서 그 비중을 축소시키고 있다. 그리고 비약적으로 선왕의 죽음과 음모에 대한 확신을 하멸의 광기로 연결시킨다. 따라서 미휼왕에 대한 복수의지와 갈등, 어머니에 대한 증오 그리고 파로의 살해라는 일련의 사건은 원전과는 달리 급진적으로 전개되는 극적 템포와 리듬으로 변용하는 번안관점으로 나타난다.

다음은 서른일곱 번째에서 마흔 번째 장면에 이르기는 결말 부분이다. 호려소의 결투 만류, 미휼왕과 가희왕비 등 앞에서 이루어지는 하멸과 대야손의 결투, 가희왕비의 독배마심과 죽음, 대야손의 음모 폭로와 죽음 그리고 마지막으로 하멸에 의한 미휼왕의 최후 등이 극적인 긴박감 속에 연속적으로 진행된다. 이들 장면 중에서 미휼왕의

---

289 위의 책, 211~213쪽.
290 왕비: 불행이 자꾸 꼬리를 물고 오는구료. 레어티즈, 네 누이가 물에 빠져 죽었구나.
레어티즈: 뭐, 물에 빠져? 어디서요?
왕비: 개울가 비스듬히 누운 버드나무가지, 흰 잎새가 거울 같은 물위에 비치고 있었다. 오필리어는 그 가지에다 미나리아재비, 쐐기풀, 들국화 그리고 紫蘭 (중략) 이윽고 물이 배어 무거워진 옷자락이, 가엾기도 해라, 아름다운 목청과 같이 물밑 진흙 속으로 끌리어 들어가서 그만 죽고 말았다.
W. Shakespeare, 여석기 역(1972), 앞의 책, 79~80쪽.

최후와 하멸의 죽음 장면 등을 살펴보도록 하겠다.

대야손: 동궁전하! 역적은 이 안에 있소이다. 아 제 덫에 제가 걸리다니. 전하! 동궁전하도 수분을 지탱 못하시리라. (1)그 칼끝에 독이 그 축배에도 독이 모두가 와, 왕이 꾸민 흉계요.

미휼왕: (2)동궁 네 사, 상처는 대단치 않다. (사이)

하멸: (3)예이 악독한 놈! 이 독약의 맛을 보아라! (왕을 찌른다) 이 천하에 강간살인자! 이 무도한 미휼왕 아! 네 진주알의 맛을 보여주마! 이 독주도 함께 마셔라!

대야손: 전하! 용서하시오. 저는 천벌을 받소이다. (대야손 숨을 거둔다)

하멸: 하늘도 그대를 용서하리라. (왕비의 손을 잡는다) (4)어머니! 평안히 가시오. 아! 이 사나운 독이 전신에 퍼져 죽음을 재촉하는구나. 호려소! 욕된 세상이나 괴로움을 참고 남아 이 모든 것에 시비를 밝혀주시오.

호려소: 전하! 심려 놓으시오.

하멸: 나는 … 가오.

호려소: 전하! 편히 가시오.

하멸: (5)오! 천지에는 정적뿐! (6)(하멸이 고개 떨구더니 숨을 거둔다. 호려소 '**슬피 피리**'를 분다. 멀리 아사라의 하늘에 밤을 알리는 '**종소리들**'. 아사라의 하늘에 밤의 정적이 나리고 하멸을 슬퍼하는 '**곡소리**'만 하늘 높이에)[291] (막)

위의 장면은 원전의 5막 2장에 나오는 햄릿과 레어티즈의 결투 장면과 마지막 장면에 나타나는 상황이다. 하멸의 대사(3), (4), (5)와 대야손의 대사(1) 그리고 미휼왕의 대사(2)의 일부 대사들은 원전과 거의 동일하지만 나머지 부분은 번안 시 첨가된 대사임을 알 수 있다.

291 동국대학교 연극영화학과 편(1996), 앞의 책, 230~231쪽.

특히 마지막 대사는 원전에서 햄릿이 호레이쇼에게 후계자로 포틴브라스를 지명하도록 유언하는 장황한 대사를 삭제한 것이다. 햄릿의 마지막 대사인 "남은 건 정적뿐"[292]이라는 대사를 하멸의 "천지에는 정적뿐"이라는 대사로 변용하고 있다. 이는 원전의 번안과정에서 등장인물 대부분을 삭제하고 핵심적인 주요 등장인물 위주로 만들어진 〈하멸태자〉의 전반적 특성을 보여주는 부분이라 하겠다. 또한 마지막 지문(6)은 원전의 마지막 지문인 "장송곡 병사들 시체를 메고 나간다. 뒤이어 들여오는 은은한 포성 가운데 모두 퇴장"[293]을 변용한 것이다. 이 장면 역시 동양 내지는 한국적인 상황으로 번안한 문화상호적인 특성과 관점이 드러나는 대목이다.

이상에서 살펴본 〈하멸태자〉의 주요한 장면들뿐만 아니라 원전의 등장인물들의 상당 부분을 삭제하고 주요 등장인물들의 호칭을 변화시키고 있음을 알 수 있다. '햄릿'을 '하멸', '클로디어스'를 '미휼', '거투르드'를 '가희왕비', '선왕'을 '지달왕', '폴로니어스'를 '파로', '오필리어'를 '오필녀', '레어티스'를 '대야손', '호레이쇼'를 '호려소' 그리고 '극중극'에 등장하는 배우들인 '극중 왕', '극중 왕비', 장례식 장면의 '선소리'와 '상두꾼', '선왕'의 유령과 함께 등장하는 '미휼왕'의 유령, '궁정신하와 시녀들' 등 '하멸'을 포함한 약 열다섯 명의 등장인물이 그것이다. 이처럼 원전에 등장하는 햄릿을 포함한 30여 명 이상에 이르는 등장인물의 숫자를 약 절반 수준으로 압축하고 있다.[294] 아울러 극적 구성

---

292 W. Shakespeare, 여석기 역(1972), 앞의 책, 94쪽.

293 위의 책, 95쪽.

294 원전 〈햄릿〉의 등장인물에는 클로디어스(덴마크의 왕), 햄릿(선왕의 아들), 폴로니어스(재상), 호레이쇼(햄릿의 친구), 레어티즈(폴로니어스의 아들), 볼티먼드, 코닐리어스, 로젠크랜츠, 오즈릭, 신사(이상 궁정 신하), 司祭, 버나아도, 마셀러스, 프란시스코

과 흐름에 있어서도 원전의 중요한 극적 흐름을 그대로 수용한다. 그러나 핵심적인 극적 상황을 변용하여 각 장면에 등장하는 인물들의 절제된 대사 그리고 다양한 한국적 '움직임' 또는 '소리'와 '음악' 등을 바탕으로 극적 구성이 이루어진다. 이는 원전을 실험적이고 창의적인 무대공간언어로 새롭게 형상화하고자 한 문화상호주의적인 관점이 드러나는 부분이라 할 수 있을 것이다.

2) 공연의 시대적 배경과 목적

본 장에서는 먼저 1950년대 이후 지속적으로 동시대를 관통하며 논의되고 있는 포스트모더니즘과 그 시대적 특성 등을 살펴보고자 한다. 이를 바탕으로 이러한 서구적 문예사조와 관점이 1970년대 한국 연극계에 미친 영향과 그와 같은 시기에 이루어진 안민수의 〈하멸 태자〉 공연배경과 목적 등에 대하여 분석하고자 한다.

(1) 모더니즘을 넘어 포스트모더니즘의 시대적 특성 고찰

1960년대 이후 본격적으로 문학뿐만 아니라 미술, 음악, 건축, 연극 등 모든 예술분야에 걸쳐 담론의 중심으로 나타나는 서구의 포스트모더니즘을 논하는 데 있어서 주의해야 할 문제 중 하나는 '모더니즘'[295]

(이상 근위장교), 레날도(폴로니어스의 하인), 배우 몇 사람, 무덤 파는 일꾼(어릿광대 역, 두 사람), 포틴브라스(노르웨이 왕자), 부대장, 영국 대사, 거투르드(덴마크의 왕비, 햄릿의 어머니), 오필리어(폴로니어스의 딸), 귀부인, 병정, 뱃사공, 사령 및 시종, 햄릿부왕의 유령 등 스물여덟 가지 역할에 30여 명이 넘는 등장인물들이 나타나고 있다. W. Shakespeare, 여석기 역(1972), 앞의 책, 같은 쪽; W. Shakespeare, Harold Jenkins ed.(1982), ibid. 참고.

295 '모더니즘(Modernism)'의 개념을 보다 명확하게 이해하기 위해서는 '모더니티(Modernity)'와 '모더니즘'에 대한 구별이 요구된다. '근대성'이나 '현대성' 등으로 번역될 수 있는 '모더니티'는 주로 역사적이거나 철학적 개념이다. 반면, '모더니즘'은 '이즘'이라

과의 관계를 명확히 하는 것이다. 이는 18세기 고전주의에 대한 논의
가 고대 그리스와 로마시대의 고전주의를, 리얼리즘에 대한 논의가
19세기 초반의 낭만주의를 그리고 모더니즘의 논의가 19세기 중엽의
리얼리즘을 출발점으로 삼지 않으면 안 되는 것과 마찬가지이다.[296]
즉 포스트모더니즘에 대한 논의 역시 모더니즘을 그 출발점으로 삼아
야 한다는 것이다. 포스트모더니즘과 모더니즘의 관계를 논하는 관점
은 크게 세 가지 유형으로 나타난다. 그 하나는 포스트모더니즘을
모더니즘보다 거시적 관점에서 낭만주의의 계승과 발전으로 보고자
하는 입장이다. 이는 시간적인 차이만이 있을 뿐 본질적인 면에서
별 차이가 없다고 보는 견해이다. 그 특징으로 나타나는 포스트모더
니즘의 '무관심'과 '무책임'의 관점이나 모더니즘의 '몰개성'과 '객관성'
의 문제는 일맥상통한다는 것이다. 또 다른 하나는 포스트모더니즘을
모더니즘에 대한 의식적 단절이나 비판적 반작용으로 보는 관점이다.
포스트모더니즘은 고전주의와 낭만주의 그리고 리얼리즘과 모더니즘
의 뒤를 이어 나타난 급진적인 예술이론이며 사조라는 것이다. 이와
같이 서로 상충되는 두 관점은 모두 어느 정도 설득력과 한계를 지니
고 있다고 할 수 있다. 따라서 여기에 대한 대안으로서 나오는 것이
절충주의적 관점이다. 이는 선택적이 아닌 두 관점을 모두 포용하는

는 접미사가 의미하듯이 어느 집단이 공통적으로 가지고 있는 어떠한 원칙, 관점,
특성 등을 지칭하는 것이다. 서구 역사에서 '모더니즘'은 19세기 말엽부터 20세기 전
반기에 걸쳐 주도적으로 나타나는 전위적이고 실험적인 예술운동을 가리키는 용어이
다. 마테이 칼리니스쿠는 '모더니티'에 대한 속성을 다섯 가지로 분류하고 있다. 즉
'모더니즘', '아방가르드', '데카당스', '키치', '포스트모더니즘' 등이 그것이다. '모더니
즘'과 '모더니티'와의 관계에서 '모더니즘'은 어디까지나 '모더니티'를 구성하고 있는
하부 유형 중에 하나라는 점을 분명히 인식해야 한다. M. 칼리니쿠스, 이영욱 외,
『모더니티의 다섯 얼굴』, 시각과 언어, 1994, 11~18쪽 참고.
296 김욱동, 『모더니즘과 포스트모더니즘』, 현암사, 1995, 182~183쪽.

입장이라고 하겠다. 그것은 다원성과 상대성을 기본적인 관점으로 하는 포스트모더니즘의 특성에 비추어 보았을 때 매우 유용하고 설득력 있는 관점이라고 할 수 있다. 모더니즘은 19세기 말엽에 시작되어 제1차 세계대전을 전후로 전성기를 지나 제2차 세계대전 이후 점차 쇠퇴한다고 보는 것이 가장 정확하다고 할 수 있다. 따라서 1940년대 말엽부터 점차 쇠퇴하기 시작한 모더니즘은 1960년대 이르러 대항문화의 위치에서 전통적인 것으로 자리바꿈하게 된다. 이러한 도전과 반작용의 관점으로 나타나는 것이 바로 포스트모더니즘인 것이다.[297] 다시 말해 진리의 주관성이라는 회의주의에서 출발한 모더니즘은 그 자체가 지닌 보수적 성향으로 인해 예술의 고급화를 초래하게 된다. 의식의 흐름수법, 복수시점, 자동기술, 객관상관물이론처럼 기법과 관점들이 점차 난해해지면서 개인은 사회로부터 분리되고 예술지상주의에 탐닉하는 경향을 보여준다. 포스트모더니즘은 이러한 모더니즘의 고급화된 예술양식과 절제, 진지한 도덕성에 대한 반발이다. 또 현학적인 예술양식에 대한 응전이자 당대 상황에 어울리지 않는 양식과 관점에 대한 대응책이라고 할 수 있다.[298] 이처럼 포스트모더니즘과 모더니즘의 관계는 상호 계승적인 측면과 보다 발전적인 측면 그리고 상호 대립적인 면과 적대적인 부분이 서로 연관되어 시대적 상황에 따라 변화된 것으로 보는 것이 타당할 것으로 판단된다.

이와 같은 포스트모더니즘의 대표적인 특성 중 하나는 자의식적 또는 반사실주의적인 기법이다. 현실 그 자체가 이미 허구임을 보여주는 장치인 '패러디'를 말한다. 이는 기존의 개념이나 형식을 취하면

---

297 위의 책, 184~189쪽.
298 권택영, 『포스트모더니즘이란 무엇인가』, 민음사, 1992, 14~18쪽.

서도 전혀 반대되는 관점을 보여주는 방식이다. 포스트모더니즘에서 패러디가 압도적인 이유는 그것이 지금까지 세워진 진리가 허구임을 드러내는 수법이기 때문이다. 이러한 특성은 데리다가 구조주의의 상대성을 뒤엎고 진리의 허구성을 표출하듯이 포스트모더니즘이 모더니즘의 상대성이라는 열린 관점에서 한발 더 나아가 다원성을 보여주고자 한 관점과도 상통하는 부분이라 할 수 있다.[299]

포스트모더니즘의 또 다른 특성의 하나는 '상호텍스트성'이다. 이 개념은 크리스테바가 바흐친의 '대화주의'에 나타나는 '다어성(多語性)' 또는 '다성성(多聲性)'을 재해석하여 도입한 관점이라고 할 수 있다. 포스트모더니즘 관점에서 보면 태양 아래 새로운 것이 존재하지 않듯이 모든 텍스트는 이미 이전에 존재했던 것을 재결합시켜 놓은 것에 지나지 않은 것이다. 더 나아가 상호텍스트성은 텍스트와 텍스트, 주체와 주체 사이에서 일어나는 모든 지식의 총체라 할 수 있다. 이러한 관점에서 주어진 텍스트는 전통적인 희곡텍스트뿐만이 아니라 다른 기호체계와 모든 문화일반을 포함하게 된다. 상호텍스트성은 어느 한 작품이 이전의 특정한 텍스트와 관련된 특성을 지칭하는 것만이 아니다. 오히려 그 텍스트가 한 문화의 다양한 언어와 의미 행위와 관련된 부분 그리고 그 문화의 잠재력을 표출하는 그와 같은 텍스트와 연관된 특성을 말하는 것이라 하겠다.[300]

포스트모더니즘을 특징짓는 또 하나의 특성은 '작가의 죽음'과 '인식주체의 해체'라고 할 수 있다. 사실주의에서 작가는 텍스트 위에

299 위의 책, 20~22쪽.
300 Jonathan Culler, *The Pursuit of Signs: Semiotics, Literature, Deconstruction*, Routledge & Kegan, 1981, pp.103~104.

존재하며, 모더니즘에서는 텍스트 뒤에 숨고, 포스트모더니즘에서는 텍스트 속으로 침잠하게 된다. 현실 사회가 다양하고 복잡해짐에 따라 작가는 전능한 신의 위치에서 독자나 관객들과 동등한 위치로 눈높이를 맞추게 된다. 그리고 궁극적으로는 텍스트 속으로 들어가 전통적인 작가의 죽음을 보여주게 되는 것이다. 이것은 19세기 사실주의가 완벽한 허구의 세계를 창조하여 관객이 그것을 실제로 일어나는 것으로 믿게 하였다면, 모더니즘에서는 등장인물에게 서술을 맡기고 작가는 자신의 소리를 감추는 것이다. 그러나 이것 역시 허구의 세계이며, 현실의 반영이라고 할 것이다. 그것이 포스트모더니즘에 와서는 작가는 텍스트 속으로 들어와 텍스트 안에서 등장인물을 조정하고 스스로 그 모습을 드러내면서 개연성을 무너뜨리게 되는 것이다. 이는 전통적인 작가의 죽음을 알리는 것이다. 더 나아가 현실을 반영할 수 없다는 것을 보여주는 것이며, 현실이 환상적이고 진리가 허구임을 보여주고자 하는 것이다. 따라서 포스트모더니즘은 '과정'이며, '현재진행형'으로서 이러한 '과정'과 '의미'의 잠정성은 인식주체를 해체하게 된다. 콜라주 등과 같이 파편화되고 다양한 예술형식으로 표출되는 포스트모더니즘은 실제 세계보다 오히려 창조된 세계를 중시하는 창조론적인 관점을 보여준다고 하겠다.[301]

이와 같은 포스트모더니즘의 특성과 관점들은 새로운 시대적 양식과 개념으로서 포스트모더니즘의 등장과 그 당위성을 보여주는 것이다. 아울러 모더니즘은 1950, 60년대 이후 서구 과학의 발달로 인하여 우주시대가 개막되고, 미국 캘리포니아 지역 등에 나타나는 문화의 다원화현상, 뉴욕을 중심으로 한 불란서 실험문화의 영향과 이어 발

---

[301] 권택영(1992), 앞의 책, 25~30쪽.

생하는 서구의 민권운동, 여성운동, 반전운동, 케네디 대통령과 마틴 루터 킹 목사의 암살 사건 등 당대의 급변하는 현실 정치와 사회적인 문제들의 실체를 구현하는 데 한계를 드러낸다.[302] 이는 1940년대 중반 이후 서서히 퇴락하기 시작한 모더니즘이 더 이상 적절한 동시대적 이념이나 가치를 표현할 수 있는 양식이 아니었음을 보여주는 것이라 할 것이다.

(2) 〈햄릿〉의 공연배경과 목적

안민수의 본격적인 실험적 공연활동 배경과 그 목적에 대하여 논하기에 앞서 먼저 잠시 언급해야 될 인물이 유덕형이라는 연출가이다. 그는 안민수와 함께 드라마센터와 동랑레퍼터리극단에서 동시대에 활동한 인물이며 1960년대 말 미국 유학에서 돌아와 실험극운동을 최초로 시도한 인물이기 때문이다. 그는 1969년 단막극 3편을 모아 유덕형 '연출작품 발표회'를 드라마센터에서 가진다.[303] 이는 국내에서 처음 시도된 연출중심의 작품발표회이자 공연이라고 할 수 있다. 그는 연출의도를 밝히는 글에서

아르또나 그로토프스키 등이 이미 지적한 바 있듯이 제의에서 출발한 연극이 인간중심으로 발달해오는 동안 대사연극으로 굳어져 있으므로 이

---

302 위의 책, 18~19쪽.

303 드라마센터 제25회 공연으로 1969년 6월 27일부터 6월 30일 사이에 시도된 '연출작품 발표회'에 출품된 세 작품은 유치진 작 〈나도 인간이 되련다〉 중의 한 장면을 각색한 〈자아비판〉과 김종달 작 〈갈색머리카락〉 그리고 루푸터 브르크 작 〈낯선 사나이〉 등이다. 유덕형은 이 공연을 통하여 대사중심의 공연을 지양하고, 신체언어인 배우의 움직임, 음향, 조명, 즉흥적인 몸짓 등을 이용한 비사실적인 무대언어와 표현문법으로 연극 본래의 연극성을 표현하고자 한다. 한은주, 「동랑 레퍼터리 극단 연구-1970년대 활동을 중심으로」, 동국대 석사학위논문, 2000, 13~14쪽.

의 극복을 통해 잃어버린 연극성을 되찾겠다.[304]

는 의지를 표명하고 있다. 이와 같은 유덕형의 연출관점은 당시 연극
공연이 신파나 스타니슬라브스키의 사실주의 기법을 맹목적으로 추
종하고 있던 관행에 커다란 충격과 파문을 던진다. 그리고 1970년대
한국 연극계 전체에 커다란 변화와 새로운 연극운동의 전환점으로
작용하는 계기가 되었다고 할 수 있다.[305]

　이러한 흐름의 연장선상에 있었던 안민수가 〈햄릿〉 공연을 준비하
고 있던 1970년대 초반 이후 한국 연극계의 시대적 상황은 크게 두
가지 측면에서 그 특징을 보여주고 있다. 먼저 텍스트와 연극공연의
본질적이며 내재적 측면의 문제이다. 이는 기존의 '전통연극'의 가치
와 새로운 성향의 '실험연극'과의 충돌과 조화를 통한 현대적이며 한
국적 연극에 대한 '정체성' 문제를 본격적으로 부각시킨다. 다른 하나
는 연극공연의 외재적이며 실천적인 문제로서 공연현장과 지원제도
및 법적규제 등에 대한 현실적 문제에 대한 논의가 보다 구체적으로
표면화되기 시작했다는 점이다. 그러나 이러한 문제의 단초를 지적하
는 움직임은 이미 1960년대 한국 연극의 문제점을 지적하는 논자들에
게서 나타나고 있음을 알 수 있다. 이러한 문제와 관련하여 1960년대
한국 연극의 가장 큰 병폐로서 '획일성'과 연극에 대한 '철학'과 '신념'
의 결여에서 오는 우리 연극에 '역사의식' 내지는 '현실인식'이 부족함
을 지적하고 있다. '획일성'은 개성과 독창성의 말살을 의미한다. 또
'역사의식'의 결여는 그 사회와 문화의 현실과 그 배후를 분석하여

---

304 유민영(1990), 앞의 책, 331쪽.
305 위의 책, 331쪽.

본질적인 진실을 제시하지 못하고 있음을 말하는 것이다. 아울러 이 와 같은 한국 연극의 문제점을 해결할 수 있는 방법으로써 한상철은 정치적이든 종교적이든 사회적이든 온갖 터부를 파괴하고 창조의 근 원인 진정한 한국적 연극의 정체성을 찾아야 한다고 주장한다.[306] 이 러한 주장은 1945년 해방정국과 1950년대 초반 한국전쟁을 거쳐 1960 년대 자리 잡은 군사정권하에서 표출된 시대적 고민이 반영된 것이라 고 하겠다. 당대의 정치권력이 사회개혁과 산업화에 의한 경제발전을 추구하면서 대학생 등 반대세력들을 무마하기 위한 방편으로 한국적 민주주의와 민족문화의 중흥을 내세우게 된다. 이후 1970년대에 이르 러 경제발전에 따른 소비와 문화에 대한 사회적 욕구가 증대한다. 이 시기에 비로소 한국적 연극과 그 정체성을 찾기 위한 구체적인 노력이 가시화되기 시작한 것이라 할 수 있다.[307]

이때 뜻있는 연극인들이 중심이 되어 연극계 일각에서 연극 활성 화와 창작의욕을 고취하기 위한 방안으로서 몇 개항의 요구사항을 명시한 긴급선언문을 발표한다. 그 내용을 보면, 첫째, 공연법을 개정 하여 공연자의 개점을 확대함으로써 소극장을 통한 자유연극 행위를

---

306 그 해결방안으로서 세 가지를 제시하고 있다. 첫째, 연극의 전문화로서 각 분야에 대한 기본적인 훈련과 이론적인 기초가 확립되어야 하며, 둘째, 공연의 활성화와 지원 을 위하여 공연장 설립의 문제와 표현의 자유를 보장하는 관련된 공연법의 개정이 이루어져야 하고, 마지막으로 국외 연극계의 동향을 파악하여 그들의 장점과 본질적 인 면을 탐구할 것을 요구하고 있다. 특히 당시 아르토의 연극이념을 수용하고 그 변화를 통하여 세계적으로 주목을 받고 있던 그로토프스키의 폴란드 실험극단 활동 과 그들의 독창적인 실험정신 및 연극미학 등을 주목해야 한다고 말하면서, 이들처럼 대중매체가 할 수 없는 연극의 실험과 개혁을 촉진시킴으로서 새로운 연극의 미학과 순수성을 찾아야 한다고 지적한다. 한상철,『한국연극의 쟁점과 반성』, 현대미학사, 1992, 91~99쪽.

307 김문환,『한국연극의 위상』, 서울대학교 출판부, 2002, 288~290쪽.

보장할 것, 둘째, 민족문화센터가 준공된 후에도 명동에 있는 현 국립
극장을 그대로 존속시킬 것, 셋째, 연극인구의 저변확대를 위하여 중
·고등학교에서 연극을 음악이나 무용처럼 정규교과로 할 것, 넷째,
창작극을 발굴육성하기 위해 정규대학 연극영화과 졸업자에게 교사
자격을 인정할 것 등이 그것이다. 이러한 발전적이고 합리적인 건의
는 당시 정책에 적극적으로 반영되지 못한다. 그러나 이를 계기로
비록 정부당국이 공연법에 규정한 소극장 억제와 사전검열 등 악재는
개정하지 않았으나, 그나마 문예진흥원을 설립하고 재정지원을 하는
등 연극진흥에 대하여 관심을 기울이기 시작했다는 점에 그 의미가
있다고 하겠다.[308]

　더 나아가 공연주체에 대한 새로운 방향을 모색하는 의견으로서
'프로듀서 시스템'이 제시되는 시점도 이 시기라고 할 수 있다. 공연주
체에 대한 이상적인 유형은 세 가지가 거론된다. 첫째, 레퍼토리 극단
체제로서 서구사회에서 운영되고 있는 가장 일반적인 극단체제이다.
이는 전용극장이나 전속배우와 연습실을 갖추어야 가능한 체제라 하
겠다.[309] 둘째, 소위 이념적 동인제제로서 새롭고 창조적인 연극적 이
념에 대하여 뜻을 같이 하는 연출가와 그 동료들이 자신들만의 독자
적인 스타일과 앙상블을 창조하기 위한 구성체로서 '이념적 동인체
제'[310]를 말한다. 셋째, 단일 프로덕션 체제로써 '프로듀서 시스템'에

308 유민영(1990), 앞의 책, 336~337쪽.

309 대표적인 예로는 영국의 '국립극단'이나 '로열 셰익스피어 극단', 미국의 '링컨센터 레
　　퍼터리 극단' 그리고 한국의 '시·도·국립극단' 등이 여기에 해당되는 극단체제라고
　　할 수 있다. 이태주, 『世界演劇의 美學』, 단국대학교 출판부, 1983, 73쪽.

310 대표적으로 그로토프스키의 '폴란드 극단', 브레히트의 '베를린 앙상블', 줄리앙 베크
　　의 '리빙 시어터', 죠셉 체이킨의 '오픈 시어터', '센프란시스코 마임극단', 크리스토퍼
　　하드만의 '스네익 시어터', 리차드 쉐크너의 '퍼포먼스 그룹', 피터 슈만의 '빵과 인형극

의한 극단체제를 구성하여 단일공연의 완성을 위하여 수시로 공연주체가 형성되는 경우라 하겠다.[311] 이들 중 '프로듀서 시스템'에 의한 극단체제가 성공적으로 활성화되기 위해서는 프로듀서 자신이 재정적인 측면을 주도하는 공적인 능력뿐만이 아니라 동시에 탁월한 예술적 안목도 지니고 있어야 한다는 것이다. 그렇지 못할 경우 단순히 이윤만을 추구함으로써 공연질서를 어지럽히고 저질 상업극만을 양산하는 결과를 초래하게 된다. 이러한 논의의 이면에는 공연제작에 있어서 실천적인 두 측면인 예술적인 분야와 재정적인 분야에 대한 당시 한국 연극계의 고충을 반영하는 제안이라고 할 수 있을 것이다.

이와 같은 흐름과 함께 1970년대의 특징짓는 핵심적인 관점을 '전통'과 '실험'이라는 용어로 압축할 수 있다.[312] 이는 시대가 요구하는 한국적 연극과 그 정체성을 찾기 위한 방법론의 모색과 그 맥을 같이 한다. 1960년대의 공연활동이 상대적으로 연극을 위한 연극이 주도하였다면, 1970년대는 연극적 행동과 방식에 대한 당위성과 그 방법론을 찾고자 한데 있다고 할 수 있다.[313] 다시 말해 전자는 한국 고유의 동작, 춤사위, 언어적 특성과 거기서 나타나는 해학과 풍자의 정신을 주목하여 그것을 현대적 관점에서 수용하여 주체적인 한국 연극으로 재창조[314]하고자 한다. 특히 대학가를 중심으로 당시의 정치적 상황과 연계하여 사회개혁을 주도하는 전통적 성향의 연극양식인 마당극을

단', 아우구스트 보알의 '토론 연극' 등이 있으며, 이외에도 수많은 이념적 동인체제 극단들이 활동하였거나 활동 중에 있다. 테오도르 쌩크, 남선호 옮김, 『현대연극의 이론과 실제』, 청하, 1991 참고.

311 이태주(1983), 앞의 책, 75~76쪽.
312 서연호, 『우리연극 100년』, 현암사, 2000, 235~236쪽.
313 여석기(1999), 앞의 논문, 58~59쪽.
314 김미도, 『한국 현대극의 전통 수용』, 연극과 인간, 11~13쪽.

탄생시켜 전통극의 공연관점을 현대적으로 표출한다.[315] 반면 후자는 언어 중심의 연극에서 벗어난 서구의 실험적이고 전위적인 연출방식인 소리와 행동 및 동작 등을 중심으로 하는 비사실적인 무대와 주술적이고 제의적인 공연을 시도한다. 이는 실험적인 무대언어와 공연양식을 통해 새로운 연극공연의 방향을 제시하고자 한 것이다.

그러나 1970년대는 1960년대에 비하여 정치적으로는 보다 경직되고 체제에 대한 반발과 함께 사회적으로는 혼란이 가중된다. 또 산업화로 인한 인구의 도시집중화 현상을 보여준다. 그러나 이러한 도시인구의 급증에 비하여 그들을 수용할 만한 극장이나 공연장은 열악한 상황이다. 또한 연극공연은 양적으로 팽창하기 시작한다. 60년대에 비하여 네 배 내지 다섯 배 증가하였으나 질적인 면에서는 진지성이 결여된다. 예술양식의 모색이 아닌 흥행위주의 세속화 현상을 보이면서 일부 대학생 중심의 관객 주도의 '연극안보기 운동'[316]이 일어나기도 한다. 따라서 이러한 시기에 시도된 전통의 현대화 작업이나 수용을 '전통'과 '실험'이라고 바라보는 긍정적인 관점에 상응하여, "방황과 모색으로 규정"[317]짓는 비판적 시각 역시 간과할 수 없다고 하겠다.

---

315 일부 논자는 연극 창작의 관점에서 70년대 이후 전통의 현대화 양상을 다음과 같이 분류하고 있다. 첫째, 전통 복원 차원의 공연물, 둘째, 사회변혁 지향의 마당극 계열, 셋째, 대중적 엔터테인먼트로서의 마당놀이 계열, 넷째, 창작자 개인의 차원에서 흡수된 전통 활용 공연이 그것이다. 이중 마당극과 마당놀이는 독자적인 공연양식으로 뿌리를 내렸으며, 창작자 개인의 차원에서 흡수된 전통의 현대화는 연출가나 극단의 고유한 특성과 조화에 따라 그 특색을 달리하고 있다고 보았다. 김숙경, 「1970년대 이후 한국 현대극 연출에 나타난 전통의 현대화 양상 연구」, 중앙대 박사학위논문, 2009, 22~23쪽 참고.

316 유민영, 『전통극과 현대극』, 단국대학교 출판부, 1992, 236~240쪽.

317 전통적인 민족극을 재창조하는 것이 단순히 서구의 형식을 전통극이나 전통연희에 접목시키는 것이 아니라 동시대의 관객이 진정으로 원하고 공감할 수 있는 예술적 보편성을 지닌 연극으로 재창조해야 한다는 것을 지칭하는 것이다. 단순한 모방이나

안민수가 새로운 사조의 흐름과 실험적인 공연에 대한 체험을 바탕으로 그것을 한국적 전통이나 현실에 적용하여 새로운 공연양식을 도출하고자 한 것은 〈햄릿〉 공연목적의 중요한 요소에 하나로 판단된다. 그러나 서구의 아방가르드가 출현하는 상황과는 달리 당시 한국적 현실은 어떠한 정치사회적 혹은 저항적 예술행위가 허용되지 않는 시점이라 할 수 있다. 또한 신극 도입 이후 한국 연극계를 주도하던 사실주의의 무대양식을 극복하고 서구의 아방가르드적인 공연형식을 수용하기에는 환경적, 의식적, 미학적인 토대가 성숙되어 있지 않았다고 보는 것[318]이 타당하다고 하겠다. 이와 같은 시대적 배경에서 그가 〈햄릿〉을 한국적으로 수용하여 표현하고자 한 것은 한국 연극의 고유한 전통과 양식화가 확립되지 못한 상황에서 새로운 공연양식을 찾기 위한 도전이자 그 목적을 창출하기 위한 과정에 하나였다고 할 수 있을 것이다.

3) 〈하멸태자〉의 연출관점

〈하멸태자〉를 준비하던 안민수에게 있어 새로운 실험적 무대언어를 창출하기 위한 방식은 동양적 전통연극에서 나타나는 양식화의 패턴을 동시대의 관점에서 어떻게 형상화할 것인가의 문제라고 할

그 반작용으로 우리의 전통예술에서 소리, 춤사위 등 외형적인 요소만을 차용하거나, 이데올로기적 운동에 굴절되어 표출되는 형식만으로는 진정한 전통의 현대화나 재창조가 되지 못한다. 이런 관점에서 1970년대 한국 연극은 그 시대에 맞는 공연양식을 개발하지 못하고 그것의 정형화에도 실패함으로써 당대의 관객을 사로잡지 못하며, 다양한 '시도'와 '모색'을 하는데 그치고 말았다고 보는 관점이다. 위의 책, 241~247쪽 참고.

318 백로라, 「1970년대 한국 실험연극의 담론」, 『한국극예술연구』 30, 한국극예술학회, 2009, 370~373쪽.

수 있다. 이에 본 장에서는 연출관점 분석에 앞서 먼저 그의 연출관점
에 핵심적 요소인 '양식화'의 기본적인 관점을 살펴보고, 이를 바탕으
로 그의 〈하멸태자〉에 나타나는 연출관점 등을 분석하고자 한다.

(1) 공연에 있어 '양식화'의 관점 고찰

　19세기 말부터 20세기 초반에 이르러 서구의 진보적인 공연예술가
들이 사실주의나 자연주의 계통의 텍스트 혹은 대사중심적인 공연
그리고 상업주의 연극의 한계를 극복하기 위한 대안으로서 아시아
연극(Asian Theatre) 혹은 동양연극의 전통기법이나 양식에 주목한다.
인도를 비롯한 중국, 일본, 인도네시아, 캄보디아 등의 전통공연예술
에 나타나는 변별적 특징인 제의성, 서사성, 총체성, 양식성, 공연지향
성, 심미적 내향성 등의 특성이 그것이다.[319] 이러한 특성 중 특히 '양
식성' 내지는 '양식화(stylization)'는 서구 연극공연과의 차별성을 보여
주는 동양연극의 주된 특징 중 하나라고 할 수 있다.

　먼저 인도의 경우 제의적 본질과 그에 따른 고도로 양식화된 형식
미를 갖춘 다양한 전통연극을 가지고 있다. 특히 기원전 2세기에서
기원 후 2세기 사이에 현자(mundi) 바라타(Bharata)가 저술된 것으로
추정되는 『나티아 사스트라(Natya Sastra)』에는 37장 5,569행의 방대한
기록을 통하여 고대 인도 연극과 무용의 기법 및 원리를 실천적으로
서술하고 있다.[320] 연극공연의 신화적 기원, 극장 형태, 공연 전 예비의
식(purva-ranga), 라사(rasa)의 생성원리, 다양하고 고도로 양식화된 연

319 고승길, 『東洋演劇硏究』, 중앙대학교 출판부, 2003, 201~216쪽.
320 Manjul Gupta, *A Study of Abhinavabharati on Bharata's Natya Shastra and Avaloka on Dhananjaya's Dasarupaka*, Giam, 1987, pp.18~22.

기표현기법(abhinaya), 극작기법, 희곡텍스트의 유형과 기법, 등장인물의 유형 및 표현기법, 비평 및 관객에 관한 사항 등에 대하여 세부적으로 구분하여 규정함으로써 체계화된 공연지향성을 보여준다. 이러한 세부 설명과 규정 중에서 제의적 공연규칙과 체계화된 연기기법 및 라사를 중심으로 한 전반적인 극적 요소들의 유기적인 조직화원리 즉 '양식화'는 동양의 전통연극과 그 미학을 이해하는 중요한 지표를 제시한다.[321] 아울러 다양한 형식으로 공연되고 있는 인도 전통연극에 대한 기원 역시 양식화의 흐름을 이해하는 중요한 단서를 제공하고 있다. 고대의 희생제의에서 제관들에 의하여 음송 연행된 것으로 추정되는 '리그베다(Rig Veda)의 대화식 찬가 형식'[322]들은 고대 문학작품들이나 양대 서사시인 라마야나(Ramayana), 마하바라타(Mahabharata)와 수많은 푸라나(purana) 등에 나타난다. 또 음송, 가창, 정형화된 동작과 몸짓 등을 수반한 베다제의나 희생제의 역시 이러한 양식화의 기원으로 인식되고 있다.[323]

---

321 허동성, 「나티아 샤스트라」를 통해 본 쿠티야탐의 公演特性」, 중앙대 박사학위논문, 1998, 2~5쪽.

322 『나티야 샤스트라』에 따르면 창조의 신 브라흐마(Brahma)가 인드라(Indra) 등 여러 신들의 요구를 받아들여 연극을 창조하였는데 트레타유가(Treta-yuga : 은시대)를 거쳐 사람들의 방탕한 생활을 선도하기 위하여 신들이 브라흐마에게 요청하여 천민계층인 슈드라(Shudra)에게는 허용되지 않았던 네 베다와는 달리 모든 계층이 향유할 수 있는 새로운 베다를 요구하게 되었다. 이에 브라흐바는 깊은 명상을 통하여 연극의 네 요소를 창안하였다. 즉 〈리그베다〉에서는 음송(pathya), 〈사마베다〉에서는 가창(gita), 〈야주르베다〉에서는 모방적 몸짓(abhinaya), 〈아타르바베다〉에서는 정취(rasa)의 양식을 선택하여 연극을 창조하였다. 이로써 연극은 기존의 베다와 마찬가지로 독립된 지식체계가 되었으며, 다섯 번째 베다인 〈극예술의 베다(Natya Veda)〉로 인식되게 되었다고 전하고 있다. Bharata Mundi, *The Natyasastra,* trans. Manomohan Ghosh, Manisha, 1995, pp.1~12 참고.

323 수레쉬 아와스티, 허동성 옮김, 『印度演劇의 傳統과 美學』, 동양공연예술연구소, 1997, 33~45쪽.

중국의 전통극은 시가, 음악, 무용, 미술 등이 엄격한 질서와 양식에 따라 결합된 것이다. 여기서 서사시와 노래는 인물형상을 표현하며, 배우는 양식화된 인물인 각색행당(脚色行當)으로 분장하여 극중 인물을 묘사하는 것을 기본으로 하고 있다. 그 기원은 무(巫)와 시(尸)의 제의에서 행하던 가무에서 발생한 것으로 보인다. 이중 당 시대에 유행한 대면(代面), 발두(撥頭), 답요랑(踏謠娘) 등은 실크로드를 통한 서역과의 가무예술의 교류에 의하여 유입 발전한 것으로 상정된다.[324] 또한 남희(南戲)는 남송 시대에 온주를 중심으로 남부 지방에서, 북잡극(北雜劇)은 금나라 말기에서 원나라 초기 북경을 중심으로 북방에서 발생하여 유행한 연극이다. 명나라 시기에 등장하는 전기(傳奇)는 남희가 그 형태를 달리하여 발전한 극이다. 청나라 초, 중기 시대에 북경에 자리 잡은 4대 안휘극단과 호북 한수 일대에서 유행하던 연극인 한극(漢劇)이 북경에 진출한다. 이들은 함께 공연하게 되면서 자연스럽게 안휘극단과 한극의 음악인 서피(西皮)와 이황(二黃)이 융합하여 피황(皮黃)이라는 새로운 양식의 음악과 판강체(板腔體) 희곡으로 탄생한다. 이후 안휘연극을 중심으로 곤극(崑劇), 경강(京腔), 진강(秦腔), 한극 등 지방극의 장점이 흡수 통합되어 다양한 예술적 풍격과 표현 방식으로 새롭게 양식화된다. 이것이 19세기 후반에서 20세기 초반을 거치며 북경의 중요한 연극[325]으로 자리 잡게 되는 경극(京劇)이다.

고대 일본에서는 기악(伎樂)이라는 가면극이 궁중의 무악(舞樂)과 더불어 사원의 예능으로 행해진다. 헤이안 시대(795~1185)에는 원악(猿樂)을 전업으로 하는 역자(役者)가 생겨 활동하게 된다. 그러나 이

---

324 고승길(2003), 앞의 책, 203쪽.
325 김영미, 『初期京劇形態硏究』, 한국외국어대 박사학위논문, 1999, 1~3쪽.

시기의 연희는 종교적이거나 의례적인 형식으로서 희극적인 특징과 흉내 내기 및 재주부리기 등의 형태가 대부분이다. 한편 약 600년 전인 무로마치 시대(1330~1572)에 서민들 사이에서 발생한 능(能)의 모태인 원악은 중국 당나라 시대에 민간에서 행해지고 한반도를 거쳐 일본으로 전해진 산악(散樂)이다. 이것은 일본의 토속연희와 융합하여 발전한 새로운 양식의 잡예나 유희를 말한다. 또 궁중에서 행해지던 아악(雅樂)이나 정악(正樂)과 구분하여 부르던 명칭이기도 하다.[326] 이후 능은 관아미(觀阿彌, 1333~1384)와 세아미(世阿彌, 1363~1443) 부자에 의하여 완성된다. 특히 세아미는 당시 미의 개념인 '화(花)'와 '유현(幽玄)'의 개념을 받아들여 '몽환능(夢幻能)'이라는 새로운 양식의 능을 창출한다. 그는 최초의 능악이론서(能樂理論書)인『풍자화전(風姿花伝)』을 비롯한 21종의 저서를 남기고 있다. 또한 세아미는 '모노마네(物まね)'─'모방'을 가장 효과적인 표현방식이라 규정한다. 그는『지화도(至花道)』에서 능역자(能役者)가 일생을 통하여 익혀야 할 계고(稽古)이자 능예(能藝)의 기본이며 전부로서 '이곡삼체(二曲三體)'[327]를 체계화한다. 이를 통해 그 대상의 본질을 철저하게 관객에게 전달할 것을 요구하고 있다.[328]

능에서는 지우타이(地謠)와 등장인물의 모든 대사를 우타이(謠)라 부른다. 역자(배우)의 모든 움직임을 마이(舞)라 칭한다. 마이는 사실

---

326 유길동,「노(能)에 나타난 美意識 研究」, 중앙대 박사학위논문, 2002, 22~23쪽.

327 이곡은 '歌'와 '舞'를 말하는 것으로서 '목소리'와 '신체'에 대한 훈련이며, 삼체는 '女體', '老體', '軍體'로서 女人, 老人, 直面, 物狂, 法師, 修羅, 鬼神, 唐事 등과 다양한 應用 風體 표현양식을 수련하여 역할에 대한 모방을 요구하고 있다. 그러나 여기서 모방은 대상에 대한 단순한 재현이 아니라 완전한 양식화와 상징적인 표현을 의미한다. 西尾實,『世阿彌の能樂論』, 岩波書店, 1974, pp.128~130.

328 金井淸光,『風姿花伝祥解』, 明治書院, 1983, pp.158~159.

적인 움직임을 최대한 줄여서 만든 기본자세인 가타(型)라는 작은 단위의 집합체로서 능연기(能演技)의 기본적 양식이 된다. 연기는 기본자세인 가타의 가마에(姿)를 유지하면서 발바닥을 끌듯이 걷는 스리아시(摺り足)라는 하코비(運び)로 이루어진다. 이러한 걸음걸이의 속도, 강약, 완급에 의한 리듬에 의하여 등장인물의 정서와 감정이 표출된다. 여기에 부채를 이용한 손과 팔의 양식화된 동작과 능면(能面)이 보여주는 표정이 생략된 얼굴 등 움직임의 절제와 조화를 통하여 최대의 표현을 추구하는 것이 능연기의 핵심이다. 따라서 능연기의 기본동작인 '가타'는 인간의 동작을 최소한으로 축소시켜 내면의 정서를 극대화하는 것이다. 표현양식의 최단거리이며, 최소한의 선이자, 정수라고 할 수 있다.[329] 다시 말해 이것은 양의 양식화 문제라기보다는 차원 높은 질의 양식화 문제라 하겠다.

일본 전통연극에서 또 다른 양식화의 특성을 보여주는 것이 가부키라고 할 수 있다. 1603년 무녀 오쿠니(阿國)의 가부키 오도리(歌舞伎踊)로부터 시작되어 근세 에도 시대(1603~1868) 서민들의 열렬한 지지 속에 성장한다. 가부키는 유녀들에 의한 온나 가부키(女歌舞伎)와 미소년들이 주축이 되었던 호색적인 와카슈 가부키(若衆歌舞伎) 시대를 거쳐 성인 남자만의 출연이 허락된 야로 가부키(野郎歌舞伎) 시대에 이르러 새로운 양식을 모색하며 도약의 계기를 마련하게 된다. 막부는 여성과 소년의 출연을 금지하고 성인 남자만이 출연하여 춤을 추

---

329 能연기는 춤이나 동작을 이용하여 내면의 세계를 표현하는 '마이구세(舞グセ)'와 앉거나 서있는 자세로 움직임 없이 배우의 정신만으로 연기하는 '이구세(居グセ)'로 보다 세분화되는데, 이는 能연기가 정지된 상태에서 시작되는 것이 아니라 '마이구세'가 최소한으로 집약 축소되어 '가타'마저도 사라지고 정신만의 연기세계인 '이구세'로 양식화되는 것을 말하는 것이다. 增田正造, 『能の表現』, 中央公論社, 1971, pp.24~25.

지 않고 능이나 광언(狂言)을 흉내 내는 연희라야 한다는 조건으로 허가한다. 막부의 이러한 조건은 이전의 공연형태에서 벗어나 본격적인 연극형태로 탈바꿈하는 결정적인 계기가 된다. 이에 따라 기존의 무용과 음악 중심에서 대사위주의 연극으로 바뀐다. 배우들의 연기훈련과 새로운 연출법에 따라 2막 이상의 다막물(續き狂言)의 창작과 그 무대 구성을 위해 히키마쿠(引幕)가 설치된다. 또 막간에 무용이나 아이교겐(間狂言)을 하면서 다음 장면을 준비하거나 막이 열려 있는 동안 대도구나 소품을 설치하는 등의 무대장치도 발전한다. 아울러 1664년경에 이르러서는 2막, 3막의 연속극이 나타나기 시작한다. 이 시기부터 등장인물의 일곱 가지 유형인 다치야쿠(立役), 가다키야쿠(適役), 도케가다(道化方), 와키슈가타(若衆方), 가카가다(かが方), 와카온가타(若女方), 고야쿠(子方) 등이 확립된다.[330] 이에 따라 배우의 역할에 명확한 직책이 생기며, 노나 교겐의 전통에서 벗어나 가부키만의 고유한 양식으로 발전하게 된다.[331]

이상에서 살펴본 대표적인 동양연극에 나타나는 전통적인 양식화의 특징들은 그것이 사실성을 거부하는 것이 아니라 그것을 통하여 다양하고 의미 있는 예술적인 방식으로 재창조되고 있음을 보여주는 것이라 할 수 있다. 이와 같은 양식화의 전통은 우리의 전통가면극에 나타나는 절도 있는 춤사위이나 경극의 상징적인 동작, 능의 광란무(狂亂舞), 가부키의 독특한 연기방식뿐만 아니라 동남아 국가들의 의식무용(儀式舞踊) 등에서도 발견되고 있다. 동양연극에서의 양식화는 사실성이 반감되고 양식적인 형태가 순수화되는 배우의 실연을 통하

---

330 津田類, 『江湖の役者たち』, ぺりかん社, 1987, pp.10~12.
331 伊藤信夫, 『隈取-歌舞伎の化粧』, 岩埼美術社, pp.42~43.

여 사실성과 예술성이 조화를 이룸으로써 완성되는 것이다. 따라서 동양연극의 양식화는 사실의 모방에 머무는 것이 아니라 그것을 유형화의 형식으로 재창출해 내려는 정신에 그 바탕을 두고 있다고 할 수 있다.[332]

이와 같이 동양연극에 나타나는 양식적 특성을 통해 19세기 말부터 20세기 초반에 걸쳐 나타나는 텍스트와 언어중심의 사실주의 연극과 그 무대의 환영성의 한계에 반발하는 일단의 서구 공연예술가들은 무대언어와 형식 창조에 새로운 영감을 얻고자 한다. 그 대표적인 인물 중 한 사람이 1920년대 러시아에서 활동한 연출가 프세볼로트 메이어홀드(Vsevolod Emilievich Meyerhold, 1874~1943)이다. 그는 특히 일본 전통극에 나타나는 몽환적인 요소와 리얼리티의 조화를 발견한다. 그는 이를 보다 발전적으로 응용하여 서구 사실주의 연극이 표출하는 환상의 세계를 전복시키기 위하여 제4의 벽을 해체하고 관객을 무대로 끌어들인다. 그는 이러한 목표를 위하여 양식화된 연극이 요구된다고 주장한다.[333] 메이어홀드가 양식화를 위하여 생체역학적인 방법을 그의 제시적 연기법에 응용한 사실이나 구성주의 무대장치를 사용한 것은 양식화된 무대와 연극을 창조하기 위한 방법론이었음은 이미 알려진 사실이라고 하겠다. 다시 말해 연극에 있어서 양식화란

---

332 고승길(2003), 앞의 책, 214~215쪽.
333 그에게 있어 양식화란 사진기사가 자신의 사진작업에서 하는 것과 같이, 주어진 시대와 현상의 양식을 정확하게 묘사하는 것을 의미하는 것이 아니라, 표현하고자 하는 대상에 대하여 조건성, 보편성 그리고 상징의 이데아와의 관계를 유지하는 것이며, 아울러 시대와 현상을 상징화하는 것은 모든 표현 양식으로 주어진 시대 또는 현상에 대한 내적인 종합을 나타내면서 어떤 예술작품에 깊이 존재하는 비밀스러운 고유한 특성들을 표현하는 것이라고 보았다. 이주영, 「메이예르홀드와 체홉」, 『연극연구』 10, 중앙대학교 출판부, 1996, 612쪽.

모든 연극적 재료로서 대사, 제스처, 자세, 움직임, 무대장치, 의상, 조명, 음악, 음향, 대·소도구 등을 내용적이기보다는 형식적인 특성을 지닌 연극으로 창출하는 것을 의미한다. 따라서 그 형식적 특성을 위하여 의도적으로 왜곡과 과장이 요구되며 비사실적인 방식으로 만들어진 연극이 '양식화된 연극'이라 정의할 수 있을 것이다.

(2) 〈하멸태자〉의 연출관점 분석

안민수는 연출로서 그가 텍스트를 대하는 예술적 관점을 다음과 같이 피력하고 있다.

> 공연예술이란 결코 하나에 둘을 더하여 셋을 만드는 공식적인 결과물이
> 아니며, 그것은 변화무쌍한 요지경의 세계이다. 그러므로 연출적 논리는
> 텍스트에 대한 최종적인 분석이자 확인과 정리의 과정으로서만 의미를
> 지닌다.[334]

고 주장한다. 그것은 연출가 자신의 삶과 텍스트에 대한 끈질긴 물음이자 처절한 노력의 과정인 것이다. 이러한 연출가 자신의 노력과 텍스트가 충돌하여 주체할 수 없는 최고의 포화상태에 이르렀을 때, 새로운 무대언어로 재창조하고자 전통적인 연극문법을 파괴하게 된다.[335] 이것은 텍스트를 형상화하기 위하여 새로운 무대언어에 대한 실험정신과 그 양식화를 통한 재창조를 말하며, 공연텍스트에 대한 그의 연출관점을 상정케 하는 대목이다.

안민수가 선택한 〈하멸태자〉 공연에 대한 실험적이고 양식화를 위

---

334 안민수, 「나의 演出 作業」, 『한국연극』 2, 한국연극협회, 1976, 40쪽.
335 위의 글, 41~42쪽.

한 노력과 과정의 최초 출발 시점은 아이러니하게도 한국전쟁 휴전 직후 이해랑이 연출한 극단 신협의 〈햄릿〉 공연에서 받은 예술적 감동에서 비롯되고 있다.[336] 그리고 자신만의 독특한 예술세계를 추구하고자 한다. 이러한 그의 의지는 미국 유학을 마치고 귀국하여 1970년대 초반 연출한 〈초분〉(1972), 〈리어왕〉(1973) 그리고 〈태〉(1974) 등 공연에 대한 평판이 한국적 내지는 동양적이라는 판단에 따라 본격적으로 시작된다. 이러한 선택과 결정에 대한 구체적인 연출관점의 시작은 원전에 대한 번안이라고 할 수 있다.

안민수의 〈하멸태자〉 연출관점 출발이 원전에 대한 번안인 것은 상징적인 의미를 지니고 있는 것으로 보인다. 그 이유는 이를 통하여 텍스트에 대한 그의 기본적인 관점을 노정하고 있기 때문이다. 그는 공연에 있어 텍스트가 첫 번째 재료라는 것을 인정한다. 그러나 텍스트에 나타나는 내용과 등장인물들이 자신의 인식과 가치 등과 정확하게 일치하지 못하는 경우 그 텍스트는 결코 절대적일 수 없다. 또 텍스트의 언어는 논리와 이성의 결과물로서 인간의 근본적인 감정의 표현 자체가 될 수 없기 때문이라는 것이다.[337] 따라서 그에게 있어 원전의 번안은 공연의 현장성을 고려하여 새로운 공간언어를 창출하기 위한 필요성의 출발점이라 하겠다. 이것은 원전이 지닌 언어의

---

336 안민수 연출은 1997년 5월 9일 평론가 한상철과의 대담에서 1954, 55년경 신협의 〈햄릿〉 공연을 처음 시공관과 동양극장에서 연이어 관람한 것으로 그의 기억을 회상하고 있으나, 실질적인 공연은 한국동란 휴전 직후인 1953년 9월 시공관 및 10월 동양극장에서 이해랑 연출의 〈햄릿〉 재공연이 있었으며, 이 공연을 관람한 것의 착오가 아닌가 사료된다. 이후 그는 그 당시 받은 공연예술의 경이롭고 아름다운 세계와 더불어 〈햄릿〉의 본질적 주제가 그의 삶에 주요한 모티브 중 하나로 작용하여 왔음을 밝히고 있다. 안민수와 한상철의 대담, 「나의 연극 연출 작업에 대하여」, 『공연과 리뷰』 17호, 현대미학사, 1998, 74쪽.

337 안민수(1976), 앞의 글, 42~43쪽.

화술적 기능을 포함한 인간 감정의 근저를 표출할 수 있는 창의적인 무대언어와 다양한 연출관점을 창출하기 위한 시도라 할 수 있다.[338] 그 대표적인 예로써 먼저 원전의 경우, 1막 제4장 '성안의 망대 장면' 과 제5장 '망대위의 다른 곳' 등에서 선왕의 유령이 처음 등장하여 햄릿과 만나는 장면을 보도록 하겠다.

> (유령 햄릿을 손짓으로 부른다)
> **호레이쇼:** 따라오라는 손짓, 왕자님에게만 하고 싶은 이야기가 있나 보다.
> (중략)
> **유령:** 가엾다 생각 말고 이제부터 알려 주는 이야기를 명심하여 들어 다오.
> **햄릿:** 말하라. 꼭 들어 주마.
> **유령:** 듣걸랑 반드시 원수를 갚아야 하느니라. (중략)
> **유령:** 음탕과 불륜을 일삼는 짐승보다 못한 그놈. 천성이 되어 먹기를 사특한 지혜와 음험한 재주가 있어 계집을 호리고 유인함이 능수라, 정절이 청죽과 같아 보이던 왕비를 꾀어 창피 막심한 난음의 자리로 이끌어 갔구나. (중략) 그날도 낮잠을 즐기는데 너의 숙부, 그 녀석이 몰래 가까이 와 병에 든 독약을 내 귀에다 부었다. 살을 썩이는 그 무서운 헤보나의 독약을. (중략) 자, 그만 가야겠다. 날이 새는 모양. 저 반딧불도 희미해진다. 그러면 잘 있거라, 햄릿. 부디 이 아비를 잊지 말라. (퇴장) (하략)[339]

위의 장면에 나타나고 있듯이 원전에서는 처음 햄릿이 부하로부터 선왕유령의 출현을 보고받고 있다. 그러나 선왕유령 여부에 대하여 의심하던 햄릿이 선왕의 유령을 직접 만나, 그 사실을 확인한 연후에

---

338 안민수와 한상철의 대담(1998), 앞의 글, 74~75쪽.
339 W. Shakespeare, 여석기 역(1972), 앞의 책, 26~31쪽.

선왕유령으로부터 자신의 억울한 죽음에 대한 복수를 부탁 내지는 명령받고 있다. 그러나 이 장면을 안민수는 〈하멸태자〉에서 다음과 같이 번안한다.

(하늘에 별이 흔들리고 북풍이 차갑다)

호려소: 전하! (와서 읍한다)

　하멸: 오, 천지신명이시어 보우하소서. (호려소 피리를 분다) 아버님! 어 인일이시오. 그 가련하신 모습, 전하! (중략) (선왕 지달 나온다)

　지달: 가엾다 생각 말고 이 애비의 원한을 풀어다오.

　하멸: 그 무삼 말씀이시오. 아버님.

　지달: 이글이글 타는 지옥의 유황불에 내 몸을 태울 시간이 다가오는구 나. 하멸아 원통히 죽어간 네 아비의 원수를 갚아라. (미휼왕이 나온다)

미휼왕: 하멸 내 말을 듣거라. 전하는 독사에 물려 타계하셨다. (중략)

　지달: 저놈은 천성이 사특하고 음험하여 계집을 호리는 데는 능수렸다. 그래서 정절이 청죽 같은 왕비를 꾀어 창피 막심한 난음의 자리로 이끌어 갔다.

　하멸: 오, 이 무슨 배반이냐.

미휼왕: 오호호 이 더러운 악령아! (미휼왕 사라진다)

　지달: 살아생전 지은 죄를 속죄할 길 없이 떠났으니 저승길이 이다지도 무겁도다. 하멸.

　하멸: 아버님.

　지달: 원수를 갚아다오.

　하멸: 오냐, 가엾은 유령아, 그대 한을 뇌수에 아로 새겨주마. (지달왕이 사라진다) 전하! 전하![340]

위의 장면에 나타나는 번안의 특성은 원전의 유령 장면에 비하여

---

340 동국대학교 연극영화학과 편(1996), 앞의 책, 197~198쪽.

등장인물들의 대사도 상당한 분량이 축소되어 있다. 그리고 원전과 달리 햄릿이 선왕의 유령을 자신의 아비로 이미 인식하고 있다는 점이다. 동시에 또 다른 유령으로서 현왕인 미휼왕을 등장시켜 내적으로 갈등하는 하멸의 이율배반적인 심리적 상황을 상징적으로 형상화하고 있는 부분이다. 또 원전에서는 선왕유령과 햄릿이 처음 마주치는 상황이 사실적 재현에 의한 극적 효과를 나타내고자 한다. 그러나 번안을 통한 〈하멸태자〉에 나타나는 선왕의 유령과 하멸의 상봉 장면은 동양 내지는 한국적 혈연관계를 바탕으로 그 상황을 압축하여 양식화하고 있음을 알 수 있다. 이는 하멸의 갈등하는 심리상황을 이중적인 극적 행동으로 표출하고자 하는 연출관점이 드러나는 장면으로 판단된다. 또 다른 장면인 '오필리어의 죽음'에 대한 장면 역시 원전의 4막 제7장과 다른 관점을 보여주고 있다.

> **왕:** (중략) (왕비 등장) 아니 웬일이요?
> **왕비:** 불행이 자꾸 꼬리를 물고 오는구료. 레어티스, 네 누이가 물에 빠져 죽었구나.
> **레어티스:** 뭐, 물에 빠져? 어디서요?
> **왕비:** 개울가 비스듬히 누운 버드나무가지, 흰 잎새가 거울 같은 물 위에 비치고 있었다. 오필리어는 그 가지에다 미나리아재비, 쐐기풀, 들국화 그리고 자란 (중략) 퍼진 옷자락이 물 위에 두둥실 인어인 양 떠 있는데 옛 노래가 구절구절 들려오며 절박한 불행도 아랑곳없이 흡사 물에서 자라 물에서 사는 생물 같더라고. 이윽고 물에 배어 무거워진 옷자락이, 가엾기도 해라 아름다운 목청과 같이 물 밑 진흙 속으로 끌리어 들어가서 그만 죽고 말았단다. (하략)[341]

---

341 W. Shakespeare, 여석기 역(1972), 앞의 책, 79~80쪽.

위와 같이 원전에서는 '오필리어의 죽음'을 왕비의 장황하고 구체적인 설명을 통하여 그 죽음을 묘사하고 있다. 그러나 안민수의 〈하멸태자〉에서는,

> (오필녀가 흰 옷을 입고 머리엔 꽃관을 쓰고 맨발로 시냇물 길 따라 춤추고 노래한다)
>
> **오필녀:** 아 이 아사라의 아름다운 왕자님은 어데 계세요! 죽장망혜 파립 쓰고 외길 돌아가는 님아 돌아선 님 마음잡아 옷고름에 동여매여 천년을 살으리라 아－으 내 사랑아. (중략) (흐르는 시냇물에 치마 펴서 앉은 오필녀가 잠길 듯 말 듯 떠내간다. 오필녀는 아득히 물에 잠겼다 떴다가 이내 자취 없이 물속으로 사라지고 흐르는 시냇물만 소리 없이 비친다. 대야손이 울부짖으며 들어온다) (하략)[342]

원전에서 묘사되는 '오필리어의 죽음'의 장면은 그 상황을 왕비가 구체적으로 장황하게 설명하고 있다. 그러나 '오필리어의 죽음'이 자신 스스로의 광기에 의한 자살인지 아니면 우연한 사고사인지를 확실하게 판단하기 어려운 상황을 보여준다. 반면 안민수의 〈하멸태자〉에서 나타나는 '오필녀의 죽음'에 대한 상황의 특징은 대사에 의한 구체적인 설명보다는 오필녀의 노래와 함께 춤으로 이루어지는 움직임과 동작을 통하여 표출된다. 오필녀의 심리적 상황과 죽음을 은유적이며 상징적인 무대와 공간언어로 형상화함으로써 안민수 자신이 추구하고 있는 양식화된 연출관점의 한 면을 보여주고 있다.

안민수는 텍스트에 대한 연출관점에 대하여 공연예술로서 연극이

갖추어야 하는 구성과 흐름을 위한 기초적 연출의 문제라고 지적한
다. 텍스트는 공연의 기본적인 재료로서 그 자체적으로 이야기가 자
연스럽게 통해야 한다. 관객의 입장에서 그 내용이 무슨 이야기인지
모른다면 텍스트 구성에 문제가 있다는 것이다. 다음으로 이야기의
주체는 인간이므로 생명이 살아있고, 성격이 분명한 등장인물이 텍스
트와 무대 위에 등장해야 한다. 그것이 명료하지 않을 경우 공연은
의미를 상실하게 된다는 것이다.[343] 따라서 〈햄릿〉에 대한 번안과 그
양식화의 관점은 원전의 기본적인 구성을 유지하면서 이야기를 선명
하게 드러나게 하기 위한 과정이라고 할 수 있을 것이다.

4) 무대형상화의 특성

안민수는 공연무대를 연출에게 완벽하게 주어진 조형의 세계를 창
조할 수 있는 공간으로 보았다. 무대공간은 단순한 이차원의 세계가
아니기 때문에 새로운 무대언어로 표현할 수 있어야 한다는 것이
다.[344] 이는 연출관점에서 실험적인 무대형상화하기 위해 감성의 세계
를 표현할 수 있는 새롭고 창의적인 공간언어가 요구되는 것을 의미
한다. 이러한 관점에서 본 장에서는 〈하멸태자〉 공연에서 나타나는
다양한 무대형상화 특성 중 (1) '소리'와 '음악'의 변용과 즉흥, (2) '움
직임'과 '동작'의 양식화, (3) '빛' 그리고 '공간'과 '시간'의 상징성 등을
중심으로 그 특성과 관점을 살펴보고자 한다.

---

343 안민수와 한상철의 대담(1998), 앞의 글, 73~74쪽.
344 안민수(1976), 앞의 글, 43쪽.

(1) '소리'와 '음악'의 변용과 즉흥

안민수는 공연예술에서 요구되는 '소리'는 인간의 감성에 호소하는 힘이 매우 강렬하고 직접적인 것으로 판단한다. 텍스트의 무대형상화 과정에서 은유적이고 상징적인 묘사가 요구되는 대상에 따라 강약, 완급, 장단, 고저 등 기능을 자유롭고 적절하게 선택하여 그 감정의 섬세한 변화를 표출할 수 있는 강력한 요소라는 것이다. '음악' 역시 그러한 양식에 따라 대부분의 경우 작곡자 없이 텍스트의 연습과정에서 참여자들과 함께 기존의 곡을 변형하거나, 새로운 음악을 즉흥적으로 만들어 적용함으로써 공연의 완성도를 높일 수 있다고 주장한다.[345] 이는 '소리'와 '음악'이 그의 실험적 공연문법에 있어 중요한 요소임을 의미한다. 즉 '상징'과 '은유'를 통한 양식화에 맞도록 지속적으로 수정 보완하여 새로운 공간언어를 창출했음을 상정케 한다. 이와 같이 안민수는 '소리'와 '음악'을 무대형상화 작업의 핵심적 요소 중 하나로 인식한다. 이러한 그의 연출관점과 특성은 〈하멸태자〉 공연[346]에서도 그대로 드러나고 있다. 먼저 첫 장면 지문 가운데,

---

345 위의 글, 43~44쪽.
346 국내 드라마센터 초연(1976년 10월 20일~10월 27일) 당시 주요 출연진으로는 하멸: 양정현, 미휼왕: 신구 및 정동환, 가희왕비: 유인형, 지달왕: 김기주, 오필녀: 이애주, 파로; 김종구, 대야손: 여무영, 호려소: 김시원, 극중극 왕: 양서화, 상두꾼: 장의근, 다른 왕비: 정승호, 다른 사나이: 손성권, 광대: 남경읍 등이 출연하며, 주요 스태프에는 음악: 조재선, 조명: 이진섭, 워크숍: 장의근, 의상: 변창순, 장치: 함태정, 조연출: 조일도, 연주: 김성해와 심인택, 제작: 유덕형, 기획: 김정율 등이 참여한다. 이후 미국 뉴욕 소재 '라마마 극장' 및 유럽 등 해외 초청공연(1977년 3월 9일~5월 18일) 시에는 하멸: 전무송, 미휼왕: 신구(본명: 신순기), 파로: 이호재 등으로 출연진이 바뀌게 된다. 공연장소: 드라마센터, 일시: 1976년 10월 20일부터 27일까지, 평일: 오후 7시, 금, 토, 일: 오후 3시, 7시, 입장료: 2000원(예매 시 1200원). 1976년 〈하멸태자〉 공연홍보 프로그램.

> … 슬퍼하는 백성의 곡성이 그득한데, 거상입고 굴건한 태자 하멸이 댓돌에 쿵쿵 머리 쪼아 운다. 호려소의 슬픈 피리소리. 시간이 흐르고, 하멸이 큰 숨을 모으면[347]

에서 드러나고 있듯이 '소리' 즉, 선왕의 죽음을 슬퍼하는 길고 긴 하멸의 곡소리로 공연을 시작하고 있다. 이어지는 애조서린 호려소의 즉흥적이며 지속적인 대금연주−'소리'는 극적 상황의 음울한 분위기를 더욱 고조시키는 역할을 한다.(사진6) 이는 동시에 하멸의 존재를 부각시키면서 주인공 하멸의 내면적 슬픔과 갈등을 상징하는 무대언어로 형상화되고 있다고 하겠다. 또 다른 장면인 하멸의 독백 장면 중,

> 살아 연명하련가 죽어서 슬어질 것인가 이것이 문제로다. … 죽어 잠을 잔다. 잠이 들면 꿈을 꿀 터이지. 그것이 걸리는군. … 마침내는 실행할 기운을 잃고 마는 것이리라.[348]

에서의 '소리'의 변용은 대사와 함께 이루어진다. 입에 칼을 물고 무대를 가로질러 천천히 등장한 하멸은 입에 물었던 칼을 들어 허공을 가로지른 후 잠시 허공을 응시한 다음, 소리 내어 대사를 시작한다. 이 대사의 소리는 사실적인 억양이나 음조가 아니라 한국적 시조의 고저장단을 응용하고 있다. '살아∼∼∼∼∼연명하련가 / ∼죽어서∼∼∼∼∼슬어질 것인가 _' 즉 처음 높고 긴 소리로 시작하여 짧고 낮은 소리로 이어지고, 그다음 낮고 밀도 있는 소리로 전환된다. 이 모든 장단고저의 소리 음가는 즉흥적인 것이며 배우 자신이 스스로 찾아내도록 노력한 연습과 훈련의 결과이다. 그리고 다시 담담한 어조−'이것이 문제

---

347 동국대학교 연극영화학과 편(1996), 앞의 책, 196쪽.
348 위의 책, 208~209쪽.

로다.'-라는 대사로 마무리한다. 안민수는 이러한 관점에 대하여 연출로서 작곡자 없이, 배우가 자신의 소리와 음악 내지는 노래를 찾을 수 있도록 도와주고자 하였으며, 때로는 노래, 때로는 노래 아닌 노래를 만들고자 했음을 술회한다.[349] 다음은 오필녀가 사랑하던 태자 하멸로부터 치욕적인 마음의 상처를 입고 난 후 그녀의 내적 광증이 밖으로 나타나는 장면이다. 여기에서 타악기로 표출되는 큰 북소리를 들 수 있다.

> **오필녀:** 오호- 천지신명이시여.
> **하멸:** 그래도 시비를 가려거든 천지 쑥맥에게로 가거라. 정신 있는 사내가 누가 장가를 가? 가! 머리 깎구 절간으로 당장! 연지곤지 발라 변장을 하고는 속으로는 엉덩이를 흔들고, 겉으로는 제멋대로 음탕한 짓을 저지르고도 '아뇨' 한마디로 시침을 떼고 아! 못 참는다. 덕분에 나는 이렇게 미쳤다. 이제부터 결혼은 없애버린다. 기왕에 한 것들은 살려주지만 한 놈만은 안 된다! 안 돼! 절간으로 들어가! (하멸이 뛰쳐나가고 왕과 파로가 튕겨져 나오며 소리친다) (중략) (두 사람 급히 사라진다. 오필녀 천천히 고개 들고 몸을 가눈다) (중략) (사이) (머리 풀고 옷고름 젓기더니 살 맞은 수리 몸 틀듯 춤을 추고 나간다)[350]

위 장면은 하멸이 의도적인 광적 언행으로 오필녀를 모욕하고 사라진 다음 상황이다. 텅 비고 어두운 무대 위에서 설치된 북을 오필녀가 천천히 두드리기 시작하여 점차 고조된다. 마지막 부분에 이르러 거의 광란적 상태로 커지는 큰 북소리는 그녀의 '미침'과 '죽음'을 예비

---

349 안민수, 『연극적 상상 창조적 망상』, 아르케라이팅아트, 2001, 182~183쪽.
350 동국대학교 연극영화학과 편(1996), 앞의 책, 210~211쪽.

하는 전조이다.[351] 이는 광적인 내면 심리상태를 표출하는 것으로써 오필녀의 광기와 절망적인 분노를 은유적으로 형상화하고 있는 것이다.[352] 그리고 또 다른 장면인 오필녀의 장례식에서 상두꾼들이 시신(상여)을 운반하면서 길게 이어가며 부르는 '상여소리'[353]를 들 수 있다.

> (멀리 상두꾼의 노랫소리 들린다)
> **선소리:** (1)세상백사 둘러보아 그 모두가 허사로다.
> **상두꾼:** 어후어 어휘어.
> **선소리:** 썩어지면 진토 되고 담벼락에 바람맞이.
> **상두꾼:** (2)어휘어 어휘어 어휘 어휘 어휘어. (중략) (두 사람 숨는다. 상두꾼 상여를 메고 들어온다. 풀꽃으로 쌓인 초라한 상여 위에는 오필녀가 누워 있다. 왕과 그 일행이 따른다) (중략)
> **선소리:** (3)저승길이 멀다지만 … 문전 앞이 **저승**인데.
> **상두꾼:** 어휘어 어 − 휘어.
> **선소리:** 만 리 길이 길고 멀다 에고지고 원통해라 노자주오 노자주오.
> **상두꾼:** 영설어와 못가겠오. 에고지고 노자주오 노자주오 상서리야.[354]

위의 장면은 곡소리와 함께 죽음에 대한 한국적 정서를 표출하는 상황이다. 상여를 선도하는 창자에 의한 선소리(본사)와 이어지는 상두꾼의 후창에 나타나는 다양한 소리의 변용과 즉흥을 통하여 그 의식을 보여주는 것이다. 그러나 상여소리의 특성상 그 내용이 고정되어 있지 않다. 그 이유는 진행상황과 창자의 감정 등에 따라 즉흥적으

---

351 안민수 연출, 〈하멸태자〉 공연영상, 라마마 극장, 동랑레퍼토리 극단, 1977.

352 신현숙, 『한국현대극의 무대읽기』, 연극과 인간, 2002, 194쪽.

353 강문순, 「喪輿소리 연구: 죽음 意識을 중심으로」, 이화여대 석사학위논문, 1982, 1~6쪽 참고.

354 동국대학교 연극영화학과 편(1996), 앞의 책, 223~225쪽.

로 첨삭이 가능한 노래이자 소리라는 점에 있다고 할 수 있다.[355] 이러
한 특징은 실제 공연에서 선소리 대사(1)-'세상백사 둘러보아 그 모
두가 허사로다.'를 '허사 허사리 백사 같으리'로, 또 상두꾼의 대사(2)
-'어휘어 어휘어 어휘 어휘 어휘어.'-를 '어휘 어휑 어허려 어허려'라
고 변용하여 노래하고 있는 대목에서 그러한 예가 나타나고 있다.[356]
이와 같은 상여소리는 곡소리와 함께 선소리 대사(3)에 나타나는 '저
승'과 연관된 추상적이며 관념적인 죽음의 세계를 제의적 양식을 통하
여 은유적으로 형상화하고 있는 것이다. 또 다른 예로써 공연의 마지
막 대목인 하멸과 대야손의 결투 장면(사진11)에 나타나는 '나팔소리'와
호려소의 '피리소리'를 들 수 있다.

> (1)(**나팔소리 크고** 왕의 일행이 나와서 자리 잡는다) 정신 상례! (중략)
>
> 미휼왕: 두 사람 좋은 시합을 보여 달라. (2)(**나팔이 다시 울리고** 정신 두
> 사람에게 칼을 가져다준다) (중략) (두 사람 예를 나누고 서로 겨눈
> 다. 한동안 하더니 어느 순간 하멸의 칼이 번득여 바람을 찢고 대야
> 손의 가슴에 닿는다. 징이 울린다) (중략) (대야손이 숨을 거둔다)
>
> 하멸: 하늘도 그대를 용서하리라. (왕비의 손을 잡는다) 어머니! 평안히
> 가시오. 아! 이 사나운 독이 전신에 퍼져 죽음을 재촉하는구나.
> 호려소! 욕된 세상이나 괴로움을 참고 남아 이 모든 것에 시비를
> 밝혀주시오.
>
> 호려소: 전하! 심려 놓으시오. (중략)
>
> 하멸: 오! 천지에는 정적뿐! (하멸이 고개 떨구더니 숨을 거둔다) (3)호려
> 소 **슬피 피리를 분다.** 정신들 머리 숙여 조용히 곡한다. 멀리 아사
> 라의 하늘에 밤을 알리는 종소리들. 아사라의 하늘에 밤의 정적이
> 나리고 하멸을 슬퍼하는 곡소리만 하늘 높이에)[357]

---

355 강문순(1982), 앞의 논문, 10쪽.

356 김숙현, 〈부록: 하멸태자공연대본〉, 『안민수연출미학』, 현대미학사, 2007, 298~299쪽.

위의 결투 장면에서 나타나는 나팔소리는 단순히 하멸과 대야손의 결투 시작을 알리는 신호로서 그 역할만을 상징하고 있는 것이 아니다.[358] 이 신호는 아사라 왕국의 국가적인 공식행사를 포고하는 것이다. 이들의 결투가 사적인 대결이 아닌 정치적인 행사이자 음모가 내재되어 있음을 상징한다.[359] 아울러 하멸의 죽음 이후, 공연의 시작 부분에서 마찬가지로 호려소의 슬피 부는 피리소리와 곡소리를 통하여 공연을 극적으로 마무리하고 있다. 이것은 '소리'가 표출하는 감성적인 면을 극적 상황에 부합되도록 즉흥적으로 변용한 것이다. 이를 통해 극적 주제가 더욱 분명하게 드러나도록 하는 은유와 상징의 기호로 작용하고 있는 것으로 판단된다. 따라서 〈하멸태자〉의 기본적인 주제와 관점 역시 원전과 마찬가지로 극의 주제가 단순히 선왕에 대한 '복수'의 관점을 넘어 그 바탕에 '죽음'의 의식이 관통하고 있음을 보여주는 것이라 하겠다.

(2) '움직임'과 '동작'의 양식화

안민수가 〈하멸태자〉의 무대형상화를 시도하면서 당면했던 또 다른 문제들 중 하나는 어떠한 형식으로 한국적 양식으로 구체화할 것인가. 또 그 만들고자 하는 양식을 한국적인 움직임과 동작을 응용하여 공연에 참여한 배우를 통해 어떻게 형상화할 수 있는가의 문제였다. 그는 이러한 문제 해결을 위하여 약 일 년이라는 오랜 연습기간과 그 공연연습에 참여한 배우들에게 '다양한 신체훈련'[360]을 요구한다.

---

357 동국대학교 연극영화학과 편(1996), 앞의 책, 228~231쪽.
358 안민수 연출(1977), 〈하멸태자〉 공연영상.
359 신현숙(2002), 앞의 책, 194쪽.
360 안민수는 〈하멸태자〉 연습과정에서 일상의 한계를 넘으면서, 배우 자신이 중심이자

이외에도 무대형상화를 위하여 그가 미국 유학 시절 경험한 일본과 중국의 전통극 등에 나타나는 양식화된 형식을 부분적으로 차용하게 된다.[361] 이러한 연습과정의 훈련과 동양적 양식차용의 목적은 자신만의 독특한 공간언어를 창출하기 위한 것이라고 할 수 있다. 무대에서 배우들의 움직임이나 동작 또는 춤으로 이어지는 '멈춤'과 '출발', '이동'과 '방향의 전환' 등 모든 행동과정들이 '느림'과 '빠름', '강함'과 '부드러움', '격렬함'과 '차분함'의 다양한 리듬과 템포를 가지고 이루어진다. 공연 초반에 등장하는 하멸은 첫 장면에서 오랜 시간 선왕의 죽음을 애도하는 곡소리를 하면서 머리를 여러 차례 댓돌에 짓는 행동을 한다. 이후 하멸은 서서히 곡소리를 그치면서 탄식어린 긴 한숨을 짓는다.[362] 이는 선왕의 죽음을 막지 못한 자기 자신의 무력함과 나약함에 대한 자책임과 동시에 그 죽음을 현실로 받아들이고 있음을 보여주는 양식화된 움직임이자 행동이라고 하겠다. 이어지는 다음 장면의 움직임과 동작 역시 그러한 행동의 연장선에 있음을 보여주고 있다.

우주의 중심이 되어 이루어지는 움직임과 소리를 찾기 위하여 여러 종류의 무술- 태극권, 택견, 검도 등-과 아크로바틱, 전통춤과 탈춤 등의 전통연희, 성악발성과 시조, 민요 등의 창법, 단전호흡과 명상 등 다양하고 특별한 훈련을 실시하였으며, 그러한 훈련방법을 통하여 실제 연습과정 중에 참여한 배우들과 함께 창안한 독특한 10박자 움직임으로 유지되는 약 40여분 정도의 연습과정을 양식화하였다. 즉 1) 개인적인 심신 이완 단계 2) 좌선과 호흡, 3) 천천히 움직임과정의 반복과 제자리 4) 소리의 시작과 춘앵무 동작의 응용 움직임 5) 양주산대 팔목 중춤의 응용 동작 6) 마지막으로 휘모리장단 수준의 아주 빠르고 강렬한 미얄할미 춤동작 7) 1)부터 6)까지의 과정을 반대로 압축하여 진행한 후 휴지 상태 등으로 마무리하는 과정을 말한다. 안민수 (2001), 앞의 책, 170~172쪽; 192~193쪽.
361 안민수와 한상철의 대담(1998), 앞의 글, 74~75쪽.
362 안민수 연출(1977), 〈하멸태자〉 공연영상.

미흘왕: 동궁, 선왕 지달대왕이 승하하신지 쉰흔여 날, 그토록 호곡을
그치지 아니함은 동궁의 효성이 지극한 연유인줄로 아나 행여
몸저 누울까 심려된다.

가희왕비: 내 아들 하멸아 산자는 언제고 죽는 것이 이치 아니냐. 부디 심기
를 보존하고 이 어미를 생각해다오. (중략) (1)(하멸태자 읍한다)

미흘왕: 오 기특한지고 어버이의 지극한 마음으로 다짐하노니 (2)그대는
나의 왕위를 이어받을 태자임을 천하에 공포하노라.

가희왕비: 전하 (정신들 모두 읍한다. 하멸태자 이미 등을 저서 걸음을 옮
기고 있다. 사이. 이윽고 (3)가희왕비와 미흘이 쫓기고 쫓아 사
랑하는데 솔개가 새를 채듯하며 나간다. 정신들도 휘몰아간다.
하멸이 빨려가듯 끌려가다 선다)

하멸: 아— 이 추하고 더러운 육신이 녹아서 이슬이 되어지고 잡초같
이 덧없는 세상아 (4)썩어 악취가 코를 찌르네 오호— 이렇게
변할 수가 (중략) (5)아— 아버님, 전하, 전하의 모습이 보이는
것 같아 전하! 전하! (하략)[363]

위의 장면은 하멸의 심정을 알아보기 위하여 찾아온 미흘왕과 가
희왕비가 하멸에 대하여 염려하는 상황이다. 외견상 하멸의 건강을
위하는 것으로 보이나 지문(1)과 (3) 그리고 대사(2)에서 나타나고 있
듯이, 그 이면에는 그들의 불법적인 결합에 대한 정당성을 하멸로부
터 인정받고자 하는 것이다. 동시에 이를 만천하에 공포함으로써 자
신들의 위상을 공고히 하고자 함을 드러내는 대목이라고 할 수 있다.
이와 같은 상황에서 표출되는 하멸의 움직임은 미흘과 가희의 의도에
대하여 조용히 돌아 엎드려 읍하는 것으로 자신의 의지를 전달한다.
이는 현왕인 미흘에 대한 복종을 상징적으로 표현하는 양식화된 행동

---

[363] 동국대학교 연극영화학과 편(1996), 앞의 책, 196~198쪽.

이다. 그러나 그 이면에는 선왕에 대한 복수의지를 내면화하고 있음을 상정케 하는 동작이다. 다음 장면에서 미휼과 가희가 자신들의 애정을 희열에 가득 찬 사랑의 춤으로 표현하고 있음은 그들이 의도한 바가 성취된 것으로 인식하고 있음을 보여주는 것[364]이다. 그러한 행동을 목도한 하멸이 물러가는 그들의 뒤를 쫓아 신속하고 절도 움직임으로 자신의 감정을 표현한다. 이러한 움직임과 더불어 하멸의 독백 대사(4)와 (5)로 상징되는 현실인식과 심리적 상태는 이와 같은 상황을 설득력 있게 뒷받침하고 있다고 하겠다. 다음은 하멸과 오필녀가 사랑을 확인하는 장면의 움직임과 동작 등을 살펴보도록 하겠다. 이 장면 역시 대사와 더불어 양식화된 행동과 춤으로 극적인 상황을 표출하고 있다.

(1)(이윽고 하멸은 거상 벗어 재끼고 머리 풀어 미쳐 춤을 춘다) (2)(오필녀가 춤추고 노래하며 나온다)

오필녀: 님괴는 마음, 저 몰래에 실잣고, 달빛 수들여 낮볕에 굳으니 영접 세월인들 이 맹세 바랠건가 가없는 사랑, 행여 의심 마오. 사랑아 내 사랑 아으 내 사랑. (3)(오필녀 춤추어 두 사람이 사랑한다. 하멸, 갑자기 오필녀를 밀치고 한동안 이윽히 바라다본다)

오필녀: 고귀하신 어른, 그 수려하시던 모습이 어찌 그리 야위시었소. 그렇게 수심어린 눈으로 보시면 그만 싫소이다.

하멸: (4)오필녀 그대 무릎 사이 좀 누어도 될까? (중략)

오필녀: 전하 무슨 말씀을

하멸: (5)미인과 정절은 상극이다!

오필녀: 아름답고 정절한 것처럼 어울리는 것도 없는 줄 아옵니다.

---

364 안민수 연출(1977), 〈하멸태자〉 공연영상.

> **하멸:** (6)천만에 미모가 계집을 음탕하게는 만들어도 정절을 지키게는 못한다. 세상이 그것을 증명하거든. 천만에 난 그대를 사랑한 적이 없었다. (퇴장. 사이) (하략)[365]

　위 장면에서 보이는 지문(1)은 하멸이 선왕 지달의 유령을 만난 후 선왕의 복수의지를 분출하는 상황이다. 이 대목에서 안민수는 하멸의 의지와 광기를 전통연희 양주별산대의 춤사위 등을 이용한 격렬한 움직임과 동작으로 형상화하고 있다. 이러한 하멸의 격렬한 행동은 지문(2)와 (3) 그리고 하멸의 대사(4)에서 묘사되고 있듯이 오필녀와의 열정적이고 육체적인 사랑을 보여주는 양식화된 움직임과 동작 그리고 춤 등의 극적 행동으로 표출된다. 그리고 오필녀를 농락하는 하멸의 노골적인 대사(4)와 (5) 등으로 연결되면서 오필녀와 하멸의 순수한 사랑과 감정은 일순간 격정적인 욕망과 육체적 사랑을 탐하는 것으로 형상화된다. 그러나 이러한 오필녀와 하멸의 육체적 사랑으로 표현되는 원초적이고 도발적인 행동과 하멸의 대사(6)에 나타나는 극단적인 언행들은 역설적인 상황을 연출한다. 이는 상대적으로 오필녀의 순수한 사랑과 하멸의 고뇌에 대한 단면을 보다 극명하게 창출하고자 하는 연출관점이 나타나는 대목이다.(사진6) 또 다른 장면인 '서초왕의 시해'-'극중극' 역시 다양하게 양식화된 움직임과 동작 그리고 춤 등 극적 행동으로 이루어지고 있다.

> **장면1:** (1)(사당패 재주넘어 한마당 논다) (중략)
>
> **하멸:** 은밀한 부탁이 있네. 자네는 그 (2)'서초왕의 시역', 그걸 해 보일 수 있겠나?

---

365 동국대학교 연극영화학과 편(1996), 앞의 책, 201~202쪽.

배우1: 하명만 계시오면 하시라도.

하멸: 내일 밤 그 놀이를 한마당 해주게나. 내가 나중에 이를 것이니 내용을 조금만 바꾸어서.

배우1: 어렵지 않사옵니다. 전하! (하략)[366]

장면2: (중략)

하멸: 뭐? 벌써 그렇게?

호려소: 상복을 벗은 지 오래지 않으셨오이까.

하멸: 하하하 — 어느새 그렇게 되었던가? 쓰다! ((3)극중 선왕과 왕비 춤추어 서로 깊이 애무하고 변함없는 사랑의 맹세를 한다. 이윽고 왕이 꽃밭에 누워 잠드는 것을 보고 왕비 자리를 뜬다. (4)사나이 춤추어 든다. (5)왕의 머리에 쓴 왕관을 벗어 자기 머리에 쓰고 왕의 귀에 독약을 퍼붓고 나간다. 왕비 돌아와서 보고 비탄한다. 사나이가 다시 와서 둘은 같이 비탄하며 왕비를 위로한다. 그러다가 이내 왕비에게 패물을 주며 사랑을 구한다. (6)왕비가 처음에는 싫은 듯 거절하더니 어느새 승낙하고 꼬리쳐 춤을 춘다. 둘은 서로 사랑하여 미쳐서 논다)

미휼왕: (7)오호호!

하멸: (8)덫에 걸렸어!

파로: 전하께서 자리를 뜨시오. 놀이를 중지해라! (하략)[367]

위의 예를 든 장면1은 '극중극'과 연관된 상황이다. 또 장면2에서는 본격적으로 '극중극'인 '서초왕의 시역'이 미휼왕과 대신들 면전에서 공연된다. 이는 하멸이 선왕의 죽음에 대한 확신과 복수를 결심하면서 극적 긴장감이 심화되는 상황이라 하겠다. 이 장면들 역시 양식화된 움직임과 동작 그리고 춤 등의 극적 행동으로 구체적인 내용을

366 위의 책, 205쪽.
367 위의 책, 212쪽.

압축하여 형상화하고 있다. 장면2의 경우, 하멸의 부탁을 받은 광대 사당패들의 표현이 원전의 '극중극'에서는 단순한 마임형식의 '무언극'으로 진행된다. 그러나 지문(3), (4) 그리고 (6)에서 묘사하고 있듯이 춤, 한국 전통가면극인 '봉산탈춤'에 등장하는 무언의 노장과 소무, 미얄할미 등의 춤사위 형식을 가지고 '노장'—'극중 왕'과 '소무'—'극중 왕비'의 사랑과 애무를 노골적으로 형상화한다. 특히 지문(5)에 묘사된 독약으로 '극중 왕'을 살해하는 상황을 보다 자극적인 방식으로 표현한다. '노장'의 육환장을 칼로 전환하여 '노장'이 잠든 사이 등장하는 '말뚝이'와 유사한 가면을 한 인물이 직접 '노장'—'극중 왕'을 살해하는 것으로 연출하고 있다.[368] 이것은 선왕의 죽음의 고통과 아픔을 극대화하여 하멸의 복수의지와 그 결심을 정당화한 것으로 보인다. 동시에 보다 하멸을 적극적인 인물로 형상화시키고자 하는 연출관점이 노정된 것으로 판단된다. 즉 '극중극'을 관람한 미휼왕의 심리적 상태가 대사(7)에서 보이듯이 '오호호!'라는 자조어린 탄식조로 표출되고, 하멸의 대사(8)에서 선왕의 죽음과 관련된 자가 바로 미휼왕이라는 확신에 찬 의지가 '덫에 걸렸어!'라는 단 한마디로 나타나고 있다는 점에서 그러한 관점이 분명하게 드러나고 있다.

(3) '빛' 그리고 무대 '공간'과 '시간'의 상징성

안민수가 〈하멸태자〉를 형상화하는 작업에서 필수적 요소에 하나로 중요시한 부분이 '빛'—'조명'이다. 그리고 그것에 의하여 구체화되는 무대 '공간'과 '시간'의 상징성에 관한 것이다. 그는 '빛'이 감성적 요소로서 무대 표현과 상징 그리고 그 기능의 선택에 따라서 대단한

---

[368] 안민수 연출(1977), 〈하멸태자〉 공연영상.

호소력을 가지고 있는 것이라 주장한다.[369] '조명'은 자유로운 각도와
조도, 색감의 조절에 따라 무대 '공간'의 형상화와 배우와의 조화 속에
이루어지는 '시간'의 상징성을 창출할 수 있는 절대적인 도구라는 것
이다.[370] 이처럼 '빛'에 의하여 활성화된 '공간'은 관객을 동화시킨다.
또 해석이나 몽상, 상상력을 자극하여 관객들의 집중을 이끌어낸다.
그러한 공간과 형태는 그 자체로서가 아니라 빛에 의해서 완성된
다.[371] 그가 가장 이상적으로 생각하는 무대공간은 사방에 각이 있는
장방형의 형태이다. 그 안에 또 다른 장방형의 무대공간을 설치할
수 있고, 그 한계가 분명히 드러나야 한다. 그 이유는 자신이 생각하
는 순환의 원리에 적합한 형태로서 사건의 전개와 배우 상호 간의
움직임을 곡선과 원형의 궤도로 구축하기에 용이하기 때문이다. 아울
러 배경장치가 필요치 않다. 소용돌이 움직임과 같은 원형궤도가 사
방 어느 방향으로든지 가능하다. 시공간의 상징을 자유롭게 펼치면서
관객으로 하여금 무한한 상상력을 펼치게 할 수 있다는 것이다.[372]

시간의 개념은 본래 없는 것도 흐르는 것도 아닌 그저 존재하는
것이다. 자신이 그 속을 지나가고, 움직임의 주체로서 존재할 때 시간
을 인식하게 된다. 따라서 이러한 시간의 확대와 축소는 물리적인
기준에서는 결코 불가능하다. 다만 극장 공간에서 공연을 관람하는
관객의 마음속에서 느껴지는 '시간' 속에서만 가능하다고 지적한다.[373]

369 안민수(1998), 앞의 글, 43쪽.
370 안민수(2001), 앞의 책, 189~190쪽.
371 권자인, 「빛의 조절이 공간조직의 인식과 인간 형태에 미치는 영향에 관한 연구」,
이화여대 석사학위논문, 1997, 27~29쪽.
372 안민수(2001), 앞의 책, 202~204쪽.
373 자신이 사물을 바라보는 각도와 위치에 따라 예를 들어, 좌우 수평운동이나 상하운동
을 하는 동일한 대상의 움직임이 좌우 끝 지점이나 상하 끝 지점에서 방향이 전환될

이와 같이 '빛'을 통하여 형성되는 무대공간은 관객에게 그 대상의 움직임에 따라 그 시간이 변한다. 그리고 삼차원의 공간에 시간을 부여하여 물리적 공간이 유기체적 성격을 지닌 공간으로 전환된다. 이처럼 공간에서의 시간성 개념은 움직임을 통한 공간의 경험과 연관성을 지닌다. 그리고 어떤 대상을 한 지점에서 관찰하는 것과는 달리 그 대상에 접근하기 위하여 움직임을 일으킨 경우 물리적 시간과는 다른 차원의 시간이 형성되는 것이다.[374]

이러한 관점에서 공연 시작은 '빛'이 없는 어둠 속에서 하멸의 곡소리와 함께 시작된다. 이처럼 '빛'이 없는 무대는 '어둠'의 카오스 그 자체이다. 무대공간과 시간은 관객들에게 가시화되지 않는다. 소리에 의해서만 그 존재를 인식할 수 있을 뿐이다. 그리고 긴 시간이 흐르고 난 뒤 어둠 속에서 관객들의 상상력을 자극하던 무대가 '빛'-'조명'에 의하여 밝혀진다. 이때 무대공간과 배우의 움직임 그리고 시간의 흐름이 가시화되며 극적인 사건들이 구체적으로 전개되기 시작한다. 그 중 대표적인 몇 장면을 살펴보도록 하겠다.

(1)(선왕 지달왕이 나온다) (중략)

　　지달: 이글이글 타는 지옥의 유황불에 내 몸을 태울 시간이 다가오는구나. 하멸아 원통히 죽어간 네 아비의 원수를 갚아라. (2)(미휼왕 나온다)
　　미휼왕: 하멸 내 말을 믿거라. 전하는 독사에 물려 타계하셨다.

때 시간이 가장 느리게 느껴진다. 그리고 관객이 느끼는 극적 시간에 대해 각자의 마음에서 느끼는 시간이 다르기 때문이며, 거기서 일어나는 극적 시간은 끝없이 팽창되거나 아주 작게 압축되어 찰나와 무한의 시간을 모두 포함하게 된다. 위의 책, 84~90쪽.
374 권자인(1997), 앞의 논문, 30~32쪽.

지달: 네 아비를 죽인 그 독사는 지금 머리에 왕관을 쓰고 있지 않느냐.

미휼왕: (3)변괴로다. 이놈 죽어 후히 장사 지낸 시체가 어찌하여 수의를 찢고 세상에 나타나 사람을 현혹하느냐. (중략)

지달: (4)저놈은 천성이 사특하고 음험하여 계집을 호리는 데는 능수렸다. 그래서 정절이 청죽 같은 왕비를 꾀어 창피 막심한 난음의 자리로 이끌어 갔다.

하멸: 오 … 이 무슨 배반이냐

미휼왕: 오호호 이 더러운 악령아! (5)(미휼왕 사라진다) (중략)

지달: 원수를 갚아다오.

하멸: 오냐, 가엾은 유령아, 그대 한을 뇌수에 아로 새겨주마. (6)(지달왕 사라진다) (하략)[375]

위의 장면은 처음으로 하멸이 선왕의 유령과 조우하는 상황이다. 이는 원전의 1막 4장에서 햄릿이 선왕의 유령으로부터 자신의 억울한 죽음과 복수를 명령받는 것과 동일한 상황이다. 그러나 이 장면을 연출한 안민수는 원전과 달리 두 명의 유령, 즉 지문(1)과 (6), (2)와 (5)에 묘사된 바와 같이 지달과 미휼을 함께 등장시키고 있다. 실제 공연에서는 미휼왕의 대사(3)과 지달의 대사(4)를 하멸이 동시에 한다. 이는 '선과 악', '생과 사', '정절과 난음', '진실과 거짓' 등 이원론적인 가치를 대비하여 하멸의 심리적 혼돈상황을 형상화하고 있는 것이다. 이 장면은 하멸의 복수지연의 원인과 그 동기를 상징적으로 표출하고자 하는 연출관점이 드러나는 것으로 판단된다.

이 장면의 '조명'은 등장인물을 중심으로 대비하여 비춘다. 하멸이 등장하여 무대 중앙 전면에 서면 이어 지달의 유령이 무대 오른쪽으로 등장하여 오른쪽 뒤에 떨어져 위치한다. 이로써 두 인물 사이의 역학적인 '공간'이 형성된다. 그리고 지달의 움직임과 그 방향에 따라 하멸의 움직임과 방향이 상대적으로 이루어진다. 이는 지달이 하멸에게 던지는 행동과 그 에너지의 강약에 따라 하멸의 움직임과 그 공간이 형성되는 것을 의미하는 것이다. 마지막에 등장하는 미흌의 유령은 지달의 유령을 무대 왼쪽 공간으로 멀리 밀어내고 그 자리에 위치한다. 이로써 무대 전면 중앙의 하멸을 정점으로 무대 오른쪽 하단의 미흌과 무대 왼쪽 하단의 지달을 연결하는 삼각구도의 공간이 형성되는 것이다. 이와 같은 삼각구도의 공간은 이 장면에서 지속적으로 상호 간의 움직임과 그 에너지의 강약과 완급에 따라 상호 간의 거리와 곡선 및 회전의 움직임 그리고 방향 등 형태와 구조를 달리하면서 유지되는 것을 알 수 있다. 이 장면의 마지막 부분에서 무대 전면에서 시계방향 혹은 그 반대 방향으로 제자리에서 움직이던 하멸과 무대 오른쪽 사선 방향으로 중앙에 지달 그리고 무대 오른쪽 하단의 미흌이 일순간 일직선[376]을 이루게 된다. 이는 하멸이 지달의 영향 아래 위치하고 있음을 상징적으로 보여주는 공간구조라 할 수 있다. 이어서 지달이 미흌의 천성을 비난하는 대사(4)를 무대 중앙 전면에 앉은 하멸과 일직선상의 무대공간 중앙에 선 지달이 동시에 무대 정면을 향하여 대사를 함께 하는 것으로 형상화된다. 이는 하멸의 심리적 갈등이 선왕 지달을 위한 복수의지가 확고히 구축되었음을 보여주는 상징적인 무대공간으로 양식화한 것이라 하겠다.(사진10)

다음 장면은 세 번째로 선왕의 유령과 만난 뒤 하멸이 자신의 우둔함과 용렬함을 자책한다. 그리고 미흌에 대한 복수를 재차 다짐하면서 자신의 심정을 토로하고 있는 상황이다. 미흌과 파로가 하멸의

---

[376] 안민수 연출(1977), 〈하멸태자〉 공연영상.

광기에 놀라 혼비백산하여 무대공간에서 퇴장한다. 이후 지문(1)에 묘사되어 있듯이 하멸은 칼을 입에 물고 무대 오른쪽에서 천천히 등장한다.

> (왕과 파로 한켠에 숨는다. (1)달 몇 차갑게 밤이 그냥 서 있는데 입에 큰 칼문 하멸이 뜨락을 나선다. 한동안 칼을 들어 한번 저어본다)

> **하멸:** (2)살아 연명하련가 죽어서 슬어질 것인가 이것이 문제로다. (중략) (3)이 한 자루의 칼이면 끝날 것을 다만 나그네 한번가면 다시 돌아온 적이 없는 저 미지의 세상이 불안하니 망설이게 되는 것도 당연한 일이로다. 알지도 못하는 저승을 나르느니 현세의 재앙을 받는 것이 났다는 결론. (4)이러한 조짐으로 해서 더 겁쟁이가 되고 병색이 그 늘져 마침내 실행할 기운을 잃고 마는 것이리라.[377]

위의 장면에서 하멸은 입에 칼을 문채 무대 오른쪽에서부터 천천히 때로는 빠른 움직임을 교차하면서 무대를 가로질러 전진한다. 동시에 어느 지점에 이르러 무대 정면으로 방향을 전환하여 앞으로 나오다가 움직임을 멈추고 선다. 그리고 입에 물었던 칼을 손으로 옮겨 잡고 천천히 공간을 내려친다. 이것으로 무대 등장에서부터 무대전면에 멈출 때까지의 움직임을 마무리한다.[378] 이와 같이 '빛'-'조명'에 의해 형성된 무대공간에서 하멸은 일련의 움직임을 표출한다. 느리고 빠름 그리고 멈춤과 방향의 전환 등에 의하여 구체화된 시간의 확대와 축소는 극적 시간으로 인식된다. 아울러 하멸의 움직임이 만들어내는 3차원적인 공간과 시간에 새로운 의미를 형성하는 동인으로 작

---

377 동국대학교 연극영화학과 편(1996), 앞의 책, 206~209쪽.

378 안민수 연출(1977), 〈하멸태자〉 공연영상.

용하고 있다. 또한 하멸의 극적 행동과 함께 대사(2), (3) 그리고 (4)로 이어지는 독백은 새로운 상황을 구축한다. 즉 '소리'의 장단과 고저, 리듬과 템포에 의하여 표출되는 선왕의 죽음에 대한 고뇌, 미휼에 대한 분노와 갈등은 새로운 극적 시·공간의 분위기와 극적 행동의 조화를 통해 또 다른 상징성을 창출하고 있는 것이다.

다음 장면은 오필녀가 하멸로부터 모욕적인 말과 행동을 당하고 난 다음 정신적인 충격을 이기지 못하고 스스로 '광기'어린 행동을 보이다가 마침내 스스로 자멸하는 상황이다.

> (1)(오필녀가 흰옷 입고 머리엔 꽃관 쓰고 맨발로 시냇물 길 따라 춤추어 노래한다)

> **오필녀:** 아 아사라의 아름다운 왕자님은 어데 계세요! 죽망장해 파립 쓰고 외길 돌아가는 님아 돌아선 님 마음잡아 옷고름에 동여매여 천년을 살으리라 아−으 내 사랑아 (중략) (2)(흐르는 시냇물에 치마 펴서 앉은 오필녀가 잠길 듯 말 듯 떠서 간다. 오필녀는 아득히 물에 잠겼다 떴다가 이내 자취 없이 물속으로 사라지고 흐르는 시냇물만 소리 없이 구비친다. 대야손이 울부짖으며 들어온다)[379]

안민수에게 있어 이상적인 무대공간과 장치는 무대가 비어 있으나 최소한의 장치와 조화되는 공간이다. 위 장면의 공간은 이와 같은 상황에 적합한 최소한의 무대장치로서 길고 흰 비단 천과 '빛' 그리고 '움직임'과 '소리'가 조화를 이룬 공간언어가 표출되는 장면이다. 여기서 오필녀는 돌아올 수 없는 망각의 강을 향한 움직임과 '춤', '노래' 그리고 '소리'를 압축하여 극적 행동으로 표출하고 있다. 억울하고 암

---

[379] 동국대학교 연극영화학과 편(1996), 앞의 책, 220~221쪽.

울한 죽음의 공간과 시간을 애처롭고 아름다운 사랑의 공간과 시간으로 변화시켜 새로운 무대언어로 형상화하고 있는 것이다. 지문(1)에 묘사되어 있듯이 순수함과 죽음을 상징하는 흰옷과 머리에 쓴 꽃관 그리고 맨발-어린 시절 추억에나 있음직한 자연 그 자체인 순수한 동심이자 무심함 그리고 자신의 신분과 현실인식에서 동떨어진 행위이자 기호로서-인 오필녀는 이미 현실에 존재하는 인물이 아님을 보여주고 있다. 또 흐르는 시냇물은 흰 비단 천에 비친 '빛'과 그 흔들림으로 형상화된다. 지문(2)는 오필녀의 죽음에 이르는 과정에 대한 구체적인 상황이다. 오필녀가 '빛'을 받은 비단천의 끝자락을 잡고 춤추듯 노래하듯 '소리'내며 움직인다. 이때 흔들리는 비단천은 출렁이는 시냇물의 흔들림으로 형상화되고 있다. 그 비단 천과 천 사이 공간을 지나면서 구축된 시간의 확장은 오필녀가 비단천의 끝자락을 잡고 무대 전면에 설치된 등퇴장 위치를 통하여 서서히 사라지는 것으로 일순간 압축된다.[380] 이러한 극적 행동의 마지막 순간은 비단천의 마지막 자락이 그 뒤를 따라 끌려들어가는 것으로 마무리되고 있다. 이것은 관객에게 무한한 상상력을 자극하는 모티브이며 순수한 사랑과 비통한 영혼의 마지막 순간을 상징하는 창의적인 공간언어이다. 동시에 이어지는 장례식의 기나긴 '상여소리'와 연결되면서 회한의 이미지를 상징하는 기호로 작용하고 있다고 할 수 있을 것이다.

5) 공연비평과 관객의 수용양태 분석

1970년대 중반 안민수에 의하여 한국적 전통과 동시대의 실험극적 토양이 열악한 상황에서 시도된 〈하멸태자〉 공연은 자신이 추구했던

---

[380] 안민수 연출(1977), 〈하멸태자〉 공연영상.

목적과 이상과는 달리 한국적 정체성의 문제와 일본풍이라는 혹독한 비난과 평가를 받게 된다. 다만 인간의 보편적 본능이나 정서를 다루면서 그 속에서 전형화된 공연양식이나 형식을 찾아가는 작업의 목표와 과정에 대한 디딤돌이 되었다는 '긍정적인 평가[381]'를 일부 받는다. 그러나 동양전통 연극미학 중에서 일본의 전통연극에 경도된 무대 특히 국내 공연의 경우 개인적인 미적 성향과 함께 일본 전통연극인 노와 가부키 그리고 경극적 요소를 빼고 나면 한국적인 요소는 찾아볼 수가 없다. 또 공연을 관극한 일부 관객들이 '저거 완전히 일본 무사'라는 극단적인 표현을 썼다는 사실에서 더 큰 충격과 문제점을 지적받는다. 이와 더불어 자신이 만들어가는 양식이 한국적이며 근원적인 것인지에 대한 확실한 인식과 타문화의 양식적인 요소와 수용에 대한 비판적 인식이 결여되어 있다는 매우 비판적이고 부정적인 평가에 직면한다.[382]

이후 여석기는 이러한 비판적 시각의 연장선상에서 국내 공연에 대하여 그의 연출작품인 〈태〉와 연장선에 있는 작품으로 지적한다. 또 복잡한 구성을 단순화시켜 자신의 연출의도에 따라 정리한 공연이라 평가한다. 이러한 연출의도의 저변에는 지적인 분석 작업과 심리적 통찰이 필요한 부분들을 배제하고 이원적인 논리로 형상화하고자 한 도식화의 위험이 존재한다. 이러한 연출관점에 의한 양식화 시도는 필연적으로 원전의 대부분 대사를 삭제하고 중심인물과 구성만으로 작품을 번안하게 된다는 것이다. 따라서 줄어든 대사를 대신하여 춤 또는 그와 유사한 동작 등 하나의 통제된 움직임으로 시각화함으

---

381 여석기 외, 「合評: 이번 號의 問題作」, 『연극평론』 15, 연극평론사, 1976, 63쪽.
382 위의 글, 61~63쪽.

로써 전체를 지배하는 양식을 제의적인 것으로 창출하였다는 다소 전향적인 평가를 하고 있다.[383] 이와 같은 여석기의 평가 관점은 1977 년 해외공연을 주선한 엘렌 스튜어트(Ellen Stewart)의 인터뷰 내용과 유사한 점이 있다. 즉, 〈하멸태자〉의 중심적인 무대언어는 제의로서 연출은 사상이며 색채와 움직임의 총화라는 것이다. 여기서 조명은 우리들의 연극과 전혀 다른 정교한 방식으로 무대를 보완함으로써 그 조명과 색감이 배우와 소통한다. 그리고 그들의 몸과 움직임을 다른 모습으로 형상화시키고 있다고 한 평가와 상통하는 것이라 할 수 있다.[384] 그러나 자신의 연출관점에 의해 연기자의 세부적인 움직임을 양식화하고자 한 시도는 그 의도와 관계없이 연기양식에 있어 일본의 가부키나 중국의 경극을 모방하였다는 비난과 평가를 받게 되는 근본적인 원인이 된 것으로 상정된다.

서연호는 〈하멸태자〉에 대하여 한국적 작품이라는 표현은 한국 사람이 만든 예술을 통칭하는 것이 아니다. 이것은 진정으로 동시대적 관객의 삶에 도움이 되는 것이 절실하게 창조되었을 때 국경을 넘어 세계적인 예술로 확장된다. 따라서 진정한 한국적 작품 내지는 공연이란 이러한 민족적 국경을 초월할 수 있는 공연만을 의미한다는 것이라고 언급한다.[385] 그러한 관점에서 볼 때 이 공연은 대담하고 실험적인 양식적 무대언어를 보여준 것이라는 다소 긍정적인 평가를 한다. 그러나 일본 등 이국적인 요소를 첨부한 번안상의 문제를 지적하면서 소재불명의 공연이 됐다는 비판적이고 부정적인 평가를 하고

---

383 여석기(1987), 앞의 논문, 213~214쪽.
384 엘렌 스튜어트와 제니퍼 듀닝(Jennifer Dunning)과의 인터뷰, 「우수에 젖은 한국인 (Melancholy Korean)」, 뉴욕 타임스, 1977년 3월 25일.
385 서연호, 「연극의 재미와 가치」, 『한국연극』 12, 한국연극협회, 1976, 28~29쪽.

있다.[386]

　김경옥[387]은 전통을 수용하는 방식에는 '형식'을 전향적으로 수용하는 방식과 전통의 '철학'과 '미학'을 바탕으로 그 '정신'과 '정서'를 재현하는 방식이 있다고 지적한다. 안민수의 〈하멸태자〉 공연의 경우 이 두 가지 방식을 통합하고자 하는 것으로 보인다고 평가한다. 개막전 북과 징의 소리가 교차되는 소리는 매우 인상적이다. 그러나 극이 진행되면서 나타나는 배우들의 대사 억양의 이상한 절도성과 여러 동작에서 나타나는 부산한 움직임 등이 일본의 가부키를 연상케 하고 있다. 이러한 점에서 두 방식의 혼합형식을 추구한 연출의도가 정도를 지나쳐 한국적 정서와 감각을 양식화하는데 실패했다는 부정적인 평가를 한다. 그러나 출연진에 대해서는 하멸 역의 양정현이 연출의도를 충실히 이해하여 자신의 역할을 잘 표현하고 있다. 오필녀 역의 이애주와 미휼왕 역의 정동환, 왕비 역의 유인형 등도 그 역할을 훌륭히 소화하고 있다. 특히, 무대 장치와 조명이 아주 인상적이라는 긍정적인 평가를 한다.[388]

　이처럼 〈하멸태자〉의 국내 공연에 대한 공연평가는 대부분 부정적이며 비판적이다. 그러나 연출자, 연기자 및 악사들로 구성된 총 15명의 동랑레퍼터리극단이 1977년 3월 9일 서울을 출발하여 3월 13일부

386 위의 글, 31~32쪽.

387 김경옥은 1925년 평안북도 정주 출생하여 2010.1.9. 미국 시카고에서 사망한다. 1945년 오산중학교(5년제)를 졸업하고 해방 직후 월남하여 1953년 고려대 영문과를 졸업한다. 1950년대 중반 제작극회 창립동인으로 참여하여 〈만선〉, 〈산여인〉 등의 공연에 참가한다. 이후 1968년에는 예그린樂團長, 1971년에는 한국연극협회 부이사장 등을 역임하였고, 60~70년대 무용평론가 및 방송작가로도 활발히 활동한다. 주요 희곡집으로는 『공연날』과 『공덕인』 등이 있으며 시집으로는 『회색의 거리』가 있다.

388 김경옥, 「劇評: 傳統劇과 不條理劇」, 『한국연극』 11, 한국연극협회, 1976, 26~27쪽.

터 5월 18일까지 약 2개월간에 걸쳐 미국(뉴욕, 미네아폴리스, 달라스 등)과 네덜란드(암스테르담, 헤이그 등)와 프랑스(렌느)에서 총 48회의 공연과 워크숍을 가진 해외공연[389]에 대한 평가는 국내 평가와 달리 대부분 긍정적이다. 첫 공연 장소인 달라스에서 한국적 양식의 햄릿이란 표제하에 '출연 배우들의 연기는 유연함과 우아함을 단순화시켜 그 안에서 엄청난 힘을 표출한다. 이국적 악기들의 소리는 무대를 전혀 다른 세계로 변화시키고, 조명은 충격적인 세계를 창조하고 있다'는 현지 언론의 호평을 받는다.[390] 특히 달라스 공연에서는 공연도 중 미국 관객들의 박수가 터져 나와 배우들을 당황케 한다. 관객 중 3분의 1은 한국 교포들로 우리말로 공연되는 공연에 상당한 긍지를 느낀다고 전하고 있다.[391] 또한 일부 유럽 공연 논평에서는 오필녀의 죽음 장면에서 흰 실크가 주는 바다의 물결과 파도와 같은 길고 흰 장문과 같은 움직임을 보다 아름답고 시적으로 승화시키지 못했다는

---

[389] 東朗레퍼터리劇團은 달라스 공연을 시발로 다음과 같이 총 15개 도시에서 48회 공연을 한다. 1977년 3월 13~14일: 달라스 시어터 센터(달라스, 미국), 3월 17~18일: 워커 아트센터(미네아폴리스, 미국), 3월 25~4월 1일: 라마마 극장(뉴욕, 미국), 4월 13~5월 1일: 미커리 극장(암스테르담, 네덜란드), 5월 2일: 시립극장(유트레히트, 네덜란드), 5월 3일: 시립극장(마스트리히트, 네덜란드), 5월 5일: 클린커 극장(윈스크호튼, 네덜란드), 5월 6일: 콩코르디아 극장(엔슈크데, 네덜란드), 5월 7일: 라이드스 극장(레이덴, 네덜란드), 5월 9일: 글로브 극장(아인트호벤, 네덜란드), 5월 10일: 호트 극장(헤이그, 네덜란드), 5월 11일: 란테렌 극장(로테르담, 네덜란드), 5월 13일: 카지노 극장(덴보스, 네덜란드), 5월 14일: 스튜디오 극장(틸버그, 네덜란드), 5월 17~18일: 렌느 극장(렌느, 프랑스) 등이다. 해외공연의 배역으로는 하멸태자: 전무송, 미횰왕: 신구, 가희왕비: 유인형, 지달왕: 김기주, 오필녀: 李愛珠, 호려소: 김시원, 극중 사나이: 김기주, 파로대감: 이호재, 대야손: 여무영, 극중 왕: 김종구, 극중 왕비: 李愛珠 등이 출연한다. 한상철, 「韓國演劇이 海外公演」, 『연극평론』 16, 연극평론사, 1977, 52쪽. 김재형, 「세계 속의 韓國演劇」, 『한국연극』 6, 한국연극협회, 1977, 9~13쪽.

[390] 존 네빌(John Nevile), 「〈햄릿〉: 한국적 양식(Hamlet: Korean Style)」, 달라스 모닝 뉴스(The Dallas Morning News), 1977년 3월 12일.

[391] 김재형(1977), 앞의 글, 10쪽.

다소 부정적인 평가를 받기도 한다.[392] 그러나 이 장면이 보여준 흰 실크로 형상화된 흔들리는 물결과 오필녀의 죽음은 가장 잊지 못할 최고의 장면이라는[393] 극찬 등 다양한 호평을 받게 된다.[394]

이와 같이 〈하멸태자〉의 해외공연은 현지 관객과 신문들로부터 기대 이상의 절찬과 긍정적인 반응을 얻는다. 이는 안민수가 국내 공연에 대한 부정적 평가를 전향적으로 수용한 것에 기인한다. 해외공연에서는 탈춤장면을 삽입하고 배우의 움직임과 동작 등을 직선에서 곡선으로 바꾼다. 또 의상 및 음악, 무대 소품 등 무대요소의 상당 부분을 한국적인 것으로 수정 보완한다. 따라서 국내 공연과는 달리 현지 관계자들로부터 〈햄릿〉에 대한 새로운 해석과 무대언어를 창출한 공연이라는 긍정적인 평가를 받게 된 것이라 할 수 있다.[395] 한편 안민수가 실험적 무대언어와 현존성에 대한 창의적인 공연활동을 통하여 한국전통공연의 현대화 및 세계화를 시도한 그의 공연미학은 동시대의 다른 공연예술가들에게 문화상호적인 공연활동에 단서를 제공하며 선도적 역할을 하였다고 할 수 있다.[396] 그러나 연극교육에

---

392 코르넬루스 반 미엘로(Cornelus van Mierlo), 「동양적 문화로 충만한 한국적 〈햄릿〉 (Korean *Hamlet* Full of Eastern Culture)」, 윈스코터 큐런트(The Winschoter Courant), 1977년 5월 6일.

393 실비안 골드(Sylvian Gold), 「한국을 경유한 〈햄릿〉(Hamlet via Korea)」, 뉴욕 포스트, 1977년 3월 29일.

394 특히 유령 등장장면에서 하멸과 함께 두 명의 상반되는 유령-선왕과 현왕-을 동시에 출현시킴으로써 하멸의 심리적 갈등을 표출하는 독특한 창의성을 발휘했다는 호평을 받는다. 윌리암 해리스(William Harris), 「유쾌한 한 주간: 한국인들과 그 순수한 향기 (A Good Week: Koreans and Lilly)」, 소호 위클리 뉴스(The Soho Weekly News), 1977년 4월 7일.

395 안민수(1998), 앞의 글, 75~76쪽.

396 신현숙, 「전통과 실험·소극장 운동·한국연극의 해외진출」, 『공연사Ⅱ(1945~2008) 한국현대연극 100년』, 한국연극협회, 연극과 인간, 2008, 253~255쪽.

전념함으로써 안민수의 연출활동은 지속적으로 유지되지 못하고 중
도에 그치고 만다.[397] 이것은 한국적 전통을 수용한 독창적인 실험극
공연과 새로운 공연양식의 확립과 발전에 많은 아쉬움을 주는 대목이
라 할 수 있을 것이다.[398]

3. 기국서 연출의 〈햄릿〉(국립극장 소극장, 1981):
'해체'와 '동시대'적 관점을 중심으로

1970년대 초반을 전후로 하여 구미 유학파인 안민수 등에 의하여
한국적 전통계승 및 실험적 시도가 시작된다. 이들의 동서양을 아우
르는 창의적인 무대는 동시대의 수많은 공연예술가들에게 다양하고
창의적인 공간언어에 창출이라는 과제를 던진다. 이러한 관점에서
1981년부터 1990년에 이르기까지 십여 년간 지속적으로 이루어진 기
국서(1952.9.4~)[399] 연출의 〈햄릿〉 공연은 한국 공연사적 측면에서 주
요한 자리매김을 하고 있다. 이에 본 장에서는 1981년 4월 국립극장

---

397 그는 한국연극의 문제를 '교육부재'라고 진단하면서 무대는 하나의 상품인데 재료의
생산과정은 결여되어 있는 상황에서 재료의 판매행위만이 이루어지고 있음에 대한
우려와 20세기 후반 연극공연이 잃어버린 기대감과 스릴, 리듬, 템포, 질서 등을 되찾
기 위해 자신은 학교에서의 교육에 최우선을 두고 있다는 심정을 밝히고 있다. 김재
형, 「인터뷰/第1回 韓國演劇藝術賞受賞者 安民洙 씨 : 廣大 狂人 盲人의 人間世界」,
『한국연극』 4, 한국연극협회, 1976, 14~15쪽.

398 안민수 연출은 본 연구자와의 인터뷰에서도 이러한 자신의 결정에 대하여 결코 후회
하지 않는다. 자신의 결정은 동시대의 상황에서 이루어진 자신만의 결단이며, 이후
전통과 실험적 공연의 발전 과제를 후학들이 이어가기를 원했다고 밝히고 있다. 안민
수와의 인터뷰(2011.9.9), 앞의 인터뷰 내용.

399 기국서 연출의 생년월일은 명시된 기존 자료가 전혀 없는 관계로 본인에게 직접 확인
내용임. 기국서와의 인터뷰, 일시: 2011.9.26. 오후 5~6시, 장소: 대학로 학림다방.

소극장(4.16~4.21) 〈기국서의 햄릿〉 공연을 중심으로 이후 네 차례에 걸쳐 이루어진 연작 공연들 중 특히 세 번째 공연인 1984년 5월 〈햄릿 과오레스테스〉(5.19~5.24)와 다섯 번째 공연인 1990년 9월 〈햄릿5〉 (9.15~9.20) 문예회관 대극장 공연을 중점적으로 참고하여 논의하고자 한다.

1) 텍스트 〈햄릿〉에 대한 관점

〈햄릿〉을 무대형상화하고자 한 기국서에게 있어서 원전에 대한 관점은 기본적으로 동시대적 인간의 문제 및 정치적 상황과 연계된 해석이다. 이는 필연적으로 원전에 대한 재해석과 함께 극적 구성에 있어 텍스트에 대한 해체를 전제하게 된다. 이에 본 장에서는 공연텍스트 분석에 나타나는 '해체'에 대한 개념을 개괄한 다음, 기국서의 텍스트 〈햄릿〉에 대한 해체적 수용관점을 분석하고자 한다.

(1) 공연텍스트 분석을 위한 '해체'의 개념 고찰

서구의 예술사상과 담론의 역사에서 해체라는 용어와 함께 해체주의 또는 해체론에 대한 논의가 본격적으로 시작된 것은 1960년대 후반 프랑스의 철학자이자 교수인 데리다에 의해서이다. 이는 텍스트에 대한 읽기와 해석에 관한 예시적 이론이라고 할 수 있다. 이것은 플라톤에서 헤겔에 이르는 혹은 소크라테스 이전부터 하이데거에 이르기까지 서구 형이상학의 계보인 '이성중심주의(Logocentrism)'와 '음성중심주의'를 극복하고자 하는 관점이다. 그는 서구철학의 음성중심주의가 표음문자, 즉 알파벳의 형이상학으로서 가장 강력한 민족 중심주의를 나타내는 것으로 진단한다. 이러한 형이상학을 해체하려면 그 텍스트를 구조화시키는 언어, 더 나아가 그것의 토대를 구성하는 언

어적 개념과 그와 관련된 모든 개념들에 대한 해체를 전제하는 것이
다.[400] 데리다는 서구의 형이상학이 기본적으로 '이성중심주의'에 근거
하고 있다고 전제한다. 이러한 사고방식은 플라톤이 글은 의사소통의
오해와 왜곡의 근원이라고 비난한 것으로부터 시작된 것이다. 그는
시인을 공화국에서 추방해야 한다고 주장한다. 이후 상대적으로 말은
직접적이고 자연스럽게 의사소통이 이루어지는 것으로 인식되어 왔
다. 따라서 글은 인위적이고 간접적인 말의 재현에 불과하다는 편견
이 서구사상을 지배한다. 문자라는 기호를 통하여 전달되므로 원래
뜻하는 바와는 거리가 있다는 것이다.

그러나 이러한 관점에 대하여 데리다는 소쉬르가 지적한 언어의
자의성 즉, 기표와 기의의 자의성을 받아들이면 '문자언어'가 '음성언
어'를 대리 표상한다고 주장한다. 그러나 문자가 언어의 이미지라는
규정은 자기모순에 빠진다고 지적한다. 이는 소쉬르가 이성중심주의
적 형이상학을 무비판적으로 받아들였기 때문이라는 것이다. 따라서
말로 표현할 수 있는 '절대적 진리'는 사실상 부재한다. 그럼으로 우리
자신이 존재한다고 믿는 것은 하나의 환상이며 자취 혹은 가상일 뿐
이다. 아울러 말은 실제에 있어 글에 의존하고 있으며, 글은 역시 말
에 영향을 끼친다는 것이다. 더 나아가 글은 언어의 전제 조건이기
때문에 글이 말보다 더 선행한다. 따라서 글-텍스트는 말에 의해
미리 만들어진 개념을 부여받는 것이 아니라 스스로 불확정성과 자유
로운 놀이를 통하여 지속적으로 의미를 변화시키는 과정을 반복한다.
이에 따라 텍스트의 절대적인 진실과 의미는 항상 지연된다. 따라서
텍스트에서는 그 부재하는 진리의 자취와 그 미끄러짐에 대한 '차연'

---

400 자크 데리다, 김용권 옮김(2004), 앞의 책, 547~548쪽.

-'차이'와 '지연'-을 추적하는 끝없는 언어의 유희 내지는 놀이가 지속 된다고 주장한다.[401]

이러한 데리다의 해체 개념의 원류는 실질적으로는 니체로부터 시작되고 있다. 그는 서구 형이상학의 독단적이고 임의적인 문제인 로고스(Logos)를 진리의 기원이라고 인식한 철학적 사유와 존재의 의미를 현전으로 규정한 것의 불합리성을 비판한다. 또 그것의 진리나 존재의 개념들을 부정한다. 이러한 개념은 18세기 장 자크 루소(Jean-Jacques Rousseau)의 언어기원론을 계승한다. 그리고 인류학자로서 직접 오지에서 원시부족과 그 문화를 몸소 체험하고 신화의 기원이나 원형을 부정하는 탈중심적 신화구조 담론을 주창한 클로드 레비스트로스(Claude Lévi-Strauss)를 비롯한 수많은 구조주의 인류학자들에게로 이어진다. 이들 역시 서구 형이상학의 해체와 그 과정에 중요한 길목에 위치하고 있는 것이다.[402] 또한 서구의 역사관과 식민주의적 팽창주의가 인류학 혹은 민족학이라는 분야를 발전 가능하게 한다. 그러나 결과적으로 해체론은 서구 형이상학에 근거한 유럽문화의 역사가 도달할 수밖에 없는 자체 모순의 필연적 과정이라고 하겠다. 이후 20세기에 이르러 프로이트의 정신분석학적 관점은 인간욕망의 근원을 꿈과 무의식의 세계로 진단하면서 신성에 대한 새로운 해석을 시도한다. 또 하이데거는 서구 형이상학에 대한 근원적인 질문으로써 시원적 의미와 낱말 사이의 단절과 기표의 운동으로부터 벗어나는 것은 아무것도 없다고 주장한다. 그리고 그는 그 속에서 드러나는

---

401 김성곤, 「해체이론에 대한 논의」, 『현대시사상: 예일학파의 해체비평』, 고려원, 1990, 114~117쪽.
402 자크 데리다, 김용권 옮김(2004), 앞의 책, 550~551쪽.

존재의 의미는 이미 기표의 흔적에 불과하다는 전복적 사고를 통하여 현존의 문제를 재해석하고자 한다. 이처럼 다양한 탈신성화와 탈신비화에 대한 시도는 서구 형이상학의 해체와 탈중심화 시도에 있어 중요한 문제 제기와 그 해석의 과정이라고 할 수 있을 것이다.[403]

데리다는 재현이라는 용어의 현재 사용되는 의미가 미래에도 정확히 이해될 수 있을 것인가에 대하여 문제를 제기한다. 이 용어의 의미는 예술 및 철학사 전반에 걸쳐 근본적으로 변화되어 왔다. 오늘날 이후 이 용어의 의미가 동일한 방식으로 사용된다거나 원래의 용법을 유지할 것이라는 가정은 분명한 오류라고 전제한다. 그는 이러한 난제를 해결하는 방안으로써 재현인 표상적 은유가 나타나지 않는 대안적이고 이론적인 용어를 구성하여 해결할 수 있다는 것이다. 그러나 이 역시 또 다른 난제를 발생시킬 수 있다고 주장한다. 이러한 관점의 연장선상에서 원전에 대한 해석의 문제는 그것의 핵심사상이나 논점이 아니라 주변적 은유와 여타의 수사학적 장치들이다. 즉 어떠한 원전이 자신의 메시지를 정립하는데 성공하고 있음을 상정하는 대신에 그것이 더 이상 작용하지 않는다는 사실을 보여주고자 한 것이다. 이는 원전의 의미를 재구성하기보다는 그것을 해체하는 것이라 할 수 있다. 다시 말해 해체는 원전이 어떻게 인상작용을 만드는가의 문제를 규명하는 것이다. 또한 원전에는 이러한 착각을 교묘하게 영속화하는 수사학적 장치들이 존재한다. 해체는 이러한 사실을 발견하여 원전이 실제에 있어 얼마나 그와 반대로 작용하고 있는가 하는 문제를 해결할 수 있음을 의미하는 것이다.[404]

---

403 김상환, 「니체, 프로이드, 마르크스 이후」, 『현대비평과 이론』 19, 한신문화사, 2000, 17~23쪽.

따라서 해체란 철학이나 문학의 원전을 심도 있게 읽기 위한 하나의 방법이자 전략이라고 하겠다. 이는 작가가 자신의 텍스트에서 논쟁의 여지가 없는 확고한 진리와 개념을 주장하기 위하여 무엇을 하였으며, 그 이론의 바탕을 이루는 원리나 토대를 정당화하기 위하여 무엇을 하고 있는가에 대한 물음과 답을 찾고자 하는 것이다. 이를 위해 해체는 원전의 바탕에 깔려있는 무의식적인 전제가 무엇이며, 작가의 눈으로 볼 수 없는 것이 어떤 것인가를 발견하기 위하여 텍스트 깊숙이 파고들어가는 행위를 의미한다. 아울러 해체는 기존의 텍스트의 구조와 체계를 외부에서 파괴하고 분석하는 방식이 아니다. 반대로 내부로부터 작용하여 일정한 텍스트 내에 존재하는 개념적 구조를 드러나게 한다. 또 무의식적인 충동을 탐색하여 외부에서 볼 수 없는 구조적 맹점과 새로운 해석을 도출한다. 동시에 단순하고 완전하며 자체적으로 동일한 것처럼 보이는 기원이나 원초적 본질을 규명한다. 다시 말해 해체는 이상적인 형상화를 창출하기 위한 전략적 복귀를 도모하는 것이라 할 수 있다.[405]

아울러 데리다는 이러한 문제를 극복하고 소쉬르를 비롯한 언어학자들의 텍스트와 이론들의 한계를 극복하고자 한다. 그는 이를 위해 문자의 기원에 대한 새로운 개념으로서 '흔적'의 개념을 제시한다. 그는 모든 것은 '흔적'으로부터 시작된다고 상정한다. 이것은 '초월적 기의'나 '초월적 기원'의 부재, 비현전을 의미하며 '원흔적'이라고 명명한다. 따라서 그것들은 이미 '흔적'으로만 존재하며 '흔적'에 의해서만 역으로 형성된다. 또 '기원'은 '비기원'으로부터 형성되며 '흔적'은 '흔

---

404 이광래 편(1989), 앞의 책, 111~113쪽.

405 피터 노에버, 김경준 옮김, 『뉴모더니즘과 해체주의』, 도서출판 청람, 1996, 16~18쪽.

적'의 기원이 된다는 것이다. 이 '흔적' 과정의 원류인 '원흔적' 역시 '흔적'에 불과한 것이다. 이 은폐된 '흔적'의 시간적 운동 속에서 모든 기호의 무한한 유희가 이루어진다. 그것은 시간과 공간 속에서 차연의 운동을 지속시키는 차이의 근원적 자리에 위치하고 있으며, '기원'은 '흔적'으로만 존재할 뿐 '절대적 기원'은 존재하지 않는다는 것이다. 이처럼 데리다는 '흔적'의 개념을 통하여 현전의 형이상학을 해체하고 '음성언어'와 '문자언어'와의 상관관계를 전복시키고 있다. 따라서 문자는 이성중심주의로부터 벗어난 새로운 해석과 해체의 관점을 표출하는 것이다. 문자의 '음성언어'화와 '문자언어'화는 모두 정치, 경제, 사회, 종교, 예술 등 전반적인 분야에서 이들의 역사적 활동과 맥을 같이 한다. 따라서 그 '기원'의 단순성은 존재하지 않으며 '흔적'으로서 '기원'의 도피가 있을 뿐이다. '차연'이라 불리는 '차이의 운동'이자 새로운 인식체계로서 이성중심주의 사유로부터 벗어나기 위한 부분이 해체의 주요한 관점인 것이다.[406] 이러한 의미에서 해체의 개념은 근본적으로 서구적 전통에 대한 비판방식이라 하겠다. 무엇보다도 '음성언어'를 '문자언어'보다 우선시 해오던 '음성적 문자'의 형이상학 내지는 '음성중심주의'에 대한 반전의 시도인 것이다.[407] 이것은 전통이라는 텍스트를 포함하여 어떠한 특정한 텍스트에 대한 새로운 해석을 위한 방법론이다. 동시에 작가에 의해 인지되지 않은 채 텍스트에 사용된 언어 유형들 사이에 내재되어 있는 것들의 관계를 드러내려는 탈구조적 관점이라 할 수 있을 것이다. 다음 장에서는 이와 같은 텍스트에 대한 해체 관점이 기국서가 〈햄릿〉을 수용하는 과정

---

406 자크 데리다, 김용권 옮김(2004), 앞의 책, 552~559쪽.
407 이광래 편(1989), 앞의 책, 11쪽.

에서 어떠한 해석 내지는 재구성 형태로 적용되어 표출되는지를 살펴보도록 하겠다.

(2) 〈햄릿〉의 해체적 수용 관점 분석

기국서는 〈햄릿〉의 수용에 대한 자신의 의도에 대하여 다음과 같은 기본적인 관점을 노정하고 있다.

> 〈햄릿〉을 고전성과 문학적 언어, 고귀한 영혼과 광적인 태도, 꿈과 무의식의 억눌림과 해방, 밑바닥 계층의 힘과 무기력 그리고 사랑과 예술 등으로 이루어진 것으로 분석하였다. 이와 같은 〈햄릿〉을 동시대의 정치적 사건과 상황에 비유하여 원전의 줄거리를 해체시키고, 재구성하고자 하였다.[408]

고 말하고 있다. 이러한 관점에서 기국서는 〈햄릿〉을 〈하멸태자〉로 번안한 안민수가 시대적 배경이나 등장인물들의 호칭에 대한 변경 등을 통한 한국적 내지는 동양적인 상황으로 변용을 시도한 것과는 다른 관점을 보여준다. 그는 햄릿시리즈의 텍스트 대부분을—1부와 2부 그리고 3부로 나누어 구성한 〈햄릿4〉 등을 제외한—원전의 제목이나 등장인물들의 호칭을 변용하거나 시공간의 배경에 대한 명확한 설정을 하지 않는다. 다만 새롭고 불특정한 상황에 따른 장면을 중심으로 막과 장의 구분을 해체하여 재구성하는 관점을 보여주고 있다.

---

408 기국서 연출과의 인터뷰, 장소: 대학로 카페 가비아노, 일시: 2011.1.30. 오후 3시~4시.
: 이 인터뷰 자리에서 기국서 연출은 자신이 연출한 〈햄릿5〉의 공연텍스트 원본을 연구 기초 자료로 제공해 주었으며, 이와 더불어 햄릿시리즈에 대한 자신의 관점을 「햄릿시리즈 연출노트」라는 제목하에 A4 용지 5~6매 정도의 분량의 참고 자료를 미리 작성하여 본 연구자에게 제공한다.

　　햄릿시리즈 중 첫 번째 공연인 〈기국서의 햄릿〉의 초반이자 원전의 시작 부분인 '성벽의 망루' 보초병과 선왕의 유령 등장(1막 1장) 장면부터 해체적으로 재구성한다. 첫 장면의 지문은 '텅 빈 무대. 무대에 30~40명의 관객들이 서있거나 앉아 있다. 때때로 연기자로 변신한다.' 라고 묘사하고 있다.[409] 이는 극의 시작 장면부터 극적 긴장감과 함께 구성의 해체를 시도하고 있음을 상정하게 한다.[410] 이처럼 기국서는 극 시작의 첫 번째 단계로서 주요 사건에 대한 암시와 극적 긴장 상황을 주도하는 원전의 1막 1장에 대한 상황을 해체적으로 재구성한다. 이는 원전과 차별화된 또 다른 시점에서 공연텍스트의 극적 구성에 대한 해체를 시도하면서 새로운 극적 긴장감을 표출하고 있는 것이다. 이러한 관점은 지속적으로 두 번째 공연인 〈햄릿Ⅱ〉와 세 번째 공연인 〈햄릿과 오레스테스〉로 이어지고 있음을 알 수 있다.

　　(1)(개막하기 전부터 라디오 방송극같이 아래 대화가 들린다. 꿈속처럼 어슴푸레하기도 하고 명료하기도 하다. 이 내용은 햄릿의 광증으로 이해

---

409 본 논의에서 참고하고 있는 햄릿시리즈 첫 번째 공연텍스트인 〈기국서의 햄릿〉은 공연 이후 연출자를 비롯한 모든 출연진과 스태프는 물론 국립예술자료관 등 어디에도 소장 내지는 보존되고 있지 않다. 이러한 이유로 본 연구자가 2011년 4월 8일 기국서 연출에게 직접 부탁하여 김재남 번역본(『햄릿』, 동서문화사, 1981.)을 바탕으로 기국서 연출이 직접 재정리 및 검수한 〈기국서의 햄릿〉 공연의 재정리 판본이다. 그리고 이것을 기국서와의 인터뷰에서 직접 제공받았다. 기국서 연출과의 인터뷰, 장소: 대학로 연극센터, 일시: 2011년 4월 25일 오후 4~5시. 기국서 연출, 〈기국서의 햄릿〉 공연텍스트, 국립극장 소극장, 극단76, 1981, 2쪽.

410 그 이유는 파국으로 끝나는 갈등을 표출하는 대부분의 비극 구조에 대한 세 단계의 기본적인 관점, 즉 첫째, 갈등을 유발하는 사건이나 문제의 상태에 대한 상황과 설명을 보여주는 장면들, 둘째, 극적 구성의 대부분을 이루는 갈등의 시작, 발전 그리고 변화를 다루는 장면들, 마지막으로 갈등의 파국을 보여주는 장면들로 이루어진다는 것에 근거하고 있다고 할 수 있다. A. C. 브레들리, 이대석 옮김, 『셰익스피어 비극론』, 한신문화사, 1989, 41~42쪽.

되어야 한다. 환청처럼, 강박처럼. 따라서 연극 도중에도 가끔씩 들린다.
멀리서 함성, 경적, 어지러운 발자국 소리, 산발적으로 들리는 총성, 함성)
거 누구냐? 넌 누구냐? 섯, 암호를 대라! 성수무강! 바나아도님? 그렇다.
꼭 시간에 대 오시는군요. 지금 막 열 두 시를 쳤다. 넌 가 자거라. (중략)
호레이쇼는 그것을 우리들의 망상이라고 우기고 도무지 믿어주질 않는다.
네. 두 차례나 우리들 눈앞에 나타난 무서운 광경인데. (중략) 어젯밤만
해도 북두칠성이 서쪽, 저기 저 별이 지금도 불타고 있는 저곳에 올라와서
하늘을 환히 비춰 줄 때쯤 돼서, 마셀러스와 나는, 그때 종이 한시를 알리
자……[411]

특히 위의 예로든 장면은 세 번째 공연인 〈햄릿과 오레스테스〉[412]
의 첫 장면의 지문과 불특정 인물의 대사이다. 지문(1)의 묘사처럼

---

[411] 기국서 연출, 〈햄릿과 오레스테스〉 공연텍스트(국립예술자료관 소장본, 문예회관 대
극장 공연), 극단76, 1984, 1쪽.
[412] 지금까지 전해진 그리스비극 33편 가운데 유일하게 완결된 삼부작으로 전해지는 아
이스킬로스의 오레스테스 삼부작은 제1부 〈아가멤논〉, 제2부 〈죽은 사람에게 바치는
제물〉, 제3부 〈복수의 여신들〉로 이루어진다. 제1부는 과거 아가멤논의 아버지 아트
레우스가 형제인 타이에스테스의 아이를 죽이고 아이기스토스를 추방한다. 아이기스
토스는 복수를 위해 아가멤논의 부인인 클리테메스트라의 분노를 자극해 아가멤논을
죽이고 아르고스의 지배자가 된다. 시민들은 저항하며 아가멤논의 아들 오레스테스
의 귀향을 기다린다. 제2부는 아가멤논의 무덤에 제물을 바치러 온 엘렉트라와 아르
고스로 돌아온 오레스테스가 만난다. 오레스테스는 아버지의 복수를 위해 신분을 속
이고 왕궁에 들어가 클리테메스트라와 아이기스토스를 죽인다. 제3부는 아버지의 복
수를 위해 어머니를 죽인 오레스테스가 복수의 여신들을 피해 아폴론이 있는 델피로
간다. 아폴론은 추적을 피하는 유일한 방법으로 아테네여신의 정당한 심판을 받도록
한다. 배심원의 결과는 동수였으나 제우스의 머리에서 태어난 아테네여신은 오레스
테스의 편을 들어 그의 무죄를 선언한다. 오레스테스는 아테네와 아르고스의 동맹을
제의하고 떠난다. 아테네여신은 분노와 절망에 쌓인 복수의 여신을 설득하여 화해다
짐을 받은 후 모두 기쁨의 노래를 부르며 퇴장하는 것으로 끝난다. 이 작품은 르네상
스 이후 유럽문화의 정신적 토대에 많은 영향을 끼친 작품으로 알려져 있다. 특히,
셰익스피어의 비극작품에도 많은 영향을 준 것으로 나타난다. 그의 〈멕베드〉나 〈법
에는 법으로〉 등에 그 영향이 드러나고 있다. 아이스킬로스, 김창화 옮김, 『오레스테
스』, 평민사, 1994, 214~217쪽 참고.

원전의 1막 1장의 상황을 '라디오 방송극' 양식으로 녹음하여 관객들에게 들려준다. 다양한 음향－함성, 경적소리, 발자국소리, 총성 그리고 또 다른 함성 등－청각적 효과를 이용한다. 이는 개막 전부터 극의 불길한 전조를 나타내는 전반적인 상황을 표출하면서 동시에 극적 해체를 통한 극 초반부의 새로운 긴장감을 창출하고 있는 것이다. 그러나 이어지는 〈햄릿4〉와 〈햄릿5〉에서는 원전의 주인공 햄릿의 성격만을 전용한다. 이를 극적 구성과 스토리 전개의 기본적인 골격으로 설정하고 원전의 전체적인 구조를 해체하기에 이른다. 〈햄릿4〉와 〈햄릿5〉의 극적 구성은 기본적으로 각기 서로 다른 유기적으로 관련이 없는 여섯 가지의 에피소드를 바탕으로 이루어지고 있다. 그러나 〈햄릿4〉의 경우, 〈햄릿5〉와는 다르게 전체적인 구조를 1부와 2부 그리고 3부(에필로그)로 크게 구분하고 있다. 그중 1부의 '햄릿 리허설'이라는 부제가 붙어 있는 지문을 살펴보면,

관객이 들어오면 극장은 공연 전 리허설 같은 분위기이다. 배우들이나 스태프들은 관객의 존재에 신경 쓰지 않고 자기들 일만 한다. (중략) 처음엔 배우들의 연기양식이나 대사가 아마추어적이다. 그들은 자연스런 대화체보다 시를 낭송하는 듯한 느낌이 좋겠다. 그들의 의상도 가지각색으로 극단 의상 창고에서 꺼내 입은 듯한 옷, 지금 막 재봉을 끝낸 윗도리만 걸친 듯한, 또는 일상복 등 다양하다. (중략) 요컨대 공연 전야 같은 분위기를 만들어 내야 하고 또한 이것을 치밀하게 계산하지 않도록 한다. 음향, 효과음악, 연주(악기) 등은 치밀하게 계산될 필요가 있다. 왜냐면 관객의 정서적 리듬을 연극적으로 유도해 내야 하기 때문이다. (중략) 1부의 느낌은 연극의 재료를 가지고 점차 퍼포먼스화하고 있다는 생각을 관객이 가지면 될 것이다. 공연 전 30분과 공연시작 후 30분은 별 차이 없이 연결될 것이다. 이윽고 모든 연기자, 음향, 조명 등이 일종의 하모니를 이루면서 2부로 넘겨진다.[413]

이처럼 극적 '행동'에 대한 지시와 세부적인 극적 '상황'에 대한 설명으로 이루어져 있다. 이러한 텍스트의 극적 구성에 대한 관점은 단순히 원전의 극 초반의 긴장감을 해체하여 재구성하는 것만이 아니다. 이는 원전의 핵심적 주제만을 변용하여 전혀 다른 관점에서 새로운 텍스트를 창출하고 있음을 보여주는 것이다. 이와 같은 관점의 연장선상에서 〈햄릿5〉 역시 거의 유사한 극적 구성의 관점을 보여준다. 두 텍스트 극적 구성의 차이점은 위의 '1부 상황'을 삭제하고 바로 첫 번째 에피소드인 '꿈─유령과의 만남'으로 시작되고 있는 부분이라 할 수 있다.

> (아버지가 무대 중앙에 서 있다. 배우(햄릿)가 아버지에게 말을 건다. 아버지는 처음엔 덤덤하다가 점차 격해진다. 살아있는 것처럼 사과를 먹는다)
>
> **햄릿:** (1)여기가 어딘가… 여기가 어딘가? 죽었는 줄 알았는데… 내가 지하실에서 시체를 꺼내서… 비닐봉지에 쌓인 당신의 시체 참 그래, 벽틈에도. (중략) 그러나 저러나 그렇게 살아계시니 건강은 어떠신가요? 한 십여 년 이상 더 사실 것 같은데… 그때 또 돌아가셔도… 그땐 끔찍하지 않겠는 걸요…
>
> **유령:** (2)저 벽을 보아라, 저기도, 저위도, 저기 구석도, 그리고 네가 돌아가는 길목에 여기저기 많은 주검들이 보일 것이다. 무서워하지 말고 그들을 수습하도록 해라. (휘파람 소리. 웃음) (시계를 보며) 시간이 자꾸 가는군. 점점 시간이 다가와. 어떡하지? (하략)[414]

위의 장면 햄릿의 대사(1)과 유령의 대사(2)에 나타나고 있는 것처

---

413 기국서 연출, 〈햄릿4〉 공연텍스트(『한국연극』 1990년 3월호 수록본, 대학로극장 공연), 극단현대극장, 1990, 62쪽.

414 기국서 연출, 〈햄릿5〉 공연텍스트(기국서 연출 소장본, 문예회관 대극장 공연), 극단 신협, 1990, 1~2쪽.

럼 원전의 주인공 햄릿의 성격에 나타나는 사고, 우유부단함, 지성과
광증 등을 현대적이며 동시대적인 상황과 인물로 변용하고 있다. 그
리고 원전의 전체적인 구성과 스토리를 해체하고 새로운 관점에서
햄릿시리즈의 공연텍스트 대부분을 재구성하고 있음을 알 수 있다.
이와 같은 관점에서 재구성한 텍스트의 장면들은 햄릿시리즈 공연에
따라 약간의 변별성과 극적 구성에서 차이를 나타낸다. 먼저 〈기국서
의 햄릿〉과 〈햄릿Ⅱ〉 그리고 〈햄릿과 오레스테스〉의 경우 원전과는
달리 막과 장의 구분을 없앤다. 그리고 일련의 연속성을 가지고 있는
상황을 여러 개의 장면으로 해체적으로 재구성하는 특징을 보여준다.
이러한 햄릿시리즈 중 첫 번째 공연인 〈기국서의 햄릿〉의 장면구성을
세부적으로 나누어 살펴보도록 하겠다.

1. 텅 빈 무대와 불특정 인물 내지는 관객으로서 3~40명 등장.
2. 대관식을 마친 왕과 왕비, 폴로니오스와 레어티스의 부탁 그리고 햄릿
   에 대한 염려와 반발.
3. 햄릿의 첫 번째 독백: 아, 너무도 더러운 육체….
4. 햄릿, 호레이쇼, 마셀러스 그리고 버나아도의 나라변괴에 대한 걱정.
5. 레어티스가 오필리어에게 햄릿에 대한 주의와 폴로니어스의 당부.
6. 폴로니어스가 레날도에게 아들행적 탐문을 부탁함 그리고 오필리어가
   햄릿의 이상행동을 고백함.
7. 왕과 왕비가 로젠크렌스와 길덴스턴에게 햄릿을 부탁함 그리고 폴로
   니어스가 햄릿의 광증원인을 알림.
8. 폴로니어스와 햄릿의 대화: 광증 여부를 염탐함.
9. 햄릿과 로젠크렌스, 길덴스턴의 대화: 덴마크를 감옥에 비유함. 그리고
   햄릿이 광대일행에게 '곤자고의 시역' 공연의 부탁함.
10. 햄릿의 두 번째 독백: 삶이냐, 죽음이냐 … 그리고 오필리어와의 대화:
    … 수녀원으로 가시오, 가.
11. 폴로니어스의 등장과 왕의 외침: 사랑 때문이라고? ….

12. 무언극 공연을 관람하는 왕과 왕비 그리고 햄릿과 오필리어 그리고 폴로니어스 : 햄릿의 위장 광증과 서로를 관찰하면서 염탐함.

13. 햄릿과 길덴스턴, 로젠크렌스의 대화: 왕비의 염려와 피리연주에 대하여 비유함. 그리고 폴로니어스가 왕비의 호출을 알림.

14. 왕에게 폴로니어스가 왕비와 햄릿의 만남을 알림 그리고 왕의 독백.

15. 햄릿의 선왕을 위한 복수의지와 지연에 대한 독백.

16. 왕비와 햄릿의 언쟁 그리고 폴로니어스의 죽음.

17. 햄릿에게 로젠크렌스가 폴로니어스 시체를 탐문함.

18. 왕과 햄릿의 대화: 폴로니어스에 대하여 추궁함.

19. 왕과 왕비가 미친 오필리어을 염려함.

20. 왕과 왕비에게 레어티스의 아버지 죽음에 대한 추궁과 복수의지.

21. 레어티스와 미친 오필리어의 만남.

22. 왕과 레어티스의 음모 그리고 녹음된 대화.

23. 묘지에서의 죽검에 대한 햄릿과 광대의 대화.

24. 장례행렬의 등장 그리고 결투에 대한 햄릿과 오즈리크의 대화 그리고 호레이쇼의 만류.

25. 왕과 왕비 신하들 등장, 결투를 준비하는 햄릿과 레어티스. 그리고 왕이 축배를 준비시키고 시합의 시작을 선포함.

26. 마지막 결투의 시작: 일회전.

27. 마지막 결투: 이회전.

28. 마지막 결투: 삼회전. ─불시에 레어티스가 일격을 가한다.

29. 왕비가 독배를 마시고 쓰러지고, 햄릿이 레어티스에게 일격을 가함.

30. 레어티스의 음모 고백과 죽음 그리고 왕에 대한 처살과 햄릿의 죽음. (막)[415]

이와 같이 약 30여 개의 상황으로 해체적 재구성을 한다. 특히, 기국서는 〈햄릿4〉와 〈햄릿5〉의 마지막 장면인 에필로그 부분에 해당

---

[415] 기국서 연출(1981), 앞의 〈기국서의 햄릿〉 공연텍스트, 1~38쪽 참고.

되는 첫 번째 공연 〈기국서의 햄릿〉의 '결투 장면'을 세 번 반복하여 구성하고 있다. 첫 번째는 왕이 햄릿에게 살해당한다. 두 번째는 군복 입은 길덴스턴에 의해 왕이 단검에 찔린다. 세 번째는 객석에서 뛰어 들어온 호레이쇼에 의해 권총으로 사살된다. 그리고 마지막 상황은 무언극 배우가 천천히 무대를 가로지르는 동안 기관총이 난사되며 인형들이 학살되고, 그 인형들은 객석으로 던져진다. 이 상황이 진행 되는 동안 동시에 당시 대중적으로 알려진 신중현의 '아름다운 강산' 이 효과음악으로 배경에 깔리면서 극적 효과를 배가시키는 역할을 한다.[416] 〈기국서의 햄릿〉의 또 다른 특징과 관점의 하나는 원전에 세 번 등장하여 햄릿의 고뇌와 갈등을 촉발하는 '선왕의 유령'을 완전 히 배제하고 있다는 점이다. 이는 초자연적이며 비현실적인 요소로 비유되는 '역사성'을 거부하는 것이다. 또 동시대적이며 현실적인 상 황과 연계하여 핵심적인 주제를 명확하게 제시하려는 기국서의 〈햄 릿〉에 대한 해체적 수용관점을 보여주는 대목 중 하나로 판단된다.

그러나 〈햄릿4〉와 〈햄릿5〉의 극적 구성과 전개는 서로 다른 에피 소드 여섯 가지와 에필로그를 중심으로 극적 구성을 하고 있다. 〈햄릿 4〉의 1부 장면을 제외하면 거의 대동소이한 면을 보여준다. 여기서는 〈햄릿5〉의 극적 구성에 따른 에피소드별 줄거리의 내용을 중심으로 그 해체적 특성을 살펴보도록 하겠다.

첫 번째 에피소드: 꿈─유령과의 만남, 햄릿은 악몽을 꾼다. 그 꿈 속에서 수많은 죽은 망령들을 본다. 그 망령들은 억울하게 죽은 사람 들이다. 햄릿은 그 현상을 자신의 무의식에 자리 잡은 어떠한 정치적 인 충격의 반영이라고 여긴다. 그에 따라 원혼에 대한 진혼을 하고자

---

416 위의 공연텍스트, 38쪽.

한다. 그러나 햄릿은 또 다른 죽음의 문제를 고민한다. 그 문제를 그의 꿈속에 철학적 친구인 호레이쇼와 함께 죽음과 삶의 문제를 해석하고자 한다.

두 번째 에피소드: 사랑과의 만남, 정치적 운동을 하는 햄릿의 애인은 항상 사회와 현실문제에 괴로워한다. 햄릿은 창백한 고뇌와 이해할 수 없는 광적인 상황에 놓여 있다. 그러한 그를 애인은 힐책한다. 결과적으로 함께 사색하고 고민하지만 그들은 항상 다툰다. 그것은 사랑인가 아니면 미움인가를 질문하고 있다.

세 번째 에피소드: 폭력과의 만남, 두 명의 직업적인 청부 살인업자가 대학생 두 명을 살해하고 유기한다. 그들은 자신들의 참회에도 불구하고 자신들의 영혼은 구원받을 수 없다는 사실에 서로 내면적으로 갈등하며 깊은 절망감을 느낀다. 그들은 일시적인 탈출구인 마약으로 위안을 얻지만 언제나 원혼이 그들을 괴롭힌다. 그들의 사유도 거기까지가 한계이며, 또 다른 희생자들임을 드러낸다.

네 번째 에피소드: 연극과의 만남, 왕비 혹은 유한부인으로 상징되는 자본주의는 실제 자본가들의 세계관을 보여주고 있다. 그들의 세상에 대한 연민은 연민으로 표출되고 있을 뿐이다. 이러한 문제는 관객과의 대화 형식으로 나타나며 텔레비전의 대담프로를 연상시킨다. 햄릿은 그들의 무의식 속에 자리 잡고 있는 양날의 칼과 같으나, 그들은 그 사실을 곧 잊어버린다는 점을 부각시킨다.

다섯 번째 에피소드: 어머니와의 만남, 모든 연극이 정치적이라고 판단하는 인물들이 공연을 하면서 춤을 추고, 미친 사람을 표출하고, 음란과 퇴폐의 세계를 적나라하게 보여준다. 이러한 행동은 밑바닥 인간들이 고상한 부류에 대한 날카로운 복수라는 시각을 추구한다.

여섯 번째 에피소드: 철학과의 만남, 공동묘지의 무덤을 파는 인부

들은 가장 밑바닥 인생을 살고 있으나, 삶과 죽음에 대한 철학적인 태도는 분명히 가지고 있다고 할 수 있다. 그들의 질퍼덕한 음담과 패설은 인간의 원초적인 생명탄생에 대한 것이다. 불량배나 건달들은 현실에 대한 항변을 나타내고 있으며, 주인공은 가공된 꿈속에서 자라나는 어린아이들을 지칭한다. 주인공은 잠들 것인가 아니면 깨어있을 것인가를 고민하고 있음을 드러내고자 한다.[417]

에필로그: 줄거리에 의해서 등장인물들은 죽어가지만, 다른 운명 혹은 고문 등에 의해서도 죽어간다. 죽음의 행렬은 이어지고 그들은 모두 다시 살아나고 있음을 보여주고자 한다. 하나의 사색과 하나의 연극이라는 태도와 입장을 보여주고자 하는 것이다. 이와 같은 에필로그의 마지막 장면과 대사를 보면,

> **햄릿:** (일어나서 걸으며) (1)여기는 어딘가. (더듬듯) 여기는 어딘가. 무슨 일이 분명히 있었는데 그 일이 무얼까. (오필리어 욕조 옆에서 노래한다)
> **햄릿:** (잠시 서 있다가) (2)햄릿 연습을 하다가 이런 **'사색'**을 하게 되었습니다. 많은 시간 할애해 주셔서 대단히 감사합니다. 안녕히 가십시오. (하략) (막)[418]

이상에서 살펴본 것과 같이 기국서는 원전의 줄거리를 완전히 해체하고, 주인공 햄릿의 성격과 이미지만을 변용하여 서로 유기적으로 연관성이 없는 상황들로 재구성하고 있다. 주인공이 만나는 여러 상황이나 상상하는 인간들의 심리적 내면세계를 표출하고 있는 것이다.

---

417 기국서 연출(1990), 앞의 〈햄릿5〉 공연텍스트, 1~48쪽 참고.
418 위의 공연텍스트, 47~48쪽.

그 여섯 개의 에피소드와 에필로그를 통하여 동시대적인 상황을 표출하고자 하는 관점이 드러난다. 아울러 기국서가 그러한 해체적 상황의 중심에 정치가 있음을 창출하고자 한다. 그러나 그의 궁극적인 텍스트에 대한 해체적 수용관점은 정치 그 자체에 중심이 있는 것이 아니다. 그것은 위의 에필로그에 나타나는 햄릿 대사(1)과 (2)에서 상징적으로 표현되고 있듯이, 정치로 인하여 유발되는 인간들의 '사색', 즉 '정신세계'에 있다고 할 수 있을 것이다.[419]

2) 공연의 시대적 배경과 목적

한국적 전통과 서구적 실험극의 수용과 조화를 전위적으로 모색하였던 1960, 70년대 공연들에 나타나는 창의적인 무대언어의 영향과 자극은 80년대 이후 본격적으로 수많은 공연예술가들에게 한국적 전통의 창조적 계승이라는 과제를 던져 준다. 또한 서구 고전텍스트에 대한 새로운 해석과 해체 그리고 재구성을 통한 창조적인 무대언어를 찾기 위한 다양한 도전과 노력을 요구한다. 따라서 이러한 시기에 이루어진 기국서의 햄릿시리즈 공연 역시 이와 같은 관점의 연장선상에 있다고 할 수 있다. 이에 본 장에서는 기국서의 햄릿시리즈 공연이 이루어진 동시대적 특성을 살펴보고, 이를 바탕으로 1981년 〈기국서의 햄릿〉 공연을 중심으로 햄릿시리즈의 공연배경과 목적 등에 대하여 분석하고자 한다.

(1) 동시대적 특성 고찰

새로운 기대와 희망을 간직한 채 1980년대의 벽두를 시작한 한국

연극계의 외적 여건은 경색된 정치, 사회적 상황 등 모든 분야에 걸쳐서 역전과 반전의 시대상이 이를 압도한다. 부분적으로 시대적 특성을 일부 대변하는 공연들이 있었다. 그러나 이러한 공연들은 현실적 상황을 충분하고 완전하게 반영하지 못한다. 이는 동시대적 삶의 양상을 심화시켜 깊이 있고 다양한 총체적 형상으로 표출하지 못하고 있음을 의미하는 것이다.[420] 이러한 시기의 정치, 사회, 경제적인 특성 중 하나는 60년대 5.16군사혁명, 70년대의 경제개발, 유신헌법 및 한국적 민주주의로 대변되는 박정희 정권의 몰락이다. 그 뒤를 이어 등장하는 신군부에 의한 정권창출과 이에 대한 다양한 민주화저항운동의 결과로 도출된 1987년 6.29대통령 직선제 선언으로 상징되는 동시대적 상황이라고 할 수 있다.

동시대의 정치, 사회적으로 주요한 상황은 박정희 정권하의 유신체제가 들어서는 70년대 초반과 그 이후 한반도를 둘러싼 주변의 급변하는 정세이다. 특히 미국의 탈아시아 정책인 닉슨 독트린, 미국과 중국 및 일본과 중국 간의 국교 정상화 등 한반도를 둘러싼 강대국 간의 냉전체제에서 화해 무드가 동북아 정세를 급속하게 변화시킨다. 또 국내적으로는 불과 유신체제 발표 3개월 전에 발표된 1972년 '7.4남북공동성명'은 한국의 안보에 대한 시각을 변화시킨다. 그러나 이후 회담의 결렬로 인하여 남북 간의 관계를 재정립하는 계기가 된다.[421]

이와 같은 상황에서 한국적 민주주의 정착을 목표로 시작된 유신체제는 출범 초부터 야당의 강력한 반대운동에 부딪친다. 이는 김대중 납치사건에 따른 정국불안과 긴급조치 제1호부터 4호 등 반체제운

---

420 한상철(1992), 앞의 책, 279~280쪽.
421 양동안 외, 『현대한국정치사』, 한국정신문화연구원, 1987, 294~308쪽.

동에 대한 집단행동 금지 조치와 해제로 이어진다. 그리고 인도차이나의 공산화에 따른 정세악화로 발의된 긴급조치 제9호에 의한 인권탄압이 격화된다. 아울러 1974년 8월 15일 경축식장에서의 대통령 내외 저격사건, 1979년 8월 11일 Y.H. 무역회사 노조원들의 신민당사 농성사태와 무력해산, 1979년 10월 16일부터 19일 사이 부산과 마산 등에서 발생한 소위 '부마사태'와 비상계엄령 선포, 1979년 10월 26일 궁정동 안가에서 발생한 김재규 중앙정보부장에 의한 박정희 대통령 시해사건이 발생한다. 뒤이어 1979년 12월 12일 계엄사령관인 정승화 참모총장 검거사건과 1980년 5월 17일 전국비상계엄령 선포 및 광주 5.18 진압과 그리고 8월 16일 최규하 대통령의 하야, 그리고 통일주체국민회의에서 제11대 전두환 대통령이 선출되는 것으로 실질적인 유신체제는 막을 내린다고 할 수 있다.[422] 이어지는 제5공화국정권하에서 실시된 언론기관의 통폐합과 공직자 숙청작업, 저항세력의 고문치사와 6월 민주화항쟁 그리고 이를 계기로 발표된 대통령 직선제를 골자로 하는 1987년 6.29선언이 발표된다. 그 결과 실시된 선거에서 여야 3당 합당에 의한 노태우 대통령의 제6공화국이 탄생한다. 동시에 제5공화국에 대한 정치권력비리, 광주5.18 및 언론 통폐합에 대한 진상 조사와 단죄로 상징되는 청문회로 이어진다고 하겠다.[423]

이러한 80년대의 정치, 사회적 상황으로 인하여 공연분야에서는 전통극의 현실비판적인 요소와 다양한 표현양식을 전용한 정치풍자극인 마당극이 새로운 공연양식으로 등장한다. 마당극은 주로 정치적인 자유와 인권의 문제를 주제로 공연하면서 당시를 대표하는 공연형

422 위의 책, 313~327쪽.
423 최한수, 『한국정치의 이해』, 건국대학교 출판부, 2004, 63~72쪽.

식의 하나로 부상하게 된다.[424] 아울러 사회비판적이며 관객참여를 유
도하는 마당극이 성행하게 된 것은 당시의 시대적 상황의 결과라 할
수 있다. 다시 말해 지속적인 경제개발과 산업화로 기능화된 사회에
서 자발적인 놀이를 상실한 당대의 관객들에게 새로운 놀이양식을
향유할 수 있는 기회를 제공하고자 한 것이다.[425]

마당극은 서구의 근대극적인 요소를 거부하고 정치저항적인 성격
이 강한 공연이다. 미학적인 면에서도 서구의 근대적 극장, 사실적인
극작술과 논리적 구성 및 텍스트 중심주의를 거부한다. 한국의 전통
극과 브레히트의 서사극에서 영향을 받음으로써 관중과 공연자의 관
계, 춤과 노래 등 놀이적인 부분을 추구한다. 마당극은 한국 연극계의
사실주의 중심의 공연과 달리 포스트모던한 면을 보여준다고 할 수
있다.[426] 그러나 그 바탕이 된 전통극 원형의 복원이나 재현을 통한
미학적 완성의 목적보다는 거기에 나타나는 현실비판을 강조한다. 이
러한 성향으로 민중의식을 수용코자 한 특성과 민중극으로써 자체적
인 공연미학을 확고하게 확립하지 못한다.[427] 따라서 90년대 이후 정
치적 상황의 변화에 의해 당초의 지향점과 목적성을 상실하고 동시대
관객으로부터 점차 멀어지게 된다.

이와 같은 동시대적 공연문화의 또 다른 특성 중 하나는 전통의
보존과 창조적인 계승을 기반으로 새로운 한국적 연극을 창조해야
한다는 것이다. 그러나 현실적인 문제에 있어서 연극 방법론의 후진

---

424 이미원(1996), 앞의 책, 92쪽.

425 한상철(1992), 앞의 책, 280쪽.

426 김방옥, 「80년대 이후 한국연극에 미친 포스트모더니즘의 영향」, 『淸藝論叢』, 청주대
　　　학교 예술문화연구소, 1996, 91~92쪽.

427 이미원(1996), 앞의 책, 91~92쪽.

성과 연극이념 내지는 철학이 부족한 것으로 지적된다. 이러한 비관
적인 상황에서도 80년대 초반 이후 각종 연극제를 비롯한 다양한 공
연에서는 설화와 역사에서 소재를 가져오거나 민속적인 요소를 가미
한 작품이 무대화된다. 또는 서사극적인 기법과 잔혹연극의 기법을
미묘하게 조화시킨 비사실주의적인 경향의 공연과 역사성과 사회성
을 다루면서 동시대적 상황을 표현하고자 하는 공연 등 새롭고 창의
적인 작품과 공연들이 주도한다.[428]

　　또한 80년대 초반부터 전통의 보존과 한국적 연극을 창의적으로
발전시켜야 한다는 시대적 과제는 창작극의 발전이라는 긍정적인 면
도 있었다. 반면 지나치게 오락적인 요소를 강조하고 민속적 놀이의
개념만을 추구함으로써 동시대의 정치, 사회적인 본질을 심층적으로
반영하지 못하는 결과를 초래한다. 그러나 침체된 당시 연극계는 86
년 아시안게임과 그에 따른 축제형식의 연극제를 계기로 활기를 되찾
게 된다. 또 87년 6.29선언 이후 정치, 사회적으로 창작과 표현의 자유
라는 상황이 마련된다. 이를 계기로 공연작품의 사전 및 사후 심의제
도가 폐지되고 문화예술 전반에 걸쳐 심의 및 규제완화를 위한 개정
작업이 이루어진다. 이와 더불어 남북예술인의 텍스트들이 해금되고
동구권 및 공산권의 텍스트들도 심의 절차를 거쳐 국내 공연이 허용
되는 문화개방정책이 실효적으로 진행된다. 그 결과 창작극 공연의
양적 증가와 공연이 불가능하던 정치, 사회적인 문제들이 공연과 텍
스트의 소재로 나타나는 것도 동시대 특성 중 하나이다.[429]

　　이러한 점에서 80년대 공연예술의 시대적 특성은 정치, 사회적 혼

---

428 이태주(1999), 앞의 책, 27~32쪽.
429 위의 책, 36~43쪽.

돈과 경직을 극복하고 무질서한 혼돈에서 질서를 찾고자 한 것이라 할 수 있다. 그러나 다른 면에서는 공연예술이 인간과 그 정신의 긍정적인 가치를 통하여 현실의 고통을 이겨낼 수 있는 용기와 희망을 일깨우는 역할과 성과에서는 많은 아쉬움을 남긴다.[430] 이것은 동시대의 한국적 포스트모더니즘 연극의 공통적인 문제점이었다. 이는 연극의 양상이 극적 구성, 연출기법, 무대미술 등 공연적인 요소와 막연한 분위기 창출에 의하여 형상화된다. 따라서 그 정신적, 철학적, 미학적인 바탕이 본질적으로 부족하다는 지적과도 상통한다고 할 수 있다.[431] 결과적으로 이러한 부분들은 80년대를 넘어 지속적으로 한국 연극계가 극복해야 할 과제이자 동시대적 특성을 가름하는 핵심적인 문제라 할 것이다.

(2) 〈햄릿〉 공연의 배경과 목적

햄릿시리즈 공연 이전의 기국서 연출성향을 살펴보면 대체로 '부조리 극'이나 독일어권의 텍스트 혹은 국내 창작품들이 주를 이루고 있다.[432] 당초 1976년 창단된 극단76은 새로운 연극적 표현양식에 대한

---

430 한상철(1992), 앞의 책, 282~283쪽.

431 김방옥(1996), 앞의 논문, 100~101쪽.

432 1977년 사무엘 베케트(Samuel Becket) 작, 이원기 역, 기국서 연출, 〈마지막 테이프〉, 76소극장 공연. 1978년 알프레트 베르크만(Alfred Bergmann) 작, 백광수 역, 기국서 연출, 〈니나와게오르크(음악이 끝났을 때)〉, 76소극장 공연. 1978년 페터 한트케(Peter Handke) 작, 홍성광 역, 기국서 연출, 〈관객모독〉, 76소극장 공연. 1979년 김영덕 작, 기국서 연출, 〈순장〉, 76소극장 공연. 1980년 강계석 작, 기국서 연출, 〈신파극〉, 공간사랑 소극장 공연. 이상 1977년부터 1980년까지 기국서 연출의 주요 공연텍스트를 살펴보면, 유럽 극작가의 텍스트 4편과 국내 작가 텍스트 2편 등 주로 독일 극작가 및 부조리 계열의 작품과 한국적 정서를 보여주는 텍스트가 주를 이루고 있다. 특히 위 작품들 중 〈니나와 게오르크〉를 번역한 백광수는 성대 독문학과 출신인 김화실, 권길중, 박철규, 이명초(1994.8.22. 작고), 유영일, 정인수와 이회영 교수(2000.7.24. 작

열정과 패기가 넘치던 공연집단이다. 기국서는 1977년 9월부터 본격
적으로 극단76의 공연활동에 참여하게 된다.[433] 당시 극단76이 공연하
던 작품들은 기국서가 지향하는 공연철학이나 개념과는 다소 거리감
이 있는 텍스트들이다. 이는 당시 엄격하게 진행되던 사전 및 사후검
열과 공연제작 여건 등 공연외적인 요인에 기인한 것으로 판단된다.
그러나 1981년 초반부터 시작된 기국서의 햄릿시리즈는 동시대적인
정치, 사회적인 상황과 함께 그를 대표로 하는 공연집단 극단76의 공
동체적인 가치와 현실비판 및 진실을 추구하는 '창단이념'[434]을 배경으
로 하고 있다. 이러한 관점의 연장선상에서 첫 번째 공연인 〈기국서의
햄릿〉을 시작으로 지속적인 무대형상화 작업이 이루어진다.

　동시대가 지니고 있던 정치적, 사회적인 이념의 경직성과 혼란은
무수한 문제들을 야기한다. 특히 역사적으로 항상 중요한 사회적 위
치와 역할을 담당하던 젊은 세대는 미래에 대한 비전과 그 불확실성을
당면한다. 동시대적 사회가 보여주는 비인간성과 생명에 대한 잔혹성
등의 문제들이 그것이다. 또 그러한 문제들을 진지하게 다루는 공연

고), 양응주 교수(2003.7.21.작고)를 중심으로 1970년 창단된 극회 능라촌의 핵심 인물
이다. 그는 기국서 연출의 극단76 초기 활동부터 현재까지 작품 및 번역 등에서 공조관
계를 유지하고 있다. 기국서와의 인터뷰(2011.1.30), 앞의 인터뷰 자료 및 백광수와의
인터뷰, 일시: 2011.5.29. 오후 6~8시, 장소: 구로동 소재 카페 지니.
433 고등학교 동창인 김태원, 이주 그리고 이정갑, 기주봉, 한익기, 김혜련 등 여섯 명이
주축이 되어 1976년 창단한 극단76은 대표 김태원의 급작스런 미국이민으로 대표가
공석이 된 상황에서 기국서 연출은 1977년 9월 상임연출 겸 대표로 가입하여 본격적
인 극단 활동을 시작하며, 이후 기국서 연출은 1998년까지 대표 및 상임연출로 활동한
다. 특히 이정갑, 기주봉, 한익기 및 김혜련 등이 극단76의 창단멤버로 참여한 사실을
처음으로 직접 확인하였다. 기국서와의 인터뷰, 장소: 수유리 자택(단군산장), 일시:
2011.5.29. 오후 3시~4시.
434 기국서, 이태원, 한상철 대담, 「76 소극장과 열린 연극 의식의 터」, 『공간』 6, 공간사,
1988, 140쪽.

이 나오지 않는다는 것은 일종의 정신적 불모성을 나타내는 것이다. 이는 진실에 대한 사랑과 진실을 추구하고자 하는 의지가 결여된 것이라는 문제가 지적된다.[435] 이에 따라 젊은 세대의 고뇌, 반항의 문제를 다루거나, 사회적인 편견과 오해로 얼룩진 문제들을 진지하게 형상화한 텍스트와 공연이 절실하게 요구되던 시점이라고 할 수 있다.

이와 같은 시대적 배경과 요구가 잠재되어 있던 시기에 기국서 역시 그러한 시대적 흐름과 소용돌이의 한가운데 위치한다. 그는 박정희 대통령의 국장기간 중 전국 공연금지라는 지침에 따라 당시 공연 중이었던 〈관객모독〉 공연이 8일간 중단되는 사건을 겪게 된다. 아울러 대다수 시민들의 민주화에 대한 희망과 기대 그리고 급변하는 정치 상황 속에서 신군부에 의한 79.12.12사태가 발생한다. 서울 도심에서 격렬한 군중 시위와 긴장이 이어진다. 아울러 광주5.18가 발생하는 것을 지켜보게 된다. 이를 통해 '죽음'과 '반역'이라는 역사적 사건들이 동시대 사람들의 마음속에 각인되는 것을 경험한다. 기국서는 이와 같은 일련의 사건들을 겪으면서 '정치극'이라는 공연형식을 구상한다. 이러한 관점은 자연스럽게 〈햄릿〉에 대한 연구와 공연을 준비하게 된 직접적인 계기와 배경이 된다고 할 수 있다.[436]

기국서의 햄릿시리즈 공연은 기본적으로 이와 같은 계기와 배경을 공통적인 바탕으로 하고 있다. 그러나 그 시점에 따라 공연의 목적성에서 약간의 차이를 보여준다. 먼저 1981년 국립극장 소극장 공연인 〈기국서의 햄릿〉[437]의 경우 국내 연출에 의한 공연으로는 최초로 원전

---

435 한상철(1992), 앞의 책, 284~285쪽.
436 기국서와의 인터뷰(201.1.30), 앞의 인터뷰 자료.
437 제목의 결정은 〈기국서의 햄릿〉 제작자이자 신아일보 해직기자인 신영철의 제안을 기국서 연출이 받아 드림으로써 결정된 것이라고 술회하고 있다. 위의 인터뷰 자료.

의 명칭 앞에 연출자의 이름을 붙인 것으로 상정된다. 그는 이 공연에서 시역 사건에서 시역 사건으로 끝나게 되는 〈햄릿〉의 기본적인 구성과 줄거리를 동시대의 정치적 사건으로 변용하여 형상화하고자 한다. 시리즈 두 번째인 1982년 문예회관 소극장 공연 〈햄릿Ⅱ〉에서는 돈에 의하여 모든 가치가 전도되는 사회와 도덕적 타락을 핵심주제로 삼는다. 이를 통해 퇴폐적인 사회 지도층의 문제점과 감시세력의 환락과 몰락의 과정을 적나라하게 표출하는 특성을 보여준다. 또 이어지는 시리즈 세 번째인 1984년 문예회관 대극장 공연 〈햄릿과 오레스테스〉에서는 당시 젊은 세대들에게 동시대적 의미는 무엇인가를 묻고 있다. 그는 햄릿과 오레스테스를 내세워 동시대의 현실에 안주할 것인지 아니면 새로운 저항을 꿈꾸고 있는가를 묻는다. 네 번째인 1990년 2월 대학로극장 공연 〈햄릿4〉와 다섯 번째인 1990년 9월 문예회관 대극장 공연인 〈햄릿5〉는 텍스트의 내용이 대동소이한 경우이다. 두 공연 모두 원전의 스토리를 완전히 배제한다. 주인공 햄릿이 '만남'이라는 주제를 가지고 과연 누구를 '언제', '어디서', '무엇을', '어떻게', '왜' 만나는가에 대한 여섯 가지의 관점ㅡ유령, 사랑, 폭력, 연극, 어머니, 철학 등ㅡ에서 동시대의 문제점들을 형상화한다.[438]

이와 같이 기국서의 햄릿시리즈 공연의 배경과 목적에는 〈햄릿〉의 비극적인 주제와 함께 주인공 햄릿의 도덕성과 고뇌가 차용된다. 이를 통해 꿈을 잃은 동시대적 젊은 세대에게 새로운 꿈과 동시대적 사회의 현실인식 문제를 함께 제시하고자 한다. 이는 셰익스피어의 대부분 텍스트에서 동시대적 젊은 세대의 고뇌와 반항을 표현하고자 한 것에 상응하는 것이다. 또 수많은 고전이나 현대 극작가들이 젊은

---

[438] 위의 인터뷰 자료.

세대의 문제나 이들이 겪게 되는 역사적 사건과 사회적 문제와 배경
등을 동시대적인 관점에서 표출하고자 했던 목적과도 부합되는 관점
이라고 할 수 있을 것이다.

3) 〈햄릿〉의 연출관점

기국서는 〈햄릿〉의 해체적 변용을 통해 동시대의 정치, 사회적인
문제와 그 속에 내재되어 있는 인간의 욕망과 갈등의 본질을 드러내
고자 한다. 이는 그가 동시대의 정치, 사회적 문제점들을 어떠한 시각
에서 햄릿시리즈를 통하여 형상화할 것인가에 대한 고민이자 관점이
라고 할 수 있다. 이에 본 장에서는 〈햄릿〉의 연출관점 분석에 앞서
그의 연출관점에 있어 핵심적 요소인 공연텍스트의 '동시대성'과 '사
회성'의 개념과 관점 등을 살펴보고, 이를 바탕으로 그가 원전의 해체
와 재구성 내지는 개작을 통하여 형상화한 기국서의 햄릿시리즈에
나타나는 연출관점을 분석하고자 한다.

(1) 공연텍스트의 '동시대성'과 '사회'적 관점 고찰

공연예술과 사회의 상관관계를 역사적 관점에서 살펴보면, 인류사
회 발전의 본질적인 단계마다 동시대적 사회에 부합되는 기능을 수
행하는 공연예술이 있음을 알 수 있다. 문화가 낮은 수준에 있었던
수렵 사회에서는 예술은 인간을 위협하는 자연의 힘에 대항하여 그
것들을 극복하는 기능과 역할을 한다. 이는 자연을 인간에게 굴복시
키려는 제의적이며 마술적인 요소라고 할 수 있다. 이어지는 농업과
신관이 주도하던 사회에서는 예술은 모든 신을 위하는 종교 의식으
로 인간의 행복을 위하여 모든 신을 경외하는 목적성과 강제력을 가
진 마술로 인식된다. 또 봉건적 사회를 극복하는 과정에서는 지배계

층과 봉건제도와의 투쟁에서 나타난 부르주아 계급은 예술을 통일된 부르주아 사회의 각 구성원에 대한 도덕적, 정치적, 교육적 수단으로 사용한다. 마지막으로 물질적 풍요와 정치권력을 지닌 부르주아 계급은 예술을 종교, 정치, 도덕적 사상 등 모든 사상으로부터 해방시킨다. 그리고 단지 생활의 향락수단으로서 자신들을 위해 봉사하도록 강제하게 된다.[439]

그러나 사회 발전의 모든 단계에 있어서 마술적 요소는 예술의 고유한 요소로 남아 존재한다. 특히 신흥 부르주아 사회에서의 예술은 전과 다름없이 마술적 요소를 가진다. 이는 수렵사회와 농업사회와 같은 자연과 신에 대한 것이 아니라 사회 구성원에 대한 것이다. 아울러 예술이 보수적 부르주아 사회에서 종교적, 정치적, 도덕적인 모든 사상으로부터 해방되어 오로지 '순수예술'을 지향하던 시기에도 마술적 요소는 예술에 있어서 본질적인 관점으로 남아있다. 그 이유는 예술이 추구하는 현실생활과 괴리된 환상적 세계를 표출하는 수단으로 쓰이기 때문이다. 그러나 보다 큰 존재 이유는 이러한 마술적 요소가 여전히 인간에게 본질적인 요소로 남아있기 때문이라 하겠다.[440] 이처럼 각각의 사회발전 단계마다 동시대 공연예술의 본질적인 요소로 남아 존재하는 제의적이며 마술적인 요소들은 당초 주력을 얻기 위한 제의적 행위에서 벗어난다. 이것은 심화된 예술적 창조를 위한 마술적 행위이다. 동시에 무상의 자기충족을 위한 변신이자 놀이인 것이다. 이것은 탈일상적 창조행위인 공연예술 및 공연텍스트로 발전한다.

---

439 브라드미르 프리체, 김휴 옮김, 『예술사회학』, 도서출판 온누리, 1986, 26~37쪽.
440 위의 책, 38~39쪽.

아울러 공연예술 및 공연텍스트가 계승된다는 것은 공연예술이나 그 공연텍스트가 영구불변의 가치가 있기 때문이 아니다. 그 이유는 현대 혹은 동시대적 관점에서 그것이 가치를 지니기 때문이라 할 수 있다. 그러나 그것의 가치는 시대나 사회의 체제나 상황에 따라 상대적이다. 체제와 상황의 변화에 따라 그 가치를 상실하는 공연텍스트가 존재하기 마련이다. 그럼에도 불구하고 시대의 변천에 상관없이 계승되는 공연텍스트들이 있다. 예를 들어 호메로스, 셰익스피어, 괴테 등의 공연텍스트들이 그것이다. 그 이유는 이것이 창출되던 시대의 사회와 정치의 이해관계를 훌륭히 반영하는데 성공하고 있기 때문이다. 따라서 사회적 체제나 정치적인 상황이 변화된 후대에서도 그 공연텍스트들이 동시대적 상황에서 재해석될 수 있는 것이다. 더 나아가 현대적 관점에서 전체적인 사회관계와 각 등장인물들의 역할에 대한 창조적 표출이 가능하기 때문이라고 할 수 있다.[441] 이는 지난 시대의 공연텍스트들이 그대로 재현되는 것을 말하는 것이 아니라 항상 동시대적이며 현대적 관점에서 재해석되고 평가되는 것임을 의미하는 것이다.

특히 자본주의 정치, 사회에서 창출된 공연텍스트들은 여타의 사회체제에서 생산된 공연텍스트보다 다양하고 변화무쌍한 관점을 보여준다. 그 양적인 면에서도 어느 시대보다 다수를 점하고 있다. 이는 부르주아 자본주의 정치, 사회체제가 봉건제도나 사회주의 등 여타 체제와 달리 집단적이며 통일된 인간관계와 생활을 영위하는 것이 아니라, 진실추구를 위한 자유경쟁과 독립된 개인의 존엄을 지향하는 개인주의에 근거하여 서로 다른 개성의 표출이 가능하기 때문이다.

---

441 村上嘉隆, 유염하 옮김, 『계급사회와 예술』, 도서출판 공동체, 1987, 72~73쪽.

그러나 자본주의 사회는 자유경쟁의 원리에 따라 독점자본주의체제
가 발전한다. 따라서 개인 노동이 조직화되고 소비적 상품을 향유하
는 방식에 다양한 변화양식이 출현하게 된다. 이에 따라 공연예술에
서도 향락적 소비수단의 변화를 추구하는 경향과 천차만별의 공연양
식을 도출하게 되는 것이다.[442] 그 결과 창조적인 공연예술이 추구한
순수한 예술성과의 괴리를 표출한다. 이것은 자본주의 정치, 사회 체
제하에서 창출된 공연예술과 공연텍스트가 극복해야 할 예술적 가치
와 관점의 하나라 하겠다.

이와 같은 공연텍스트의 예술적 가치를 회복할 수 있는 초시대적
관점으로써 푸코는 사유의 와해로서 광기이자 새로운 사유의 시작으
로써 광기의 개념을 제시한다. 광기는 공연텍스트와의 단절을 의미한
다. 공연텍스트를 해체시키는 것으로서 광기는 동시대 속으로 공연텍
스트를 침잠시킨다는 관점이다. 더 나아가 공연텍스트의 부재라는 심
연위에 놓인 광기는 더 이상 우유부단의 공간이나 동시대적 상황이
아니다. 그것을 통하여 공연텍스트의 원초적인 진리를 간파한다. 아
울러 그것이 의미하는 것은 광기를 통하여 공연텍스트가 자신 속에
동시대적 상황을 위치시킨다는 것이다. 이는 동시대의 시간을 지배하
고 이끄는 것을 말한다. 또한 공연텍스트는 광기를 통하여 화해 불가
능한 분열을 유발한다. 동시대는 그 분열을 통하여 스스로에게 질문
할 것을 강요받음으로써 필연적으로 광기에 빠진 공연텍스트의 시간
성을 통하여 자신의 잘못을 직시하게 된다. 그와 같은 공연텍스트에
의하여 동시대의 불합리한 세계는 형상화된다. 또 그 언어를 통하여
새로운 질서와 이성을 회복시켜 주는 임무와 관점을 추구하게 된다는

442 위의 책, 60~61쪽.

것이다. 그리고 공연텍스트는 광기를 그 한계까지 몰아가지만, 여전히 광기와 공연텍스트는 동시대적인 관점에서 존재한다. 그 이유는 광기가 공연텍스트 속에 내재된 진실을 드러나게 하기 때문이다. 이를 통하여 공연텍스트와 광기가 함께 탄생하여 함께 완성된다. 이 순간 동시대의 모든 정치와 사회 체제의 불합리성이 도출되어 동시대적 상황에 대한 책임을 묻는 시기와 관점이 표출되기 때문이라는 것이다.[443]

얀 코트(Jan Kott)에 의하면 고대 희랍의 희극으로부터 코메디아 델 알테에 이르기까지 그리고 대중 소극에서 몰리에르(Molière)에 이르기까지, 가장 오래되고 끈질기게 계속된 공연텍스트의 행동양상은 서로 앙숙인 두 집안의 이야기라고 한다. 항상 그중 하나는 동시대의 질서와 미덕을 대표하는 집안이고, 또 다른 하나는 동시대의 방임과 쾌락을 대표하는 집안이다. 따라서 전자에는 그 지역사회로부터 존경받는 인물들이 모여살고, 후자에는 가족과 사회에 위협이 되는 인물들이 등장한다고 말한다.[444] 이는 공연텍스트가 동시대의 공동체 정서의 변화를 표출하는 동시에 정치, 사회적 기능과 관점에서 파악되어야 하는 것임을 상정케 하는 것이다.

아울러 시적인 재능이나 음악적인 재능 등 다양한 예술적 재능을 지닌 개인이 그 사회공동체의 총체성과 괴리된 상황에서 예술적 재능의 발전을 바라는 것은 자가당착적인 시도라고 지적한다. 동시에 이러한 시도는 왜곡된 시각에서 관객과 예술가를 분리시키려는 시대착오적인 관점이라고 주장한다. 그와 같은 상황에서는 어떠한 예술적

443 미셸 푸코, 김부용 옮김, 『광기의 역사』, 고양: 도서출판 인간사랑, 1999, 368~370쪽.
444 얀 코트, 김동욱 외 옮김, 『얀코트의 연극론』, 도서출판 동인, 2000, 34쪽.

표현도 생성되기 어려우며, 설혹 예술적 행위가 이루어진다 하더라도
그것은 개인적 상황의 사적인 표현이 된다는 것이다. 따라서 그와
같은 행위는 결코 '동시대'적 의미와 가치를 창출하지 못하는 것을
의미한다.[445] 이는 공연텍스트 및 그와 관련된 예술양식은 새로운 표
현의 창출을 위하여 인식할 수 없는 심연이 있다고 하더라도 항상
동시대적인 상황과 공동체적인 가치를 의식해야 한다는 것을 말한다.
그것은 사회와 관객을 위하여 창조되는 표현이자, '동시대성'과 '사회'
적 관점을 구체화시키는 예술적 행위를 내재하고 있기 때문이라 할
수 있다.

(2) 〈햄릿〉의 연출관점 분석

기국서의 연출로서 텍스트에 대한 가장 큰 관심은 동시대에 대한
은유와 비약적인 상상력이 투영된 해석이다. 이러한 관점에서 텍스트
에 나타나는 등장인물의 갈등구조보다는 그것을 극복하고자 하는 인
간 심리상태에 초점을 둔다. 그리고 그러한 심리적 상황은 언제나
다시 반복되어 표출된다는 것이다. 아울러 이러한 해석은 동시대적인
우리의 삶이 어떠한 양상으로 표현되고, 그것이 과연 인간적인 삶의
형태인가를 묻게 될 수밖에 없다. 또 그것의 궁극적인 의도와 역할은
동시대의 정치와 사회 체제 안에 존재하는 인간들의 관계와 그 정신
상태를 통하여 빚어진다는 것이다.[446] 이러한 기국서의 텍스트에 대한
동시대의 정치, 사회적 관점과 해석은 햄릿시리즈의 관점에 그대로
전용되어 나타난다.

---

[445] 이남복 편저, 『연극사회학』, 현대미학사, 1996, 94~95쪽.
[446] 기국서 연출, 「햄릿5 作意」, 〈햄릿5〉 공연텍스트, 극단 신협, 1990, 49쪽.

먼저 햄릿시리즈의 첫 번째 공연인 1981년 국립극장 소극장 〈기국서의 햄릿〉[447]에 대한 자신의 연출관점을 다음과 같이 술회하고 있다.

당시 일련의 폭력적인 정치상황이 전개된 것을 직시하였다. 동시대적인 희망이 좌절로 이어지고 시민들이 무참하게 학살당하는 현실문제들을 기본적으로 〈햄릿〉을 통하여 형상화하고자 한 것이다. 이러한 관점의 연장선상에서 원전의 고전성이나 문학적 언어, 고증에 의한 사실주의와 선왕 유령의 출현으로 시작되는 환상적 장면 그리고 햄릿과 오필리어의 사랑 등 〈햄릿〉에 대한 전통적인 관점을 배제한다. 〈햄릿〉의 모든 장면과 상황을 정치적인 상황으로 변용하였다. 다만 햄릿의 성격만은 준용하여 동시대의 한국 젊은 세대의 고뇌로 형상화하고자 하였다.[448]

이와 같은 연출관점은 〈기국서의 햄릿〉에 그대로 반영되고 있다. 그중 대표적인 상황으로써 첫 번째 장면을 살펴보도록 하겠다.

(텅 빈 무대. 무대에 3~40명의 관객들이 서 있다. 때때로 연기자로 변신한다.)[449]

원전의 첫 번째 장면인 1막 1장과 2장은 상호 유기적으로 연결되고 있다. 전통적 관점에서 극적 긴장감을 주도하면서 강력한 대조를 이

---

447 주요 출연진으로는 햄릿 역 정재진, 클로디어스 역 이길재, 거트루드 역 김지숙, 오필리어 역 동광자, 호레이쇼 역 강능원, 폴로니어스 역 황명성, 로젠크렌츠 역 최정우, 레어티즈 역 장세준, 길덴스턴 역 이창훈, 극중 왕 역 김성구, 극중 여왕 역에 동광자, 광대 역에는 기주봉, 이봉남, 박영규, 박동과 등이 출연하였으며, 주요 스태프에는 제작 신영철, 음악 조성진, 무대디자인 최철환, 무대감독 이한철, 조연출 홍우진 등이 참여한다. 공연단체명: 극단76. 장소: 국립극장 소극장, 일시: 1981년 4월 16일부터 21일까지, 매일 오후 4시, 7시. 기국서와의 인터뷰(2011.1.30), 앞의 인터뷰 자료.
448 위의 인터뷰 자료.
449 기국서 연출(1981), 앞의 〈기국서의 햄릿〉 공연텍스트, 2쪽.

루고 있는 장면들이다. 이러한 긴장감은 원전의 첫 대사인 '거 누구냐?'라는 대사에서부터 나타나고 있다. 이 고함치는 대사는 보초인 '프란시스코'가 응당 물어야 하는 것이다. 그러나 반대로 교대차 등장하는 '버나아도'가 묻고 있다. 이는 일상적인 진행과 달리 사건의 전도를 암시하는 대목이라고 할 수 있다.[450] 그러나 기국서는 〈기국서의 햄릿〉에서 원전과는 달리 극 초반부의 긴장감에 대한 완전한 해체를 시도한다. 위 지문의 묘사와 같이 첫 장면을 텅 빈 무대 위를 서성되는 40여 명의 불특정 다수 등장인물들을 배치하여 방관자로서의 시민들이나 사건 현장의 구경꾼 혹은 기자 등으로 형상화하고 있다.[451](사진13)

또 열 번째 장면인 햄릿의 독백-'삶이냐, 죽음이냐 이것이 문제로다. 가혹한 운명의 화살을 참는 것이란 장한 것이냐, 아니면 환난의 조수를 두 손으로 막아 이를 근절시키는 것이 장한 것이냐? 죽는다, 잠잔다-다만 그것뿐이다,'(하략)-그리고 오필리어와의 대화 장면을 다음 장면인 무언극에 등장하는 배우들이 무대를 꾸미는 가운데 마치 극중극 같은 분위기로 재구성한다.[452] 이를 통해 원전에 나타나는 햄릿의 고뇌와 사랑을 객관적 상황으로 해체하여 제시적으로 형상화하고 있다. 이는 등장인물들의 개인적인 상황을 정치적인 상황에 종속시키고 연계함으로써 〈기국서의 햄릿〉의 핵심주제인 정치와 그 가운데 일어나는 인간 내면의 문제를 극대화하려는 연출관점을 보여주는

---

450 한명남 편저(1997), 앞의 책, 226~227쪽.

451 그러나 연습기간의 부족으로 이들이 자신들의 역할과 객관적인 상황에 몰입하지 못하고 공연 자체를 관람하는 바람에 연출관점을 살리지 못하고 결과적으로 또 하나의 객석 형태가 되고 말았다고 술회하고 있다. 기국서와의 인터뷰(2011.1.30), 앞의 인터뷰 자료.

452 기국서 연출(1981), 앞의 〈기국서의 햄릿〉 공연텍스트, 16~17쪽.

대목 중 하나로 판단된다. 다음은 〈기국서의 햄릿〉의 극 후반 결투
장면 중 마지막 장면인 서른 번째 장면에서 왕의 살해 장면을 살펴보
도록 하겠다.

> 햄릿: 음모다! 에잇! 문을 잠가라ー흉계다! 범인을 잡아내라.
> 레어티즈: 범인은 여기 있습니다. (중략) 어머님께선 독살을ー 이젠 더 말
> 할 기력이 없습니다. 장본인은 왕, 저 왕.
> 햄릿: 칼끝에까지 독을! 그렇다면 이놈, 독약 맛을 좀 봐라! (왕을 찌른
> 다) (중략) 하느님이 자네 죄를 용서하옵기를! 나도 자네 뒤를
> 따라가네… (쓰러진다) 호레이쇼, 나는 죽네. 가엾은 어머니 안
> 녕히! 호레이쇼, 나는 가네. 자네는 살아남아서 나와 나의 입장
> 을 올바르게 설명해 주게, 나를 비난하는 사람들에게.
> (1) 1. 결투 장면이 세 번 반복된다. 한번은 군복 입은 길덴스턴
> 에 의해 왕이 단도에 찔리고, 두 번째는 객석에서 뛰어 들어온
> 호레이쇼에 의해 권총으로 사살된다.
> 2. 무언극 배우가 천천히 무대를 횡단하는 동안 기관총이 난사되
> 며 인형들이 학살된다. 인형들이 객석까지 던져진다.
> 3. 그러는 동안 신중현의 〈아름다운 강산〉이 울려 퍼진다.(막)[453]

위의 장면 지문(1)에 묘사되어 있듯이 마지막 결투 장면에서 동일
한 장면을 의도적으로 세 번에 걸쳐 다른 상황으로 형상화하고 있다.
이것은 〈기국서의 햄릿〉을 통하여 동시대 정치적 상황과 폭력성의
참혹함을 극단적으로 표출하여 햄릿의 핵심주제인 '죽음'을 집약적이
며 상징적으로 표출하려는 연출관점이 나타나는 대목이다. 1982년 문
예회관 소극장에서 공연된 햄릿시리즈의 두 번째인 〈햄릿Ⅱ〉[454]는 기

---

453 기국서 연출(1981), 앞의 〈기국서의 햄릿〉 공연텍스트, 38쪽.
454 이 작품 역시 김재남 번역본을 저본으로 하였으며, 주요 출연진으로는 햄릿 역에 정재

본적인 극적 구성이나 스토리 전개가 〈기국서의 햄릿〉과 유사하다. 그러나 첫 장면인 3~40여 명의 불특정 다수 인물 등장 상황과 마지막 결투장면이 세 번 반복되는 상황 등을 배제하고 있다. 또 의도적으로 첫 장면의 시작을 공수부대 복장과 선글라스를 착용한 왕 클로디어스를 등장시켜 동시대의 정치적 상황을 암묵적으로 표출하고 있다. 동시에 햄릿과 오필리어를 히피족 차림으로 등장시켜 수시로 대마초를 흡연케 한다. 특히 원전의 세 번째 독백 대사에 나오는 한 대목인 '삶이냐, 죽음이냐 이것이 문제로다'를 기국서는 '참이냐 거짓이냐, 이것이 문제로다'로 변용한다. 이는 폐쇄적인 사회체제 아래에서 출구를 찾지 못하는 동시대 젊은이의 고뇌를 우울증과 현실도피적인 모습으로 형상화한 것이다. 또 고문전문가인 길덴스턴과 로젠크렌츠는 정장을 입고 혼음과 동성애를 즐기는 인물로 설정하여 폭력적인 군부체제하의 사회에 만연된 환락적 퇴폐와 도덕적 타락을 그리고자 한다. 그러나 기국서는 〈햄릿 II〉의 연출관점에 대하여 모든 이미지를 환락과 퇴폐에 맞추려는 과포화 된 목적성이 문제이다. 이로 인해 〈기국서의 햄릿〉에서 느낀 것과는 다르게 명쾌한 해석을 도출하지 못하고 관념적으로 흐르는 결과를 낳게 되었다고 술회하고 있다.[455]

기국서의 햄릿시리즈 세 번째인 〈햄릿과 오레스테스〉[456]는 문예회

진, 오필리어 역에 김경란, 클로디어스 역에 여무영, 폴로니어스 역에 황명성, 호레이쇼 역에 강능원, 로젠크랜츠 역에 염경환과 광대 및 기타 역할에는 권희봉, 방계남, 기주봉, 박종규, 홍영상, 이봉규, 김경훈, 최수일이 출연한다. 주요 스태프에는 기획제작 예니, 의상에는 고용복, 무대세트 디자인에는 제3세대 무대제작팀, 소품제작 임일섭, 특수효과 박광숙, 무대감독 이길환, 펜싱 및 마임 트레이너 김성구 등이 참여한다. 공연단체: 극단76. 장소: 문예회관 소극장, 일시: 1982년 11월 20일부터 12월 1일까지, 평일: 오후 7시, 토, 일: 오후 2시, 7시, 기국서와의 인터뷰(2011.1.30), 앞의 인터뷰 자료 및 공연포스터〈햄릿 II〉참고.

455 기국서와의 인터뷰(2011.1.30), 앞의 인터뷰 및 제공자료.

관 대극장 및 극장 로비 등에서 공연이 이루어진다. 기국서는 이 공연
에서 동시대 정치상황의 연장선 속에서 살고 있던 젊은 세대가 지닌
시대적 가치관이 무엇인가를 햄릿과 오레스테스를 내세워 질문한다.
이를 통해 그는 새로운 도전의 가능성과 좌절을 형상화하고자 한 관
점을 보여주고 있다. 이와 같은 관점이 표출되고 있는 대표적인 상황
중 첫 번째 장면을 살펴보면,

(개막. 햄릿이 보인다. 새벽. (1)시체 몇 구가 누여있다) (2)쉿, 조용히.
저 봐, 또 나왔어! (헤드랜턴을 켠 인부들이 시체들을 옮긴다. 탐조등이
지나간다. 호레이쇼가 보인다. (3)인부들이 라디오를 켠다. 조곡이 계속
흘러나온다. 이리저리 채널을 돌린다. 무대 옆에서 (4)T.V. 화면이 켜진다.
왕의 대관연설. 인부들은 라디오를 듣는다. (5)햄릿 그 근처에서 서성댄다.
초췌한 알코올 중독자의 태도. 호레이쇼도 보인다. 새벽)

왕: 친형인 햄릿 왕이 승하하신 기억도 생생하여 만백성이 다 수심에 싸이
고, 다 같이 이마에 국상을 슬퍼함은 인정이오. 그러나 (중략) (6)그
젊은 녀석이 왕의 백성들을 소집해서 대군을 조직하는 등의 처사가
없도록 단속해 달라는 사연이오. 이에. (7)(이 연설의 화면은 흑백)[457]

456 주요 출연진으로는 햄릿 역에 정재진, 클로디어스 역에 여무영, 폴로니어스 역에 김일
우, 오레스테스 역에 송승환, 일렉트라 역에 이재희 등이 출연하며, 배우들은 1인
2역으로 두 작품 모두에 출연한다. 무대디자인에는 최상철이 참여한다. 특히, 공연
시작 일주일 전 타당한 이유 없이 로비에서의 공연이 금지되어 극장 측에 문의한
바, 극장 2층의 로비에 관객이 많이 몰리면 무너질 위험이 있기 때문이라고 하였으며,
겨우 극장 측을 설득하여 로비에서 〈오레스테스〉을 첫날 1회만 공연하고, 이후 대극
장 안에서 〈햄릿〉만을 공연하게 된다. 공연단체명: 극단76, 공연장소: 문예회관 대극
장(햄릿공연)과 극장 로비(오레스테스공연), 일시: 1984년 5월 19일부터 24일까지, 매
일 오후 4시 30분, 7시 30분. 위의 인터뷰 및 공연포스터 〈햄릿과 오레스테스〉 참고.
457 기국서 연출(1984), 앞의 〈햄릿과 오레스테스〉 공연텍스트, 1~2쪽.

위에 예로든 〈햄릿과 오레스테스〉의 첫 장면에 등장하는 지문 및 대사 그리고 햄릿의 성격과 상황 특히 밑줄 친 (1)과 (7)에 나타나고 있는 상황을 분석해 보면 전체적인 극적 상황과 연출관점이 상징적으로 드러난다. 먼저 지문(1)에 등장하는 시체는 무자비하고 폭력적인 정치권력의 희생양들이 상존하는 시대적 상황을 암시한다. 대사(2)는 '불특정 인물'의 것으로 설정되어 있다. 원래 이 대사는 원전에서 선왕 유령이 등장하는 장면의 마셀러스와 버나아도의 대사를 변용한 것이다. 이는 지문(5)의 나타나는 햄릿의 성격과 행동을 선왕유령과 연계시켜 그것을 햄릿의 광증과 환청으로 형상화하고자 하는 관점을 보여주는 대목으로 판단된다. 또 지문(3)과 (4)에 묘사되고 있는 라디오와 T.V. 화면 그리고 일방적으로 전파되는 지문(6)의 왕의 연설과 그것을 듣고 있는 젊은 인부들과 햄릿은 동시대의 절대 권력과 그 앞에 무기력한 젊은 세대를 상징한다. 이것은 지문(7)의 흑백화면처럼 흑백논리와 정치권력에 의한 암울한 시대적 상황과 저항의 기로에 선 젊은이의 고뇌를 상징적으로 표출되고 있다. 이와 같은 연출관점이 드러나는 〈햄릿과 오레스테스〉의 또 다른 대표적 상황 중 하나인 '무언극' 장면을 살펴보도록 하겠다.

왕: 연극의 제목은?

햄릿: '덫'이라고 합니다. 글쎄, 어째서냐구요? 물론 비유입죠. (1)이 연극은 비인에서 일어난 암살사건을 그대로 모방한 것입니다. (중략) 도둑놈 제 발이 저린다지만, 우리의 잔등은 아무렇지 않으니까요. (2)(광대 한 명 테러리스트 복장을 하고 M16 소총을 들고 들어선다. 잠이 든 왕 역의 광대 앞으로 다가선다. '햄릿'도 무대 오른쪽에서 두건을 쓰고 장난감 권총(명백히 장난감인)을 광기스런 동작(익살스런)으로 들고 들어선다. 광대의 흉내를 내면서

점차 포악스러워진다. 결정적으로 권총을 폴로니어스를 향한다)

햄릿: 이건 왕의 조카 루시어너스란 사람입니다.

오필리어: 햄릿님은 해설자처럼 설명을 퍽 잘하시네요. (중략) (3)(햄릿은 서서히 총구를 왕에게로 돌린다. 왕은 예의 주시한다. 주변 사람들은 아연 긴장한다)

루시어너: (4)마음은 시커멓고, 손은 민첩하고, 약효는 강하고 (중략) 저 건전한 생명을 당장 끊어라. (독약을 귀에 붓는다) (햄릿 총구를 객석으로 돌리면서 매우 극적으로 대사한다)

햄릿: (5)이냐! 아니냐! 그것이 과제다. (주변에서 (6)참이냐, 거짓이냐!, 참여냐, 방관이냐!, 이것이냐, 저것이냐, '있는 것이냐, 없는 것이냐!', '흑이냐, 백이냐!' 등의 말들이 소곤거리듯이 객석에 던져진다) (7)가혹한 운명의 화살을 참는 것이란 장한 것이냐, 아니면 환난의 조수를 두 손으로 막아 이를 근절시키는 것이 장한 것이냐! 죽는다. 잠잔다. 다만 그것뿐이다. 잠들면 모두 끝난다. (8)(이 대사할 때 이후로 주변에선 더욱 앞의 대사들을 되뇌인다. 이때 왕, 왕비는 일어서 있고 길덴스텐과 로젠크렌츠가 다가선다. 왕, 손짓으로 제지한다) (중략) (9)(둘은 매우 냉소어린 과장된 극적 표현을 한다. 그들은 연기를 즐기는 듯하다. 둘은 다소 음탕하기까지 하다) (중략)

햄릿: 그렇게 믿지 않았어야 마땅했죠. 글쎄, 낡은 바탕에 아무리 미덕을 접붙여 봐도 (10)(점차 인간을 증오하는 광기가 모습을 보인다. 오필리어를 학대한다. 오필리어는 정말로 절망한다) (11)원래의 성질이 아주 소멸될 수야 있겠소. 그러니까 나도 당신을 사랑하지 않았지. (후략)[458]

위에 예로든 '무언극' 장면의 특징은 〈햄릿과 오레스테스〉의 개막 첫 장면에서 상징적으로 암시되고 있는 시대적 상황이나 연출관점들

---

458 기국서 연출(1984), 앞의 〈햄릿과 오레스테스〉 공연텍스트, 22~24쪽.

이 보다 구체적으로 드러나고 있다는 점이다. 먼저 대사(1)과 (5) 그리고 지문(2) 및 (3)에서 보이는 햄릿의 말과 행동들은 원전에서 보이는 선왕에 대한 '복수의지'가 아니다. 이것은 햄릿으로 상징되는 젊은 세대의 동시대 정치권력에 대한 저항과 갈등을 상징적으로 비유하는 연출관점을 보여주는 대목이다. 또 지문(6)에 나타나는 주변 등장인물들의 햄릿 독백에 대한 변주는 동시대 정치상황을 인식하는 젊은이들의 다양한 소통방식을 상징적으로 표출하고 있다. 또 햄릿과 오필리어의 과장되고 음탕한 극적 표현 그리고 햄릿의 광기와 오필리어에 대한 학대는 동시대 젊은이의 또 다른 모습을 형상화한 것이다. 이는 시대적 상황에 저항하지 못하고 좌절하는 젊은 군상들의 자학적이며 퇴폐적인 모습을 상징적으로 보여준다. 이처럼 기국서는 〈햄릿과 오레스테스〉를 통하여 80년대가 젊은이들에게 주는 의미는 무엇이며, 신군부의 정치권력 앞에서 도전과 좌절 중 어떠한 것을 선택할 것인지를 묻고자 한다. 특히 햄릿을 저항과 고뇌의 상징으로, 오레스테스를 좌절하는 젊은이의 이미지로 형상화하는 연출관점을 지향한 것으로 판단된다.[459]

마지막으로 기국서의 햄릿시리즈 네 번째인 1990년 1월 말에서 3월 초까지 대로 극장에서 공연된 〈햄릿4〉[460]와 1990년 9월 문예회관

---

459 기국서와의 인터뷰(2011.1.30), 앞의 인터뷰 자료.

460 주요 출연진으로는 햄릿 역에 박규천, 왕, 유령 및 건달A 역에 기주봉, 길덴스턴 및 인부B 역에 이봉규, 로젠크랜츠 및 인부A 역에 민경진, 왕비 역에 서경옥, 오필리어 역에 서성진, 호레이쇼 역에 정낙경, 배우1 및 건달B 역에 전영민, 배우2 및 건달C 역에 이시영 등이 출연하며, 주요 스태프에는 조연출 김국희, 무대미술 최상철, 음악 이영재, 조명 박동원, 의상 정경선, 사진에 강경미, 인형제작 이영란, 가면제작 손진숙, 무대감독 김현오 등이 참여한다. 공연단체명: 극단 현대극장, 공연장소: 대학로극장, 일시: 1990년 2월 1일부터 3월 5일까지, 평일: 오후 7시 30분, 금, 토, 일: 오후 4시 30분, 7시 30분(화요일 휴관), 같은 장소에서 프리뷰 공연: 일시: 1990년 1월 25일부터

대극장에서 공연된 〈햄릿5〉[461]에 나타나는 연출관점을 살펴보도록 하겠다. 이 두 텍스트들은 〈햄릿4〉의 1부 햄릿 리허설 장면을 제외하면 기본적인 극적 구성이나 줄거리는 대동소이하다. 기본적으로 서로 유기적 연관이 없는 여섯 개의 각기 다른 에피소드—1장 꿈, 유령과의 만남, 2장 사랑과의 만남, 3장 폭력과의 만남, 4장 연극과의 만남, 5장 어머니와의 만남 그리고 6장 철학과의 만남—과 마지막 에필로그 장면으로 구성된다. 이는 원전에 나타나는 주인공 햄릿의 행동에서 표출되는 사고력과 우유부단함, 지성의 광기와 가면 그리고 다양한 해석이 가능한 성격이 그 바탕이다. 이를 동시대 지성인의 특징이라는 관점에서 주인공이 만나는 여러 상황과 상상하는 인간들의 내면세계를 형상화하고자 한 것이다.[462] 이 두 텍스트들은 원전의 주인공 햄릿의 성격만을 차용하고 원전의 줄거리와 구성은 완전히 해체한다. 이는 원전의 번안이나 재구성 차원을 넘어 기국서가 새로운 관점에서 창작한 텍스트로 상정된다.[463]

31일까지, 입장료는 현매권 5000원, 예매권 4000원, 학생권 2500원 등이다. 기국서 연출, 〈햄릿4〉 프리뷰 공연프로그램 참고.

461 주요 출연진으로는 햄릿 역에 박규천, 유령 및 집권자(왕) 역에 이항수와 김병옥, 애인(오필리어) 역에 김희령, 여인(왕비) 역에 이경희, 무대감독 및 자연과학도 역에 정낙경, 살인자 및 인부 역에 민경진(로젠크랜츠)과 신철진(길덴스텐), 광인 남자 역에 최대웅, 광인 여자 역에 고설봉(2001.9.16.작고), 사회자 역에 이영진, 인형 및 건달 역에 최홍일, 인형, 배우 및 건달 역에 홍성경, 정박아 및 건달 역에 임성주, 배우 역에 김태훈, 기어다니는 사람 역에 강성해 등이 출연하며, 주요 스태프에는 제작 김흥우, 조연출 김국희, 음악 이영재, 무대미술 최상철, 장치제작 송용일, 의상 서영진, 인형제작 이영란, 분장 손진숙, 조명 최형오, 음향 조갑중, 무대 강경렬, 기계 정철기, 진행 차운철, 안무 박규천, 무대감독 남지헌, 기획 김성빈, 등이 참여한다. 공연단체명: 극단 신협. 공연장소: 문예회관 대극장, 일시: 1990년 9월 15일부터 20일까지, 낮 4시 30분, 저녁 7시 30분. 기국서 연출, 〈햄릿5〉 공연프로그램 참고.

462 기국서 연출(1990), 앞의 〈햄릿5〉 공연텍스트, 49~50쪽.

463 기국서 연출은 마지막 두 공연텍스트의 제목에 햄릿을 사용한 것을 아직까지 매우

이러한 창작 내지 연출관점은 특히, 원전의 분위기가 약간 남아 있는 〈햄릿4〉의 1부 '햄릿 리허설' 장면을 정리한 〈햄릿5〉에서 그 특성이 두드러지게 나타나고 있다. 특히 기국서는 〈햄릿5〉를 기본적으로 뮤지컬 형식으로 형상화한다. 이를 구체화시키기 위한 방법으로서 에피소드 1장의 경우, 유령장면을 주로 군무와 독무 중심으로 표출한다. 이는 꿈속의 상황이 대체로 무용적이며 스펙터클하기 때문이다. 2장 사랑과의 만남 장면은 주로 인형극의 움직임을 배우들이 구성하면서 이것을 마임과 노래로 형상화한다. 또 3장 폭력과의 만남 장면은 무대 위에 여러 개의 눈들을 설치하여 숲 가운데 그들이 움직인다. 또 장치가 그들을 따라가는 형태를 만들고 있다. 도망가는 인물들을 눈들이 지속적으로 쫓아가는 모습으로 구체화시킨다. 4장 연극과의 만남 장면은 사회자와 관객들 간의 대담 쇼 형식으로 이루어지며 게스트 가수들을 등장시킨다. 5장 어머니와의 만남 장면은 왕비와 유한여인으로 상징되는 퇴폐적인 분위기를 팬터마임과 격렬한 음란 쇼로 진행한다. 6장 철학과의 만남 장면은 무덤 파는 인부들의 모닥불과 삽질 소리로 시작된다. 이들은 대중가요를 부르고 도취한 건달들은 스텝을 구사하며, 모든 등장인물은 각자의 목소리로 일인극 경연대회와 같은 분위기를 창출한다. 그리고 마지막 에필로그 장면은 퍼포먼스 형식을 취하면서 마치 외과의사의 수술실 같은 분위기와 커튼콜의 축제적 상황을 병행하여 진행시킨다고 밝히고 있다.[464] 위의 장면 중 6장 철학과의 만남의 마지막 부분과 에필로그 장면 등에 나타나는 연출관점을 살펴보도록 하겠다.

후회하고 있다는 점을 밝히고 있다. 기국서와의 인터뷰(2011.1.30), 앞의 인터뷰 자료.
[464] 기국서 연출(1990), 앞의 〈햄릿5〉 공연텍스트, 50~51쪽.

햄릿: (서성거리다 Spot) (1)잠들 것인가, 깨어있을 것인가? 이것이 문제로다. 고통의 세계를 못 본체하고 무릎의 관절을 무르게 하여 이 뜨뜻미지근한 세계 속으로 몸을 잠길 것인가, 아니면 두 눈을 부릅뜨고 보이지 않는 적을 향해, 썩어가는 세계를 향해 저항해야 하는가? (중략) (소리친다) 이 죽음 앞에서, 이 주검들 앞에서, 씨를 뿌려라. 생명의 씨를 뿌려라. 일찍이 죽어간 영령들이여. 이 미혹과 혼돈의 세계를 보우 하소서. (암전)

에필로그

호레이쇼: (2)이제 연극은 끝났고 에필로그만 남았습니다. 모두 죽는 장면이죠. 끔찍하진 않지만 부담스러우시면 일찍 가셔도 좋습니다. (사이) (중략)

왕: 여보, 그건 마시면 안 되오.

왕비: 아니에요, 마시겠어요. 용서하세요. (중략) (2)(왕비 네프킨에 피를 묻히고 쓰러진다)

호레이쇼: 왕비께서는 어찌 되신 일입니까.

왕: 피를 보고 기절하셨다.

왕비: 아니다. 아니다. 저 술, 저 술, 독이. (3)(호레이쇼 경주용 총으로 왕을 저격한다. 왕 쓰러지며 긴다. 비명소리와 함께 로젠, 길덴이 햄릿을 들고 들어와 구타를 한다. 욕조로 끌고 가 머리를 물에 넣는다)

로젠: (4)이런 자식은 죽여야 돼.

길덴: (5)내가 죽일 거야.

로젠: (6)아냐. 나야. (중략) (6)(오필리어 비명 지른다. 로젠, 길덴 놀라서 오필리어를 끌고 퇴장) (잠시 정적)

햄릿: (일어나서 걸으며) (7)여기는 어딘가. (더듬듯) 여기는 어딘가. 무슨 일이 분명히 있었는데. 그 일이 무얼까. (8)(오필리어 욕조 옆에서 노래한다) (하략)[465]

위의 예로 들은 제6장 철학과의 만남의 마지막 장면에 나오는 햄릿

대사(1)은 기국서가 원전의 햄릿 성격만을 차용한 것이다. 〈햄릿5〉에서도 가장 핵심적인 장면으로 표출되는 상황이라고 할 수 있다. 그리고 에필로그 장면의 햄릿 마지막 대사(7)에서 햄릿은 자신의 존재와 처한 상황에 대한 기억을 상실한 것 같은 행동과 마지막으로 주검과 생명에 대하여 외치며 절규한다. 이는 햄릿을 동시대 젊은 세대의 상징적 존재로 형상화하려는 기국서의 시각과 관점이 극명하게 표출되는 상황이라고 할 수 있다. 아울러 80년대를 관통하면서 이어져온 햄릿시리즈 공연의 마지막 에필로그에서 호레이쇼는 대사(2)처럼 관객에 대한 배려와 호소를 한다. 이것은 햄릿시리즈를 통하여 기국서 자신이 관객들에게 제시하고자 한 것이다. 지문(2), (3), (6)과 대사(4), (5), (6) 등으로 상징되는 동시대 정치적, 사회적 상황에 대한 관점을 마무리하고 있다. 또 동시대의 아픈 기억을 지문(8)의 '오필리어의 노래'로 승화시킨다. 이는 고통과 좌절을 넘어 자신의 '꿈'과 '희망'이 실현되는 아름다운 세상과 무대를 지향하는 것을 의미한다. 그리고 다가오는 미지의 세기를 향한 새로운 도전과 출발을 기원하는 관점과 집념이 표출되는 대목이라 할 것이다.

4) 무대형상화의 특성

기국서가 〈햄릿〉을 해체하여 재구성한 그의 무대언어에는 동시대적 현실 속의 형상이 구체적으로 전용되어 나타난다. 동시에 연출가 자신의 사회인식과 미학적 가치관을 투사하여 새로운 무대와 공간언어를 창출하고 있다고 하겠다. 이에 본 장에서는 이와 같은 연출관점

---

465 기국서 연출(1990), 앞의 〈햄릿5〉 공연텍스트, 45~48쪽.

에서 표출되는 다양한 무대형상화 특성 중 (1) '시간'의 반복과 '공간'의 극대화, (2) '소리', '음향', '음악'을 통한 이미지의 형상성, (3) '빛', '조명', '의상', '소품'에 의한 인물의 전형화 등을 중심으로 그 관점과 특성을 분석하고자 한다.

(1) '시간'의 반복과 '공간'의 극대화

　기국서의 햄릿시리즈 무대형상화 작업의 주요한 특성 중 하나는 역사적 시각에서 정치권력투쟁에 의한 암투와 혁명은 시대를 달리하여 끝없이 반복되어 왔다는 점을 표출하고자 한 것이다. 그러한 상황을 무대언어로 전환함에 있어서 동일한 극적 상황을 반복하는 수법과 주어진 무대공간을 최대한 확장하여 극적 공간으로 변용하는 연출관점을 보여준다. 이처럼 동일한 무대상황에서 극적 시간을 변형하여 반복하고 주어진 공간을 전후 사방으로 확장하는 것은 등장인물을 중심으로 볼 때, 과거와 미래의 시간에 대한 반복 순환과 성(聖)과 속(俗)의 공간을 확장한 것이다. 전방은 미래의 시간이자 성스러운 공간을 상징하며, 후방은 과거의 시간이자 세속적인 공간을 상징한다.[466] 이와 같은 기국서의 시공간에 대한 반복과 극대화 관점은 햄릿시리즈 중 특히 첫 번째 공연인 〈기국서의 햄릿〉과 세 번째인 〈햄릿과 오레스테스〉 그리고 마지막 공연인 〈햄릿5〉 등에서 잘 드러나고 있다. 먼저 첫 번째인 국립극장 소극장에서 공연한 〈기국서의 햄릿〉의 경우를 살펴보면, 첫 장면부터 극장의 공간을 최대한 활용하고 있음을 알 수 있다.

---

466 이- 푸 투안, 구동휘 외 옮김, 『공간과 장소』, 도서출판 대윤, 2007, 71~74쪽.

장면1: (1)텅 빈 무대. 무대에 3~40명의 관객들이 서 있다. 때때로 연기
　　　　자로 변신한다.
장면2: (2)성안 회의실, 나팔 취주. 덴마크 왕 클로디어스, 왕비 거어트
　　　　루드, 중신들, 폴로니어스와 그의 아들 레어티즈, 그리고 볼티먼
　　　　드와 코오닐리어스, 다들 성장을 하고 대관식에서 물러 나오는
　　　　중이다. 끝으로 상복을 입은 햄릿 왕자가 아래를 보면서 등장.
　　　　왕과 왕비가 옥좌에 올라선다. (하략)[467]

　　당초 기국서는 위의 장면1, 2의 공간을 지문(1)과 (2)의 묘사와 같
이 기존의 무대공간만을 사용하여 '텅 빈 무대'와 '성안의 회의실'로
설정한다. 그러나 실제 공연에서는 공간을 최대로 확장하여 극장 전
체를 무대화한다. 모든 가림막을 올려 극장의 뒷벽, 기계장치, 계단,
사다리 등 전체를 노출시킨다.[468] 이러한 연출의 의도는 해체되고 극
도로 확장된 극장 공간을 통하여 관객들이 극적 상황에 몰입하는 것
을 방지하고자 한 것이다. 이것은 관객들이 객관적 입장에서 동시대
적인 극적 상황을 이해하고 평가하도록 유도한다. 제시적이며 서사적
인 연출관점을 반영한 것으로 판단된다. 이와 같은 연출관점은 세
번째 문예회관 대극장 공연인 〈햄릿과 오레스테스〉의 경우에도 지속
적으로 확대되어 나타난다. 그는 대극장 무대뿐만 아니라 극장 로비
1, 2층 전체를 무대공간으로 극대화하고 있다.
　　〈기국서의 햄릿〉 마지막 결투 장면의 경우, 역사적 사건과 그 '시간'
이 반복적이며 되풀이된다는 관점을 극명하게 표출한다.

---

467 기국서 연출(1981), 앞의 〈기국서의 햄릿〉 공연텍스트, 2~3쪽.
468 기국서와의 인터뷰(2011.1.30), 앞의 인터뷰 자료.

장면28: 삼회전이 시작된다.

오즈리크: 무승부.

레어티즈: (느닷없이) 자, 한 대! (중략)

  햄릿: (레어티즈를 향해) 자, 다시.(왕비가 쓰러진다)

오즈리크: 아! 왕비님이!

장면29: (햄릿이 레어티즈를 깊이 부상 입힌다) (중략)

  햄릿: 칼끝에까지 독을! 그렇다면 이놈, 독약 맛을 좀 봐라! (왕을 찌른다)

  모두: 반역이다! 반역이다!

   왕: 아이구, 이놈들아. 나를 보호해라, 상처는 대단찮으니.

  햄릿: 옜다! 이 독약을 마셔라. 살인 강간을 한 이 악마 같은 덴마크 왕 놈아. (억지로 독 잔을 먹인다) 어때, 진주알은 들어 있느냐? 내 어머니 뒤를 따라가라(왕 숨이 끊어진다) (하략)[469]

위의 마지막 결투 장면은 원전의 경우 햄릿이 왕을 살해한 이후 자신 역시 독이 묻은 칼에 입은 상처로 인하여 죽음으로써 극적 상황이 끝난다. 그러나 〈기국서의 햄릿〉에서는 이 상황을 세 번 반복하여 각기 다른 상황으로 창출하고 있다. 첫 번째 상황은 원전대로 레어티즈와 햄릿의 검투가 벌어진다. 독이 묻은 칼에 햄릿이 찔린다. 독이 든 술을 왕비가 마신다. 독이 햄릿의 몸속에 퍼지면서 흉계를 알아챈다. 왕비가 죽고 햄릿은 왕을 살해한다. 이 첫 번째 상황은 세상과 권력을 상징하는 중심적 공간에 위치하는 인물이자 동일한 계층의 인물에 의한 혁명이나 모반을 상징한다. 암전 후 다시 불이 켜지면 두 번째 상황이 진행된다. 전 장면과 똑같이 레어티즈와 햄릿의 검투

---

[469] 기국서 연출(1981), 앞의 〈기국서의 햄릿〉 공연텍스트, 37~38쪽.

가 벌어진다. 첫 번째와 같은 순서대로 상황이 진행된다. 햄릿이 왕을 살해하려고 할 때 왕 뒤에 서 있던 길덴스턴이 품에서 단도를 꺼내 왕을 살해한다. 이는 세속적 공간인 후방 공간에 위치하고 있던 과거의 인물이자 배후인물의 권력욕에 의한 살인과 반역을 의미한다. 마지막 세 번째 상황으로서 암전 후 다시 불이 켜지면, 똑같은 장면이 순서대로 반복된다. 왕의 살해 장면에서 갑자기 호레이쇼가 객석에서 무대(사진14)로 뛰어들면서 왕을 향해 권총을 발사하여 살해한다.[470] 이는 성스러운 공간을 상징하는 전방공간에 위치하던 미래 지향적인 인물에 의한 혁명이 자행되고 있음을 상징하는 것이다.[471] 이처럼 왕의 살해라는 동일한 장면을 각기 다른 인물과 상황으로 표출한다. 이것은 시대와 역사의 흐름 속에 나타나는 정치권력과 탐욕에 의한 반역과 혁명의 반복성을 표출하기 위한 연출관점이 드러나는 대목이라 하겠다. 이러한 관점은 다섯 번째 공연인 〈햄릿5〉의 첫 장면과 마지막 장면에서도 시도되고 있다. 에필로그 마지막 부분에 등장하는 햄릿의 대사를 보면,

　　햄릿: (일어나서 걸으며) 여기가 어딘가. (더듬듯) 여기가 어딘가. (하략)[472]

이 마지막 장면의 햄릿 대사를 실제 공연에서는 〈햄릿5〉의 첫 장면인 '꿈-유령과의 만남'을 시작하기 전 무대 막이 내려와 있는 상황이다. 잠시 후 객석에서 햄릿이 무대 위로 뛰어 올라 '여기가 어딘가? 여기가 어딘가?'라고 대사를 하기 시작한다. 이때 비로소 극의 시작을

470　기국서와의 인터뷰(2011.1.30), 앞의 인터뷰 자료.
471　위의 인터뷰 자료.
472　기국서 연출(1990), 앞의 〈햄릿5〉 공연텍스트, 47~48쪽.

알리는 막이 오르기 시작한다. 그리고 기국서는 마지막 장면에서 햄릿이 죽고 난후 다시 일어나서 걸으며 같은 대사를 반복하도록 극적 구성을 하고 있다.[473] 이는 기국서가 〈햄릿5〉에서 '삶'과 '죽음' 그리고 역사적 '시간'과 '사건'의 '반복성'과 '순환성'을 극명하게 보여주기 위한 연출관점이 표출되는 부분이라 할 수 있을 것이다.

(2) '소리', '음향', '음악'을 통한 이미지의 형상성

기국서는 〈햄릿〉을 동시대적 관점에서 재해석하면서 원전의 극적 긴장을 해체한다. 그리고 새로운 극적 상황을 표출하는 수단으로서 소리, 음향 그리고 음악을 주요한 극적 구성요소로 활용하고 있다. 이것은 소리, 음향 내지는 음악이 극적 상황이나 그것을 인지하는 관객들에게 단순한 '소리' 이상이라는 것을 의미한다. 다시 말해 이것은 인간을 웃거나 울고, 좋아하거나 싫어하게 하는, 감동을 받거나 무관심하게 하는 것 등 희로애락을 표출하는 상징적인 것이다. 그것에 대한 반응 역시 원초적인 것과 동시대적으로 습득된 것이 공존하고 있다. 따라서 그것이 들려지는 상황의 조건과 인지적 단계를 거쳐 특정한 감성적 분위기나 내적 본질을 드러내는 것이라 할 수 있다.[474] 이는 무대화되는 형상이 현실생활과 다르면서도 현실생활의 모든 진실성과 생동성을 간직하고 있다는 것과 상통한다. 아울러 추상적인 개념이나 일반적인 법칙이 아니라 실제적인 현상과 살아있는 분위기의 미학적 특성을 보여주는 것이라는 주장에 근거하고 있는 것이다.[475] 즉 기국서는 이러한 표현수단과 요소를 통하여 햄릿시리즈에

---

[473] 기국서와의 인터뷰(2011.1.30), 앞의 인터뷰 자료.
[474] J. A. 슬로보다, 서우석 역, 『음악의 심리』, 심설당, 1993, 2~4쪽.

묘사된 인물이나 장면의 이미지를 형상화하면서 극적 상황을 새롭게 표출하고자 한 것으로 판단된다. 이와 같은 관점이 드러나는 장면 중 햄릿시리즈 첫 번째 공연인 〈기국서의 햄릿〉의 스물두 번째 장면과 세 번째 공연인 〈햄릿과 오레스테스〉의 '오필리어의 미친 노래' 장면을 살펴보도록 하겠다.

> 장면22
> 　　　왕: 물론 그래야지. 그리고 죄 있는 곳에는 응당 응징의 철퇴를 내려
> 　　　　　야지. 자, 같이 안으로 들어가자. (두 사람 퇴장) (1)(이후의 왕과
> 　　　　　레어티즈의 음모는 녹음되어 스피커로 전달된다)
> 　　　　　[녹음된 대화 왕: 내 이미 생각해온 계략이 있는데, 그걸 그놈에
> 　　　　　게 권해 보겠다. 이 계략에 걸리는 날이면 그놈은 쓰러질 수밖에
> 　　　　　없을 거다. 더욱이 이 계략이면 그놈은 죽어도 나를 비난하는
> 　　　　　소리는 추호도 없을 것이며, 심지어 그 생모까지도 진상을 간파
> 　　　　　하지 못하고 그저 우연한 사고라고 말할 거다.
> 　레어티즈: 비록 교회당 안일지라도, 그놈 목을 자르겠습니다. (중략) 내 칼
> 　　　　　끝엔 그 독약을 칠해 놓겠는데, 그걸로 피부를 슬쩍 스치기가
> 　　　　　무섭게, 그놈은 이 세상을 하직할 것입니다.[476]
> 오필리어의 노래: (2)(음울한 악기 소리. 오필리어의 노래가 들린다. 불이
> 　　　　　들어오면 오필리어 광란 상태에서 환각을 본다. 커튼이 들여진
> 　　　　　다. 방송극처럼. 꿈처럼 레어티즈와 왕의 음모가 들려온다)
> 　오필리어: 맨 머리로 관을 엎어 떠싣고 갔지 무덤에는 억수 같은 눈물이…
> 　　　　　안녕히 소중한 분![477]

위의 예로든 장면22의 밑줄 친 (1)은 원전의 4막 7장에 나오는 왕과

---

475 張孔陽, 김일평 옮김, 『형상과 전형』, 사계절 출판사, 1987, 12~14쪽.
476 기국서 연출(1981), 앞의 〈기국서의 햄릿〉 공연텍스트, 28~29쪽.
477 기국서 연출(1984), 앞의 〈햄릿과 오레스테스〉 공연텍스트, 37쪽.

레어티즈가 햄릿을 제거하기 위하여 음모를 꾸미는 상황이다. 이 장면을 기국서는 직접 배우가 연기하도록 하지 않고 녹음하여 스피커를 통해 관객에게 들려주는 형식을 취하고 있다. 이는 예문(2)에 묘사처럼 미친 오필리어의 등장 장면과 함께 겹쳐지면서 다른 이미지를 형상화하게 된다. 광란상태의 오필리어에게 들리는 것 같은 환청인 동시에 오필리어의 애수어린 광증을 통하여 왕과 레어티즈의 음모를 보여준다. 이를 통해 살인마적인 광기와 정치권력에 눈먼 인간의 어리석음이 구체화되는 형상성[478]이 창출되는 대목이라 하겠다. 〈기국서의 햄릿〉 마지막 장면과 〈햄릿과 오레스테스〉의 서막과 개막 첫 장면에서도 이와 같은 연출관점이 나타나는 것을 알 수 있다.

마지막 장면:
1. 결투장면이 세 번 반복된다. 한번은 군복 입은 길덴스턴에 의해 왕이 단도에 찔리고, 두 번째는 객석에서 뛰어 들어온 호레이쇼에 의해 권총으로 사살된다.
2. (1)무언극 배우가 천천히 횡단하는 동안 기관총이 난사되며 인형들이 학살된다.(인형들이 객석까지 던져진다)

---

478 공연예술가의 구상은 언제나 형상이며 현실의 사물을 개별적인 형식을 통하여 일반적이며 개괄적인 의미에 이르기까지 구체화시킨다. 그러나 형상의 특징을 지닌다는 것이 결코 형상과 같다는 것은 아니다. 형상은 내용과 형식의 통일이며 예술적 표현을 거친 한 폭의 완전하고 생동적인 생활 장면이다. 그러므로 형상은 반드시 '형상성'을 지니고 있으나, '형상성'을 지닌 대상이나 사물이 반드시 형상인 것은 아니다. 형상의 언어는 바로 '형상성'이 풍부한 언어이며 생활 속이나 예술작품 속이나 어디서나 발견할 수 있다. 그러나 아무리 구체적인 형상의 무대언어라 할지라도 그 자체로서는 모두 형상이 될 수는 없다. 형상이 되기 위해서는 반드시 무대언어들을 내용과 형식상의 예술적 요구에 따라 통일하여 완전한 생활 장면으로 창조해야 한다. 공연예술가가 '형상성'이 풍부한 무대언어로 형상을 창조하게 되면 그 무대언어는 형상 가운데로 사라져 버리게 되고, 형식면에서 하나의 유기적인 요소가 되어버리는 것이다. 張孔陽, 김일평 옮김(1987), 앞의 책, 18~19쪽 참고.

3. (2)그러는 동안 신중현의 〈아름다운 강산〉이 울려 퍼진다)[479]

위의 예로든 마지막 장면의 상황을 보면, 지문(1)의 묘사처럼 기관총이 난사되고 인형들의 주검이 무대와 객석에 던져지는 상황이 진행된다. 이때 지문(2)에 나타나는 신중현의 〈아름다운 강산〉이라는 당시 유행하던 대중가요가 울려 퍼진다.[480] 이는 동시대적인 시점을 상징하기 위한 음악적 기호이다. 이 음악과 기관총난사 장면의 연계를 통하여 관객들은 무대에서 묘사되는 상황이 실제로 동시대에 있었거나 있을 수 있는 상황이라고 인식하게 된다. 관객은 이 상황을 통해 폭력적이고 무자비한 정치권력을 연상함으로써 새로운 이미지를 형상화하게 되는 것이다.[481] 또 다른 장면인 〈햄릿과 오레스테스〉의 서막과 개막 장면 역시 이것과 유사한 상황이 표출되고 있음을 알 수 있다.

> 서막: (3)멀리서 함성, 경적, 어지러운 발자국 소리, 산발적으로 들리는 총성 그리고 함성. 개막전부터 라디오 방송극같이 아래 대화가 들린다. 꿈속처럼 어슴푸레하기도 하고 명료하기도 하다. 이 내용은 햄릿의 광증으로 이해되어야 한다. 환청처럼, 강박처럼. 따라서 연극도 중에도 가끔씩 들린다.

---

[479] 기국서 연출(1981), 앞의 〈기국서의 햄릿〉 공연텍스트, 38쪽.

[480] 1980년대 한국의 음악문화 상황은 다양성과 복합성 등 대단히 복잡한 양상을 보여주고 있는데, 이는 대중문화, 고급문화, 대항문화의 개별적 공존현상과 이들 상호 간 또는 다각적인 융합 현상으로 요약할 수 있다. 조병준, 「전환기의 노래-대중의 노래, 민중의 노래」, 『전환기의 우리문화』, 크리스천 아카데미 대화출판사, 1991, 130~132쪽.

[481] 그러나 기국서 연출은 신중현의 음악을 선택함에 있어 고급문화에 대한 대립 개념으로서 대중문화인 대중음악을 선택했다기보다는, 실질적으로 1980년대의 시대적 시점과 분위기를 표현하기 위하여 신중현의 음악을 중점적으로 사용하였다고 밝히고 있다. 기국서와의 인터뷰(2011.1.30), 앞의 인터뷰 자료.

방송극: (4)거 누구냐? 넌 누구냐? 섯, 암호를 대라! 성수무강! 바나아도 님? 그렇다. (중략) 어젯밤만 해도 북두칠성이 서쪽, 저기 저 별이 지금 도 불타고 있는 저곳에 올라와서 하늘을 환히 비춰 줄 때쯤 돼서, 마셀러스와 나는, 그때 종이 한시를 알리자 ……

　개막: (햄릿이 보인다. 새벽. 시체 몇 구가 누여있다) (5)쉿, 조용히. 저 봐, 또 나왔어! 선왕과 똑같은 모습이 아닌가. (헤드 랜턴을 켠 인 부들이 시체를 옮긴다. 탐조등이 지나간다. 호레이쇼가 보인다. 인부들이 라디오를 켠다. (6)조곡이 계속 흘러나온다. 이리저리 채 널을 돌린다. 무대 옆에서 T.V. 화면이 켜진다. 왕의 대관 연설) (하략)[482]

위의 장면에 나타나는 방송극의 대사(4)는 원전의 1막 1장에 해당 되는 상황이다. 그러나 기국서는 극 초반 선왕 유령의 출현 상황에 의한 극적 긴장을 해체하고 동시대적 상황으로 변용한다. 서막장면의 지문(3)에 묘사된 것과 같이 개막전 암전 상태에서 들리는 '함성', '경 적', '발자국 소리', '총소리', 라디오 방송으로 녹음된 대사와 개막 장면 (6)에서 '조곡'과 '녹음된 왕의 연설' 등 다양한 소리와 음향적 요소를 이용하여 새로운 극적 상황을 창출한다. 암전 상태에서 들리는 파편 화된 '소리'와 '음향' 등 함께 긴장되고 압축된 상황을 관객에게 인식시 키고 있는 것이다. 따라서 개막 장면을 통하여 등장하는 햄릿은 선왕 의 화신이자 광증으로 연계된다. '왕의 연설' 듣는 인부들과 초췌한 햄릿의 대비는 동시대의 정치권력에 의한 암울한 상황을 표출한다. 이를 통해 관객들에게 동시대적 상황에 대한 새로운 이미지를 '형상 화'하게 한다고 할 수 있다.

---

[482] 기국서 연출(1984), 앞의 〈햄릿과 오레스테스〉 공연텍스트, 1~2쪽.

(3) '빛', '조명', '의상', '소품'에 의한 인물의 전형화

기국서가 햄릿시리즈를 동시대 정치, 사회적 관점에서 무대화하는
데 중요한 역할을 한 무대 요소 중 하나가 조명과 의상 및 소품 등이라
고 할 수 있다. 특히, 대부분의 조명을 노출시킨다. 또 극적 환상을
불러일으킬만한 어떠한 색감도 사용하지 않는다. 대부분 텅 빈 무대
로 설정하기 때문에 중요한 장면에서 등장인물을 중심으로 탑(top)조
명을 주로 사용한다. 의상 역시 특정 시대나 장소를 상징하고자 한
것이 아니다. 따라서 배우들은 마치 극단의 의상창고에서 아무거나
골라 입은 것 같은 형태를 추구하고 있다.[483] 이와 같이 그는 등장인물
들에 대한 개별의상이 표출하는 특정시대나 상황에 대한 상징성을
배제한다. 그러나 이것은 역설적으로 각 인물에게 동시대적 특성을
부여하면서 개별화시키는 결과를 보여주게 된다. 이는 '전형'이 개별
적인 것을 통하여 일반을 반영하고 구체적인 '형상'을 통하여 보편적
인 사회현상을 반영하는 것이라는 기본적인 특성에 부합되는 것이
다.[484] 기국서는 이처럼 개별화된 특성을 조명이 유발하는 등장인물의
심리적인 감정과 행동의 변화를 통하여 부각시킨다.[485] 이를 통해 각
각의 햄릿시리즈의 극적 상황에 등장하는 각 인물의 독특한 개성이
동시대적 특성의 본질적인 면을 상징하는 전형적 인물로 변화되는

---

[483] 〈기국서의 햄릿〉의 경우 햄릿은 청바지, 왕은 고전의상, 왕비는 창녀촌 공주 옷, 오필
리어는 투피스 정장, 레어티즈는 케주얼 정장, 호레이쇼는 양복, 길덴스턴은 현대
전투복을 의상으로 착용하고, 광대는 피에로 복장과 노란비닐 비옷을 사용한다. 〈햄
릿Ⅱ〉와 〈햄릿과 오레스테스〉의 의상은 거의 동일하였는데 왕은 공수부대 전투복과
검은 선글라스, 햄릿과 오필리어는 히피족 의상, 길덴스턴과 로젠크랜츠는 정장 양복
등을 사용하고 있다. 기국서와의 인터뷰(2011.1.30), 앞의 인터뷰 자료.

[484] 張孔陽, 김일평 옮김(1987), 앞의 책, 165~167쪽.

[485] 권자인(1997), 앞의 논문, 46~48쪽.

'전형화'[486]의 관점을 보여주고 있다.

기국서의 이와 같은 관점은 그의 햄릿시리즈 전 공연에 걸쳐 공통적으로 나타나고 있다. 먼저 〈기국서의 햄릿〉 마지막 장면의 세 번째 결투상황에서 객석에서 뛰어 올라온 '호레이쇼'가 권총으로 왕을 사살한 다음, 신중현의 〈아름다운 강산〉이 흘러나오는 상황의 지문을 보도록 하겠다.

1. 결투장면이 세 번 반복된다. (중략) 왕이 객석에서 뛰어 들어온 호레이쇼에 의해 권총으로 사살된다.
2. (1)무언극 배우가 천천히 횡단하는 동안 기관총이 난사되며 인형들이 학살된다. (2)(인형들이 객석까지 던져진다)
3. (3)그러는 동안 신중현의 〈아름다운 강산〉이 울려 퍼진다.[487]

위의 마지막 장면에서 밑줄 친 (1), (2), (3) 장면의 실제 공연 상황을 보면 신중현의 〈아름다운 강산〉이 흘러나온다. 광대들이 등장하여 무대와 객석을 향해 기관총을 난사한다. 그리고 무대와 객석에는 인

---

486 '전형화'란 실제현상과 생활 가운데 본래 '전형'이지 않거나 그다지 전형적이지 않은 대상을 예술적 가공과 개조를 통하여 전형적인 예술형상으로 변화하게 하는 것이다. 그러므로 모든 예술적 행위는 '전형'을 창출하고 그것을 통하여 사회적 상황과 특성의 본질적인 면을 구현해야 함으로 이는 창조적 예술 활동과 행위에 기본적인 것이라 하겠다. 또한 '전형'은 개별을 통하여 일반적인 것을 반영하는 것이며, 각 개인은 '전형'인 동시에 일정하고 하나뿐인 개인이기도 한 것이다. 따라서 '전형화'는 처음부터 끝까지 단 하나뿐인 개인을 떠나지 못하며, 생활자체의 개성화된 형식을 떠나지 못한다. '개성화'는 '전형화'의 기초이며, '전형화'하려면 무엇보다 먼저 '개성화'해야 하는 것이다. 즉 '개성화란 형상의 개별성, 구체성 그리고 생동성이라는 특성을 바탕으로 그것들을 더욱 특별하고 명확하게 표출하게 된다. 따라서 이와 같은 특성들이 창출되는 경우에만 '전형'은 비로소 추상적인 일반이 아닌 구체적인 '이것-개인' 즉 '인물'의 '전형화'로 변화되는 것이다. 張孔陽, 김일평 옮김(1987), 앞의 책, 168~176쪽 참고.
487 기국서 연출(1981), 앞의 〈기국서의 햄릿〉 공연텍스트, 38쪽.

형으로 된 시체들이 무수히 쌓이고 천정에서도 떨어지는 극적 상황이
전개된다. 이때 무대 위에는 네 개의 '탑 조명'이 비춰진다. 이 조명을
받으면서 한명의 '마임광대'가 무심히 무대를 가로질러 걷는다. 이 장
면에서 '탑 조명'에 의해 '마임광대'는 무대 위에서 벌어지는 상황과는
분리된 인물이자 관객의 시선이 집중되는 독특한 인물로 표출된다.
이것은 뼈아픈 고통과 핏빛으로 얼룩진 동시대의 정치상황을 지켜보
는 무력한 소시민이자 방관자인 제3의 인물인 것이다. 이는 그 진실을
냉철하게 바라보는 힘없는 지식인을 상징하는 인물의 '전형'이자 그
'전형화'된 모습이라고 하겠다.

다음은 햄릿시리즈 세 번째인 〈햄릿과 오레스테스〉 공연에서 '왕
의 참회기도' 장면과 햄릿이 폴로니어스를 살해하는 장면이다.

장면1: (1)(암전. 어둠 속에서)

폴로니어스: 지금 햄릿님께서 왕비님 침전으로 들어가십니다. 신은 커튼 뒤
에 숨어서 이야기를 엿듣겠습니다. (중략) 그럼 침전에 드시기
전에 배알하옵고 결과를 사뢰겠습니다. (2)(왕은 '스포트 조명'
안에서 듣는다)

왕: 아, 이 죄악 악취가 하늘까지 찌르는구나. 인류 최초의 저주를
받으렷다. (중략) 앞으로 어떡한담? 회개를 해보자 (3)(주사를
꺼낸다. 팔뚝에 놓는다) 회개로 안 될 일이 있으랴? (중략) 자,
순해져 봐라, 강철 같은 마음아. 갓난 아이 힘줄처럼, 만사 다
잘되 주십사. (무릎을 꿇는다. 편해진다) (4)(햄릿 등장하여 왕
을 보자 멈춰 선다. '스포트 조명' 안으로 들어와서 왕 뒤에
선다)

햄릿: 기회는 지금이다. 지금 마침 기도를 드리고 있구나. 자 해치우
자. (칼을 빼든다) 그러면 저자는 천당으로 가고, 나는 원수를
갚게 되지. (중략) (5)(무대 중앙에 탑 조명이 들어오면 왕비

침대에 앉아있다) (중략) 어머니가 기다리고 계시다. 너, 기도
하고 있다마는 네 병고만 연장될 뿐이다. (6)(암전. '스포트 조
명'만 비춰진다)[488]

장면2: (1)(침대 뒤에 커튼이 쳐진다) (밖에서 어머니! 어머니! 어머니! 불
으며 햄릿 들어온다)

     햄릿: 어머니, 무슨 일이십니까?
     왕비: 햄릿, 아버님은 너 때문에 대단히 화가 나셨다.
     햄릿: 어머니 때문에 우리 아버님도.
     왕비: 이봐, 그런 객쩍은 대꾸가 어디 있니? (중략) (폴로니어스 들어
       온다)
     왕비: 햄릿, 어쩌자는 거냐? 날 죽이자는 거냐? 아, 여봐라, 사람 살려
       라, 사람 살려라! (2)(커튼에 햄릿의 환각의 그림자가 생긴다.
       망상이다)
     햄릿: (칼을 빼들고) 흥, 이건 뭐냐? 쥐냐? 뒈져라, 뒈져! (커튼 속으
       로 칼을 찌른다)
폴로니어스: (쓰러진다) (중략)
     햄릿: … 자, 끌고 가볼까. 일은 끝내야지. 안녕히 주무십시오, 어머
       니. (시체를 끌고 퇴장. 혼자 남은 왕비는 침대에 엎드려서 흐
       느껴 운다) (3)(암전) (커튼 없어진다)[489]

위의 예로든 장면들 중 먼저, 장면1에 대한 상황을 살펴보면 폴로
니어스가 지문(1)의 상황—빛이 없는 '암전'된 어둠 속에서 대사를 한
다. 왕은 지문(2)의 상황은 '스포트 조명'에 의해 독립된 공간에 위치
하고 있다. 이후 자신의 죄를 참회하는 기도를 한다. 그리고 지문(4)

---

488 기국서 연출(1984), 앞의 〈햄릿과 오레스테스〉 공연텍스트, 27~28쪽.
489 위의 공연텍스트, 28~29쪽.

의 상황에서 햄릿이 등장하여 '스포트 조명' 안으로 들어와 왕의 바로 뒤에 자리 잡는다. 잠시 후 햄릿이 자신의 칼로 왕을 살해하려 한다. 이때 지문(5)의 상황에서 무대 중앙에 '탑 조명'이 비춰지고 침대에 앉은 왕비가 드러난다. 그리고 장면의 마지막 상황에서 암전과 동시에 무대 중앙의 왕비에 대한 '스포트 조명'만이 남는다. 이와 같이 각각 등장인물에게만 집중되는 '스포트 조명'(2), (4), (6)와 '탑 조명'(5)는 각각의 인물들을 주어진 무대상황과 공간의 중심인물로 형상화하고 있다. 이는 그 인물의 개별화된 특성인 '권력욕'과 '참회'의 이중성을 보여주는 인물로서 왕, 아버지에 대한 '복수의지'와 '갈등'하는 인물로서 햄릿 그리고 여성의 '정절'과 '욕망' 사이에서 흔들리는 인물로서 침대위의 왕비를 통하여 그 인물이 상징하는 '전형화'된 인물로 변화시킨다. 또 장면2의 경우, 지문(1)의 상황과 '스포트 조명'에 의해 무대공간이 '욕망'을 상징하는 왕비의 '침실'로 변화된다. 왕비와 햄릿이 그 공간의 중심인물이자 그 특성을 보여주는 '욕망'의 대상으로서 '어머니'이자 '여성'을 상징하는 인물로서 왕비 그리고 근친상간적 '욕망'과 '갈등'을 상징하는 인물로서 햄릿으로 표출된다. 즉 '전형화'된 인물로 변화되는 것이다. 이때 등장하는 폴로니어스는 '스포트 조명'이 차단된 커튼 뒤에 위치한다. 그는 개별화된 특성과 존재의미를 상실한 그림자로 비춰지는 중심 밖의 인물인 것이다. 이것은 햄릿에게 왕의 환영이자 환상으로 인식된다. 그리고 햄릿에 의해 살해당하게 되면서 또 다른 개별화된 인물의 '전형화'로 형상화된다고 하겠다. 마지막으로 또 다른 햄릿시리즈인 네 번째인 〈햄릿4〉와 다섯 번째인 〈햄릿5〉 공연의 동일한 장면인 '4장 연극과의 만남'이다. 여기서 조명에 의한 등장인물의 전형적 특성이 표출되는 상황을 살펴보도록 하겠다.

제4장 연극과의 만남
(주제가 '햄릿의 노래'가 연주된다. 극단배우들이 악기를 들고 나와 춤을
춘다. 그들은 펑크, 히피 등의 이미지를 풍긴다)

호레이쇼: 연극은 꿈과 같은 것. 앉아서 이야기하는 것. 서서 이야기하는
　　　　것. 움직이고, 춤을 추고, 노래하고, 서성거리다 비탄에 잠기고
　　　　모든 혼잣소리 (중략) 어슬렁거리다 화를 내고 갑자기 모든 과거
　　　　가 회상되는 것. 그리고 그런데 끝. (중략)

왕: (1)(스포트) 이런 빌어먹을 작자들이 그렇게 많이 죽일 줄이야
　　생각이나 했어? 그냥 겁만 주라 한 거지. 좌우지간 자식들이 머
　　리빡이 골팍이라. 좋아할 수 없어. 밀어붙여!

햄릿: (2)(스포트) 그가 인간을 파괴하였다. 그가 이제 미친 것이다.
　　이제 수없이 많은 사람들이 공포에 떨 것이다. (중략) (거리의
　　소음이 깔리면 배우1, 2가 거리의 광인 남녀를 연기한다) (중략)

왕: (3)(스포트) 어쨌든 나는 왕이 되었다. 말하자면 나는 최고의 권
　　력자가 된 것이다. 나는 역사 속에 한 자리를 잡은 것이다. (중
　　략) 아, 유쾌하다. 저런 왜곡된 저항쯤이야. 내버려두자. 유쾌한
　　일이다.

햄릿: (4)(스포트) 그는 왕이 된 것이다. 모든 일이 새로이 시작되어야
　　하는 것이다. 그가 도둑질을 했건, 살인을 했건, 찬탈을 했건,
　　그는 지금 왕인 것이다. 모든 미래의 역사가 새로 시작되어야
　　하는 것이다. (중략) (웃는다) 샤머니즘의 광기에 빠지지 않도록
　　(하략)[490]

　　위의 예로든 장면의 상황 (1)~(4)에 등장하는 인물인 왕과 햄릿 역
시 '스포트 조명'에 의하여 다른 등장인물과 차별화 내지는 개별화되

---

[490] 기국서 연출, 〈햄릿4〉 공연텍스트(대학로극장 공연대본으로서 『한국연극』 1990년 3
　　월호 수록본), 극단 현대극장, 1990, 67~68쪽. 기국서 연출(1990), 앞의 〈햄릿5〉 공연
　　텍스트, 25~33쪽.

고 있다. 이러한 특성을 통하여 '전형화'된 인물로 변화되는 관점을 표출한다. 이 장면의 초반에 등장하여 연주에 따라 노래와 춤을 추는 배우들이나 '해설자' 역할을 하는 호레이쇼와 달리 왕과 햄릿은 대사를 하고 있는 상황이다. 이때 '스포트 조명'을 비춰줌으로써 여타 등장인물과 차단되고 개별화된 상황을 연출하고 있다. 이를 통하여 두 인물의 이율배반적인 개별적 특성인 '폭력'에 의한 '정권찬탈'과 역사적 인물로서 왕과 그 역사적 '파괴'에 대한 '비판'과 현실적 시각에서 '수용'하는 인물로서 햄릿을 대비한다. 이를 통하여 두 인물이 상징하는 차별화된 형상을 표출하는 동시에 그러한 인물들의 '전형화'된 모습을 창출하고 있다고 할 수 있을 것이다.

5) 공연비평과 관객의 수용양태 분석

이태주는 5, 60년대의 우리 연극이 현실의 심연에 도달하지 못한 이유 중 하나는 우리의 연극의식이 역사의식의 소산이 아니기 때문이라고 지적한다. 이는 동시대의 정치, 사회적인 현실의 암흑을 직시하고 준엄하게 비판하는 의식이 결여된 연극이며, 우리의 뼈아픈 현실로부터 무관심하거나 초연해진 그런 공연이라는 것이다.[491] 이러한 측면에서 볼 때 기국서의 햄릿시리즈는 동시대의 정치, 사회적 문제를 정면으로 직시하고 표출하고자 시도된 해체적 도전이자 현실 파괴적인 공연이라고 할 수 있다.

1980년대 초반 기성의 연극 제도권 밖에 위치하고 있던 기국서의 햄릿시리즈 공연에 대한 평단의 시선은 처음부터 긍정적이거나 호의적인 것만은 아니었다. 셰익스피어의 본질에서 벗어나는 해석을 금기

---

491 이태주(1999), 앞의 책, 213~214쪽.

시하는 경향과 관점에서 볼 때, 한상철은 〈기국서의 햄릿〉을 동시대의 정치와 삶의 관계를 지나치게 파고든 공연이라고 평가한다.[492] 이것은 조그만 한 것을 얻기 위해 큰 것을 잃었다는 면에서 셰익스피어를 메마르고 각박하게 한 공연의 하나라는 것이다. 그러나 유민영은 동랑레퍼터리 극단의 〈하멸태자〉와 달리 〈기국서의 햄릿〉은 새로운 해석방법 내지는 기존의 정통적인 수법과는 또 다른 관점의 실험적인 공연이라고 평가한다.[493] 또 공연예술가로서 70년대 이후 실험적이고 전위적인 계열의 맥을 이어가는 돋보이는 연출이라는 긍정적인 평가를 받기도 한다.[494]

이상일은 햄릿시리즈의 초반 세 번의 공연들은 정치적 찬탈과 부패에 대한 햄릿의 위장된 공세이며 암울한 동시대의 군사독재와 광주 5.18 희생자들에 대한 반격이자 형상화 작업으로 평가한다. 특히 〈기국서의 햄릿〉에 등장하는 햄릿은 정통왕위계승자와 찬탈자 숙부 및 그 추종자들의 정치적 대결로 본다. 부패에 대한 정치적 공세는 위장된 미치광이의 광기로 표출된다. 그 마지막은 항상 총성에 의한 죽음과 그것을 재확인하는 형식으로 햄릿을 현대적으로 창출한 것이 특징이라는 긍정적인 평가한다.[495] 그러나 〈햄릿4〉의 경우 기존의 연작시리즈들보다 단편적이며 에피소드 중심적으로 구성되어 있으며 줄거리를 따라갈 주제가 결여되어 있다는 부정적인 평가를 하고 있다. 다만 악몽이라는 문제 제기만이 80년대 군사독재의 종말로서 마약과 외설이라는 현실적인 문제로 변용되어 충격을 준다고 지적한다. 죽은

492 한상철(1992), 앞의 책, 291~292쪽.
493 유민영, 『전통극과 현대극』, 단국대학교 출판부, 1992, 164쪽.
494 이상일, 『전통과 실험의 연극문화』, 눈빛, 2000, 257쪽.
495 이상일, 『한국연극의 문화형성력』, 눈빛, 2000, 417~418쪽.

선왕의 유령과의 만남과 '극중극'의 선왕암살 장면 그리고 가면과 인형놀이로 표출되는 상황 역시 예술 형식이라기보다는 포괄적 행위로서 죽음의 과정을 형상화한 것으로 평가한다. 이는 광주5.18 희생자들의 원혼과의 만남을 상징적으로 보여주는 것으로서 동시대 정치적 치부를 부각시키는 〈햄릿4〉의 정치극적 특성이 드러나는 부분이라는 것이다.[496]

김승옥 역시 〈햄릿4〉에 대하여 원전과 비교해 볼 때 공연 전체를 관통하는 분위기가 범죄와 부패라는 점에서는 유사하다고 평가한다. 그러나 공연에 나타나는 도덕성의 타락, 사랑의 부패, 정치·사회의 어두운 측면 등 너무 많은 소재에 대한 의욕과잉이 나타난다. 또 그 전달의 난해성으로 인하여 절제된 무대미학의 표출과 창조적인 해체의 묘를 살리지 못한 공연이라는 다소 부정적인 평가를 하고 있다. 한편 부패의 시각적 상징으로 활용된 가면과 인형 그리고 신디사이저 음향의 절묘한 배합으로 형상화된 고통과 신음의 축제분위기는 고무적인 장면이라고 긍정적으로 평가하고 있다.[497]

또한 이상일은 이러한 정치극 〈햄릿〉을 통하여 동시대의 정치현실과 부딪쳐온 기국서에게 그 대상을 상실한 90년대는 지나간 시대상황의 가위눌리는 악몽으로 표출될 것임을 지적한다. 따라서 이후 기국서의 햄릿시리즈는 허무와 고독 그리고 철학적 사색을 보여주는 햄릿으로 회귀할 것이라는 전향적인 평가를 하고 있다.[498] 한편 〈햄릿4〉 공연에 출연한 배우1과 2의 남녀(전영민과 이시영), 어머니와의 만남에

496 위의 책, 418쪽.
497 김승옥, 「앙상블·해체·죽은 연극」, 『공간』 3, 공간사, 1990, 163쪽.
498 이상일(2000), 앞의 책, 419쪽.

서 등장하는 여인(서경옥), 건달 A, B, C의 엇나가는 행동선은 상투적이고 타성에 빠지려는 공연의 흐름과 상황을 받쳐주고 있다는 긍정적인 평가를 한다. 그러나 햄릿 역의 박규천은 유연한 움직임이 돋보였으나 대사전달을 위한 발성이 약한 것을 결점으로 평가한다.[499]

기국서의 햄릿시리즈 마지막 공연인 〈햄릿5〉에 대하여 이미원은 고민하는 햄릿형 주인공이라는 설정과 원전의 중요한 장면들을 동시대의 한국정치사에 대비시킨다. 또 〈햄릿4〉와 마찬가지로 서로 유기적이 연관성이 없는 여섯 개의 각기 다른 에피소드 즉, 모순된 사회의 단면들로서 각 장면들이 서로 보강하여 공연의 의미를 구축하고 있다는 것이다. 이와 같이 원전을 해체하여 오늘의 상황에 적절하게 대응시킨 발상이 독특하고 신선하다고 지적한다. 자칫 시사적일 수 있는 소재가 이를 넘어 깊이를 창출한 공연이라는 긍정적인 평가를 한다. 그러나 지나치게 많은 이야기를 전달하고자 하는 데서 작품의 응집력이 떨어지고 있다. 그에 따른 산만한 짜임새와 안정되지 못한 연기력 특히 혼령들의 대사는 전혀 전달이 되지 않는다. 빈번히 표출되는 비어의 사용도 공연의 감동을 떨어뜨린다는 부정적인 평가를 하고 있다.[500]

또한 〈햄릿5〉에 대한 또 다른 평가를 보면, 억압 대 혁명이라는 지나치게 단순화한 정치적 해석이 거부감을 주고 있다. 그러나 '폐허'라고 이름붙인 동시대의 정치상황과 피폐해진 인간 감성을 표출시킨 부분들은 긍정적으로 평가한다. 또, 기존의 햄릿시리즈는 물론 공연통념에서 벗어난 디스코풍의 춤과 노래, 토크쇼, 인형극, 노골적인

---

499 위의 책, 418쪽.
500 이미원(1996), 앞의 책, 158쪽.

욕설과 음담패설 등이 논리와 상관없이 전개된다. 이러한 상황 속에서 햄릿 선왕의 유령은 광주5.18 희생자의 원혼으로, 어머니는 퇴폐적 자본주의의 화신으로, 삼촌 클로디어스는 권력의 찬탈자로, 암살자들은 권력기관의 고문담당자로, 무덤 파는 인부들은 민중의 현존으로 형상화되고 있다고 지적한다.[501]

한편 안치운은 이와 같은 기국서의 햄릿시리즈 공연과 거기에 등장하는 햄릿의 광기는 미치지 않을 수 없는 그 자신의 화신이자 정신의 분열된 표상이다. 오늘, 여기에 햄릿을 다시 등장시켜 해석하고 동시대의 폐허에서 출발한 광기라고 평가하고 있다. 따라서 그의 햄릿은 현실과 자신의 사고 사이에 부조리를 견디지 못한 냉소주의자이다. 기국서의 이성적 관점은 살릴 것인가, 죽일 것인가의 고민보다는 그것이 얼마나 허망한 질문인가에 대한 깨달음에 근접해 있다는 것이다. 그 깨달음은 억울한 죽음과 그 과거에 대한 분노의 표출이다. 억울한 죽음을 등장시켜 억울한 죽음을 진정시키는 것이 아니다. 억울한 죽음으로 인한 인간적 삶의 연장과 그것을 극복하고자 꿈꾸는 것이 공연의 핵심이라는 긍정적이며 전향적인 평가를 하고 있다.[502]

〈기국서의 햄릿〉 제작을 담당한 공연기획 전문단체 예니는 1981년 1월부터 7월 31일까지의 서울 시내에서 공연된 기성극단의 일반작품을 대상으로 조사 정리를 했었다. 그 공연실적자료와 그 통계지침을 보면, 조사과정에서 극단 측 집계와 공연장의 집계가 크게 차이가 나거나 집계되어 있지 않은 공연물이나 공연캐스트, 스태프 등이 확실히 정리되어 있지 못한 몇몇 공연은 그 내용을 누락시키고 있다. 또

---

501 동아일보, 1990년 10월 8일.
502 안치운, 『공연예술과 실제비평』, 문학과 지성사, 1993, 193~197쪽.

정확한 관객 숫자를 밝히기 꺼리는 극단 것도 정리에서 누락된 것을 밝히고 있다.[503] 이에 근거하여 조사된 총 아흔세 개 공연단체와 그 공연들 중 하나로 극단76의 〈기국서 햄릿〉이 통계자료에 올라있다. 그러나 공연일자와 출연자 및 스태프 그리고 공연 횟수 12회만 조사되어 있을 뿐 총동원 관객과 회당 평균 관객의 숫자는 집계되어 있지 않다.[504] 이러한 통계자료에 근거하여 판단하여 볼 때 조사 주체가 〈기국서의 햄릿〉을 제작한 단체임에도 불구하고 동원 관객의 숫자를 누락시키고 있다는 것이다. 이는 결국 일부 언론매체의 긍정적인 평가와 홍보에도 불구하고 실질적인 유료관객 동원에는 실패한 공연으로 판단된다.[505] 그 결과 이후 기국서의 햄릿시리즈 공연의 제작 주체 변경에도 상당한 영향을 미쳤음을 상정케 하는 자료라 하겠다. 〈햄릿Ⅱ〉 역시 관객 동원 등 흥행 면에서는 상당한 손실이 발생한 공연이다. 또 1990년 대학로소극장에서 장기공연한 〈햄릿4〉의 경우 적극적인 홍보를 통하여 유료관객을 상당수 유치하여 겨우 적자를 면한 공연이다. 다만 〈햄릿과 오레스테스〉 그리고 〈햄릿5〉 공연은 관객들의 긍정적인 반응과 다양한 홍보 등의 영향으로 실질적인 유료관객 동원에서 어느 정도 성공을 거둔 공연으로 술회하고 있다.[506]

---

503 기획, 제작/예니 편저, 『무대리뷰1-연극, 우리들의 생존』, 백제, 1981, 143쪽.

504 이 통계자료는 '공연일지'라는 제목하에 주요 조사 대상으로서 공연단체, 작품제목, 공연일자, 원작자, 번역자, 연출, 제작, 기획, 출연자, 스태프, 공연 횟수, 총 관객, 회당관객 그리고 공연장 등의 항목으로 분류하여 통계자료를 수집정리하고 있다. 81년 1월부터 7월 31일까지 조사된 총 대상 공연단체는 극단76을 포함하여 총 93개 단체이며, 이중 총관객수와 회당 관객숫자가 누락된 단체는 극단76을 포함하여 총 10개 단체이다. 위의 책, 130~143쪽.

505 조선일보, 1981년 4월 5일.

506 기국서와의 인터뷰(2011.9.27), 앞의 인터뷰 자료.

4. 김정옥 연출의 〈햄릿〉(예술의전당 토월극장, 1993):
'몽타주'와 '집단창조'의 관점을 중심으로

1950년대 후반 불란서 유학에서 돌아온 김정옥(1932.2.11~)은 이병복 등과 1960년대 중반 극단 자유를 창단하고 본격적인 연출 작업을 시작한다. 이 시기 그의 주된 작품성향은 매너리즘에 빠진 리얼리즘 연극을 지양하면서 연극적 재미와 시적인 연극성이 표출되는 희극공연이 주를 이루고 있다. 이후 1970년대 중반까지는 명동국립극장과 카페 떼아뜨르를 중심으로 예술성보다는 대중적인 번역텍스트와 부조리 계열의 작품들을 공연한다. 레퍼토리화한 공연[507]들과 창작극을 통하여 한국 연극의 새로운 가능성과 미학을 추구한다고 할 수 있다. 특히 1970년대 초반 공연된 그의 대표적 연출작품 중에 하나인 최인훈 원작의 〈어디서 무엇이 되어 만나랴〉에 나타나는 시적인 품격과

---

[507] 1970년대 자유극장의 공연은 대부분 카페 떼아뜨르에서 레퍼토리 시스템으로 이루어진다. 대개 3~4개의 작품을 매주 일정한 요일을 정하여 공연되는데, 그중 1974년 4월의 레퍼토리를 살펴보면, 월요일: 〈호랑이〉(머레이 시스칼 작, 최치림 연출), 화요일: 〈유별난 작은 일들〉(로버트 앤더슨 작, 이윤영 연출), 수요일: 〈타이피스트〉(머레이 시스칼 작, 김정옥 연출), 금요일: 〈의자〉(데 필립뽀 작, 김정옥 연출) 등이 있다. 이와 같은 공연물의 유형을 분류해보면 첫째, 실험적인 연극으로서 이오네스코, 아라발, 베케트 등의 번역텍스트, 둘째, 소극장 작품으로서 당대의 세태와 애정풍속을 보여주는 작품, 예를 들면 〈부부연습〉(마틴 발저 작, 김정옥 연출)과 〈아버지의 연설〉(기프와시 작, 김정옥 연출) 등이 있으며, 셋째, 창작극 개발과 소개를 목적으로 시도된 작품으로는 〈색시공〉(장윤환 작, 김정옥 연출), 〈결혼〉(이강백 작, 최치림 연출), 〈가죽버선〉(채만식 작, 최치림 연출) 등이 있다. 이외에도 꼭두극과 판소리 공연으로서 김소희 등 당대 명창들의 공연이 이루어진다. 또 명동국립극장에서 공연된 대표적인 작품으로는 〈아가씨 길들이기(원제: 아내학교)〉(몰리에르 작, 김정옥 연출), 〈슬픈 카페의 노래〉(카슨 매컬리스 원작, 에드워드 엘비 각색, 김정옥 연출), 〈세빌리아의 이발사〉(보마르쉐 작, 최치림 연출) 등이 있다. 김미도, 「김정옥 선생과 함께」, 『한국 연극』 11, 한국연극협회, 2001, 94~97쪽. 김정옥과의 인터뷰, 일시: 2011.9.1. 오전 10시 30분 ~ 오후 12시 30분, 장소: 경기도 광주 소재 얼굴박물관 참고.

극적 밀도 그리고 몽환적이고 부조리한 분위기 등이 표출되는 무대미
학은 한국적 연극을 추구하는 전환점이 된다. 이와 더불어 1970년대
후반 연출한 〈무엇이 될고 하니〉(박우춘 작)에서는 워크숍을 통한 배
우 중심의 '집단창조'와 '몽타주', 그리고 '총체극' 방식 등 새로운 연극
기법에 대한 실험을 추구한다. 이 공연 이후 '죽음'이라는 주제가 그의
공연텍스트와 연출 작업에 주요한 관점으로 자리 잡고 있음을 알 수
있다. 이에 본 장에서는 이러한 관점의 연장선상에서 1993년 예술의
전당 전관개관 기념공연 및 극단 자유 제145회 정기공연으로 무대화
된 〈햄릿〉 공연에 대한 김정옥의 텍스트 〈햄릿〉에 대한 관점, 공연의
시대적 배경과 목적, 〈햄릿〉의 연출관점 및 무대형상화의 특성 그리
고 공연평가 등에 대하여 살펴보고자 한다.

1) 텍스트 〈햄릿〉에 대한 관점

〈햄릿〉을 무대형상화하고자 한 김정옥에게 있어서 원전에 대한 관
점은 기본적으로 인간 존재의 근원적 문제인 '죽음'과 연계된 해석이
다. 이를 구체화하기 위한 방법으로서 '워크숍'을 통한 '집단창조' 방식
과 '몽타주' 개념을 차용한다. 그는 원전에 대한 재해석과 함께 극적
구성에 있어 광대들에 의한 돌출적인 상황들과 원전에 근거한 연속적
인 장면들 그리고 일부 비약적인 장면을 혼용하여 원전을 재구성한
다. 이에 본 장에서는 텍스트에 나타나는 '몽타주'의 개념을 개괄한
다음, 김정옥의 텍스트 〈햄릿〉에 대한 몽타주적인 구성과 그 수용관
점을 분석하고자 한다.

(1) 텍스트에 나타나는 '몽타주' 개념 고찰

아리스토텔레스(Aristoteles)는 그의 시학에서 비극의 본질을 논하면

서 배우는 텍스트의 스토리를 실연하기 때문에 장경 또는 배우의 분장을 불가피하게 비극의 일부분으로 규정한다. 또 노래와 조사는 모방의 수단으로서 그중 조사는 운문의 작성을 의미한다. 아울러 비극은 행동의 모방이며, 행동은 배우에 의해 행하여지는 것으로서 배우는 필연적으로 사상과 성격에 있어 일정한 성질을 가지게 된다고 주장한다. 또 플롯은 행동의 모방으로서 사건의 결합을 지칭한다. 따라서 모든 비극은 여섯 가지 구성 부분을 가져야 하며 이것에 의하여 비극의 일반적인 성질이 결정된다. 즉 플롯, 성격, 조사, 사상, 노래 그리고 장경이 그것이다. 이 가운데 조사와 노래는 모방의 수단이며, 장경은 모방의 양식이고 플롯, 성격, 사상은 모방의 대상이다. 그리고 이 여섯 가지 중 가장 중요한 것이 사건의 결합인 플롯이다. 비극은 인간을 모방하는 것이 아니라 인간의 행동과 생활 그리고 행복과 불행을 모방하는 것이다. 그러므로 비극의 목적은 행동이지 성질이 아니다. 따라서 사건의 결합, 즉 플롯이 비극의 목적이며, 목적은 모든 것 중에서 가장 중요한 핵심이라는 것이다.[508] 구성이 비극을 포함한 모든 창작예술 활동의 가장 본질적인 요소로 인식하고 있음을 말하는 것이다.

이처럼 그가 비극의 본질적 요소 중 가장 중요한 것으로 강조한 사건의 결합인 플롯, 즉 구성은 연극을 비롯한 모든 예술적 창작 활동에 근간이 된다. 이것은 부분과 부분을 잘 결합하여 의도하는 효과를 창출하는 것이라 할 수 있다. 예를 들어 음악은 음과 음을 연결하여 만들어내는 음악적 구성과 창작활동을 '작곡'이라 부른다. 회화는 화폭의 대상이 되는 물체의 배치를 고려하여 만들어내는 창조적 구성작

---

508 아리스토텔레스, 천병희 역, 『詩學』, 문예출판사, 1987, 46~49쪽.

업을 '구도'라 한다. 또 연극적 구성인 '플롯'은 단편적인 사건이나 행동들을 효과적으로 구축하여 창조적인 이야기를 무대공간언어로 형상화하는 것이다. 영화적 구성을 의미하는 몽타주는 본래 프랑스어로서 '부분품 조립'을 의미하며, 부분을 조립하여 하나의 완성품을 만드는 것이다. 그러나 궁극적으로 영화의 구성원리를 의미하는 몽타주는 기존 예술이 가지고 있던 창작 요소들을 차용하여 발전시킨 개념이다. 가장 단순한 차원에서 쇼트(shot)와 쇼트를 잇는 것을 의미한다. 더 나아가 음악적 구성, 회화적 구성 그리고 극적 구성의 효과 모두를 포괄하는 용어라 할 수 있다. 왜냐하면 어떤 몽타주는 음악적 선율이나 박자에 준하는 효과를 창조할 수 있으며, 특수한 시각적 효과를 창출하거나 극적 효과를 표출할 수 있기 때문이다.[509]

그러나 초창기 영화의 중요한 재현 원리는 장경(vue)과 타블로(tableau)로서 몽타주의 개념과는 거리가 있다. 장경은 움직이는 슬라이드 사진과 같은 것으로서 자연적인 배경에서 소박한 촌극을 재현한다. 전후의 쇼트와 역쇼트의 개념이 필요 없이 하나의 전체로서 생생한 삶을 포착한다. 타블로는 회화보다는 버라이어티쇼나 풍자희극 혹은 오페레타 등의 볼거리들과 더 관련된 용어이다. 이는 그려진 배경을 단번에 정면에서 담아내는 타블로 형식으로 만들어진 무대장면에서 만들어진다. 영화의 촬영을 위해 특별히 만들어진 스튜디오에서 어떠한 역쇼트도 염두에 두지 않고 카메라는 정면 무대 위에 준비된 장면을 단순하게 기록하는 도구라고 할 수 있다.[510]

---

509 김용수, 『영화에서의 몽타주이론』, 열화당, 1999, 11~12쪽.

510 뱅상 피넬, 심은진 옮김, 『몽타주: 영화의 시간과 공간』, 이화여자대학교 출판부, 2008, 17~19쪽.

이러한 두 가지의 재현원리관점은 장경의 프레임이 지닌 자유로움과 '타블로'의 무대장치가 지닌 엄격함에서 차이점을 보여준다. 장경에서 카메라가 겉으로 보이는 것들, 특히 우스꽝스럽고 하찮은 것을 기록하기 위해 현실세계 안에서 움직인다. 그러나 타블로는 무대배경이 카메라 앞에서 변화하면서 허구의 장면들인 역사적인 장경들이나 재구성된 장면들을 재현하는 것이다. 이와 같은 타블로의 독립성을 가장 심하게 침범한 것이 다양한 사건들이다. 즉 추락, 연쇄충돌, 와해, 미끄러짐 등으로 이루어진 추격영화라는 하부 장르이다. 여기서 이루어지는 인물들의 추적과 이동의 민첩성은 필연적으로 타블로의 빠른 연결과 연속성의 개념을 창출하게 된다. 특히 이전 타블로는 무대 왼쪽에서 인물을 이동시켜 빠져나오게 한다. 그러나 그 인물이 제자리로 돌아왔다는 인상을 배제하기 위하여 무대 오른쪽에서 인물이 들어가게 하는 것이 필수적이라는 사실을 터득한다. 이에 따라 방향의 일치를 알게 된다. 이러한 관점은 쇼트의 데쿠파주(découpage)[511]와 몽타주의 기본적인 개념의 하나로 자리 잡는다.[512]

이러한 초기의 몽타주 개념을 정리, 심화시켜 영화를 단순한 눈속임의 기술이 아닌 예술의 영역으로 끌어올린 인물이 그리피스(D. W. Griffith)이다. 그는 인물의 행위를 한 면에서만 바라보고, 연극의 '제4의 벽'을 존중한다는 점에서 타블로에 충실한 것이라 할 수 있다. 그러

---

511 '데쿠파주'는 원래 불어에서 '천'이나 '가죽', '종이' 따위를 잘게 자르거나 오려 붙이는 것을 의미하는 낱말로서, 영화에서는 첫째, 장면을 분할하여 '쇼트'와 '쇼트' 사이를 연결하는 구상 작업을 지칭하거나, 둘째, 시나리오를 촬영 전에 분석하여 작성되는 자료(스크립트)를 말하는 것으로서, 촬영재료의 각 부분에 의미를 부여하는 중요한 자료이다. 그러나 예정된 시나리오와 촬영된 시나리오 사이에는 빈번하게 변형이 많이 일어나는 것을 알 수 있다. 위의 책, 102~103쪽.

512 위의 책, 26~27쪽.

나 그는 1908년부터 1916년까지 짧은 기간의 영화작업에서 세 가지의 기본적인 편집기법을 창안한다. 첫째, 사건의 모든 행위를 전부 그대로 묘사하지 않고 행위의 연속성을 유지하기 위한 시도로서 연속커팅(cutting to continuity), 둘째, 연속커팅의 원리를 좀 더 발전시켜 단순한 물리적 동기가 아닌 극적인 집중과 감정적인 강조를 위하여 창안한 고전적 커팅(classic cutting 혹은 découpage classique)이 있다. 그는 이 기법을 이용하여 한 씬 속에서 클로즈업을 사용하여 당시로서는 생각할 수 없던 극적인 충격을 창출하는데 성공한다. 그리고 주제적 커팅(thematic cutting 혹은 montage)으로서 현실적인 시공간의 연속성을 무시하고 관념들 사이의 결합을 강조한다. 이것은 더 이상 물리적이거나 심리적인 것이 아닌 개념적인 것 내지는 주제에 의한 것을 지향한 관점이다.[513] 또 그리피스는 '문의 통과'를 통해 시간과 공간의 연속성 개념을 창출한다. 이미지에 던져진 '시선의 일치'를 통하여 그 시선이 바라보았던 것의 이미지를 이끌어 내고자 한다. 이러한 선구자적인 시도와 교차편집을 통하여 이야기를 서사적 구조와 근접 쇼트 내지는 클로즈업 쇼트를 이용한 서술적인 글쓰기로서 몽타주의 개념을 발명한다. 그러나 쇼트들의 보이지 않는 일치에 따라 촬영되지 않았기 때문에 아직 몽타주가 쇼트의 구상, 즉 데쿠파주 작업에는 이르지 못한다.[514] 그럼에도 불구하고 이러한 그리피스의 실험적 영화에 의해 창출된 영향력은 당시 수많은 영화감독들에게 시간의 주관적 처리 방법에 대한 방향을 제시한다. 특히 소련의 젊은 영화감독인 프세블로트 푸도프킨(Vsevolod Illarionovich Pudovkin, 1893~1953)과 세르게이

---

513 L. 자네티, 김진해 옮김, 『영화의 이해: 이론과 실제』, 현암사, 1993, 135~146쪽 참고.
514 벵상 피넬, 심은진 옮김(2008), 앞의 책, 33~35쪽.

에이젠스타인(Sergei Eisenstein, 1898~1948) 등에게 많은 영향을 주어 몽타주이론의 기초와 완성에 중대한 기여를 하게 된다.

1920년대 소련의 정치, 사회적인 혁명은 예술의 혁명으로 이어진다. 이 시기 아방가르드적인 운동과 함께 소련의 젊은 영화인들은 그리피스의 미국적인 모델을 바탕으로 한 새로운 표현방식인 몽타주에 경도되기 시작한다. 당시 모스크바 영화학교 교수였던 레프 클레쇼프(Lev Kuleshov)는 푸도프킨을 비롯한 수많은 소련의 영화감독들을 길러낸 교육자로서 본격적인 몽타주 미학을 개발한 이론가이자 감독이다. 그는 극장의 스크린이 아닌 관객의 머릿속에 흔적을 남기는 몽타주에 대한 다양한 실험을 한다. 그의 결론은 쇼트는 다른 쇼트와의 관계 속에서 '시점의 통합'과 의미를 발생시킨다는 것이다. 몽타주는 급작스런 비약을 지양하고 부드러운 전환을 가져올 수 있다고 전제한다. 그는 '점프 컷(jump cut)'을 관객이 편집의 이음새를 의식하지 못하도록 하는 '눈에 띄지 않는 편집'을 지향한다. 더 나아가 '인위적인 풍경' 혹은 '클레쇼프 효과(모주킨〈Mozzhukhin〉 실험, 또는 K효과)' 등으로 알려진 실험을 시행한다. 이를 통해 몽타주가 데쿠파주에 의한 분할된 쇼트를 이용하여 존재하지 않는 주체를 재구성할 수 있다면, 이질적인 쇼트들을 결합하여 또 다른 혼성주체를 창조할 수 있다고 주장한다.[515] 이것은 몽타주가 소재의 속성을 변조하여 현실을 조작할 수 있다는 것을 의미한다. 따라서 관객에게 왜곡된 리얼리티를 제시하는 윤리적인 문제를 내포하게 된다.[516] 그러나 편집의 대단한 영향력을 간파한 그는 영화의 모든 요소를 몽타주의 관점에서 해석한다.

---

515 위의 책, 90~91쪽.
516 L. 자네티, 김진해 옮김(1993), 앞의 책, 164~166쪽.

모든 영화적 표현은 짧은 '몽타주'에서 적합하도록 단순명료하고 즉시
이해될 수 있는 기호로 작용해야 한다는 것이다.[517] 이러한 몽타주의
특별한 효과와 원리는 '매끄러운 편집'과 '급작스런 비약'으로 압축할
수 있다. 이러한 그의 관점을 푸도프킨은 '벽돌쌓기'의 '매끄러운 편집'
관점과 스타니슬라브스키의 시스템 원리를 바탕으로 한 '연결 몽타주
(Montage of Linkage)' 개념으로 발전시킨다. 그리고 에이젠슈타인은
'급작스런 비약과 메이어홀드의 연극원리인 이질적인 요소의 충돌에
의한 '그로테스크' 개념을 바탕으로 '충돌몽타주(Collision Montage)' 개
념으로 구체화한다.

한편 베커만(Bernard Beckerman)은 희곡텍스트를 역사적 문예사조
의 흐름과 연관하여 크게 두 가지 관점에서 분류하고 있다. 아리스토
텔레스로부터 프랑스 고전주의 그리고 19세기 잘 짜여진 극(well-made
play)에 이르기까지를 아우르는 집약희곡(Intensive Drama)과 중세극과
엘리자베스 1세 시대 희곡텍스트에 기반을 두고 이어져온 확산희곡
(Extensive Drama)이 그것이다.[518] 이들 중 집약희곡의 논리적 구성 원
칙은 아리스토텔레스의 시학을 그 출발점으로 한다. 개연성과 필연성
의 법칙에 따라 극이란 실제가 아닌 허구의 세계이다. 그 허구의 세계
를 적절하게 표현하기 위해서는 전체적인 구성이 내적 논리에 의해
연결되어야 하는 것을 강조한 것이다. 이러한 전통을 이어받은 신고
전주의나 잘 짜여진 극의 이론가들은 더 나아가 극은 현실세계의 논
리를 따라야 한다고 주장한다. 즉, 극적 구성이 이루어지는 장면의

---

517 김용수(1999), 앞의 책, 44~45쪽.

518 Bernard Beckerman, *Dynamics of Drama: Theory and Method of Analysis*, Alfred A.
Knopt, 1970, pp.17~21.

전후 인과관계에 의한 직선적 혹은 시간적 진전에 따라 그 특징이 나타나게 된다는 것이다. 반면 확산희곡은 극적 구성에서 논리적 단절이나 비약을 그 특징으로 보여준다. 이는 중세신비극이 보여주는 단편적이고 에피소드적인 구성의 전통을 이어받은 것이다. 주요한 장면에서 다음 장면으로 이어지는 서술적인 비약이나 논리적 단절을 그 특징으로 하는 엘리자베스 1세 시대 연극을 통하여 지속적으로 발전하여 왔다. 또 브레히트의 서사극에 이르기까지 그 전통이 이어지고 있다. 브레히트극의 등장인물이 상황의 변화에 따라 표출하는 행동양식은 논리적 일관성보다는 '正과 反' 혹은 '反과 正' 등 상충적으로 변화하는 비약성을 보여준다. 이와 같은 변증법적 연극의 특성과 상통하는 것이 확산희곡이다.[519] 다시 말해 확산희곡은 장면들 사이의 유사성이나 대조를 표출하는 수직적 비교를 강조하는 극적 구성의 특징을 보여준다.

이와 같은 집약희곡과 확산희곡의 전통은 연극과 영화의 연출법에 지대한 영향을 미치면서 푸도프킨의 연결몽타주와 에이젠슈타인의 충돌몽타주 이론으로 발전하게 된다. 먼저, 집약희곡에 나타나는 논리적 연결과 연속성은 스타니슬라브스키 시스템의 기초가 되는 관점이다. 그는 배우로 하여금 '만약(magic if)'과 주어진 상황을 이용한 내적인 일관성을 바탕으로 역할의 창조에 있어 논리적 일관성을 유지하도록 요구한다. 푸도프킨의 연결몽타주에서도 이와 같은 논리적 연결과 연속성은 그의 사실주의에 대한 관점의 중요한 부분을 차지한다. 더 나아가 그는 영화의 구조적 편집을 주장하면서 집약희곡의 연속적

---

519 김용수, 「몽타지 이론에 입각한 연극사와 연극기법의 재고찰」, 『한국연극』 10, 한국연극협회, 1992, 56~57쪽.

구성 관점을 수용한다. 그는 비연속적인 화면이 연속적인 행동으로 보이는 것은 단편적인 화면에 대한 관심의 연속성과 행동의 연속성을 지닌 구조적 편집에 의한 것으로 본다. 아울러 시나리오의 구성에서도 먼저 텍스트의 초목적 내지는 주제를 세우고 그다음 작품의 주요한 부분과 단위들을 나누어 전체적인 골격을 만들고자 한다.[520] 이는 주제에서 세부적인 극적 구성으로 가는 연역적 구성법을 추구한 것이라 할 수 있다.

　확산희곡에 나타나는 논리적 비약과 비연속적인 특성은 암시적 무대와 관객의 창조적 상상력에 의한 연상과 의미창조를 중요시한 메이어홀드와 그의 제자 에이젠슈타인의 충돌몽타주 개념의 바탕이 된다. 메이어홀드는 스타니슬라브스키가 주장하는 사실주의적 표현방식이 관객의 상상력을 자극하지 못한다고 지적한다. 그는 이를 극복하기 위한 방법으로서 작가, 연출가, 배우 그리고 제4의 창조자인 관객의 상상력을 자극하는 간결한 표현을 추구한다. 즉 부분으로 전체를 표현하는 제유적 방식으로 관객의 창조적인 상상력을 자극하는 것이 예술적 표현의 핵심이라고 주장한다. 에이젠슈타인은 이러한 메이어홀드의 관점과 그가 연극무대에서 실험했던 어트랙션 몽타주(montage of attraction, 흡인 혹은 견인 몽타주)의 방식을 영화에 적용한다. 전체에 대한 부분이라는 원칙과 클로즈업이라는 방법을 통해 그의 초기 몽타주이론인 견인몽타주 이론을 구체화한다. 그는 영화의 서로 다른 두 부분의 병치는 그것의 합이 아니라 그것의 창조에 가까운 것이며, 그것은 총합이 아니라 새롭게 창조된다고 주장한다.[521] 더 나아가 에이

---

520 위의 논문, 59~60쪽.
521 벵상 피넬, 심은진 옮김(2008), 앞의 책, 41~43쪽.

젠슈타인은 견인몽타주의 원리와 형식을 보완한다. 두 쇼트의 결합이 전통적인 서술영화에서 추구하는 것 이상의 충돌을 창출한다는 개념으로 발전시킨다. 부분과 부분 사이의 비약을 통하여 관객의 감정을 다른 차원으로 급속히 전환시키면서 지각적 비약을 유도하는 것이다. 다시 말해 두 부분의 충돌이 새로운 의미를 창조하고, 다양한 감각적인 요소들의 대립 속에서 조화를 추구함으로써 다양함 속에 통일성을 지향하는 것이다.[522] 따라서 집약희곡과 연관된 연결몽타주의 관점은 텍스트에 나타나는 인물들의 삶의 순간들을 논리적으로 연결하여 사실적인 느낌을 표출하여 관객의 수동적인 참여를 전제한다. 그러나 확산희곡의 전통을 이어받은 충돌몽타주의 관점은 텍스트에 내재되어 있는 등장인물들의 삶을 단편적인 조각으로 재결합한다. 이는 논리적 단절이나 비약적인 구성을 통하여 새로운 리얼리티를 창출하여 관객의 능동적인 참여와 감상을 지향하는 관점이라 할 수 있을 것이다. 다음 장에서는 김정옥이 이러한 '몽타주'의 이론과 관점을 이용하여 어떠한 형태로 〈햄릿〉을 재구성하는지를 살펴보고자 한다.

(2) 〈햄릿〉의 몽타주적 수용 관점 분석

김정옥은 〈햄릿〉[523]의 수용에 대한 자신의 의도를 다음과 같이 밝히고 있다.

원전의 무대를 한국으로 옮김으로써 연극의 중심 기호라고 할 수 있는

---

522 김용수(1992), 앞의 논문, 61~63쪽.
523 김정옥은 〈햄릿〉 재구성 작업에 있어 여석기 번역본과 후쿠다 츠네야리(福田恒存)의 일본어 번역본 등을 저본으로 참고한 것을 밝히고 있다. 김정옥과의 인터뷰(2011. 6.15), 앞의 인터뷰 내용.

연기자의 연기를 진실하게 표출할 수 있도록 한다. 장면의 연결을 몽타주적 수법으로 배열하여 극의 줄거리를 전달하고자 하였다. 인물과 사건의 인과관계를 설명하는 것이 아니라 극적 긴장감을 고조시키면서 공연이 진행되도록 시도하였다.[524]

　이러한 관점에서 김정옥은 원전의 막과 장의 구분을 해체하여 시대와 배경의 정확한 시기와 장소를 설정하지 않는다. 또 불특정한 한국적 시공간 속에서 원전에 근거한 연속적이거나 비약적으로 전개되는 장면들과 광대들에 의해 새롭게 창출되는 극적 상황을 중심으로 〈햄릿〉을 재구성한다. 김정옥은 5막 구조를 해체하여 원전의 극 진행과는 전혀 다른 극적 구조를 지향한다. 즉, 광대들의 난상토론으로 시작되는 첫 장면을 포함하여 ─ 일부 원전의 극적 구성과 동일하게 연결되는 장면도 있으나 ─ 각기 열여섯 개의 독립된 장면으로 구성하고 있다. 이 장면들을 좀 더 구체적으로 살펴보면 다음과 같다.

　　第1장: (1)광대들 등장하여 ─ 햄릿과 오필리어, 왕과 왕비 등 그들의 존재
　　　　　에 대하여 ─ 현대인 그리고 오늘의 한국인에게 누구인가를 음악
　　　　　과 노래와 함께 이야기한다.
　　第2장: 묘지장면, 묘지 파는 어릿광대와 햄릿의 대화와 노래, 햄릿과 호레
　　　　　이쇼의 대화, 리고 오필리어의 장례를 위한 대열과 상여노래, 햄
　　　　　릿과 레어티즈의 대립.
　　第3장: 햄릿의 꿈. 아버지의 유령 그러나 햄릿은 그것을 악몽으로 돌린다.
　　　　　그는 유령의 존재를 믿지 못한다. 꿈이라면 그것은 햄릿 자신 내
　　　　　면의식의 문제로 인식한다.
　　第4장: '죽어야 할 것인가, 살아야 할 것인가' 괴로워하는 햄릿. 햄릿과

오필리어의 대화 그리고 그것을 엿보는 왕과 폴로니어스-이것
은 연극인가.

제5장: 햄릿이 광대들에게 극의 내용과 연기에 대하여 주문한다. 폴로니
어스 등장하여 햄릿과 퇴장. 왕과 폴로니어스가 광대들에게 오늘
밤 공연내용을 묻고 사전 검열을 요구하자, 광대들 무언극으로
극의 내용을 보여준다. 이를 본 왕은 새 시대에 맞는 작품을 하도
록 요구한다. 그러자 광대들은 과거를 청산하고 새 시대를 열기
위한 선왕의 굿판을 치를 것을 제의하여 합의를 받아 낸다.

제6장: (2)광대들의 음악과 노래-인간의 역사는 음모의 역사인가에 대
하여 광대들은 인간의 음모와 대립에 대하여 이야기한다.-결국
연극이란 그 음모를 밝히기 위한 것임을 말한다.

제7장: 굿판을 벌인다. 즉, 햄릿은 광대들에게 따지자, 자신들의 공연-굿
판은 오로지 죽은 자와 산자들의 영혼의 해방을 위하여 벌어지는
것이라 말한다. 굿판이 진행되는 도중 갑자기 오필리어에게 신이
내린다. 그녀의 입을 통하여 죽은 왕의 원한에 찬 이야기가 전달
된다. 왕은 굿판을 중단시키고 퇴장한다.

제8장: 왕은 햄릿을 방치할 수 없다며 로젠크랜츠와 길덴스턴에게 섬나
라로 추방할 것을 명한다. 왕에게 폴로니어스는 햄릿과 왕비의
대화를 엿듣고자함을 고하고 나가자, 왕은 자신의 죄악에 대한
참회의 기도한다. 이를 목격한 햄릿은 기도하는 왕을 죽이지 못하
고 복수를 지연한다.

제9장: (3)광대들이 음모와 유예 등에 대하여 음악과 노래를 한다. 그리고
연극은 지속된다.

제10장: 왕비의 침실에서 햄릿과 왕비가 애증과 갈등의 언쟁을 벌인다.
햄릿이 숨어 엿듣던 폴로니어스를 죽인다.

제11장: 로젠크랜츠와 길덴스터는 왕의 명에 따라 햄릿에게 시체의 행방
을 추궁하고 그의 신변을 구속한다.

제12장: 왕은 햄릿을 섬나라로 추방할 것을 명하고, 햄릿은 로젠크랜츠와
길덴스턴과 함께 떠난다.

제13장: 미친 오필리어의 노래, 왕과 왕비 그리고 레어티즈 등장하여, 왕에

게 아버지의 죽음을 따지자, 복수할 기회를 약속한다. 왕비는 미친 오필리아의 뒤를 쫓아 나간 뒤, 다시 돌아와 그녀의 죽음을 알린다.

제14장: (4)광대들이 음악과 노래를 통하여 – 인간의 내면적인 광기와 죽음이 없었다면 인간이 될 수 없었을 것이다. 광기와 죽음에 대하여 말한다.

제15장: 햄릿과 레어티즈의 결투가 진행된다. 그리고 차례로 모두들 죽어간다.

제16장: (5)가면은 쓴 죽은 자들과 함께 광대들이 노래를 부르며 무대를 떠난다. 화려한 광대들의 퇴장.[525]

위의 햄릿 장면구성에 드러나고 있듯이 김정옥은 원전의 5막 구조를 16개의 독립되고 연속적이거나 비연속적인 장면 – 특히 밑줄 친 (1)~(16)의 각 장면 등 – 으로 재구성하고 있다. 이것은 서술적인 극적 구성이 아니다. 상징적이며 은유적인 서사적으로 양식화된 극적 구조이다. 몽타주적 장면들의 충돌을 통하여 새로운 이미지와 극적 효과의 창출을 의도한 것으로 판단된다. 먼저 전체적인 극의 서막에 해당하는 제1장의 경우를 살펴보면 광대들이 등장하여 다양한 주제를 가지고 난상토론적인 대화를 하고 있다. 이들의 대화가 다분히 동문서답식의 무분별한 모습과 좌충우돌식의 난잡한 상황을 보여준다. 그러나 그 이면에는 극 전체를 관통하는 핵심적인 주제인 죽음과 관련된 존재론적인 인식을 담고 있음을 알 수 있다. 이와 같은 관점은 이어지는 제2장에 나타나는 오필리어의 상여 – 죽음으로 그 이미지가 비약적으로 연결되면서 극적인 상황을 창출하고 있는 대목에서 잘 드러나

---

525 김정옥 연출, 〈햄릿〉 공연프로그램, 1993; 예술의전당 편, 〈예술의전당 전관개관 기념축제〉 프로그램, 1993 참고.

고 있다.

> (전략)
>
> **햄릿:** 진시왕이 죽는다. 그리고는 묻힌다. 묻혀서 흙으로 변한다. 결국 진시왕도 죽으면 흙이 되어 찬바람 들어오는 구멍을 막는다. (중략) (1)(장례식 행렬 등장. 관에든 오필리어, 레어티즈, 왕, 왕비, 정신들, 중) 대체 이건 누구의 장례식이냐?
>
> **레어티즈:** 예식은 이뿐이요?
>
> **사제:** (2)불가의 예법으로서는 최선을 다하였소. 칙명으로 관례를 굽혔게 망정이지, 그렇지 않았다면 불당의 묘지를 쓴다는 것도 어림없습니다. (중략)
>
> **햄릿:** 오필리어가!
>
> **왕비:** (꽃을 뿌리면서) (3)아름다운 처녀에겐 아름다운 꽃을! 잘 가거라! 햄릿과 백년해로하기를 바라고 있었는데 너의 화촉 독방을 꾸미려던 꽃이 이렇게 네 무덤에 뿌려질 줄이야. (하략)[526]

위의 장면은 제2장에서 햄릿이 무덤 파는 묘지기 광대와 오래전에 죽은 요릭의 해골을 가지고 대화를 하고 있다. 이때 지문(1)의 묘사된 오필리어의 상여행렬이 등장한다. 그리고 사제 대사(2)와 왕비 대사(3)에서 표출되고 있는 오필리어의 죽음과 관련된 상황들을 보여주고 있는 상황이다. 이처럼 제2장의 상황은 전 장면의 극적 상황과 전혀 다른 관점에서 진행이 되고 있다. 그러나 앞뒤 두 장면이 서로 다른 극적 상황에서 창출되는 이미지가 상충적으로 연결된다. 이를 통해 극 전체를 관통하는 주제가 '죽음'이라는 것을 극 초반부에서 극명하게 표출하고 있다고 할 수 있다. 아울러 대사(2)와 (3)에 나타나는

---

526 김정옥 연출, 〈햄릿〉 공연텍스트(김정옥 연출 소장본, 토월극장 공연), 극단 자유, 1993, 3~8쪽.

'불가의 예법'과 '백년해로' 그리고 '화촉독방'이라는 용어는 상징적인 이미지를 표출한다. 이것은 죽음이 단순한 육체적, 생리적인 단절의 의미를 넘어 정신적, 영혼적인 세계를 지향하는 동양적이며 한국적인 내세관을 은유적으로 형상화하고 있다.

　김정옥은 원전의 5막 구조를 16개 장면으로 재구성한다. 이들 장면 중 제2장에서 제5장까지, 제7장에서 제8장, 제10장에서 제14장 그리고 제15장을 각각 원전의 주요 장면을 변용적으로 해체하여 극의 진행을 비약적으로 재구성하고 있다.[527] 또한 제1장을 비롯하여 이들 장면들의 중간 중간에 전혀 이질적인 광대들의 사설과 노래 장면인 제6장, 제9장, 제14장 그리고 에필로그에 해당하는 제16장 등을 삽입한다. 이것은 몽타주적인 장면구성과 그것들의 극적 충돌을 통해 새로운 극적 긴장과 이미지를 창출하고자 하는 수용관점이 드러나는 대목이다. 이와 같은 장면들 중 제3장 햄릿의 꿈과 아버지의 유령, 제7장 광대들의 굿판과 오필리어의 신내림, 제15장 햄릿과 레어티즈의 결투와 죽음 등의 특징을 중심으로 살펴보도록 하겠다. 먼저 제3장 햄릿의 꿈과 아버지의 유령 장면을 보면,

---

527 제2장의 경우: 원전 5막 1장 묘지장면의 광대와 햄릿 및 오필리아 장례식 장면을, 제3장의 경우: 원전 1막 5장 햄릿과 선왕유령과의 만남 장면을, 제4장의 경우: 원전 3막 1장 햄릿의 독백 장면을, 제5장과 7장의 경우: 원전 3막 2장 햄릿과 광대들의 '곤자고의 살인' 장면을, 제8장의 경우: 원전 3막 3장 햄릿이 왕의 기도를 목격하고 주저하는 장면을, 제10장의 경우: 원전 3막 4장 왕비의 처소에서 햄릿과 폴로니어스의 죽음 장면을, 제11장과 12장의 경우: 원전 4막 1장과 2장의 햄릿과 로젠크랜츠와 길덴스턴의 대화 장면을, 제13장의 경우: 원전의 4막 5장 궁전에서 마주하는 왕과 왕비 및 미친 오필리어와 레어티즈의 반란과 4막 7장의 오필리어 죽음에 대한 장면을, 제15장의 경우: 원전의 5막 2장 햄릿과 레어티즈의 결투와 죽음 장면 등을 선별적으로 수용하면서 원전과는 전혀 다른 극적 구성을 시도하고 있음을 알 수 있다. W. Shakespeare, 여석기 역(1972), 앞의 책, 참고.

(1)(햄릿 장의자에 누워 잠들어 있다. 문득 일어나서 방안을 정신없이 달려서 한 바퀴 돌고 관객을 향해 외친다)

햄릿: (2)그럴 리가 없다! 나는 허깨비를 본 거다.(햄릿 조용해지며 다시 의자에 앉는다) (3)마음이 흔들리니까... 별별 생각을 하고 그것이 영상이 되어 나를 괴롭힌 거다. 마음의 병에서 나오는 갈등. (4)(햄릿 다시 장의자에 기댄다. 잠이 든다. 전 왕의 유령이 나온다)

유령: 이 아비는 정원에서 낮잠을 자다가 독사에게 물려 죽었다고 거짓을 꾸며 온 백성을 속이고 있지만 여봐라. 이 아비를 죽인 독사는 지금 왕관을 머리에 쓰고 있다. (중략)

햄릿: (어디서 나는지 모르게 크게) 오 견디라. 견디라 이 가슴아 터지지 말고. 그리고 너 사지삭신 모든 심줄이여 이 육신을 지탱해다오. (중략) (5)소자 천지신명께 맹세코 당신의 원수를 갚겠소.[528]

위의 장면은 원전에서 햄릿이 선왕유령을 만나는 비현실적인 상황이다. 이 장면을 김정옥은 지문(1)과 (4)에 묘사되고 있듯이 햄릿의 꿈을 매개로 한 그의 내면에 잠재된 무의식의 극적 상황과 햄릿의 대사(2)와 (3)에 나타나고 있는 것처럼 악몽에 시달리는 정신적 갈등의 문제로 변용하고 있다.(사진15) 따라서 햄릿에게 선왕 유령의 존재와 그의 명령과 부탁은 햄릿의 대사(5)에서 나타나고 있듯이 선왕의 원수를 인식하고는 있다. 그러나 그 음모를 스스로 백일하에 폭로하지도 못한다. 그리고 선왕에 대한 복수를 과감하게 행동으로 실천하지도 못하는 이율배반적인 극적 상황으로 전개된다. 이와 같은 햄릿의 이율배반적인 갈등은 제7장에서 그와 광대들이 벌이는 굿판 장면에서 오필리어의 신내림을 통하여 구체화되면서 새로운 극적 상황으로 형상화된다.

---

[528] 김정옥 연출(1993), 앞의 〈햄릿〉 공연텍스트, 8~9쪽.

(나팔취수. 덴마크 행진곡. 왕. 왕비. 폴로니어스. 오필리어. 로젠크렌츠. 길덴스턴. 그 밖의 정신들 등장) (중략)

햄릿: (1)어릿광대거든, 인간이 유쾌하지 않고서야 살맛이 있나. 자 ─연극을 시작해라. (2)(광대들 등장. 죽은 자의 영혼을 달래는 굿판을 시작한다. 의아한 표정을 짓는 햄릿. 굿은 진행된다. 폴로니어스 왕에게 뭔가 수군거린다. 햄릿 마침내 모가비를 옆으로 끌어내 따진다)

햄릿: 이건 대체 뭐요. 내가 해달라고 했던 작품은..?

모가비: 너무 서두르지 마십시오. (3)우선 선왕의 영혼을 달래는 굿판부터 벌여야 합니다.

햄릿: 선왕의 영혼을 달랜다고?

모가비: 네, 그것이 순서입니다. (중략) (4)(굿은 진행되고 모가비, 오필리어와 햄릿 앞에 와서 대나무를 흔든다. 오필리어 홀린 듯이 일어나 굿판으로 들어간다. 광대 중에 한 처녀도 오필리어가 된다. 두 오필리어 갑자기 신이 들려 대사를 주고받는다) 그렇다. 저 음탕하게 불륜을 일삼는 짐승보다 못한 놈. 요술 같은 지혜와 음험한 재주를 가진 놈. (중략) (5)(두 오필리어의 대사는 조리가 있는 것 같기도 하고 횡설수설 같기도 하다. 처음에는 모두 어리둥절하다 각기 그들 나름대로의 반응을 보인다)

햄릿: (6)오필리어가 미친 것인가, 아니면 오필리어의 입을 통해서 진실이 솟구친 것인가? 진실을! 오, 하나님! 진실을 밝혀주시오. (7)(왕 창백해져 허청허청 일어선다)

왕비: 어쩐 일이시오.

로젠/길덴: 어이한 일이십니까?

폴로니어스: (8)굿을 중지해라 굿판을!

왕: (9)불을 비추어라 불을 비춰라.

신하들: 등불을 들어라.(햄릿과 호레이쇼만 남고 일동 퇴장)[529]

───
529 김정옥 연출(1993), 앞의 〈햄릿〉 공연텍스트, 22~26쪽.

위의 장면은 원전의 3막 2장의 '극중극'인 '무언극'과 '곤자고의 살인'을 '수로왕의 암살'과 '굿판'으로 재구성한 장면 중 하나이다. 이전 제5장에서 광대들은 햄릿에게 의뢰받은 무언극 '수로왕의 암살' 공연에 대한 사전검열을 받게 된다. 이때 폴로니어스로부터 새로운 시대에 부합되는 공연을 하도록 지시받은 광대들은 '선왕의 영혼'을 위한 굿판을 준비한다. 문제는 햄릿 대사(1)에 나타나는 명령에 따라 시작된 공연이 지문(2)와 모가비 대사(3)에 표출되고 있듯이 햄릿의 의도와는 상관없이 진행되는 '굿판'에서 나타난다. 그 진행과정에서 오필리어(이소희)와 또 다른 광대 오필리어(한영애)에게 신내림 현상이 동시에 발생하고 있다는 점이다.(사진18) 우선 모가비가 아닌 두 명의 오필리어의 입을 빌려 선왕암살의 음모를 밝히는 대목이다. 이것은 그 전향적 설정과 함께 상당한 극적 긴장을 불러일으킨다. 동시에 여성성과 모성애적 상징인 오필리어에게 일어나는 신내림 즉, 죽은 영혼의 육화를 통한 극적 효과 역시 지대할 것으로 판단된다. 또한 극적인 상승효과를 감안하여 이질적인 성향을 지닌 두 명의 오필리어에게 동반적으로 신내림이 나타나는 상황설정은 필연성과 당위성의 문제가 제기될 수 있다. 그러나 이와 같은 몽타주적인 인물설정은 그 설득력 여부를 떠나 극적 상황에서 신내림을 통하여 형상화된 두 명의 오필리어가 동시에 동일한 존재임을 부각시키고자 하는 연출의도를 보여주는 대목이라고 할 수 있다.[530]

다음은 원전의 마지막 장면인 5막 2장 궁정에서의 햄릿과 레어티즈의 마지막 결투를 재구성한 햄릿 제15장의 결투 장면을 살펴보도록 하겠다.

---

[530] 김정옥과의 인터뷰(2011.9.1.), 앞의 인터뷰 내용.

(1)(두 사람 싸움을 시작한다) (중략)

　　　왕비: 숨이 가쁜 모양입니다. 자 햄릿 이 수건으로 이마를 닦아라.(수
　　　　　　건을 주고 탁자로 가서 햄릿의 술잔을 든다) (2)햄릿 너의 행운
　　　　　　을 빌어 내가 축배를 들겠다. (중략)

　　　햄릿: 어머니 어떻게 되셨오.

　　　왕: 피를 보고 기절한 것이다.

　　　왕비: (3)아니다 저 술 술 때문이다. 아, 햄릿 저 술 술에 독이... (죽
　　　　　　는다)

　　　햄릿: 음모다! 에잇! 문을 잠가라 역모다. 살인자를 찾아내라!(중략)

레어티즈: 내가 꾸민 흉계에 결국 이 몸에게 되돌아 왔오. (4)왕비님도 독
　　　　　　살 당하셨오. 저 왕 저 왕이 장본인입니다.

　　　햄릿: (5)그렇다면 네 놈도 이 독 맛을 보아라.(왕을 찌른다)

　　　왕: 앗 날? 날 살려다오.

　　　햄릿: (6)이 천하에 둘도 없는 살인 강간자, 옜다! 이 독약마셔 마셔라!
　　　　　　네 놈의 진주라는 것이 이것이냐? (7)(왕 절명한다)

레어티즈: (8)우리 서로 죄를 용서합시다. 왕자님 이놈의 죽음도 아버지의
　　　　　　죽음도 당신의 탓이 아닌 것을 알았오. 당신의 죽음도 부디 이
　　　　　　몸의 탓이 아님을 알아주십시오. (죽는다)

　　　햄릿: (9)하늘은 그대를 용서할 걸세. 불운한 어머니 안녕히 가십시오.
　　　　　　(진군의 나팔소리, 대포소리)[531]

　　위에서 살펴본 제15장의 상황은 원전의 마지막 결투장면이다. 이
장면에서 왕, 왕비, 레어티즈, 햄릿은 차례로 죽음을 맞이한다. 그리
고 포틴브라스의 등장을 알리는 진군 나팔소리 등에 이르는 상황은
원전과 유사하게 재구성되고 있다. 그러나 김정옥의 〈햄릿〉은 죽음이
극의 마지막 상황이나 장면이 아니라는 점에서 원전과 유사하지만

---

531 김정옥 연출(1993), 앞의 〈햄릿〉 공연텍스트, 50~53쪽.

분명한 차이점을 보여준다. 즉, 이들의 죽음이 연극(혹은 삶이나 인생)
의 끝이 아니라 새로운 공연의 시작을 의미한다. 그 이유는 이들이
다른 삶과 생명력의 출발을 준비하고 있기 때문이다. 이러한 구성관
점은 마지막 장면인 제16장에서 살아있는 자들인 광대들과 가면을
쓴 죽은 자들이 함께 즐거이 노래를 부르며 화려하게 무대를 떠나가
는 장면을 창출함으로써 극적으로 형상화된다. 이는 비극은 단순히
'죽음'으로 마무리되는 것이 아니다. 오히려 '죽음'과 그 부조리에서
출발하여 새로운 생명과 세계로 인간을 나가게 하는 것이라는 자신만
의 비극과 그 텍스트에 대한 수용관점을 분명히 보여주는 대목이라
할 것이다.[532]

2) 공연의 시대적 배경과 목적

불란서 유학에서 돌아온 김정옥은 1960년대 초반 여전히 리얼리즘
연극이 대세를 유지하고 있던 한국 연극의 풍토에서 리얼리즘을 바탕
으로 그것을 뛰어넘는 새로운 대안적 연극을 탐색한다. 이러한 관점은
1960년대 중반 극단 자유 창단 이후 7, 80년대를 거쳐 90년대에 이르기
까지 한국적 연극의 무대미학과 더불어 동양연극과 서양연극의 충돌
을 지향한 것이다. 이것은 이미 정형화된 연극에서 새로운 연극형태를
창출하는 '제3의 연극' 또는 '제3의 연극론'이라는 전향적인 공연미학
으로 이어진다. 이에 본 장에서는 이러한 관점의 시대적 배경과 특성
등을 살펴본 다음, 그와 같은 관점과 배경의 연장선상에서 이루어진

---

532 김정옥(1997), 앞의 책, 107~108쪽. 김정옥 연출은 필자와의 인터뷰에서도 '죽음'의
   주제에 대한 자신의 일관된 지향성과 관점을 부언하여 설명하였으며, 이는 '죽음'이
   종말을 의미하는 것이 아니라 새로운 출발이자 생명원리임을 누차 강조하였다. 김정
   옥과의 인터뷰(2011.6.15. 및 9.11), 앞의 인터뷰 내용.

김정옥의 〈햄릿〉 공연목적 등에 대하여 분석하고자 한다.

(1) 시대적 배경과 특성 분석

젊은 시절 랭보의 시에 심취하여 시인을 꿈꾸던 김정옥은 불란서 유학[533]에서 돌아와 연극 활동을 시작한다. 그는 당시 연극계가 리얼리즘과 예술이라는 명분하에 따분하고 템포가 느린 공연으로 인하여 관객으로부터 외면당하고 있다고 판단한다. 이를 극복하기 위한 하나의 방법으로서 연극적 재미 내지는 희극적인 것과 리얼리즘이 조화된 연극을 추구하게 된다. 리얼리즘과 연극적인 재미, 리얼리즘과 시적인 연극성의 만남을 통한 또 다른 형태의 창조적인 연극이나 공연을 시도하게 되는 것이다. 이러한 시도는 1960년대 미국의 연극비평가이자 교육자이며 극작가 겸 제작자인 로버트 브러스틴(Robert Brustein)이 오프브로드웨이 연극을 리얼리즘과의 조화를 통하여 새로운 형식의 연극 창조와 생명력을 지닌 '제3의 연극(The Third Theatre)'이라고 지칭한 것과 일맥상통하는 관점이라고 하겠다.[534] 이러한 관점은 1970년대

---

533 서울대 불문학과 졸업 후 1956년에 불란서 유학을 떠난 김정옥은 처음 국립영화학교인 I.D.H.E.C(Institut des hautes tudes cin matographiques)에서 수학하며, 그는 이 학교를 반년 정도 다닌 후 자퇴하고 소르본느 대학에 입학하여 현대불문학을 전공하게 된다. 그는 당시 이 대학 부설 영화학연구소에서 시네마떼끄(Cin math que)를 중심으로 시작된 누벨바그(Nouvelle Vague)운동과 관련된 영화들을 많이 접하면서, 장 뤽 고다르(Jean Luc Godard), 프랑수와 트뤼포(Francois Truffaut), 알랭 레네(Alain Resnais) 등의 초기 작품들과 이오네스꼬, 베케트, 브레히트의 연극과 장 빌라르(Jean Vilar)의 민중극장 운동 등 연극과 영화의 전위적이고 실험적인 작품 등을 직접 경험하게 된다. 이와 같은 파리유학생활의 경험들은 김정옥에게 매우 소중한 기억으로 자리잡고 있으며 그의 작품 활동에도 많은 영향을 준 것으로 상정된다. 김미도, 「김정옥 선생과 함께」, 『한국연극』 8, 한국연극협회, 2001, 95~96쪽 참고.

534 The New Republics誌의 상임비평가로 활동한 브러스틴은 1962년 *The Theatre of Revolt*를 출간하면서 세계적인 극비평가로 부각되기 시작하며, 이후 예일(Yale)대학의 연극대학 학장으로 재직한다. 그의 제3의 연극에 대한 논의는 대부분 그가 The

초반 그가 제3세계 연극을 본격적으로 접하면서 새로운 양상으로 심화 발전하게 된다.

　김정옥은 1970년대 초반부터 ITI(International Theatre Institute)에 적극적인 관심을 가지기 시작한다. 특히 1973년 9월 6일부터 9월 9일까지 이란에서 열린 제2차 '제3세계 연극회의'에서 도출된 '연극의 다양성과 기원'에 대한 논의와 제3세계가 공유하고 있는 저항정신에 주목한다. 서구문화에 침탈당함으로써 자신의 고유문화를 상실한 제3세계 국가들이 자국문화의 정체성 회복에 대한 강한 의지를 담은 결의문과 그 채택 과정을 접한다.[535] 이를 통해 서구 연극에 치중되어 있던 자신의 공연활동을 깊이 반성하게 된다. 지배적 문화를 극복하고자 하는 주체의식을 자각하는 계기를 접하게 되는 것이다. 그의 이러한 인식은 단순히 서구의 지배문화로부터 자신의 고유문화를 단순히 보호, 보존하는 것만이 아니라 오늘의 살아있는 공연형식으로 발전시키는 것을 의미한다. 이것은 서구문화의 단순한 수용이나 상업적인 흥행으로 타락하는 것을 방지하고, 제3세계 상호 간에 보다 활발한 교류를 통하여 서로의 문화를 잘 이해하고 발전시켜야 한다는 자각이라고 할 수 있다.[536]

　더 나아가 김정옥의 제3세계 연극에 대한 이러한 관점은 브러스틴

New Republics誌를 비롯한 The Drama Review, The New York Times, Partisan Review 등에 발표된 견해들을 중심으로 여기에 자신의 추가적인 분석과 지론을 첨부하여 제시한 관점이다. 그는 오프브로드웨이를 중심으로 활동하던 젊은 예술가들의 특징들을 '진지함과 치밀함', '풍부한 극적 재미', 그리고 '현실참여'와 '현실비판' 등을 든다. 이근삼, 「The Third Theartre」, 『영어영문학』 42, 한국영어영문학회, 1972, 35~37쪽. Robert Sanford Brustein, *The Third Theatre*, Simon and Schuster, 1967, pp.7~10.

535 김미도, 「김정옥 선생과 함께」, 『한국연극』 11, 한국연극협회, 2001, 92~93쪽.
536 김정옥, 『연극적 창조의 길』, 시각과 언어, 1997, 37~40쪽.

이 규정한 리얼리즘과 연극적 재미의 만남이나 조화를 넘어 보다 확대된다.

> 동양과 서양의 연극의 만남 혹은 동양연극과 서양연극의 충돌과 더불어 과거와 미래의 충돌로서 현재, 제3의 상황으로서 연극, 죽음과 생의 대립으로서의 제3의 연극, 시각적 이미지와 심적 이미지의 충돌, 지각되는 현실과 부조리한 상황과의 충돌, 단선적(單線的)인 역사적 관점과 야사적(野史的)인 관점의 충돌, 정복자의 주장과 피정복자의 항변의 충돌, 명료함과 애매함의 충돌, 합리성과 비합리성의 충돌, 이야기 줄거리를 엮는 드라마투르기와 시각적, 청각적 몽타주로서의 드라마투르기의 충돌, 즉흥성과 현장성을 중요시하는 연극적인 창조와 희곡의 충실한 재현을 꿈꾸는 연극의 충돌, 시간과 공간 그리고 그 속에 사는 인간의 충돌 등 모든 충돌과 대립[537]

을 포괄하는 것으로 발전한다. 이것은 단순한 서구 연극과 동양적, 한국적 연극의 결합만을 의미하는 것만이 아니다. 그에게 있어 제3의 연극을 지향하고 창조하는 본질적인 요소이자, 새롭게 창출되는 제3의 연극 개념의 바탕이 되는 것이다.[538]

이러한 김정옥의 관점은 1981년 5월 19차 ITI총회[539]에서 행한 기조

---

537 위의 책, 15~17쪽.
538 김정옥, 「제3의 演劇을 위한 方法論 序說」, 『바람부는 날에도 꽃은 피네』, 혜화당, 1994, 186~187쪽.
539 제19차 ITI총회는 1981년 5월 31일부터 6월 6일까지 스페인의 수도 마드리드에서 열렸으며, 새로 가입한 중국과 스리랑카를 포함하여 총 49개의 정회원국, 준회원국, 옵서버 등 300여 명의 대표가 참가한다. 한국에서는 김정옥 한국본부부위원장, 유덕형 한국본부부위원장, 김의경(현대극장 대표) 및 이태리 한국대사관의 이동운(극작가)이 참가한다. 총회의 주요 의제는 현대연극이 당면하고 있는 중요한 과제들에 대한 논의이다. 그 내용을 살펴보면, 첫째, 현대연극과 전통예술, 둘째, 현대사회에 있어서 연극의 초합리적 역할, 셋째, 예술가의 보호문제 그리고 마지막으로 시각적 표현의 극대화

연설에서 보다 심화되어 표출되고 있음을 알 수 있다.

> 서구 연극인들은 동양연극인들이 서구의 연극을 도입하고 모방한 것처
> 럼 우리의 연극을 모방한 것이 아니라 동양연극의 여러 요소들을 이용했
> 다. 따라서 우리도 그러한 방법을 적용하여 서구 연극의 다양한 요소와
> 경향을 도입하여 새로운 연극을 창조하는데 이용해야 한다. 아울러 동양
> 연극을 그들의 대용품으로 여기던 서구 연극을 연구하여 보다 객관적인
> 시각에서 전통적 연극유산들과 비교해야 한다. 이를 통해 우리의 연극자
> 산이 제3의 연극을 창출하는 에너지의 원천임을 깨닫게 된다.[540]

이와 같은 김정옥의 제3의 연극에 대한 관점은 한국 연극 현실에서
20세기 초반 근대극과 이론들이 어떻게 우리 연극으로 자리 잡아 왔
고, 또 새로운 연극사조는 어떠한 영향을 주었으며, 공연의 시공간과
창조의 방식은 어떻게 변화되어 왔는가에 대한 진지한 고민과 성찰에
서 나온 것으로 판단된다. 다시 말해 근대 서구문화의 거친 물결 속에
서 상실되고 잊혀진 우리의 예술적 전통과 뿌리를 주체적으로 통찰하
면서 새로운 '제3의 연극'을 창조하기 위한 실험의 과정이자 배경이라
고 할 수 있을 것이다.[541]

(2) 〈햄릿〉 공연의 목적

김정옥은 〈햄릿〉을 무대화함에 있어 원전의 기본적인 틀과 정신을
해치지 않는다. 그리고 오늘의 관객들이 완전히 새로운 〈햄릿〉을 느

등이 주요 의제로 논의된다. 김의경, 「제19차 ITI총회에 참석하고」, 『한국연극』 7·
8, 한국연극협회, 1981, 75쪽.

540 김정옥, 「연극적 공동사회와 전통예술」, 『한국연극』 7·8, 한국연극협회, 1981, 74쪽.

541 김정옥(1994), 앞의 글, 180~182쪽.

낄 수 있도록 창조적으로 형상화하는 것을 공연의 목적으로 지향한다.[542] 이것은 그가 드라마센터 개관 햄릿 공연에 참여하였을 당시, 연기자들이 지나치게 자신의 역할에 동화되어 무대 위에서 자신만의 감상에 빠진다. 그 결과 관객과 소통하지 못하고 따분하게 만드는 것을 경험한 것에도 적잖은 영향을 받는다. 이와 더불어 근대극 초기 토월회, 극예술연구회 등 신극을 추구했던 연극인들이 문학성과 사실주의 그리고 예술적인 것을 지나치게 강조한 것을 지적한다. 그들은 신파가 지닌 나름대로의 연극성을 무시하고 매도함으로써 스스로 연극성을 상실한 것으로 판단한다.[543] 그는 이를 극복하기 위한 하나의 방법으로서 시적이고 연극성이 풍부한 공연텍스트와 공연을 추구한 것이다.

이와 같은 김정옥의 텍스트와 공연에 대한 관점은 극단 자유를 창단한 1966년 창단공연 〈따라지의 향연〉을 필두로 시작된다. 그는 약 10여 년간 몰리에르와 장 아누이 그리고 골도니 및 스칼페타의 희극과 부조리 계열의 텍스트 등을 주로 공연한다. 이 작품들은 빠른 템포로 연극적 재미를 살리거나, 시적인 상징과 압축이 있는 번역극이다. 또 우리의 창작극인 〈해녀 뭍에 오르다〉, 〈동리자전〉 특히 독특한 역사적 해석과 구성이 돋보인 〈어디서 무엇이 되어 만나랴〉 등을 통하여 리얼리즘을 명분으로 상실된 연극성과 우리 연극의 새로운 무대 미학의 가능성과 영토 확장을 시도한다. 또한 1978년 〈무엇이 될고 하니〉를 전환점으로 무대형상화 관점의 변화와 더불어 본격적인 한국적 연극의 재창조 작업을 지향하는 중대 변신을 하게 된다. 1978년

---

542 김정옥 연출(1993), 앞의 〈햄릿〉 공연프로그램.
543 김정옥(1997), 앞의 책, 87~88쪽.

극단 자유 동인들의 워크숍에서 출발하여 집단창조적인 성격의 연습 과정을 통하여 새로운 방향을 모색한 것이 〈무엇이 될고 하니〉의 준비과정과 공연이다. 이는 집단창조와 총체적인 연극의 이상을 세우고 생과 죽음의 주제를 극적으로 형상화하고자 한 것이다. 서구 연극과 우리의 연극적 유산의 만남과 충돌 속에서 이루어지는 새로운 연극을 창출하고자 한 것이라 하겠다. 아울러 〈무엇이 될고 하니〉 공연 이후 김정옥의 거의 모든 공연텍스트와 공연에 등장하는 핵심적 주제는 '죽음'의 문제이다. 그는 텍스트에 등장하는 배우-광대의 존재성과 연계하여 이를 형상화하고 있다. 이것은 그의 텍스트와 공연의 목적을 이해하는데 중요한 요소 중 하나라 할 수 있다.

김정옥은 70년대 중반 이후 자신이 꾸준히 추구해온 공연의 핵심 주제인 '죽음'의 문제와 그 관점의 연장선상에서 〈햄릿〉의 줄거리를 해체한다. 그리고 '죽음'의 의미를 관조한다는 목적을 가지고 새로운 공연텍스트로 재구성하여 '예술의전당 개관 기념' 공연으로 준비한다. 그는 원전의 선왕유령과 햄릿의 고민을 한국적 무속의 관점에서 해석하여 선왕의 영혼이 원혼이 되어 이승을 떠나지 못하는 것으로 설정한다. 그 원혼이 햄릿에게 빙의되어 미치게 된 것으로 해석한 것이다.[544] 그리고 '극중극'을 '굿판'으로 설정한다. 선왕의 원혼이 오필리어에게 전이되어 그 죽음의 진실이 밝혀진다. 그로인해 그녀가 미쳐 죽는 것으로 변용적인 설정을 한다.[545] 이처럼 김정옥은 '죽음'이라는

---

544 김정옥은 자신의 〈햄릿〉에 대한 무속적 관점과 해석 그리고 형상화 방식에 대하여 나름의 독창적인 시도였다고 술회하면서 자신의 의도와는 상관없이 이후 여러 연출가들에게 직간접적인 영향을 준 것으로 보인다고 술회한다. 김정옥과의 인터뷰 (2011.9.1.), 앞의 인터뷰 내용.

545 김정옥(1997), 앞의 책, 20~21쪽.

주제를 공연의 가장 핵심적 주제로 파악하고 있다. 그 이유는 '죽음'을 다루면 결국 '삶'을 다루는 것이 되기 때문이라고 하였다. 그것은 단순히 공연적 차원을 넘어 공연예술가가 일생을 걸고 추구해야 할 주제이자 관점이라는 것이다.[546]

이와 같이 '죽음'의 문제적 관점을 창의적으로 재구성된 〈햄릿〉의 실천적인 공연은 기존의 연극적 시간과 공간의 고정관념과 틀을 과감하게 파괴하는 자유로운 발상과 동양과 서양이라는 두 종류의 이질적인 요소의 만남과 충돌에서 창조되는 '제3의 연극'을 창출하고자 한 것이다. 아울러 이러한 작업과정을 통하여 새롭고 창의적인 메소드(method)를 끊임없이 추구하면서 동시에 그 메소드의 한계를 파악하고자 한다. 이처럼 궁극적으로 항상 변화되는 새로운 '제3의 연극'을 창출하고 그 방향을 제시하고자 한 것이 〈햄릿〉 공연의 지향성이자 목적이라고 할 수 있을 것이다.

3) 〈햄릿〉의 연출관점

김정옥은 〈햄릿〉을 오늘의 한국적 무대로 변용하여 배우의 연기를 중심으로 그 핵심주제인 '죽음'을 형상화한다. 그는 줄거리의 극적 구조를 서술적 방식이 아니라 몽타주적인 수법으로 장면을 구성한다. 그리고 워크숍을 통한 '집단창조' 방식으로 새로운 〈햄릿〉을 창출한다. 이에 본 장에서는 먼저 그의 공연에 있어 핵심적 요소 중 하나인 '집단창조'의 개념과 관점 등을 개괄한다. 이를 바탕으로 몽타주적 재구성 방식을 통해 형상화한 〈햄릿〉의 연출관점을 분석하고자 한다.

---

[546] 김정옥(1994), 앞의 글, 98~99쪽.

(1) 공연에 있어 '집단창조'의 개념 고찰

김정옥은 기본적으로 연극이란 집단창조(Group Creation)적인 성격을 가진 분야로서 여러 분야의 예술가들이 공동으로 참여하여 이루어지는 작업으로 본다. 이러한 집단창조의 이상은 연기자를 연극적 창조의 중심으로 세우면서 텍스트의 문학성으로부터 벗어나 연극성을 창조하는 관점이다. 이에 따라 연출은 연기자를 창조적 작업의 재료로 대하지 말고, 창조의 주체임을 자각시켜야 한다는 것이다. 또 연출의 역할은 창조적 작업에 요구되는 정보를 제공하고 연습과정의 타성과 관습을 차단하여 창조적이며 집단적인 열정을 창출해야 한다. 더나아가 집단창조는 단순히 참여자 개인의 주장과 논의를 확대하여 혼란을 일으키는 것이 아니다. 이것은 공동체적인 의식과 훈련을 통해 '공동창조(Collective Creation)'[547]의 이상과 앙상블을 구현하는 행위라 주장한다. 이를 통해 진정한 연극성을 표출해야 한다고 지적한다. 아울러 집단창조는 희곡텍스트 없이 출발할 수도 있다. 그러나 희곡

---

[547] '집단창조'와 유사한 개념인 '공동창조'에는 처음부터 공연에 사용될 텍스트가 존재하지 않는다. 그 이유는 공연의 주제에서 공연텍스트의 제작에 이르기까지 모든 공연행위가 공연에 참가한 전원에 의해 공동으로 추구되기 때문이다. 참가자 모두가 주인의식을 가지고 작업에 임하게 되며 '토의', '연구', '즉흥' 등을 통한 공동의 여론에 의해 제작진행이 결정되며, 여러 의견이 모아지고, 이 모여진 의견들이 토론을 거쳐 수정되면서 최종적인 방안이 '공동'으로 도출되는 것이다. 이러한 점이- '공동창조'와 '집단창조'에 공통적으로 나타나는 '환영주의'를 배제하는 '비언어적인 즉, 공연에 관련된 각각의 역할이 어느 특정한 인물에게 집중되는 서구 연극의 전통적인 제작방식과 요소와 '극장주의' 그리고 고정된 것을 거부하면서 '자발성'과 '즉흥성'을 강조하는 '워크숍' 방식의 추구, '완성된 미학'을 거부하는 미래지향적인 경향 등 유사한 공연제작방식에도 불구하고 -'집단창조'와 결정적으로 변별성을 지니는 부분이라고 할 수 있다. 한편 고전의 현대화나 여러 텍스트를 재구성하는 방식 등 기존의 텍스트를 바탕으로 '공동창조' 방식을 원용하여 이루어지는 공연제작방식을 '유사공동창조(Para-Collective Creation)' 방식이라고 한다. 최치림, 「연극에 있어서 공동창조(Collective Creation)의 본질에 대한 연구」, 『創論』 15, 中央大學校 藝術研究所, 1996, 49~55쪽 참고.

텍스트를 가지고 시작하더라도 그것이 하나의 의미와 해석만으로 창출되는 것이 아니다. 그 시대와 연출의 해석에 따라 무한한 가능성과 다양성이 창출될 수 있어야 한다. 따라서 그 공연은 동시대적인 상황과 관점에 따라 희곡텍스트와는 다른 창의적인 무대형상화를 통하여 다양한 '연극성'을 표출할 수 있어야 한다고 지적한다.[548]

이와 같은 집단창조 또는 총체극(Total Theatre) 개념은 당초 '리하르트 바그너(Richard Wagner)'의 '총체적 예술작업(Gesamt-kunstwerk)'이라는 용어에서 유래한 것이다. 이는 음악, 장치, 조명, 움직임, 소리, 의상, 미술 등 다양한 예술적인 요소들이 상호작용 속에 함께 만날 수 있는 포괄적이고 총체적인 연극을 말한다. 또 다른 의미에서 동시대적 관점에서 충분히 인식되고 있지 않다는 점을 드러낸다. 이러한 '총체연극'에 대한 수용관점은 역사와 문화적 변천과정의 결과적 측면에서 '미래의 연극(theatre of the future)'으로 불리기도 한다. 그 이유는 수많은 공연형식에서 '총체성'이 나타나고 있으나 원칙과 기교적 측면에서 그 어느 형식도 '총체'를 결정적으로 제시하지 못하고 있기 때문이다. 다시 말해 서구 연극사적 관점에서 볼 때, 르네상스 이후 발견된 그리스·로마의 새로운 지식과 예술적 바탕이 총체성과 '미래의 연극'에로의 동기를 부여한다. 그러나 그것은 총체적 리얼리티의 재현을 추구한 것으로서 연극적 형식 자체에 대한 탐구나 관점은 아니기 때문이다.[549]

바그너는 그리스비극의 극적 구성이 대사, 무대장치, 조각, 음악

---

548 김정옥, 「집단창조와 나의 연출세계」, 『한국연극』 4, 한국연극협회, 1985, 21~22쪽.
549 E. T. Kirby, *Total Theatre: A Critical Anthology*, E. P. Dutton&Co, Inc., 1969, pp.13~14.

등 각각의 요소들이 분리된 단편적인 구성으로 판단한다. 그는 총체
성이란 재창조되는 것이 아니라 새로 태어나야만 한다고 강조한다.
동시에 이성주의의 시작이 그리스비극을 해체하여 새로운 서구문명
의 혁명을 이루며, 총체적인 예술과 그 관점들을 창조한 것이라 주장
한다. 더 나아가 바그너는 개인의 소리는 그 자신을 표현하지만, 오케
스트라의 음악은 이 세상의 소리를 창출하는 것이라 지적한다. 따라
서 두 음색이 서로 만나게 되면 두 양식의 충돌이 일어난다. 그는
이러한 관점에서 시인과 작곡자의 이원론적인 관점을 제거하고 각
예술이 통일된 표현형식으로 서로 조화될 수 있는 예술적 관점을 지
향한다. 그는 이성과 느낌으로 시와 음악을 다른 양식과 방법으로
통일시키고자 한다. 즉 두 양식의 지적 정서를 바탕으로 말의 언어보
다는 음조의 언어를 중심으로 통합시키고자 한 시도가 그것이다. 이
와 같은 바그너의 총체적 예술작업에 대한 관점은 이후 다른 예술분
야에 지대한 영향을 미치면서 새롭고 다양한 예술적 흐름과 관점을
창출하게 된다.[550]

이러한 예술적 흐름의 선구자적 양식인 상징주의와 그 미학은 19세
기 후반 스테판 말라르메(Stéphane Mallarmé)와 그의 문학 동인들에
의하여 처음 시도된 관점이다. 이는 샤를 피에르 보들레르(Charles-
Pierre Baudelaire), 아르튀르 랭보(Jean-Nicolas-Arthur Rimbaud), 폴 베를레
느(Paul-Marie Verlaine), 윌리엄 예이츠(William Butler Yeats), 폴 발레리
(Ambroise Paul Toussaint Jules Valéy), 폴 클로델(Paul Louis Charles Marie
Claudel) 등의 시와 메테르링크, 크레이그 및 아돌프 아피아(Adolphe
Appia) 등의 연극이론 및 미술 분야 등에 폭넓은 영향을 준다. 또 상징

---

550 op.cit., pp.17~18.

주의 미학의 분명한 관점은 예술 상호 간에 있어서나, 다양한 감각과 정보 사이에 있어서 일치와 조화를 수용하고자 하는 데 있다. 예를 들어 보들레르의 시에는 향수, 소리 색깔 등의 융합이 표출되고 있다. 이는 '시네스테시아(synesthesia)' ─ 감각적 인상의 상호작용을 나타냄으로써 상호 다른 감각이 무의식중에 표현과 전이를 창출한다는 ─ 의 관점을 수용하고 있음을 보여주는 것이다. 이러한 현상은 정신 이상의 상태와 원시적이고 원초적인 경험과 연관된다. 개별적인 감각은 상호 교류가 가능한 원초적이며 미분화된 모체로부터 떨어져 나가면서 형성되는 것이다. 소리의 색깔을 본다거나 색깔의 맛을 경험하는 것처럼 상호 간에 완전한 무의식적인 총화를 이루게 된다는 개념이다.[551]

이와 같은 관점에서 보들레르는 상징주의에 대한 방향을 다음과 같이 요약한다. 진실로 경이로운 것은 소리는 색깔을 암시하지 않는다. 색깔은 리듬의 느낌을 제시하지 못한다. 소리와 색깔은 사상이나 철학을 해석하는데 적절하지 않다. 사물은 신이 이 세상을 복잡하고 나누어질 수 없는 총체적인 것으로 만들어 낸다. 이후 항상 상호유추 작용에 의하여 표출되어 왔다는 개념이다.[552] 이러한 상징주의 미학의 총체적인 관점은 집단창조나 총체연극에 있어 예술적 요소의 충돌에서 생성되는 이미지와 그것의 유기적 통일을 위한 방향을 제시한다. 또 감각적 판단이 요구되는 다양한 장르의 예술이 조화되는 방법을 도출한다. 이는 집단창조나 총체연극이 단순한 이야기의 전개가 아니라 종합적인 극적 효과를 통하여 창의적인 '연극성'을 창출하는 공연

---

551 op.cit., p.20.

552 Angelo Philip Bestocci, *From Symbolism to Baudelaire,* Southern Illinois University Press, 1964, pp.76~79.

예술로 발전하는데 결정적인 역할을 하는 의미를 부여한다는 것이다.

이처럼 19세기 후반 바그너와 상징주의 예술가들로부터 새롭게 시작된 총체적인 예술작업과 그 개념에 직접적인 영향을 받은 대표적인 공연예술가들 중 한 사람이 아피아라고 할 수 있다. 그는 자신의 공연에 있어 기존의 사실적인 무대장치를 지양한다. 그는 무대상에 구축되는 모든 시각적 요소들을 바그너의 음악극 형식에 나타나는 음악과 연극의 총체적 방식을 준용한다. 그는 배우의 움직임이 보여주는 리듬에 중점을 둔다. 무대공간을 음악에 내재된 수학적 특성을 드러내는 기하학적인 공간과 조명 그리고 배우에게서 표출되는 조각적 특성을 부각시키고자 시도한다. 이를 위해 배우와 무대미술, 장치, 소품 그리고 음악적 공간과의 조화를 조명을 통하여 창의적이고 전위적인 무대형상으로 창출하고자 한다. 이러한 시도의 궁극적인 목적은 배우의 신체적 움직임을 조명의 변화와 음악의 조화를 통해 무대장치화하면서 시각적인 통일성을 추구한 것이다.[553] 이는 자신이 의도한 무대의 환상적이고 초자연적인 리얼리티가 상징하는 바를 총체적으로 관객에게 전달하고자 하는 관점을 보여주는 것이다.

동양연극의 공연양식에서 '연극성'의 원초적 본질을 발견한 아르또는 초현실적이고 비재현적이며, 비문학적인 그리고 비언어적 요소와 형식인 춤, 소리, 조명, 음향 등의 모든 표현수단을 지향한다. 그는 그것을 상징적이며 창의적인 총체연극에서 표출되는 무대언어로서 대사나 말보다 선행되는 표현층위라 칭한다. 또한 각각의 개별적인 표현 수단과 양식은 그 자체가 독립적인 무대언어라 부른다. 그가

---

553 Adolphe Appia, Robert W. Corrigan and Mary Douflas Dicks trans., *Music and Arts of the Theatre,* Florida: University of Miami Press, 1962, pp.17~32 참고.

이러한 무대언어들을 이용하여 추구한 총체적인 잔혹극은 서구의 문화인식에 대한 치료적 수단이라고 할 수 있다. 이를 통하여 아르또는 서구의 물질적 역사와 공간에 노출되고 초월적인 폭력과 힘에 표적이 되어 있는 인간의 광기와 그 양식을 도출하고자 한다. 또한 이를 뛰어넘는 새로운 변증법과 이원론적인 해법을 추구한다. 그는 이를 통해 이상과 형식, 사물과 정신의 모든 문제를 해소하고 구상과 추상의 형이상학적 조화와 환상의 총체적인 통일을 구현하고자 한 것이다.[554]

오늘날 나타나는 비사실적인 양식을 지향하는 다양한 공연양식들의 비재현적이며, 관객참여 그리고 환경 등을 이용한 공연들은 이러한 관점에 상응하는 것이라 할 수 있다. 더 나아가 시각적이며 청각적인 수단과 그 상징을 차용하는 공연의 총체성은 집단창조 혹은 총체연극이 지향하는 '연극성' 내지는 '공연성'의 방향과 동일한 관점을 보여주는 것이다. 따라서 집단창조 내지는 총체연극의 개념은 인류의 역사와 더불어 시작된 공연이 언제나 이상으로 추구하여온 관점이라 하겠다. 또 집단창조는 현대와 같은 고독과 핵분열의 시대적 상황에서 요구되는 반현대적인 행동이자, 진정한 '연극성'을 찾고자 하는 노력이며 그 과정이라고 할 수 있을 것이다.[555]

(2) 〈햄릿〉의 연출관점 분석

김정옥은 〈햄릿〉을 몽타주적인 수법으로 재구성하고 극의 스토리를 서술 나열식으로 전개하는 것을 지양한다. 동시에 극적 긴장감을 고조시키고자 한다. 그리고 텍스트의 시공간의 연대, 장소 등을 정확

554 Antonin Artaud(1958), ibid., pp.37~43.
555 김정옥(1985), 앞의 글, 22쪽.

하게 설정하지 않는다. 다만, 불특정한 한국의 시대적 상황을 배경으로 추상적인 해체를 추구한다. 이를 구체화시키는 방법으로서 광대들이 주도하는 '극중극'의 이중구조와 함께 집단창조 방식을 준용한다. 또 〈햄릿〉의 주제인 '죽음'과 이를 앞에 둔 인간의 '광기'를 한국적 무속과 연계시켜 서구적 형식과의 충돌을 시도한다고 밝히고 있다. 그러나 결코 원전의 작품성을 훼손하지 않으면서 오늘의 새로운 한국적 〈햄릿〉으로 형상화하고자 하는 자신의 기본적인 연출관점을 노정하고 있다.[556] 이러한 김정옥의 〈햄릿〉에 대한 연출관점은 자신이 추구하는 '제3의 연극'이자 '제3의 방법론'을 분명히 보여주는 것이다. 이러한 관점은 그가 원전 '5막 20장'의 극적 구조를 열여섯 개의 비연속적인 장면으로 재구성하고 있는 것에서 알 수 있다. 또 〈햄릿〉의 핵심주제인 인간의 죽음과 광기를 몽타주적인 장면연결을 통하여 자신의 관점을 구체화시키고 있는데서 잘 나타나고 있다. 이는 개별단위로 형상화된 상기한 열여섯 개의 장면들을 핵심주제인 죽음과 광기의 흐름 측면에서 분석해 보면, 크게 다섯 개의 소단위 그룹으로 그 특성이 집약적으로 형상화되고 있다. 즉 (1)죽음과 광기의 서막, (2)광기의 음모와 전조, (3)광기의 극대화, (4)광기에 의한 비극적 죽음, (5)광기의 죽음을 넘어서는 새로운 생명력 등이 그것이다.[557] 이에 본 장에서

556 김정옥 연출(1993), 앞의 〈햄릿〉 공연프로그램.

557 (1)그룹인 제1장 광대들의 죽음에 대한 사설과 노래와 제2장 묘지와 오필리어의 장례식 장면은 죽음과 광기의 서막으로서 텍스트의 주제와 방향성을 관객에게 암시하고 있으며, (2)그룹인 제3장 햄릿의 꿈과 선왕의 유령, 제4장 햄릿의 고뇌와 오필리어와의 갈등, 제5장 햄릿의 광기를 가장한 음모와 광대들의 무언극, 제6장 광대들의 음모에 대한 사설과 노래 그리고 제7장 광대들의 굿판에서 나타나는 신내림의 광기와 죽음의 진실이 드러나는 장면들에서는 광기의 전조와 죽음의 진실이 구체적으로 전개되기 시작하고, (3)그룹인 제8장 왕의 위기의식과 참회 그리고 햄릿의 복수지연, 제9장 광대들의 복수유예에 대한 사설과 노래, 제10장 왕비와의 대립과 갈등에서 표

는 이와 같은 연출관점이 드러나는 장면들 중에서 (1), (3) 그리고 (5)
의 그룹에 나타나는 대표적인 몇 장면을 선별하여 살펴보고자 한다.
먼저 인간의 죽음과 광기의 존재를 암시하고 있는 (1)그룹의 제1장
'광대들의 사설' 장면에 드러나고 있는 관점을 살펴보도록 하겠다.

제1장: (1)광대들이 등장한다. 그들은 객석 앞에 앉아서 무언가 인형을
만들기도 하고, 종이를 오리기도 하고, 탈을 만들기도 한다. 종이로 오린
사람, 인형 등을 바늘로 찌르기도 하고 뭔가 저주하는 행위를 한다. 한
광대가 일어나서 외친다. (2)'증오와 복수' (중략) 또 하나의 광대가 외친
다. (3)'죽어야 할 것인가 살아야 할 것인가', 다른 광대가 대꾸한다. (4)'네
마음대로 해라' 한 광대가 얘기를 계속한다. (5) '그런 우문우답이 어디에
있는가' 그러나 왕자는 여전히 중얼거렸다. '죽어야 할 것인가 살아야 할
것인가' (중략) 또 다른 광대가 말한다. (6)'그러니 막이 내릴 때까지는 아
무도 죽지 말아다오.' 또 다른 광대가 말한다. (7)'그러나 우리들의 연극은
또 다시 죽음으로부터 시작한다.'[558]

위의 장면은 공연의 서막에 해당하는 상황이다. 텍스트의 핵심주

출되는 햄릿의 광기 그리고 폴로니어스의 죽음, 제11장 햄릿에 대한 압박과 구속 그리
고 제12장 광기를 이유로 추방당하는 햄릿 등의 장면에서는 광기의 흐름을 최고조로
표출하면서 또 다른 비극적 죽음의 말로를 암묵적으로 드러내고 있다고 할 수 있다.
또 (4)그룹인 제13장 미친 오필리어의 죽음 그리고 왕과 레어티즈의 음모와 복수의지,
제14장 광대들의 죽음과 광기에 대한 사설과 노래 그리고 제15장 광기의 대단원으로
서 결투와 죽음 등의 장면들은 인간의 파괴적인 광기의 흐름이 도달하는 최후의 극적
인 상황과 그에 따른 비극적 죽음을 적나라하게 묘사하고 있다. 그리고 마지막으로
(5)그룹인 제16장은 살아남은 광대들과 가면을 쓴 죽은 광대들의 화려한 퇴장을 보여
주는 장면으로서 인간의 광기에 의한 죽음이 삶의 마지막이 아니라 또 다른 새로운
생명과 질서 그리고 역사의 시작이며, 이러한 순환의 흐름은 지속적으로 반복되며
그 속에 존재하는 인간 즉 광대 역시 영원할 수밖에 없다는 연출관점이 표출되는
것으로 판단된다. 김정옥 연출(1993), 앞의 〈햄릿〉 공연텍스트 참고.
558 김정옥 연출(1993), 앞의 〈햄릿〉 공연텍스트, 1~2쪽.

제인 인간의 광기와 죽음에 관한 인식을 서술적 방식이 아닌 제시적인 수법으로 형상화하고 있다. 이는 원전의 1막에서 선왕의 유령을 등장시켜 비극적 죽음과 국가적 변란을 암시하면서 극적 긴장을 창출하는 상황과 다른 면을 보여준다. 이는 극적 긴장감과 상황을 해체적으로 변용하여 객관적이며 중간적 존재인 광대로 하여금 죽음과 광기의 문제를 표출하고 있는 것이다. 다시 말해 극적 상황과 문제의 핵심을 관객이 스스로 판단하도록 유도하는 서사적이며 제시적인 연출관점이 드러나는 장면이라고 하겠다. 지문(1)의 묘사에 나타나고 있듯이 무대에 등장해 있는 광대들이 종이인형에게 가하는 가학적인 행태는 죽음을 기원하는 저주행위이다. 인간의 광기가 드러나는 행위라 할 수 있다. 이러한 행위 더불어 광대의 대사(2), (3) 그리고 (5)에 나타나는 죽음과 광기의 실천적 행동에 대한 의지를 표출한다. 이러한 언행과 그 연상 작용을 통해 구체적인 죽음과 광기의 상황을 관객에게 제시하고 있다. 그리고 이어지는 광대들의 대사(4) '네 마음대로 해라'와 (6) '… 막이 내릴 때까지 아무도 죽지 마라'에 표현되고 있듯이 이러한 행위를 객관화시키고 있다. 이를 통해 텍스트의 핵심주제인 죽음과 광기의 문제를 보다 심도 있게 관조할 수 있는 바탕을 형상화시키고 있는 것이다. 마지막 광대대사(7)은 '… 또 다시 죽음으로부터 시작한다.'로 묘사되고 있다. 이는 죽음이 단순히 인간적 삶의 끝이 아니라 또 다른 생명력의 시작이라는 연출관점을 암묵적으로 표출하고 있는 것으로 상정된다. 다음은 광기의 문제가 고조되는 (3)그룹의 제10장에 나타나는 상황을 살펴보도록 하겠다.

제10장: (중략)

　　햄릿: (1)안됩니다. 꼼짝 말고 계십시오. 그 마음속을 거울에 환히

비춰 보일 테니.

왕비: (2)네가 어미를 어쩌자는 거냐? 어미를 죽일게냐? 에그 사람 살려라.

폴로니어스: (방장 뒤에서) 이크 큰일났군! 사람 살려라! 사람!

햄릿: (3)(칼을 빼들고) 이건 뭐냐? 쥐새끼 뒈져라. 이놈 뒈져. (방장 속으로 칼을 찌른다)

폴로니어스: (4)(방장 뒤에서) 아이구 하나님! (쓰러져 죽는다)

왕비: 천하에 이런 짓이!

햄릿: (5)왕이지요. (방장을 들쳐서 폴로니어스의 시체를 발견한다) 이 못난 경망스런 늙은이! 난 너의 상전인 줄 알았지.

왕비: (6)이 무슨 잔인한 짓이냐?

햄릿: (7)어머니! 왕을 죽이고 그 왕의 동생과 사는 것은 덜 잔인한 짓이오?

왕비: 왕을 죽이다니!

햄릿: (8)그렇소. 천박한 천치. 난 널 왕인 줄 알았지. (중략)

왕비: 대체 이 어미가 무슨 행동을 했기에?

햄릿: (9)어머니는 고상하고 그윽한 체면을 불질러버리고 아름다운 덕을 위선으로 만들고 깨끗한 사랑의 아름다운 얼굴에서 장미꽃을 떼어버리고 (중략) 하늘도 굽어보고 낯을 붉히고 이 딴딴한 땅 덩어리도 낯을 찡그리고 있지 않습니까.

왕비: (10)네가 정말 미쳤구나. (하략)[559]

위의 장면은 어머니인 왕비와의 갈등이 극적으로 표출되고 선왕의 복수를 향한 햄릿의 광기가 최고조에 다다르게 되는 제10장의 상황이다. 이는 제3장 선왕의 죽음에 대한 음모를 인식하면서부터 시작된 햄릿의 광기와 제7장 신내림을 통해 밝혀지는 선왕죽음의 전모를 접

559 김정옥 연출(1993), 앞의 〈햄릿〉 공연텍스트, 32~34쪽.

한 상황이 연결되는 장면이다. 위의 햄릿대사(1)과 (3) 그리고 왕비의 대사(2)에 표출되고 있듯이, 어머니 왕비와 현왕에 대한 분노와 그 광기가 극도에 달한다. 햄릿이 칼을 빼어들고 어머니에게 다가간다. 이러한 햄릿의 돌발적이고 광적인 행동을 방장 뒤에서 지켜보던 폴로니어스가 놀라 비명을 지른다. 이를 왕으로 오인한 햄릿이 그를 칼로 살해하는 상황이다. 그러나 햄릿의 광기는 여기에서 그치지 않는다. 햄릿의 무모한 행동을 비난하는 대사(6)의 왕비에게 대사(7), (8) 그리고 (9)에 이르기까지 햄릿은 거의 단발마적이고 악의에 찬 언행으로 어머니를 비난한다. 이 대목은 그의 광기가 최고조로 분출되고 있는 상황이라 하겠다. 이후 대사(10)-'네가 정말 미쳤구나'-로 나타나는 왕비의 언행에서 햄릿의 광기를 관객에게 객관적으로 형상화시키고자 하는 연출관점이 드러나고 있다. 마지막으로 광기의 종말과 그 죽음이 드러나는 (4)그룹의 제15장과 또 다른 죽음의 의미를 형상화하고 있는 (5)그룹 제16장의 상황을 연계하여 살펴보도록 하겠다.

제15장: (전략)

햄릿: (1)칼끝에 독까지…

레어티즈: (중략) (2)내가 꾸민 흉계가 결국 이 몸에게 되돌아 왔소. 왕비님도 독살 당하셨소. 저 왕 저 왕이 장본인입니다.

햄릿: (3)그렇다면 네 놈도 이 독 맛을 보아라. (왕을 찌른다)

왕: 앗 날? 날 살려다오.

햄릿: (4)이 천하에 둘도 없는 살인 강간자, 옜다! 이 독약마져 마셔라! 네 놈이 진주라는 것이 이것이냐? (5)(왕이 절명한다)

레어티즈: 우리 서로 죄를 용서합시다. (6)왕자님 이놈의 죽음도 아버지의 죽음도 당신의 탓이 아닌 것을 알았소. 당신의 죽음도 부디 이 몸의 탓이 아님을 알아주십시오. (죽는다)

햄릿: 하늘은 그대를 용서할 걸세. (7)불운한 어머니 안녕히 가십시
　　　오.(진군의 나팔소리, 대포소리)

제16장: (8)광대들 노래를 부르며 무대를 떠난다. 죽은 자들은 가면을 썼다.
화려한 광대들의 퇴장.[560]

　위의 장면은 제13장에서 미친 오필리어와 아버지의 죽음에 대한
복수를 다짐하는 레어티즈와 왕의 음모에 의해 시작된 햄릿과 레어티
즈의 목숨을 건 광기의 결투가 진행되는 상황이다. 이 장면에서 햄릿
은 독배를 대신 마신 왕비의 죽음과 대사(1)과 (2)에 나타나는 레어티
즈의 고백으로 독살 음모를 간파한다. 이후 햄릿이 대사(3)과 (4)로
표출되는 광기에 찬 최후의 일격과 독약에 의해 왕은 절명한다. 그리
고 독이 묻은 칼에 찔려 비극적인 최후를 맞이하는 레어티즈와 햄릿
의 죽음 등 광기의 비극적 결말을 보여주고 있는 장면이다.(사진19) 그
러나 이 장면의 중요한 부분은 죽음에 의한 비극적인 최후와 더불어
대사(6)에 표출되고 있다. 즉 레어티즈와 햄릿의 증오에 찬 광기가
서로 용서하는 대목과 대사(7)에서 햄릿이 어머니의 죽음을 애도하며
평안을 기원하는 상황에 있다고 할 수 있다. 이는 그 의미가 제16장
광기에 의한 죽음 이후 새로운 생명의 출발과 연계되기 때문이다.
아울러 이와 같은 시도는 원전의 본질을 훼손하지 않으면서 거기에
내재된 '연극성'을 재창출하고자 한 연출관점이 극명하게 드러나는 대
목이라 할 것이다.

---

560 김정옥 연출(1993), 앞의 〈햄릿〉 공연텍스트, 52~53쪽.

4) 무대형상화의 특성

김정옥은 〈햄릿〉의 주제인 죽음과 인간의 광기를 한국무속과 연계하여 서구적 관점과의 충돌을 시도한다. 이를 위해 시대적 배경과 시공간적 상황을 설정하지 않는다. 그러나 불특정한 한국적 상황 속에서 극을 진행시키면서 광대 등 등장인물들의 의상이나 무대장치 등을 한국적인 느낌을 주는 것으로 형상화한다. 따라서 그의 무대언어에는 한국적 현실생활 속의 움직임, 춤, 노래 그리고 사설 등이 변용 내지는 차용되어 삽입된다. 그리고 거기에 연출 자신의 역사인식과 무대미학에 대한 가치관이 융합되어 새로운 공간언어로 창출되고 있다. 이에 본 장에서는 이와 같은 연출관점에서 표출되는 다양한 무대형상화 특성 중 (1) '놀이적 시간'과 '시적 빈 공간'의 충돌과 조화에 의한 '극적 시공간'의 극대화 관점, (2) '장치-의상-소품-조명 등'에 의한 인물과 무대의 '상징성' (3) '광대'들의 '놀이성'과 '제의성'에 의한 '제3의 연극성' 창출 등을 중심으로 그 관점과 특성을 분석하고자 한다.

(1) '놀이적 시간'과 '시적 빈 공간'의 충돌과 조화에 의한
'극적 시공 간'의 극대화 관점

김정옥의 '집단창조'에 의한 무대형상화 작업에 나타나는 중요한 특성 중 하나는 광대에 의하여 창출되는 극적 상황이다. 이는 극적 흐름의 놀이적 시간과 그 다양한 놀이가 펼쳐지는 시적 빈공간의 가시적인 충돌과 조화를 통해 관객들의 무한한 상상력과 연상 작용을 자극하는 것이다. 이를 통해 무대와 객석 등 극장 전체를 극적인 시공간으로 극대화하는 연출관점을 보여주고 있다. 이러한 김정옥의 극적 시공간에 대한 관점은 이미 그의 이전 공연작품들에서도 나타난다.[561] 그는 공연을 한판의 유희나 놀이로 파악한다. 이는 극장 전체를 놀이의 시공간으로 변용하여 관객의 상상력이 개입할 수 있는 빈 공간 내지는 여백의 개념을 차용한다. 대부분 상자무대에서 이루어지고 있는 그의 공연은 객석이나 극장의 로비까지 공간을 확장하여 열린 시공간으로 활용하는 특성을 보여준다.[562] 이와 같은 김정옥의 시도는 극적 시공간의 개념을 극대화하기 위한 것으로 상정된다. 특히 첫 장면과 두 번째 장면 그리고 마지막 장면에서 광대들 벌이는 사설, 노래 그리고 등, 퇴장 등의 상황에서 이와 같은 관점이 잘 드러나고 있다. 먼저 첫 번째 장면과 두 번째에서 광대들이 등장하여 벌이는 놀이적 상황과 시적인 공간이 충돌하면서 나타나는 특성을 살펴보도록 하겠다. 이 장면에서 광대들은 등장하여 제각기 떠들어 댄다. 이들은 햄릿과 오필리어, 왕과 왕비 등 등장인물의 정체성 문제 그리고 오늘의 한국인에게 과연 그들은 무엇인가 혹은 삶과 죽음의 문제 등에 대하여 저마다의 의견을 제시한다. 그리고 사설을 전개하면서 그 와중에 음악과 노래가 연주되거나 불린다.[563]

　　장면1: (1)광대들이 등장한다. 그들은 객석 앞에 앉아서 뭔가 인형을 만들기도 하고, 종이를 오리기도 하고, 탈을 만들기도 한다. 종이로 오린 사람, 인형 등을 바늘로 찌르기도 하고 뭔가 저주하는 행위를 한다. (중략) 또 하나의 광대가 일어나서 얘기한다. (2)'언젠가 한 왕자가 있었는데 갑자

561 김정옥은 〈무엇이 될고 하니〉, 〈바람 부는 날에도 꽃은 피네〉 그리고 〈이름 없는 꽃은 바람에 지고〉 등에서 공통적으로 빈 무대의 특성을 보여주면서 광대들의 주요 연기 구역을 비워두는 것을 기본적인 특성으로 하였으며, 열린 공간으로서 극장의 로비, 객석 등을 활용하여 객석과 무대의 경계를 허무는 작업은 〈동리자전〉(1974)부터 시도하고 있다. 김숙경(2009), 앞의 논문, 51~59쪽 참고.
562 김방옥, 「한국연극의 공간표현연구」, 『한국교육연구』 2, 한국교육연극학회, 1998, 96~97쪽.
563 김정옥 연출(1993), 앞의 〈햄릿〉 공연프로그램.

기 부왕이 세상을 떠났다. 그리하여 부왕의 동생 그러니까 왕자의 작은
아버지가 왕위를 계승하고 어머니인 왕비를 아내로 그러니까 다시 왕비로
맞이했다. 시쳇말로 정치적 흥정. 정치를 한다든가 나라를 다스리기 위해
서는 이런 흥정과 타협이 필요하다는 것이다.' (중략) 또 다른 광대가 말한
다. (3)'그러니까 행동이 있어야 극적인 갈등 이 있고 극적인 대립이 있고
우리 광대도 먹고사는 거야' 또 다른 광대가 말한다. (4)'그러니까 막이
내릴 때까지는 아무도 죽지 말아다오.' 또 다른 광대가 말한다. (5)'그러나
우리들의 연극은 또다시 죽음으로부터 시작한다.'[564]

위의 장면1의 상황(1)은 복합적이고 난상토론식 대화와 놀이적 시
간과 시적인 공간이 자연스럽게 서로 충돌하면서 새로운 극적 시공간
으로 전환되어 나타난다. 장면1의 경우 객석으로부터 광대들이 등장
한다. 이들은 상황(1)에 묘사되고 있듯이 다양한 행위, 즉 인형 혹은
가면 만들기, 종이접기 등과 그것을 가지고 놀거나 서로 이야기한다.
그리고 어둠 속에서 등장하며 노래를 부른다.[565] 이러한 광대들의 놀
이적 행위와 시간은 또 다른 상황인 광대의 대사(2), (3), (4), (5)로
이어진다. 여기서 벌어지는 광대들의 제시적인 사설과 주장은 시적인
공간들과 서로 충돌하면서 새로운 극적 시공간으로 관객들에게 인식
된다고 하겠다.

장면2: (전략)
광대2: (6)잔소리 말고 어서 무덤이나 파. (중략)
광대1: 인제 시시한 소리 그만하고 자네 가서 술 한 병 받아 가지고 오게.
(광대2 퇴장) (7)(노래)나두야 젊어서는 사랑두 해보구. 바람아 불
어라, 꽃잎이 흩날린다. 얼씨구 절씨구 뜬 세상 구름이 흘러간다.

---

564 김정옥 연출(1993), 앞의 〈햄릿〉 공연텍스트, 1~2쪽.
565 김정옥 연출, 〈햄릿〉 공연영상, 예술의전당 토월극장 공연, 극단 자유, 1993.

햄릿: 저 녀석 제가 하는 일이 무엇인지도 모르는 게지. (8)무덤을 파면
　　 서 노래를 부르니. (중략)

햄릿: (9)저 두개골에도 한때는 혀가 달려서 노래를 불렀으련다. (중략)

광대1: (10)(노래) 곡괭이 한 자루 괭이 한 자루 에헤야 데헤야 파느니
　　 움집이요 오느니 손님이라. 안성맞춤이구나....

햄릿: (크게) (11)이건 누구의 무덤이냐?

광대1: (12)내 것입니다. 내가 판 구덩이니까. (중략)

햄릿: (13)진시왕이 죽는다. 그리고 묻힌다. 묻혀서 흙으로 변한다. 결국
　　 진시왕도 죽으면 흙이 되어 찬바람 들어오는 구멍을 막는다. (중
　　 략) (14)(장례식 행렬 등장. 관에 든 오필리어, 레어티즈, 왕, 왕비,
　　 정신들, 중) (15)대체 이건 누구의 장례식이냐?[566]

　　위의 장면2의 묘지 파는 광대 1, 2의 대사(6)과 (7) 그리고 (10)의
노래와 햄릿의 (8), (9), (11), (13) 그리고 (15)대사와 노래로 이야기하
는 삶과 죽음의 시공간 문제는 극적인 시공간의 관점으로 확장된다.
그리고 마침내 지문(14)에 나타나고 있듯이 장례식 행렬이 등장한다.
이 상황에 이르러서는 광대들이 존재하는 시공간 전체가 극적인 시공
간으로 극대화되어 관객에게 각인된다. 아울러 이러한 놀이적 시간과
시적 공간의 충돌과 조화를 매개하여 극적 시공간으로 극대화하는
중심에는 '광대'가 존재한다. 이는 김정옥의 공연들이 지향하는 '집단
창조' 방식과 극적 상황에 공통적으로 나타나는 것이다. 또 연극적
환상과 극장 밖의 현실을 하나로 조화시키려는 그의 미학적 관점이
나타나는 대목이다.[567] 그 중심코드에 배우-광대가 있다. 즉 광대들
이 주도하는 '시간'과 그들을 에워 쌓고 있는 '공간'들이 상호 간에 충

---

566 김정옥 연출(1993), 앞의 〈햄릿〉 공연텍스트, 3~5쪽.
567 김정옥(1997), 앞의 책, 86~87쪽.

돌한다. 그리고 그들 자신의 시공간을 극적인 시공간으로 극대화시킨다. 동시에 이들은 새로운 극적 상황을 창출하면서 관객들의 상상력을 자극하여 극적인 시공간을 무한히 확장시키고 있는 것이다.

다음은 제15장 마지막 결투 장면에서 제16장 광대들의 퇴장으로 이어지는 햄릿의 마지막 부분에서 극적 시공간이 극대화되는 상황을 살펴보도록 하겠다.

제15장: (전략)

레어티즈: 내가 꾸민 흉계에 결국 몸에게 되돌아 왔오. (1)왕비님도 독살 당하셨오. 저 왕 저 왕이 장본인입니다. (중략)

햄릿: 이 천하에 둘도 없는 살인 강간자, 옛다! 이 독약마져 마셔라! (중략) (2)(왕 절명한다)

레어티즈: 우리 서로 죄를 용서합시다. (중략) 당신의 죽음도 부디 이 몸의 탓이 아님을 알아주십시오. (3)(죽는다)[568]

제16장: 광대들 노래를 부르며 무대를 떠난다. 죽은 자들은 가면을 썼다. 화려한 광대들의 퇴장.[569]

위의 장면은 제15장에서 마지막 결투 즉 광대들의 죽음의 놀이가 벌어진 시공간의 상황이다. 밑줄 친 대사(1)과 지문(2)와 (3)에 묘사되고 있듯이 왕비, 왕, 레어티즈 그리고 햄릿 등이 차례로 죽음을 맞이한다. 즉 이 광대들의 죽음을 전제한 놀이적 시간이 끝나고 나면 광대들을 에워싼 공간은 이들의 죽음이 중첩되어 나타나는 음울한 시적인 공간으로 변화되는 것이다. 그러나 이 시적인 공간은 여기서 멈추는

---

568 김정옥 연출(1993), 앞의 〈햄릿〉 공연텍스트, 53쪽.
569 김정옥 연출(1993), 앞의 〈햄릿〉 공연프로그램.

것이 아니다. 제16장 마지막 장면에서 광대들이 노래를 부르는, 생동하는 놀이적 시간과 충돌한다. 이때 죽음의 시적인 무대공간은 새로운 생명의 출발을 위한 극적인 시공간으로 확장된다. 얼굴에 가면을 쓴 죽은 자들이 다시 일어나 자신이 지녔던 소품 등을 훌훌 털어버리고 살아있는 광대들과 함께 어우러져 화려하게 떠나간다.[570] 이와 같은 상황은 죽음이란 상징적이고 시적인 것이며 인간의 시간과 공간을 넘나들며 확장될 수 있다는 김정옥의 생사에 대한 관점과도 상통한다.[571] 이 순간 광대들의 놀이적 시간과 이들을 둘러싼 시적 공간은 새로운 극적 시공간으로 극대화된다. 동시에 무한한 우주적 시공간으로 확장되는 것이다.

(2) '장치', '의상', '소품', '조명'에 의한 인물과 무대의 '상징성'

김정옥이 〈햄릿〉 공연의 핵심주제인 '죽음'의 문제를 동시대적 관점에서 형상화하는데 중요한 역할을 한 무대 요소에는 무대 장치, 의상, 소품 그리고 조명 등이 있다. 특히, 무대장치의 경우 김정옥이 무대미술가인 이병복과 함께 〈무엇이 될고 하니〉 공연 이후 지속적으로 추구하여온 중요한 무대요소 중 하나이다. 이것은 관객의 상상력을 자극하면서 미학적 상징성을 표출하는 시적인 오브제라고 할 수 있다.[572] 〈햄릿〉 공연에서도 실제 무대의 깊이를 살리기 위한 요소로서 삼베 약 4백 여 필을 이용하여 길게 늘어뜨린 삼단휘장을 객석 천정의 중간 부분까지 확장하여 형상화한다. 이는 전통한옥인 대청마

---

570 위의 공연프로그램.
571 김정옥(1997), 앞의 책, 95~96쪽.
572 위의 책, 104쪽.

루 상청에 설치하던 곡선의 차양양식을 변용한 것이다. 이를 통해 죽음의 이미지를 상징적으로 표현하고 있다.[573] 또 시대적 배경을 불특정한 한국적 시공간으로 전제하였기 때문에 의상이나 소품 역시 색감이나 형태 그리고 조명에 의하여 공연의 주제인 죽음을 직간접적으로 상징하는 형태로 형상화한다. 김정옥의 이와 같은 관점은 〈햄릿〉 공연 중 여러 장면에서 그 특징이 나타나고 있다. 먼저 초반부인 제2장 장례식 장면과 제3장 햄릿의 꿈과 유령이 등장하는 상황을 살펴보도록 하겠다.

> 제2장: (전략) (1)(장례식 행렬 등장. 관에 든 오필리어, 레어티즈, 왕, 왕비, 정신들, 중) (2)대체 이건 누구의 장례식이냐?[574]
> 제3장: (3)(햄릿 장의자에 누워 잠들어 있다. 문득 일어나서 방안을 정신없이 달려서 한 바퀴 돌고 관객을 향해 외친다)

> 햄릿: 그럴 리가 없다! 나는 허깨비를 본 거다! (4)(햄릿 다시 조용해지며 의자에 앉는다) (중략)
> 햄릿: 어머니에 대한 지나친 애정이 나에게 망상을 가져다준 거다. (5)이 음침한 궁전을 뛰어나가 젊은이답게... 그래 망상을 버리자. (6)(햄릿 다시 장의자에 기댄다. 잠이 든다. 전 왕의 유령이 나온다. (중략)
> 햄릿: (어디서 나는지 모르게 크게) (7)오 견디라. 견디라. 이 가슴아 터지지 말고. 그리고 너 사지 삭신 모든 심줄이여 이 육신을 지탱해다오. (중략) 소자는 천지신명께 맹세코 당신의 원수를 갚겠소.[575]

위의 장면 중 제2장의 상황은 햄릿의 대사(2)와 더불어 상여꾼과

---

573 한국무대미술가협회 편, 『이병복 무대미술 30년』, 한국무대미술가협회, 1997, 243~244쪽.
574 김정옥 연출(1993), 앞의 〈햄릿〉 공연텍스트, 5쪽.
575 위의 공연텍스트, 8~9쪽.

오필리어의 장례식 행렬로 시작된다. 여기에 등장하는 햄릿과 지문 (1)에 묘사되어 있는 인물들의 의상은 기본적으로 죽음을 상징하는 흰색 의상이다. 배 모양의 흰 상여, 즉 흰 배 형태의 작고 상징적인 모형으로 만든 상여[576]를 운반하며 등장하는 상여꾼들 모두 흰색 천으로 제작된 의상을 착용하고 있다.[577] 또 상여가 운반되는 무대의 중앙 통로의 바닥에도 흰색의 무명천이 깔려있다. 그리고 뒤를 따르는 상 두꾼과 문상객들은 길게 늘어뜨린 흰 광목 띠를 잡고 있다. 이러한 흰색 장치나 소품들은 한국적 무속의 상징으로서 이승과 저승을 연결 하는 죽음의 강인 황천이나, 이승의 죽음이 또 다른 저승의 탄생을 의미하며 동양이나 한국의 생사관을 상징하는 것이다.[578] 흰 배 형태 의 상여 역시 그 강을 건너는 수단의 상징이라 할 수 있다. 아울러 제3장 햄릿의 꿈과 유령 장에서도 역시 지문(3)과 (4) 그리고 (6)에 묘사된 그의 의상은 흰색을 기본으로 하고 있다. 소품인 긴 의자는 그가 편히 쉬고자 갈망하는 어머니의 품속을 상징적으로 보여준다. 그러나 햄릿의 대사(5)에 표출되고 있듯이 '음침한 궁전', 즉 어두운 조명에 의해 연출되는 공간이미지(사진15)는 선왕의 죽음에 대해 갈등 하는 암울한 그의 내면세계를 상징한다. 이때 그의 내면의 고뇌를 상징하는 가면을 쓴 제2의 인물이 뒤쪽에서 등장하여 햄릿의 대사(7) 를 독백으로 처리한다. 또 다른 광대가 등장하여 비극적인 운명을 상징적인 노래로 형상화하고 있다.[579] 이와 같은 내면의 고뇌와 비극 적인 죽음에 대한 상징적인 표현은 인간 자신의 모든 의식과 무의식

---

576 김정옥 연출(1993), 앞의 〈햄릿〉 공연영상.
577 한국문화상징사전편찬위원회 편, 『한국문화상징사전』 1, 두산동아, 1996, 322쪽.
578 위의 책, 323~324쪽.
579 김정옥 연출(1993), 앞의 〈햄릿〉 공연영상.

을 동원하게 된다. 또한 외적인 사물과 상황을 인식하고 그 이미지를 수용하여 그것을 형(形)과 색(色)으로 통하게 한다. 이처럼 상징적 표현은 그 대상을 구상적(具象的)으로 형상화한다. 따라서 예술적 형상의 상징성은 세계에 대한 인식적이며 사상적(思想的)인 가치를 표출하는 제2의 언어라는 관점과도 상통하게 되는 것이다.[580] 다음은 제10장에서 햄릿을 염탐하던 폴로니어스가 햄릿의 칼에 찔려 죽임을 당하는 상황을 보도록 하겠다.

> 제10장: (왕비의 내전. 왕비와 폴로니어스 등장) (전략) (1)(폴로니어스 방장 뒤에 숨는다. 햄릿등장)
>
> 　　햄릿: 어머니! 무슨 일로?
> 　　왕비: 햄릿 너는 아버님께 그렇게 불손하냐? (중략)
> 폴로니어스: (방장 뒤에서) 이크 큰 일 낫군! 사람 살려라! 사람!
> 　　햄릿: (2)(칼을 빼들고) 이건 뭐냐? 쥐새끼 뒈져라. 이놈 뒈져. (방장 속으로 칼을 찌른다)
> 폴로니어스: (3)(방장 뒤에서) 아이구 하느님! (4)(쓰러져 죽는다)
> 　　왕비: 천하에 이런 짓이!
> 　　햄릿: (5)왕이지요. (방장을 들춰서 폴로니어스의 시체를 발견한다) 이 못난 경망스런 늙은이! 난 너의 상전인 줄 알았지. (하략)[581]

위의 장면은 원전 3막 4장에서 어머니인 왕비와의 대립적인 언쟁을 하다가 돌발적으로 폴로니어스를 햄릿이 살해하는 것과 동일한 상황이다. 그러나 실제 공연에서는 햄릿 대사(2)와 폴로이어스의 대

사(3) 그리고 지문(4)의 상황을 종이로 만든 인형 소품을 이용하여 상징적으로 형상화하고 있다. 방장 뒤에 숨어 있는 폴로니어스를 직접 찔러 살해한다. 그러나 살해한 후 햄릿이 대사(5)처럼 방장을 걷어 치우면서 들고 나오는 것은 폴로니어스의 시신이 아니다. 그를 상징적으로 형상화한 종이인형을 손에 들고 있는 것으로 표출된다.[582] 이처럼 실질적인 죽음과 관련된 상징적 표현기법은 특수한 상황을 연출하게 된다. 즉 관객들에게 연상에 의한 죽음의 또 다른 상징적인 이미지와 형태를 창출하는 것이다.[583] 다음은 제15장에서 햄릿과 레어티즈의 결투에서 양식적인 행동, 의상 및 조명 등의 상징적인 의미가 나타나는 상황을 보도록 하겠다.

제15장: (궁중의 홀 햄릿과 호레이쇼 등장) (전략) (1)(두 사람 칼싸움을 시작한다)

햄릿:　(1)한 대.
레어티즈:　(2)천만에.
햄릿:　(3)심판?
오스릭:　(4)한 대 정통이오! (북소리, 나팔소리, 대포소리)
레어티즈:　(5)자 다시 한번.
왕:　잠깐 술을 부어라. 자 축배다. 이 잔을 왕자에게 주어라.
햄릿:　승부를 먼저 끝내겠소이다. 자 (시합한다) 또 한 대! 어떤가? (하략)[584]

위의 장면은 왕의 음모에 의한 햄릿과 레어티즈의 목숨을 담보한

---

582 김정옥 연출(1993), 앞의 〈햄릿〉 공연영상.
583 이선아, 「도시환경에 있어서 상징성 표현을 위한 디자인 모형 사례연구」, 이화여대 석사학위논문, 1996, 23~25쪽.
584 김정옥 연출(1993), 앞의 〈햄릿〉 공연텍스트, 50~51쪽.

마지막 결투가 진행되는 상황이다. 여기에 등장하는 햄릿은 흰색 의상과 레어티즈가 착용한 검은색 의상을 입고 있다. 이러한 대조적인 색조는 앞으로 일어날 비극적 죽음의 중첩을 상징적으로 나타낸다. 그러나 이 둘의 결투는 지문(1)과 햄릿의 대사(1)과 (3), 레어티즈의 대사(2)와 (4) 그리고 심판인 오즈릭의 대사(2)처럼 처음부터 직접적인 검술 대결로 시작되는 것이 아니다. 이 둘의 상징적인 칼베기 동작으로 형상화된다. 레어티즈가 대나무를 자르고, 햄릿이 종이를 자르는 등 한국적 검술의 동작을 차용한 행위를 반복한다.[585] 이는 마지막 대결에 임하는 두 인물의 의지와 심리상태를 상징적으로 형상화한 것으로 판단된다. 이어지는 극적 전개에서 왕비와 왕, 레어티즈 그리고 햄릿이 차례로 죽음에 이르면서 극적 상황은 마무리된다. 이때 무대조명은 비극적 죽음의 암울한 분위기를 상징하는 검푸른 색조에서 비극적 죽음과 피의 중첩을 상징하는 붉은 색조로 변화된다. 아울러 무대 위쪽에서 종이와 삼베 천으로 만든 대형 소품인 인형들이 서서히 내려와 주검을 조문하는 상징적 인물로 형상화되고 있다.[586](사진20) 이는 극 초반의 살아있는 상여꾼과 상여행렬 상황과의 극적인 대비와 극적 구성에 있어 핵심주제인 죽음의 문제를 상징적으로 표출하고자 하는 연출관점이 극명하게 드러나는 대목으로 판단된다.

(3) '광대'들의 '놀이성'과 '제의성'에 의한 '제3의 연극성' 창조

김정옥이 〈햄릿〉의 무대형상화 작업에 있어 중점을 두었던 또 다른 관점은 지나친 문학성과 사실주의에 의한 감정적 동화를 지양하는

---

585 김정옥 연출(1993), 앞의 〈햄릿〉 공연영상.
586 위의 공연영상.

것이다. 이는 공연의 중심에 배우를 내세워 극적인 재미와 관객의 집중을 유발한다. 그리고 배우와 관객과의 만남에서 창출되는 '연극성'을 추구한다.[587] 그는 이러한 관점을 구체화시키기 위해 광대들의 사설, 노래, 춤 등을 차용한다. 이를 통해 표출되는 '놀이성'과 핵심주제인 죽음의 문제를 한국적 무속에서 나타나는 '제의성'을 변용적으로 수용한다. 광대들에게 무당의 성격을 부여하여 공연을 시작하고 있다. 김정옥은 이러한 광대들이 표출하는 '놀이적 요소'와 '제의적 상황'을 통하여 억울한 죽음의 진혼적인 측면을 부각시킨다. 여기서 파생되는 비극적 죽음과 그 진실을 형상화하면서 '제3의 연극성'을 창출하고자 한 것으로 판단된다. 김정옥의 이와 같은 관점은 공연 전체를 관통하여 나타나고 있다. 본 장에서는 광대들의 극중극[588]인 제5장의 무언극 장면과 제6장 광대의 노래와 꼭두각시 놀음장면 그리고 제7장의 굿판의 신내림 장면 등을 중심으로 고찰하도록 하겠다.

---

587 김정옥(1997), 앞의 책, 87~88쪽. 김정옥은 이러한 관점을 본 연구자와의 인터뷰 시에도 재차 강조한다. 그에게 있어 이것은 현재도 진행 중인 무대형상화의 기본적인 지표이다. 그의 100번째 연출공연이자 연극입문 50주년 기념으로 무대화되는 2011년 11월, 대학로 예술극장 대극장에서 공연 예정인 〈흑인 창녀를 위한 고백〉 재공연에서도 이러한 관점이 드러날 것이라 말하고 있다. 김정옥과의 인터뷰(2011.9.1), 앞의 인터뷰 내용.

588 '극중극' 장치로 인해 극의 세계는 '극의 세계'와 '극중극의 세계'로 분열되며, 이중구조의 분열은 공간에 따른 '현실의 시간'과 무대 위의 극의 세계인 '허구의 시간'을 관객이 구분하게 해준다. 이러한 구분은 또다시 '허구의 시간'을 '극중극의 시간'과 '극의 시간'으로 나뉘게 한다. 이렇듯 시간과 공간의 세분화를 구체적으로 구현하는 상징적인 무대 기호는 무대 위에서 연기하는 '배우-광대'로 표출되며, '배우-광대'는 다양한 변신을 도모하여 이중적인 의미를 창출하면서 창조적인 연기라는 '놀이' 내지는 '놀이성'을 드러내는 기호가 된다. 방승희, 「셰익스피어 극중극의 극적 효과와 의미」, 동국대 박사학위논문, 2008, 14~19쪽 참고.

제5장: (전략) (1)(배우들과 폴로니어스, 왕 등장)

폴로니어스: (2)우울한 왕자의 마음을 풀어주기 위해 궁중에서 연극을 꾸미는 것을 허용하지만 그 내용을 미리 알아야겠오. 왕자가 원한 굿판은?

광대1: (3)수로왕의 암살입니다.

폴로니어스: 뭐? 암살... 암살이라니 불온한 내용이 있는 것이 아닌가?

광대2: 아닙니다. (중략)

폴로니어스: (왕을 힐긋 쳐다보고) (4)암살이라니 아무래도 불길하다. 지금 이 자리에서 그 내용을 간단히 해보이도록 해라. (5)(광대들 서로 쳐다보며 마지못해 무언극을 시작한다. 왕과 왕비. 정답게 껴안는다. 왕비는 무릎을 꿇고 왕에게 애정을 맹세한다. (중략) 이내 한 사나이 등장하여 왕의 머리에서 왕관을 벗겨들고 그 왕관에다 키스를 하고 나서 잠든 왕의 귓속에 독약을 부어넣고 퇴장한다. 왕비가 돌아온다. 와이 죽은 것을 알고 비탄하는 동작을 한다. (중략) 왕비는 처음에 싫어하는 체하다가 사랑을 승낙한다)

폴로니어스: (무언극을 중단시킨다) (6)아리송한 내용인데...대사는 없느냐? (7)(광대들 느린 동작으로 무언극을 다시 시작하고 옆에서 다른 광대가 변사처럼 대사를 한다)[589]

제6장: (8)(광대들의 음악과 노래) 인간의 역사는 음모의 역사인가? 광대들은 인간의 음모와 대립에 대해서 얘기한다. 연극이란 결국 그 음모를 파헤치는 것이 아닌가.[590]

위의 장면 중 제5장은 햄릿이 광대들에게 부탁한 광대1의 대사(1)에 나오는 '수로왕의 암살'이라는 '극중극'이 공연되는 상황이다. 지문

---

589 김정옥 연출(1993), 앞의 〈햄릿〉 공연텍스트, 17~18쪽.
590 김정옥 연출(1993), 앞의 〈햄릿〉 공연프로그램.

(1)과 폴로니어스의 대사(2) 그리고 (4)에 나타나고 있듯이 왕을 대동한 자리에서 그의 지시에 따라 세 명의 광대-'극중 왕', '극중 왕비' 그리고 '사내' 등-들이 지문(5)의 무언극을 실연하게 된다. 이 부분까지는 원전의 극적 진행과 대동소이한 상황이다. 그러나 무언극의 애매한 내용을 확인하기 위해 대사(6)에 나타나고 있듯이 폴로니어스가 극의 내용을 설명하도록 재촉한다. 이때 '극중 왕'과 '극중 왕 역할의 광대'들은 지문(7)과 같이 신파극의 '변사'를 모방하여 새로운 신파조 형식의 '극중극'을 재현한다. 김정옥은 원전과 달리 '극중극' 장면에 신파조의 변사를 변용한 광대 연기를 수용하고 있다. 이는 극적 재미와 함께 관객의 집중을 유발하여 극적인 전개가 정체되고 지루해지는 상황을 반전시키고자 하는 관점이 나타나는 대목이다. 이 상황에서 변사역할 광대의 빠른 템포의 대사는 극적인 재미를 창출한다. 그리고 이어지는 제6장에서는 인간의 음모와 대립에 대한 광대의 노래와 꼭두각시 광대의 해학적 움직임이 표출된다. 그리고 제10장과 11장 사이에는 출연광대 전원이 등장한다. 이들은 사설과 재담, 대중가요인 '마포종점'과 '눈이 나리네' 등을 통한 막간극 형식 및 사물놀이 연주 등을 통해 흥겨운 상황을 창출한다.[591] 김정옥은 이 상황에서 나타나는 광대의 놀이적 요소, 즉 '놀이성'을 통하여 새로운 '연극성'의 창출을 시도한 것으로 상정된다. 다음은 '수로왕의 암살'이라는 공연을 대신하여 제7장에서 벌어지는 '선왕의 원혼을 위한 굿판'[592]에서 발생

---

[591] 김정옥 연출(1993), 앞의 〈햄릿〉 공연영상.

[592] '굿' 또는 '굿판'은 개인이건 마을사회이건 무당을 사제로 하여 그 단골들과 함께 베풀어진다. '굿'에서는 조상과 신령이 무당에게 내려(降神) 인간의 문제를 풀어주고 덕담이 전해진다. 이러한 신령을 모시기 위해 술과 음식이 차려지고 노래와 춤으로써 신령을 청하고 덕담을 들은 후 다시 환대하고 돌려보낸다. 그리고 사람들은 환희 속에 음주가무를 즐기며 한판 놀게 된다. 한국 민중문화의 두 가지 특징적 양상에는

하는 오필리어의 신내림 장면의 극적 상황을 보도록 하겠다.

제7장: (전략)
   햄릿: 이건 대체 뭐요. 내가 해달라고 했던 작품은…?
모가비: (1)너무 서두르지 마십시오. 우선 선왕의 영혼을 달래는 굿판부터
     벌여야 합니다.
   햄릿: (2)선왕의 영혼을 달랬다고? (중략) (3)(굿은 진행되고 모가비, 오
     필리어와 햄릿 앞에 와서 대나무를 흔든다) (4)(오필리어 홀린 듯
     이 일어나 굿판으로 들어간다. 광대 중에 한 처녀도 오필리어가
     된다. 두 오필리어가 갑자기 신이 들려 대사를 주고받는다) (5)그
     렇다. 저 음탕하게 불륜을 일삼는 짐승만도 못한 놈. 요술 같은
     지혜와 음험한 재주를 가지고 간사하게 부녀자를 농락하고 (중략)
     (두 오필리어의 대사는 조리가 있는 것 같기도 하고 횡설수설 같기
     도 하다. 처음에는 모두 어리둥절하다 각기 그들 나름대로의 반응
     을 보인다)
   햄릿: (5)오필리어가 미친 것인가, 아니면 오필리어의 입을 통해서 진실
     이 솟구친 것인가? 진실을 오, 하나님! 진실을 밝혀주시오. (6)(왕
     창백해져서 허청허청 일어선다)[593]

위의 장면은 햄릿이 부탁한 '수로왕의 암살'을 대신하여 굿판이 벌
어지는 상황이다. 굿판은 지문(3)의 광대 모가비가 주도한다. 그리고
북, 장고, 징 등의 타악기 연주가 분위기를 한껏 돋아주는 흥겨운 굿판
이 진행된다. 이때 지문(4)에 나타나고 있듯이 무당광대 모가비가 아
닌 오필리어와 또 다른 광대 오필리어에게 신내림 현상이 발생한다.

'놀이'와 '신들림'의 성격이 있다. 그것은 '놀이 속의 신들림'과 '신들림 가운데 놀이'라
는 상호 보완적인 관계로 나타난다. 조흥윤 지음,『한국巫의 세계』, 민족사, 1997,
75~78쪽; 97~103쪽 참고.
593 김정옥 연출(1993), 앞의 〈햄릿〉 공연텍스트, 24~25쪽.

선왕의 죽음에 대한 진실을 밝히는 '공수' 즉 지문(5)의 광기 어린 대사를 서로 주고받는 상황이 전개된다. 김정옥은 이 상황에서 모가비를 비롯한 광대들에 의해 표출되는 새로운 제의성을 창출한다. 오필리어와 광대 오필리어 등 두 명의 신내린 오필리어에 의해 창출되는 '놀이 속의 신들림'과 '신들림 가운데 놀이'라는 극적 상황이 그것이다. 이들이 창출하는 '제의성'을 통하여 새롭고 극적인 '연극성'을 형상화하고 있다.(사진18) 다시 말해 김정옥은 각각의 장면에 중심으로 등장하는 광대들이 창출하는 '놀이성'과 '제의성'을 통하여 핵심주제인 '죽음'을 극적으로 형상화하면서 동시에 작품 전체를 관통하며 새롭게 표출되는 '연극성' 즉 '제3의 연극성'을 창출하고 있는 것이다.

5) 공연비평과 관객의 수용양태 분석

김미도는 〈햄릿〉 공연[594]에 대하여 중요한 주제로 원전의 선왕의 유령이 나타나는 장면을 변용하여 굿을 도입하고 있다. 이는 한국적 사고의 관점에서 선왕의 넋이 원혼이 되어 이승을 떠나지 못하는 것으로 해석한 것이다. 그 원혼이 햄릿에게 내려 고민과 광기적인 행동

---

594 예술의전당 전관 개관 기념축제(1993.2.15~3.22)의 일환으로 토월극장에서 공연된 〈햄릿〉(1993.3.13(토)~21(일))에 참여한 주요 출연 배우에는 햄릿 역: 유인촌, 왕비 역: 김금지, 무당 역: 박정자, 폴로니어스 역: 박웅, 광대(왕비) 역: 윤복희, 왕 역: 권병길, 광대(오필리어) 역: 한영애, 오필리어 역: 이소향, 로젠크랜츠 및 광대 역: 안진환, 길덴스턴 및 광대 역: 최용재, 광대 역: 정구연, 황수경, 김은숙, 조덕현 등이 참여하며, 스태프에는 연출: 김정옥, 무대미술: 이병복, 최순화, 천경순, 정은경, 최영로, 기획: 김용현, 조연출: 이원종, 홍성민, 분장: 안진환, 조명: 이상봉, 음향효과: 윤경섭, 사진: 박기호, 검술지도: 이종구(해동검도 수석관장), 음악: 홍승철, 무대감독: 김윤식, 무대기계: 유재일 등이 참여한다. 공연 입장료: S석: 20,000원, A석: 15,000원, B석: 10,000원이며, 공연시간: 오후 4시, 8시 등 하루 2회 공연으로 총 18회 공연되었다. 주최: 예술의전당, 주관: 극단 자유, 후원: 문화부·한국문화예술진흥원·KBS한국방송공사 등이 관계기관으로 참여한다. 김정옥 연출, 〈햄릿〉 공연프로그램 및 홍보 인쇄물.

을 드러내는 것으로 설정하고 있다고 지적한다. 또 원전의 '극중극' 장면을 무속적 '굿판'으로 변용하여 햄릿에게 내렸던 선왕의 원혼이 오필리어에게 전이된다. 그리고 그녀의 입을 빌려 진실이 폭로되고 그 결과 오필리어는 미쳐 죽게 된다는 것이다. 아울러 오필리어를 두 인물로 설정하여 신이 내린 이후의 오필리어 역을 맡은 한영애는 특유의 독특한 분위기를 창출한 공연이라는 긍정적인 평가를 한다.[595] 또 유럽 공연에 대비하여 보다 뚜렷한 시각적 표현들이 보완해야 하며 번안과정에서 발생한 번역조의 대사와 토속적인 일상 언어가 상충하는 부분에 대한 정리가 요구된다. 그리고 한국적 검술을 차용한 마지막 결투 장면은 극적 긴장을 도출하는 절정적인 극적 밀도가 부족하다는 다소 부정적인 평가를 하고 있다.[596]

김윤철은 극단 자유의 〈햄릿〉 공연은 궁극적으로 원전에 대한 패러디라 평가한다. 그는 여기에 등장하는 광대들은 갈등과 대립으로 점철된 역사적 사건을 하나의 공연으로 설정한다. 그리고 죽음으로 시작되는 한판의 합리적이고 무속적인 놀이를 펼치고 있는 것이다. 또 햄릿이 유령을 만나는 장면을 꿈으로 표현하거나, '극중극'을 굿판으로 변용하기도 한다. 이는 오필리어의 신내림을 통해 선왕의 죽음에 대한 진실을 드러내고자 한 상황설정이다. 이것은 무속신앙의 영향을 받아온 한국 관객들의 정서와 의식구조를 겨냥한 것으로 지적한다. 이를 통해 김윤철은 〈햄릿〉의 한국화 내지는 현대화를 시도하고 있다는 긍정적인 평가를 하고 있다. 또 무대로부터 객석 천장의 중간

---

595 김미도, 「김정옥 선생과 함께」, 『한국연극』 2·3, 한국연극협회, 2002, 80쪽.
596 김미도, 「상상력과 신명 그리고 센티멘탈리즘」, 『한국연극』 5, 한국연극협회, 1993, 90~91쪽.

까지 삼베를 이용한 무대장치는 공연의 핵심주제인 죽음을 형상화하는데 일조한다. 무대공간의 깊이와 대각선을 이용한 등장인물들의 역동적인 동작선은 매우 남성적인 느낌과 훌륭한 앙상블을 창출한 것으로 평가하고 있다. 그러나 몇 장면에서 매우 불합리한 모순이 표출되고 있다고 지적한다. 오필리어의 장례식 장면에서 스님이 목탁을 두드리며 상황을 주도한다. 그러나 극적 상황의 종교성은 여전히 기독적인 상황이라는 것이다. 등장인물의 설정에 있어 오직 오필리어만을 두 명의 이질적인 배우인 이소향(오필리어)과 한영애(극중극 광대 오필리어)로 설정한 것은 역할연기를 하는 논리적인 근거와 설득력이 부족하다는 것이다.[597] 그리고 가장 큰 문제는 광대들이 창출하는 원전에 대한 패러디의 문제점을 지적한다. 그것이 〈햄릿〉의 핵심주제와 유기적으로 연계되지 못하고 있다는 것이다. 따라서 집단창조에 의한 창의적인 '공연성', 즉 광대들에 의한 즉흥적이며 개성 있는 '놀이성'이 부족하다는 부정적인 평가를 한다.[598]

이미원 역시 〈햄릿〉 공연에 대하여 서구적 극적 긴장감과 극의 절정 부분을 처음부터 배제한 시도라고 지적한다. 또 무대의 깊은 공간 설정은 더욱 연약하고 소외된 인간의 특성을 창출한 것으로 평

---

597 김정옥 연출은 이러한 지적이나 평가에 대하여 다음과 같이 자신의 견해를 밝히고 있다. 연출의 관점에서 두 사람의 '오필리어'는 성격설정 상 동일한 인물로 파악하고자 한 것이다. 그 이유는 굿판의 자리에서 신내림이 발생하며 이로 인해 미치게 되고 죽음에 이르게 되기 때문이다. 또 관객이나 평자들이 〈햄릿〉 공연에서 이상한 점을 발견하고 지적한다는 것은 연출의 입장에서 의도한 바이다. 이는 관객유치에 중요한 부분이다. 또 예술에서 상이한 지점 즉 '이양(異樣)'은 모든 예능 공연에 핵심이라고 주장한 일본 전통연극 노의 이론서를 정리한 '관아미(觀阿彌, がんあみ)'와 '세아미(世阿彌, ぜあみ)'의 이론에 상응하는 것으로서 자신의 연출관점에서 중요한 부분이라고 술회하고 있다. 김정옥과의 인터뷰(2011.9.1), 앞의 인터뷰 내용.

598 김윤철, 『우리는 지금 醜學의 시대로 가는가?』, 연극과 인간, 2000, 30~31쪽.

가한다. 베를 이용한 무대장치는 현대적이면서도 한국적인 분위기를
도출하면서 무대의 중심을 잡아주는 역할을 훌륭하게 수행하였다고
언급한다. 그리고 전통의 현대화 작업으로서 창을 연상시키는 창작된
노래, 한국화한 과감한 의상, '극중극'의 오필리어의 신내림 장면, 그
리고 마지막 결투장면에서 한국 고유의 검술 활용 등을 전통의 재창
조라는 측면에서 긍정적으로 평가하고 있다. 그러나 원전을 해체한
극적 구성의 전통적인 이미지를 관통하는 핵심적인 미학이나 재해석
관점이 부족하다고 논평한다. 또 우리의 몸짓을 하는 햄릿이지만 우
리의 이야기가 없는 〈햄릿〉이 주는 감동은 제한적일 수밖에 없다는
견해를 피력한다. 따라서 단편적인 볼거리로 그치면서 관객들이 느낄
수 있는 연극적 감동을 창출하지 못한 공연이라는 부정적인 평가를
하고 있다.[599]

　그러나 위와 같은 김윤철과 이미원의 공연 완성도에 대한 일부 부
정적인 평가와는 정반대로, 김문환은 〈햄릿〉 공연을 집단창조의 일대
개가라고 극찬한다. 그는 이 공연이 관객들의 적극적인 호응을 받은
이유를 다음과 같이 분석하고 있다. 먼저 셰익스피어의 원전에 대한
해체적 재구성에도 불구하고 원전이 지닌 극적 구조와 대사의 힘이
작용하여 관객들이 연극적 감동을 느낄 수 있기 때문이다. 둘째, 경험
이 풍부한 배우를 비롯하여 모든 출연진들이 자신의 기량을 최대한
발휘한다. 거기에 대한 연출의 적절한 조절과 통제에 의하여 전체적
인 앙상블, 특히 음색의 차이를 이용한 소리의 조화를 보여준다. 그리
고 중간 휴식을 겸한 놀이판에서도 이러한 절제가 잘 조화되어 관객
들이 극 전체를 관통하는 극적 재미와 함께 긴장감을 공유할 수 있다.

599 이미원(1996), 앞의 책, 221~222쪽.

마지막으로는 출연진들의 연기와 소리의 조화와 현대적 감각을 보여준 무대미술과 장치 그리고 조명이 잘 어우러져 공연의 분위기를 고조시킨 공연이다. 그리고 무대공간을 효율적으로 활용한 배우들의 동작선이 표출하는 다양한 극적 긴장감 등 집단창조를 통한 연출관점이 전체적으로 높은 완성도를 창출한 공연이라는 긍정적인 평가를 내리고 있다.[600] 이처럼 평자에 따라 상반된 극적인 평가가 나타나는 것은 〈햄릿〉 공연에 대한 다양한 관점과 시각이 존재하고 있음을 보여주는 대목이라 하겠다.

김방옥은 서구 연극의 미학으로 비교적 오랜 시간에 걸쳐 연륜을 쌓아온 김정옥의 무대형상화 작업은 극중의 환상이나 허구의 절대성을 인정하지 않는 한판 놀이식의 극장주의 형식이라고 지적한다. 그의 집단창작에 의한 공연구조는 일종의 병렬식 몽타주 기법보다는 광대놀이와 극중극이라는 이중구조를 표출하고 있다고 지적한다. 여기에 등장하는 광대들의 극중극 장면은 한국적 죽음에 대한 묘사로 연결되고 그 사이 막간에 표출되는 광대들의 죽음에 대한 사설, 춤, 노래, 신세한탄 그리고 비분강개 등은 그리스극의 코러스나 브레히트극의 해설자를 연상시킨다. 따라서 김정옥의 공연은 이중구조에 의해 극적 진행이 이루어지는 것이 아니라 광대들의 신명나게 놀아나는 극진행과 거기에서 창출되는 즉흥성 내지는 현장성이 강하게 표출되는 특징을 보여준다는 것이다. 이러한 무대미학은 또 다른 시각에서 극적 상황을 표출한다. 즉 현장성, 즉흥성, 임의성 등이 강하게 창출되는 광대놀이는 연출의 서사적 자아인 동시에 작가적 자아의 개입이자 관점이 드러나는 대목이라고 평가하고 있다.[601] 이러한 김방옥의

600 김문환(1991), 앞의 책, 534~535쪽.

평가는 김정옥의 공연에서 중간 부분에 극의 핵심주제와는 무관하게 삽입되는 여흥과 풍자마당 등은 출연하는 배우들의 고도의 연기력이 요구되는 연기 자랑, 노래, 시사적인 세태풍자 등의 즉흥적인 공연형식이라는 것이다. 따라서 자칫 매너리즘에 빠질 수 있다는 위험요소를 지니고 있다는 이미원의 평가와도 일맥상통한다.[602] 또 김방옥은 이러한 즉흥적인 공연형식은 고대 그리스의 구희극(舊喜劇) 막간에 연출되던 '파라바시스(Parabasis)'에 상응하는 것이라고 지적한다.

아울러, 김미도는 햄릿 역을 맡은 유인촌에 대하여 사려 깊은 복합적인 인물의 성격을 심리적이고 잘 육화된 발성과 행동으로 무난히 표현하여 관객의 시선을 사로잡았다는 긍정적인 평가를 하고 있다. 광대 역의 윤복희와 미친 오필리어 역의 한영애 등은 극중 상황에 적절한 노래들을 직접 작곡하여 부름으로써 그 효과를 증폭시킨다고 지적한다. 왕과 왕비 역의 권병길과 김금지는 특유의 과장된 억양과 독특한 몸짓으로 조화를 보여준다. 그러나 무당 역의 박정자는 다소 과장된 연기를 표출한다고 지적하고 있다.[603] 또 김윤철은 이 공연에 출연한 여러 배우 중에서 유인촌, 김금지, 박정자, 박웅, 권병길, 윤복희, 한영애 등의 노련한 출연진들은 개성을 강하게 창출하면서도 상호 간의 세련된 앙상블을 보여준 공연이라고 긍정적으로 평가한다.[604] 김문환 역시 공연에 일부 무성의한 자세를 보이는 배우도 눈에 띄지만, 출연한 대부분의 배우들이 연륜의 많고 적음에 상관없이 자신의 기량과 발상을 최대한 발휘하여 전체적인 앙상블을 살려낸 것을 극찬하면

601 김방옥, 『열린 연극의 미학』, 문예마당, 1997, 210~211쪽.
602 이미원, 「집단창조무대의 허와 실」, 『한국연극』 12, 한국연극협회, 1992, 31~32쪽.
603 김미도(1993), 앞의 글, 91쪽.
604 김윤철(2000), 앞의 책, 30쪽.

서 대체로 긍정적인 평가를 내리고 있다.[605] 그러나 〈햄릿〉 공연 중
신내림 장면에서 미친 오필리어의 옷을 모두 벗겨 극도의 광기를 표출
하고자 하였으나, 해당 배우의 의지와 이해부족으로 그 장면을 창출하
지 못한 것은 연기적인 표면 측면에서 아쉬운 대목으로 판단된다.[606]

이후 〈햄릿〉 공연은 〈노을을 날아가는 새들〉과 함께 파리의 롱
푸엥 극장(1993.4.24~25)과 독일 본의 사우스피엘 극장 등 해외공연
(1993.4.28)에서 현지 관객들로부터 긍정적인 호평을 받는다. 아울러
셰익스피어가 살아서 보았다면 흥미를 느꼈을 것이라는 등의 극찬을
받기도 한다.[607] 이처럼 시공을 초월해서 과거의 〈햄릿〉이 오늘날에도
설득력을 지닐 수 있는 것은 핵심주제에 있는 것으로 판단된다. 이는
김정옥 자신의 지적처럼 공연에서 지속적으로 다루어온 죽음이라는
주제가 〈햄릿〉처럼 극명하게 드러나는 텍스트가 없기 때문이다. 또
그 죽음의 문제가 어떤 표현양식으로 창출되든 세계적인 보편성을
가질 수 있기 때문이라고 하겠다. 이와 더불어 〈햄릿〉 공연이 가르시
아 로르카의 텍스트를 한국화한 〈피의 결혼〉[608] 그리고 그리스 비극들

---

605 김문환(1991), 앞의 책, 534쪽.
606 김정옥 연출은 이 부분의 '오필리어' 연기에 대하여 '오필리어'가 신내림 상태에서 진
실을 밝히면서 자연스럽게 옷을 벗어 전라의 상태가 되면 극적인 효과가 배가될 것으
로 판단하였으며, 그러한 행동이 극적인 당위성을 지닌 것으로 보았다고 술회하고
있다. 그러나 '오필리어'(이소희 분) 역을 맡은 배우뿐만 아니라 공연에 참가한 배우들
의 전반적인 분위기가 절대적인 호응을 하지 않는 것으로 판단하여 겉옷 정도를 벗는
선에서 형상화할 수밖에 없었다고 술회하고 있다. 김정옥과의 인터뷰(2011.9.1), 앞의
인터뷰 내용.
607 김미도(2002), 앞의 글, 80쪽.
608 1983년 5월 3일부터 9일까지 문예회관 대극장에서 공연된 이 작품은 가르시아 로르까
원작으로서, 김정옥이 1970년대 원작 그대로 이화여대에서 공연한 적이 있는 작품이
다. 김정옥은 이 공연에 앞서 공연된 〈무엇이 될고 하니〉와 〈달맞이 꽃〉에 이은 '죽음'
의 삼부작으로 구상하고 있다. 그는 원작을 해체하여 원작의 결말 부분부터 공연을

을 번안 및 각색한 〈그리고 그들은 죽어갔다〉[609] 등과 함께 연계한
서양고전텍스트에 대한 극단 자유의 집단창조가 창출한 공연이라는
긍정적인 평가는 김정옥의 〈햄릿〉 공연에 대한 '지향성'과 '공연성'의
관점을 함축적으로 보여주는 대목이라 할 것이다.[610]

5. 이윤택 연출의 〈햄릿〉(동숭아트센터 대극장, 1996):
'해체적 재구성'과 '놀이성'의 관점을 중심으로

이윤택(1952.7.9~)은 1986년 8월 부산에서 연희단거리패를 창단한
다. 이후 시작된 본격적인 연출과 공연의 주된 목적은 자신만의 독자
적인 공연문법과 무대양식을 찾는 과정이라 할 수 있다. 창단 공연인
〈죽음의 푸가〉(윤대성 원작, 이윤택 연출 및 대본구성, 1986)를 시작으로
이루어진 다양한 창작 및 원작을 재구성한 공연들은 연희단거리패
나름의 공연문법과 무대미학 그리고 연기훈련 방법론을 찾고자 한
것이다.[611] 이에 본 장에서는 이러한 관점에서 동시대적 가치를 바탕

시작하면서 한국 무속의 '넋풀이'를 도입한다. 이를 통해 관객이 줄거리를 따라가는
것이 아니라 '죽음'의 의미를 생각하고 굿판에 참여하도록 유도하면서 극중 장소와
시간을 한국적 상황과 결혼풍습으로 변용한다. 김미도, 「김정옥 선생과 함께」, 『한국
연극』1, 한국연극협회, 2002, 86쪽.

609 1989년 5월 9일에서 22일까지 문예회관 소극장에서 공연된 작품으로서, 그리스 비극
의 세 작품을 하나의 작품으로 재구성한 것이다. 즉 아이스퀼로스의 〈아가멤논〉, 소
포클레스의 〈헤카베〉, 에우리피데스의 〈엘렉트라〉 등이 그것이다. 김정옥은 세 작품
에 나오는 '죽음'의 주제들을 세 개의 장으로 재구성하며 등장인물의 이름이나 상황,
의상, 언어 등을 한국적으로 설정한다. 김미도(2002), 앞의 글, 78쪽.

610 김정옥(1997), 앞의 책, 350쪽.

611 이윤택(1996), 앞의 책, 42~76쪽.

으로 한국적 보편성과 세계적 공연성을 찾고자 시도된 이윤택의 다양한 〈햄릿〉[612] 공연텍스트와 공연[613]들 중에서 1996년 6월 동숭아트센터 대극장 〈햄릿〉 공연을 중심으로 제20회 서울연극제 참가작인 같은 해 9월 문예회관 대극장 〈햄릿〉 공연을 참고하여 고찰하고자 한다.

1) 텍스트 〈햄릿〉에 대한 관점

〈햄릿〉을 무대형상화하고자 한 이윤택에게 있어 기본적인 관점은 주체적 해석이 없는 모방적 공연을 지양하는 것이다. 또 원전에 충실하면서도 한국적인 현대연극의 공연양식과 연희단거리패만의 독창적인 형식을 추구한다. 그는 시대적 특수 상황이나 사회적 상징을 배제하고 〈햄릿〉에 내재되어 있는 연극의 원형적 세계를 주목한다. 이를 동서양 문화의 포괄적이며 함축적인 의미로 표출하고자 한다. 이것은 동시대의 보편성과 세계적인 〈햄릿〉의 공연성 내지는 공연문법을 창출하기 위한 것이다.[614] 그는 이를 위해 자신만의 독특한 방식으로 〈햄릿〉을 해석하고 해체적으로 재구성하고 있다. 이에 본 장에서는 텍스트 〈햄릿〉에 대한 관점 분석에 앞서 먼저 텍스트에 대한 이윤택의 '해체' 개념을 고찰한 다음, 텍스트 〈햄릿〉에 대한 해체적 재구성 관점을 분석하고자 한다.

---

612 김동욱, 「글로컬화로 완성된 〈햄릿〉-이윤택이 연출한 〈햄릿〉(1996~2005) 공연연구」, 『Shakespeare Review』 44, 한국 셰익스피어 학회, 720~721쪽 참고; 서연호·김남석 공편, 「연희단거리패의 햄릿」, 『이윤택 공연대본전집』 5, 연극과 인간, 2006, 153~234쪽 참고; 이윤택 엮음, 『햄릿과 마주보다』, 도요, 2010, 354~361쪽 참고; 김동욱과의 인터뷰, 일시: 2011.8.29. 오전 11시~12시. 장소: 성균관대 퇴계인문관 31616호 교수연구실. 초연 당시부터 드라마투루기를 맡은 김동욱 교수로부터 디스켓 본으로 소장하고 있던 1996년 9월 문예회관 대극장 〈햄릿〉 공연텍스트를 제공 받았다.

613 이윤택 엮음(2010), 앞의 책, 354~355쪽 참고.

614 이윤택, 『연극작업-햄릿읽기』, 우리극연구소, 2001, 18~20쪽.

(1) 텍스트에 대한 이윤택의 '해체' 개념 고찰

이윤택이 그의 텍스트에 대한 글쓰기 작업에서 처음으로 해체라는 용어를 사용하기 시작한 것은 시의 양식문제를 논하는 자리에서이다. 그는 해체의 개념을 80년대 시를 쓰는 젊은 세대들이 기존 형태의 개념을 변형하고 사회질서 와해에 대응하기 위한 것이라 지적한다. 이는 새로운 양식을 찾고자 시도하는 일련의 과정에서 발생한다. 또 문화적으로 용인되어온 형식을 부수고 동시대의 삶을 새롭게 구축하려는 의식에서 창출되는 전위적 행위라는 것이다.[615] 이러한 관점은 해체시라는 장르적 명칭으로 불러지기도 한다. 그러나 해체에 대한 그의 관점은 이러한 명칭에 있는 것이 아니다. 앞에서 이미 논의한바 있는 1960년대 후반 데리다에 의해서 본격적으로 시작된 텍스트 구조의 토대를 구성하는 언어적 개념에 대한 해체를 전제하는 '해체론'의 개념과도 무관하다고 주장한다.[616] 자신의 해체에 대한 근본적인 개념은 거대한 전환기 사회와 문화 속에 존재하는 하나의 혁명적인 에너지이자 진보적인 문화의 방향성을 찾기 위한 열린 시각이라고 정의한다. 아울러 이와 같은 해체의 개념은 어떤 특정 계파나 사조의 방법론이 아니며 동서양을 막론하고 역사와 문화의 발전적인 단계마다 적용되어온 것으로 전제한다. 따라서 자신의 해체에 대한 개념은 서구의 편협한 문예사조적 측면에서 평가하거나, 실험적 해체정신을 경시하는 보수주의적 관점에서 평가받을 성질의 것이 아니라는 것이다. 또한 자신의 주된 관심은 텍스트를 무엇으로부터 해체할 것인가 또 어떻게 해체의 양상을 창출할 것인가라는 실천적인 방법론에 있다고

---

615 이윤택, 『해체, 실천, 그 이후』, 청하, 1988, 40쪽.
616 자크 데리다, 김용권 옮김(2004), 앞의 책, 547~548쪽.

말한다.[617] 그 예로써 자신의 공연텍스트 〈시민K〉, 〈오구－죽음의 형식〉, 〈청부〉 등은 해체적 방법론을 찾기 위한 일련의 과정이라고 주장한다. 그러나 데리다의 해체 개념은 궁극적으로 철학이나 문학의 원전을 심도 있게 읽기 위한 하나의 전략이다. 이는 작가가 자신의 텍스트나 그 이론의 바탕을 이루는 원리나 토대를 정당화하기 위하여 무엇을 하고 있는가에 대한 물음과 답을 찾고자 하는 것이다. 또 원전의 바탕에 깔려있는 무의식적인 전제가 무엇이며, 작가의 눈으로 볼 수 없는 것이 어떤 것인가를 발견하기 위한 것이다. 이를 위해 텍스트 깊숙이 파고들어가는 관점이라는 점에서 이윤택의 해체 개념과 일부 상통하고 있다고 볼 수 있을 것이다.[618]

이윤택은 그의 해체 관점에 대한 구체적 논의의 방법론에서 해체의 목적에 대한 물음으로 시작한다. 한국 연극과 그 공연을 위한 표현형식으로서의 해체, 즉 어떻게 해체의 양상이 표출되어야 하는가라는 미래지향적인 공연문법과 연계하여 그 방향성에 대한 논의를 전개시킨다. 먼저 해체의 목적에 대한 논의를 보도록 하겠다. 첫째, 감상적 리얼리즘 구조로부터 해체를 추구한다. 둘째, 삶의 풍경성으로 박제된 모더니티로부터 해체를 시도한다. 셋째, 미국식 알레고리 미학으로부터 독립을 지향하는 것 등으로 나타난다.[619] 1920년대 이후 신극에서 1960년대 새마을 계몽연극에 이르기까지 근대극의 낭만주의적 감상성과 작위적 연극성 그리고 총체적인 현실인식이 결여된 감상적 사실주의 극은 관객에게 주입식 정서를 강요하게 된다는 것이다. 따

617 이윤택, 『웃다, 북치다, 죽다』, 평민사, 1997, 21~22쪽.
618 이광래 편(1989), 앞의 책, 111~113쪽.
619 이윤택(1997), 앞의 책, 23~25쪽.

라서 이러한 비현실적인 감상성을 극복할 수 있는 공연문법을 발굴하여 냉정한 현실을 바탕으로 한 극적 구성이 요구된다. 여기에 동시대적인 우리의 화법으로 전달되는 공연을 지향해야 한다는 것이다. 아울러 서구 모더니즘 연극이 표출하는 화려한 무대의상이나 가발, 과장된 제스처 그리고 느낌이 결여된 대사로 대표되는 번역극의 모방성을 지적한다. 또 소비적인 여흥을 관객이 향유할 기회를 준다는 점과 고전이나 검증된 작가의 작품성을 경험할 기회를 준다는 점에서 의미가 있다고 본다. 그러나 배우의 화법에서 표출되는 느낌과 전달력을 상실한 무대연기와 함께 이러한 모방극은 일상의 느낌과 동떨어진 풍경성이라는 점에서 반듯이 극복해야 하는 문제점이라는 것이다. 아울러 한국 연극의 무대미학이 상당부분 미국식 연극미학에 경도되어 있다고 지적한다. 미국의 연극미학은 전통이 빈약하고 개인주의적이며 일상적인 정서를 바탕으로 한다. 현대적 감수성의 반영이라는 설득력을 지니고 있으나 결코 보편적인 세계성을 지닌 것이 아니라는 것이다. 또한 우리의 현대교육은 미국식 제도에 많은 영향을 받고 있다. 그 결과 한국 연극에 나타나는 미국식 일상극의 은유와 알레고리 미학은 가장 해체가 시급한 것이라고 주장한다.[620]

이와 더불어 이윤택이 추구한 또 다른 관점은 해체가 한국 연극의 무대화 과정에서 어떠한 공연양식으로 표출되어야 하는가에 대한 것이다. 첫째, 연극과 공연은 삶의 지식과 그 실천의 시공간으로서 구현되어야 한다. 둘째, 삶의 문제를 표현하는 공연이 총체적인 관점에서 극적 구성이 형상화될 수 있도록 단선적인 구성을 해체해야 한다. 셋째, 이러한 해체의 방법론을 통하여 고유의 전통을 동시대적이며

---

620 이윤택, 『해체와 재구』, 게릴라, 2003, 12~14쪽.

현대적 관점으로 무대화해야 한다. 이는 실험을 위한 실험이 아니라 이식된 문화의 미학성을 극복하고 현실과 사회구조의 총체적인 문제를 다양하고 전위적인 양식으로 표출하는 것을 의미한다. 관객에게 단순한 여흥거리를 제공하는 것이 아니라 현실문제에 대한 인식과 상호 토론의 장을 형성하는 것을 말한다. 따라서 삶의 문제를 총체적 관점에서 구현하려는 공연예술은 다각적인 시각에서 문제의 본질을 분석해야 한다. 단선적인 스토리로부터 벗어나 다양한 문제 제기와 극적 갈등을 표현하는 과정에서 해체의 양상이 드러난다는 것이다. 이러한 공연들의 특성은 서술적인 대사, 사실적인 무대구조, 무대적 시간성과 공간성, 등장인물의 성격 등에서 다양한 해체의 양상으로 창출된다. 무대적 발상의 변화는 무대화법에도 다양한 변화를 일으킨다. 단순한 대사 혹은 말의 설명이 아닌 말의 느낌과 생각의 핵심을 관객들에게 자연스럽게 표현함으로써 실험적이고 독창적인 연극성을 창출하게 된다고 주장한다.[621]

아울러 우리의 문화적 전통이 형식의 보존 차원을 넘어 동시대의 일상성과 만나 오늘의 형식으로 거듭나야 한다고 주장한다. 이를 위해서는 동시대적인 삶의 구조와 우리의 민족적 정서, 인식 그리고 생활 리듬의 근원적인 문제를 해결해야 한다고 지적한다. 이는 서구 이식문화가 왜곡시킨 습관과 변형된 생활 및 삶의 구조를 해체하는 것이다. 또 동시대의 서구적 문화구조와 공연문법을 해체하고 우리의 전통적 형식미 이전의 일상적 정서와 원초적 인식을 재발견하는 것을 말한다. 박제된 전통이 아니라 현재적 시점에서 통용되는 일상적인 말과 정서의 본질적인 만남을 위한 '해체'가 요구되며 이러한 관점을

---

621 이윤택(1997), 앞의 책, 25~28쪽.

수용하는 것을 동시대 한국 연극의 최우선 과제로 제시한다.[622]

이와 같이 이윤택이 바라보는 새로운 한국적 '연극성'을 창출하기 위한 해체의 전략적 관점은 민족적 정서의 본질을 규명하여 일상적 삶의 가치와 진실을 관객이 향유할 수 있는 살아있는 공연양식으로 재현하는 것이라 할 수 있다. 이는 데리다의 해체가 외부에서 볼 수 없는 구조적 맹점과 새로운 해석을 도출함으로써 이상적인 형상화를 창출하기 위한 전략적 복귀를 도모하는 것과도 상통하는 부분이라 할 수 있다.[623] 이러한 관점에서 볼 때 이윤택이 추구한 해체의 핵심적 개념은 한국 연극의 근대와 동시대적 문제점들을 극복하고 새로운 한국 연극의 정체성과 연극성을 구현하기 위한 도전적 전략이라고 하겠다. 동시대의 공연예술과 문화에서 동서양을 막론하고 자국의 전통문화와 문학적 원전을 심도 있게 읽기 위한 하나의 방법이자 전략과도 상통하는 것이다. 이는 본인이 의도하였든 아니하였든지 간에 동시대의 예술담론인 포스트모더니즘 및 그 해체적 관점과도 직간접적인 함의에 유사성을 지니고 있는 것으로 판단된다. 따라서 이윤택의 해체의 개념 역시 자신의 공연텍스트에서 논쟁의 여지가 없는 확고한 개념과 그 이론의 원리를 추구하는 것이라 할 수 있다. 동시에 이러한 관점을 정당화하기 위해 무엇을 하고 있는가에 대한 해법을 찾고자 하는 독자적인 하나의 방법론이라고 할 수 있을 것이다. 다음 장에서는 이와 같은 이윤택의 해체적 관점이 공연텍스트 〈햄릿〉에 어떠한 형태로 적용되어 나타나는지 살펴보도록 하겠다.

---

622 이윤택(2003), 앞의 책, 15~18쪽.
623 피터 노에버, 김경준 옮김(1996), 앞의 책, 16~18쪽.

(2) 〈햄릿〉의 해체적 재구성 관점

이윤택은 〈햄릿〉[624]의 기본적인 전체 구성을 원전의 5막 구조를 유지하면서 자신과 연희단거리패만의 독창성을 가지고 해석하고자 한다. 이러한 관점에서 〈햄릿〉을 단순한 권력 투쟁과 복수극이 아니라 인간의 본성과 의지에 대한 관점에서 접근하여 그 순환성에 주목하고 있다. 아울러 햄릿의 광기를 죽음과 무속의 문제로 연계하여 해석한 김정옥의 한국적 무속에 대한 인식과 맥을 같이 한다. 그러나 그는 자신만의 독자적인 서술구조와 해체적인 재구성 관점으로 형상화하고 있다. 이에 본 장에서는 1996년 6월 공연인 동숭아트센터 대극장 〈햄릿〉과 1996년 9월 공연된 문예회관 대극장 〈햄릿〉 공연을 중심으로 이윤택의 해체적 재구성 관점이 표출되는 대표적인 장면들을 살펴보도록 하겠다. 먼저 원전의 1막 1장에 대한 해체적 재구성 관점을 비교해 보면,

> (1) 96년 6월 공연텍스트 〈햄릿〉 1막 1장 유령: 덴마크의 성. 자정 무렵.
> 병사들, 어둠 속에서 보초를 서고 있다. 무덤 근처에서 보초를 서고
> 있는 프란시스코. (가)자정을 울리는 종소리, (나)유령, 무덤 속에서

---

624 1996년 초연 공연텍스트 〈햄릿〉의 재구성에 대한 저본에 대하여, 이윤택은 당시 드라마투르기로 참여한 김동욱 교수의 번역을 저본으로 하며, 이를 바탕으로 우리 정서와 인식에 근거한 구어체로 변용하여 공연텍스트로 재구성하고 있다. 그리고 2010년도에 발행한 『햄릿마주보기』에 수록한 공연텍스트는 이채경(이윤택 연출의 여식임)이 미국유학 시에 구입한 〈햄릿〉 영어본(Herold Jenkins edited., , *The Arden Shakespeare: Hamlet*으로 추정됨)을 바탕으로 재구성한 것이라고 본 연구자와의 인터뷰에서 밝히고 있다. 이윤택과의 전화 인터뷰, 일시: 2011.9.26. 오후 12시~12시 20분. 초연 당시 연희단거리패 단원이자 조연출 및 기획 등으로 공연에 참여했던 김순국에 의하면 이윤택 연출은 이후 국내 번역 출판된 약 16종류의 번역본을 전부 수집하여 기초 자료로 참고하였다고 술회하고 있다, 김순국과의 인터뷰, 장소: 한국뮤지컬협회 사무실, 일시: 2011.9.8. 오후 1시~2시.

나와 거닐면 프란시스코 발견하고 조준한다. 유령과 눈이 마주치자 겁에 질려 주저앉는다. 프란시스코의 오발, 유령 사라진다. 총소리를 듣고 버나도가 달려온다.[625]

　(2) 96년 9월 공연텍스트 〈햄릿〉 1막 1장 주검 위에서의 키스: (다)장례식으로 연극이 시작되어, 대관식으로 이어진다.[626]

　위의 장면(1), (2) 가운데 동숭아트센터 공연텍스트 장면(1)의 초반 상황은 원전의 묘사와 대동소이함을 알 수 있다. 그러나 지문(가)와 (나)에 나타나고 있듯이 자정을 알리는 '시간' 이후부터 전혀 다른 상황으로 전개된다. 이는 원전의 극적 긴장을 암시하는 보초교대의 상황과 시간적 개념을 재구성하여 초반 극적 긴장 상황과 리듬을 전혀 다른 해체적 관점으로 표출하고 있는 것이다. 더 나아가 프란시스코의 오발적인 총격 행동을 통하여 관객에게 유령의 존재를 현실의 시공간에 존재하는 대상으로 각인시키는 극적 효과를 창출한다. 그러나 문예회관 대극장 공연텍스트인 장면(2)에서는 장면(1)에 비하여 보다 거시적 관점에서 원전의 극적 상황을 해체적으로 압축하여 재구성하고 있다. 이러한 해체적인 재구성은 관객에게 친숙한 텍스트의 내용이나 공연의 극적 상황을 전제한 것이다. 이는 서구의 고전텍스트나 한국이나 아시아의 전통극의 구성에서 흔히 볼 수 있는 것이다. 비약적이고 템포 빠른 극적 전개를 통하여 관객에게 극에 대한 집중과 재미를 시도하는 것이라 할 수 있다.

　이윤택의 해체적 재구성 관점이 독창적으로 표출되는 또 다른 대

---

625 서연호·김남석 공편, 〈햄릿〉 공연텍스트(동숭아트센터 대극장; 1996.6), 155쪽.

626 이윤택 연출, 〈햄릿〉 공연텍스트(문예회관 대극장; 1996.9), 1쪽.

목 중 하나는 햄릿과 선왕 유령과의 조우 상황을 한국적인 무속 관점에서 접신 상황으로 설정한 대목이다. 동숭아트센터 공연의 경우 1막 6장의 햄릿과 유령 장면, 3막 3장의 극중극 장면, 4막 5장의 미친 오필리어 장면, 그리고 5막 5장의 햄릿 유령 장면 등이 그것이다. 또 문예회관 대극장 공연의 경우, 1막 5장에서 햄릿과 유령과의 조우장면, 3막 2장에서의 '극중극'을 통하여 전언하는 상황, 4막 3장의 미친 오필리어에게 전이 등이 해체적으로 재구성한 장면들이라고 할 수 있다. 이들 장면들 중 최초 햄릿과 유령의 접신 상황을 비교하도록 하겠다.

(1) 96년 6월 공연텍스트 〈햄릿〉 1막 6장: 나는 지금 불가시의 세계와 만나고 있다. (전략) (가)햄릿과 유령, 서로 다가선다. 접신이 일어난다.

유령: (나)(내 이야기를 들어 주겠니)
햄릿: (다)말하시오.
유령: (라)(내가 황천의 비밀을 단 한마디라도 누설한다면 네 영혼은 그 순간 엄청난 고통에 시달릴 것이다 네 젊은 피는 하얗게 얼어붙고 네 맑은 두 눈은 유황불로 타오를 것이다 부드러운 네 머리카락도 고슴도치에 가시처럼 곤두서겠지 그런 고통을 감수할 수 있겠니)
햄릿: (마)내가 왜 그런 고통을 감수하면서 당신의 얘기를 들어야 하지. (중략) 닭 울음소리. 유령, 무덤 속으로 뛰어든다. 햄릿, 무덤 속으로 뛰어들려고 하면,
호레이쇼: 전하![627]

---

627 서연호·김남석 공편(1996.6), 앞의 〈햄릿〉 공연텍스트, 167~170쪽.

(2) 96년 9월 공연텍스트 〈햄릿〉 1막 5장: 전언: (가)햄릿, 유령의 손길이 어깨에 닿는 순간 불가시의 세계와 접신한다. 호레이쇼와 병사들에게는 유령의 말이 들리지 않는다. 그러나 햄릿은 듣고 있다. 유령의 전언을

유령: (나)(내 이야기를 들어 주겠니?)
햄릿: 불쌍한 …
유령: (동정할 것 없다)
햄릿: (다)말하시오.
유령: (라)(내가 황천의 비밀을 단 한마디라도 누설한다면, 네 영혼은
　　　그 순간 엄청난 고통에 시달릴 것이다. 네 젊은 피는 하얗게 얼
　　　어붙고, 네 맑은 두 눈은 유황불로 타오를 것이다. 부드러운 네
　　　머리카락도. 고슴도치 가시처럼 곤두서겠지. 그런 고통을 감수
　　　할 수 있겠니?)
햄릿: (마)내가 왜 그런 고통을 감수하면서 당신의 얘기를 들어야 하
　　　지? (중략) (닭 울음소리)
햄릿: (바)말하시오. 빨리.[628]

위의 장면(1), (2)는 햄릿이 선왕의 유령과 만나는 상황이다. 그러
나 원전의 상황에서는 햄릿과 망령의 만남과 대화가 지극히 평면적인
극적 상황으로 표출되고 있다. 이는 전 장면의 상황에 의하여 관객에
게 인식된 내용을 전제하는 것이라 할 수 있다. 따라서 탈일상적이고
불가시적인 극적 상황과 설정임에도 불구하고 관객은 이와 같은 상황
의 흐름을 거부감 없이 받아들이게 되는 것으로 상정된다. 그러나
이윤택은 원전의 이러한 탈일상적인 상황을 보다 극적이고 가시적인
상황으로 해체하여 재구성한다. 먼저 동숭아트센터 대극장 공연인 장
면(1)의 경우, 지문(가)에 묘사되고 있듯이 원전의 상황을 해체하여

---

628 이윤택 연출(1996.9), 앞의 〈햄릿〉 공연텍스트, 5쪽.

햄릿과 유령의 만남 장면에서 무속적인 관점을 적극적으로 차용한다. 즉, 두 인물이 만나는 순간 영적인 교감에 의한 접신 상황으로 재구성한다. 이는 유령의 대사(나)와 (라)가 햄릿에게만 인식되는 것으로 표출된다. 또 이어지는 문예회관 대극장 공연인 장면(2)에서는 약간의 구체적인 현실성을 감안하여 재구성한다. 간접적인 영적 교감이 아니라 햄릿과 유령 간의 직접적인 접촉에 의한 접신 방식으로서 유령(나)와 (라)의 내용은 오직 햄릿에게만 인식된다. 이것은 햄릿과 유령의 만남에 대한 형상화 방식을 불가시적인 세계가 아니라 가시적인 상황으로 재구성하고 있는 것이다. 이를 위해 한국적인 무속 관점에 의한 무당의 전언적 과정과 소통양식을 차용한다. 초능력의 세계를 막연한 신비주의가 아닌 한국적 접신의 과정으로 해석하여 해체적으로 재구성하고 있는 것이다.[629] 다음은 또 다른 해체적 재구성 관점이 드러나는 장면으로서 원전 5막 2장의 마지막 장면에서 햄릿이 죽은 다음 포틴브라스가 등장하는 상황이다. 동숭아트센터 대극장 공연텍스트와 문예회관 대극장 공연텍스트 장면과의 비교를 통하여 그 관점을 살펴보도록 하겠다.

(1) 96년 6월 공연텍스트 〈햄릿〉 5막 4장: 포틴브라스의 진군: (가)(대포 소리. 멀리서 진군하는 소리가 들려온다.) (중략)

포틴브라스: 어딘가? 참변의 현장은.
　호레이쇼: (나)여깁니다.
포틴브라스: 이 시체들을 치워라. 이제 새로운 시대가 시작된다.

---

629 이윤택(1996), 앞의 책, 17쪽.

5막 5장

햄릿 유령: (다)정적. 병사 하나, 어둠 속에 서 있다. 자정 종이 울린다.
서서히 유령들, 일어선다. 병사, 놀라 도망간다. 유령들, 무대
를 지나 관객 속으로 걸어간다. 무덤 속에서 알몸의 햄릿 유령,
일어서서 걸어간다. 호레이쇼에게 손짓하고 천천히 돌아서서
무대 뒤편으로 사라진다. 침묵.[630]

(2) 96년 9월 공연텍스트 〈햄릿〉 5막 3장: 새로운 희망은 준비되고 있는가?
(전략)

포틴브라스: (가)(목소리) 나는 노르웨이 왕의 조카 포틴브라스. 폴란드를
칠테니 길을 열어주시오. (행진곡에 맞춰 진군해 들어온다)
포틴브라스: 어디냐, 참변의 현장은?
호레이쇼: (나)여깁니다.
포틴브라스: (다)이 시체들을 치워라. 이제 새 역사가 시작된다. (라)나팔소
리와 함께 포틴브라스부대 무대를 가로질러 떠나고, 폐허의
궁전. 자정을 알리는 종소리. 혼자 남은 호레이쇼. 불길한 살
별보고 섰는데, 일어서는 전 시대의 망령들, 호레이쇼 곁으로
몰려와 제 각기의 처지를 하소연한다. 세상은 여전히 망령들
의 들끓는 소리로 어지럽고 일어서는 햄릿 유령. 호레이쇼에
게 저 미래로 가자고 손짓을 하면서 막은 내려진다.[631]

위의 장면(1), (2)는 포틴브라스가 마지막 장면에서 등장하는 상황
이다. 원전에서는 포틴브라스가 노르웨이로 돌아가는 길에 마지막 결
투가 벌어진 참변현장을 방문하여 사후 처리를 주도하고 있는 극적
상황으로 구성하고 있다. 이러한 원전에 나타나는 포틴브라스의 위치

---

630 서연호·김남석 공편(1996.6), 앞의 〈햄릿〉 공연텍스트, 232~233쪽.
631 이윤택 연출(1996.9), 앞의 〈햄릿〉 공연텍스트, 23~26쪽.

는 극의 전체 진행상에서 볼 때 1막 2장, 왕의 대관식 연설에서 최초로 외교문제로 언급된다. 그리고 4막 4장에서 폴란드를 공격하기 위해 덴마크 항구 부근의 평원을 지나는 장면에서 잠깐 묘사되고 있는 인물이다. 따라서 극의 마지막을 장식하는 부분에 등장하여 전체를 마무리하는 인물로 설정하기에는 극적인 구성면에서 설득력이 떨어진다고 할 수 있다. 그러나 이윤택은 포틴브라스를 햄릿의 또 다른 실체로 해석한다. 이에 따라 포틴브라스가 처음 등장하는 4막 4장의 장면을 극의 서막으로 설정하고 있다. 순환극적인 특성을 창출하기 위하여 해체적으로 재구성하고 있는 것이다.[632] 이것은 〈햄릿〉을 권력투쟁에 의한 단순한 궁정 복수극으로 보지 않고 인간의 본성과 권력의지로 파악하고 있음을 보여준다. 포틴브라스는 극의 마무리를 위해 단순히 등장하는 것이 아니다. 장면(1)에서 지문(가)에 묘사되고 있듯이 무력을 상징하는 '대포소리'와 함께 등장한다. 또 장면(2)에서는 원전과 달리 폴란드를 치러 가기 위해 무력과 권력의지를 바탕으로 길을 열어 줄 것을 당당히 요구하면서 등장하고 있는 대목에서 그 특성이 명확하게 드러나고 있다. 더 나아가 장면(1)의 지문(다)와 장면(2)의 (라)에 나타나고 있는 것처럼 되살아나는 '유령'들과 햄릿으로 하여금 호레이쇼와 함께 어지러운 세상을 떠나 새로운 미래로의 희망을 기원하는 것으로 극을 마무리한다. 이것은 이윤택의 〈햄릿〉 전체를 관통하는 해체적 재구성 관점이 드러나는 대목이라 할 수 있을 것이다.

2) 공연의 시대적 배경과 목적

이윤택은 1980년대 초반 부산일보 기자직에 안착하여 시인이자 비

---

632 이윤택(1996), 앞의 책, 16~17쪽.

평가로 활동한다. 그러나 돌연 1986년 1월 기자직을 사퇴한다. 그리고 같은 해 6월에 신문사 퇴직금을 바탕으로 부산에 가마골소극장을 열면서 연희단거리패를 창단하게 된다. 이는 그가 선택한 세상과의 소통방법이자 자신만의 독자적인 공연미학을 창출하기 위한 새로운 출발이라고 할 수 있다. 또한 이윤택의 관점에서 볼 때 동시대의 한국 연극계에는 여전히 감상적 리얼리즘과 박제된 모더니티 그리고 미국식의 알레고리 미학이 주도하는 것으로 인식된다. 그는 이를 극복하기 위하여 텍스트의 '해체'와 '재구성'을 통한 자신만의 독창적인 공연문법과 '연극성'을 지향한다. 이러한 관점에서 1980년대 중반 연희단거리패 창단 이후 한국 연극의 동시대적인 보편성과 세계적인 공연성을 추구했다고 할 수 있다. 이에 본 장에서는 이러한 관점의 시대적 배경과 특성 그리고 그와 같은 관점과 배경의 연장선상에서 이루어진 〈햄릿〉 공연목적에 대하여 분석하고자 한다.

(1) 시대적 배경과 특성 분석

이윤택이 젊은 시절인 1974년 약관 23살의 나이에 자신이 직접 제작, 주연 연출을 맡아 공연을 올린다. 그러나 몰리에르의 희극 〈엉터리 의사 스가나렐〉 공연이 실패하자 그는 동인들에게 10년 후를 기약하고 잠적한다. 이후 십여 년간 다양한 직종(도서 외판원, 우체국 말단 서기보, 한일합섬 견습기사, 한전 서무과 직원 등)을 거쳐 안착한 기자직을 버리고, 자신이 꿈꾸던 일상의 틀에 메이지 않는 유랑극단인 연희단거리패를 창단한다.[633] 이처럼 그가 연극을 다시 시작한 1980년대 중반부터 90년대 초반의 한국 연극계 상황은 전위적이고 실험적인 공연

---

633 이윤택, 『살아 있는 동안은 날마다 축제』, 샘터, 1999, 56~58쪽; 65쪽.

과 전통적인 사실주의 연극 그리고 대중적 상업극인 뮤지컬 등이 혼
재하고 있던 시기이다. 그는 이러한 당시 연극계가 당면한 가장 큰
문제를 관객으로부터 외면당하고 있는 것으로 파악한다. 그 이유는
구시대적인 발상과 보수적인 고정관념에 빠져 있기 때문이라는 것이
다. 따라서 새로운 돌파구를 찾아야 하며 미래지향적인 시대와 관객
의 요구를 적극적으로 수용하여 연극과 공연이 관객들의 삶의 질을
향상시키는 활력소가 되어 희망을 제시할 수 있어야 한다고 확신하게
된다.[634]

　　그러나 당시 이러한 문제의 저변에는 90년대에서 새로운 세기를
향하는 전환기적 시점의 희망과 불안이라는 시대적 상황이 존재한다.
이와 더불어 정치권의 파행적인 혼돈, 증권, 부동산 그리고 노사문제
에 이르기까지 80년대 후반에 쟁취한 정치, 경제, 사회적인 민주화의
바람은 심각한 역풍을 맞는다. 즉 1980년대 중반 이후 민중항쟁으로
노태우의 마지막 군부정권을 밀어내고 마련된 민주정치체계의 토대
는 시민의 정치 참여라는 과열 위기에 처한다. 이는 민주화 과정에서
폭발한 참여적 정치문화가 신민형 정치문화의 반작용으로 개별 이익
의 과도한 성향을 나타내는 것이다. 이러한 신민-참여적, 혹은 향리
-참여적인 양극적 정치문화는 한국의 정치문화의 혼란기라고 할 수
있다. 이와 더불어 현대 한국정치에서 극단적으로 표출된 지역주의
정서 내지는 지역감정은 1987년 대통령 선거부터는 실제 선거용어적
인 성격을 지니기 시작한다. 이것은 지역 간의 분열과 대립, 갈등이라
는 혼란을 더욱 가중시킨다. 그러나 정치구조의 민주화 과정에서 발
생한 시민성 내지는 시민정치문화의 혼돈은 20세기 말 한국 경제사회

---

634 이윤택(1997), 앞의 책, 21쪽.

에 불어닥친 소위 'IMF 한파'를 극복하기 위한 시민들의 금 모으기 운동과 노사정의 대타협 등 시민문화의 시작을 알리는 청신호로 자리매김하게 되기도 한다.[635]

이러한 시기의 동시대적인 연극계 상황 역시 혼란의 시기라고 할 수 있다. 당시 한국 연극의 메카로 지칭되는 대학로에서는 매일 3~40개의 공연이 올려지고 있었다. 200여 개의 극단이 활동하고 있었으며, 전국적으로 연극과 공연관련 학과가 40여 개에 이르렀다. 그러나 일부 상업성을 띤 공연을 제외한 대부분의 연극들은 여전히 불황의 늪에 허우적거리고 있었다. 순수예술보다는 상업적 대중예술이 공연계를 주도하고 있는 실정으로서 뚜렷한 구심점이나 지향점을 보여주지 못하고 있는 상황이었다. 이러한 상황의 저변에는 한국 연극계가 1930년대 홍해성에 의해 주도된 대중극의 전성기와 유치진에 의해 뿌려진 사실주의 연극이 일제강점기를 지나 1950년대 이해랑 등에 의해 1970년대까지 한국 연극의 주도적인 무대양식으로 잡는다. 이후 1960, 70년대 유덕형, 안민수, 이근삼 등의 해외 유학파들에 의해 도입된 서구의 전위적이고 실험적인 연극들과 안민수, 김정옥, 오태석, 손진책 등의 '전통의 현대화'와 한국적 연극이라는 주제와 도전으로 이어진다. 그리고 80년대에 마당극으로 상징되는 민중연극에 이르기까지 일정한 주기로 세대교체가 이루어진다. 이처럼 각 시대의 연극운동을 주도하는 새로운 인물들은 연극양식을 정립하는데 선도적인 역할을 해왔다. 그러나 90년대 이후에는 특별한 양식적인 특징과 새로운 시대를 이끌어 갈 연극세대가 확실하게 부각되지 않고 있다는 점 등을 상정할 수 있다.[636]

---

[635] 최한수(2004), 앞의 책, 34~38쪽.

또 다른 측면에서 볼 때, 1988년 서울 올림픽과 1989년 베를린 장벽의 붕괴를 전후하여 91년 '연극·영화의 해'와 '국제연극제', 94년도의 '베세토연극제' 태동, 97년 ITI 총회 유치와 '국제연극제' 그리고 98년 '서울연극제'를 '국제연극제'로 확대하는 등 국제 교류가 활성화된다. 민주화와 개방화 등의 영향으로 금기시되던 정치, 사회적인 주제를 자연스럽게 공연에 차용하여 80년대 정치권력을 비판하는 공연이 부각된다. 동시에 상업적이고 대중적인 브로드웨이 방식의 뮤지컬과 국내 대중가요를 주제로 한 악극 등 음악극이 다양한 계층의 관객들에게 인기를 얻기도 한다. 이와 더불어 동시대적인 사회적 측면에서 전통문화가 핵심적인 자리에 위치한다. 특히 전통의 재창조를 통한 한국 연극의 세계화라는 과제는 공연의 전향적인 방향성을 제시한다. 이는 살아있는 문화로서 연극과 공연의 새로운 해석과 방법을 모색한 90년대의 시대적 특징 중 하나라고 할 수 있다.[637]

아울러 90년대는 포스트모더니즘이 추구하는 해체의 관점과 문화 상호주의에 근거한 한국 현대연극의 정체성 그리고 문화도 산업이라는 개념이 지속적으로 부각되던 시기이다. 극장주의 연극과 해체적 성향의 연극 및 공연들이 공존한다. 그러나 확실한 공연문법과 무대 양식의 방향성을 제시하지 못하는 혼돈의 양상을 보여준다. 이러한 동시대적인 상황과 배경에서 이윤택은 90년대 초반 김광림, 이병훈, 윤광진 등과 함께 '우리극연구소'를 설립한다.[638] 이들은 가치 중심의

---

636 김미도, 『21세기 한국연극의 길찾기』, 연극과 인간, 2001, 13~14쪽.

637 이미원, 『세계화 시대 해체화 연극』, 연극과 인간, 2001, 31~46쪽 참고.

638 1994년 동숭아트센터 지원하에 순수 비영리 연구와 실험적인 작업을 위하여 설립하며, 조직구성에는 자문위원, 상임연구원, 비상임연구원으로 대별하고, 자문위원에는 연극계 원로 중에서 위촉하며, 그리고 '우리극연구소'를 실질적으로 운영하는 상임연

언어가 상실된 후기 대중산업사회에서 연극은 미적 가치체계와 전형성이 붕괴되어 위기를 맞고 있다고 판단한다. 이러한 위기에 대응하기 위한 전략으로서 변방의 연극성을 극복하고 전통에 근거한 독창적인 공연양식을 구축하고자 하는 목적을 그 설립배경으로 밝히고 있다. 그리고 서구 연극의 모방을 넘어 세계 공연사적 흐름 속에서 한국 연극의 정체성을 구축하고자 한다는 것이다.[639] 이러한 관점은 1970년대 이후 산업화 과정에서 나타났던 실험적인 공연의 지향성과도 상통하는 것이다. 즉 획일화, 기계화 그리고 도시화와 군사정치권력의 탄압 등의 결과로 발생한 개인존엄과 인간성의 상실과 소외 등을 소재로 한 실험적인 연극과 전통연희의 요소를 현대적 한국 연극으로 재창조하고자 한 관점의 연장선에 있는 것이라 할 수 있다. 그리고 이를 통해 동시대의 관객들과 소통할 수 있는 창의적이고 현대적인 연극기법과 공연양식을 구현하고자 한 것이라 하겠다.

이윤택은 이와 같은 시대적 배경과 바탕에서 나타나는 우리 문화의 특성을 다음과 같이 보고 있다. 좌파와 우파, 경향성과 목적성을 지닌 기층계층과 삶의 진실을 지향하는 순수계층 등 이분법적인 악순환이 지속적으로 반복과 순환을 거듭해 왔다는 것이다. 그는 이러한 문제점을 반성하고 새로운 연극을 추구한다는 방향에서 '중산층 연극

구원에는 극작, 연출, 연기, 이론 등 각 분야별로 전문성을 지닌 인물로 구성하고 동인제 형식의 의사결정과 전문분야를 토대로 현장작업을 병행하는 방식으로 운영한다. 주요 사업계획으로는 1. 연기자 재훈련 과정, 2. 연구소 자체 실험공연, 3. 신예작가 및 연출가 신작 초연무대 등을 추구하고, 더 나아가 국수적, 배타적 민족주의를 지양하고 서구의 이원론에 대척점으로서 아시아적 인식을 바탕으로 불특정 다수와의 새로운 소통방식과 개인주의 작업방식을 거부하고 연극 본연의 정신인 현실 인식, 집단의식 그리고 개성과 다양성의 창출과 실험정신의 복원을 목적으로 한다. 김광림 외, 『우리극연구』1, 우리극연구소, 도서출판 공간, 1994, 6~8쪽.

[639] 위의 책, 5쪽.

론'을 주창한다. 더 나아가 서구의 전통연극을 수용하고 인정하는 기성연극계와 정치적 운동 차원에서 선동적 공연만을 맹목적으로 추구하는 일부 민중극 운동가들을 동시에 비판하기도 한다.[640] 이윤택은 이러한 시대적 배경과 관점을 바탕으로 자신만의 세상에 대한 소통의 방식이자 문화적 응전의 매개체로서 연극과 그 지향성을 추구한 것이라 할 수 있을 것이다.

(2) 〈햄릿〉 공연의 목적

이윤택은 80년대 중반 다시 연극을 시작하면서 언젠가 자신만의 방식으로 〈햄릿〉을 해석하고자 했다. 동시대적인 삶에 대한 구체적 방식과 세상과의 소통을 위한 근거 대상이 연극이며, 〈햄릿〉은 그 응전에 대한 형상화와 방향을 제시한다는 것이다. 이와 더불어 연희단거리패의 새로운 10년을 준비하기 위한 발판이자 한국 연극의 동시대성과 보편성과 세계성을 실현하기 위한 것이 텍스트 〈햄릿〉의 공연 목적이다.[641] 그러나 이러한 목적성은 1980년 중반 연희단거리패를 창단한 이후 지속적으로 추구하여온 관점의 연장선상에 있는 것으로 보인다. 창단 공연인 〈푸가〉(1986년 초연, 1995년 재공연)에서는 전형적인 상황극 형식을 통해 야만적인 독재체제에 놓인 동시대의 역사 현실을 형상화하고자 한다. 다음 작품 〈히바쿠샤〉(1986년 초연, 1987년 재공연)에서는 전작에서 암시적으로 표출하던 연출관점을 서사극과 마당극의 양식으로 창출한다. 그리고 이어지는 공연 〈산씻김〉(1987년 초연, 1988, 89년 재공연)에서는 일상과 제의적 요소를 혼용하여 원초적

---

640 이윤택(1997), 앞의 책, 17~19쪽.
641 이윤택(1996), 앞의 책, 15쪽.

이고 무의식적인 세계를 구현하고자 한다. 또 다른 상황극적 공연인
〈시민 K〉(1989년 초연)에서는 지식인의 실존적 자기 인식과 상황적 역
할 인식을 연극적으로 형상화할 수 있는 방법론에 대한 시도로서 사
회극적인 특성을 보여준다.[642] 그리고 연희단거리패의 대중적 성공작
인 〈오구-죽음의 형식〉(1989년 초연 이후 약 20여 회 재공연)에서는 동
시대 민족적 삶의 두 축을 '민족성'과 '일상성'으로 파악한다. 이를 기
층계층의 정서에서 드러나는 익살과 과장된 건강한 일상의 삶을 새로
운 무대양식으로 형상화하고자 한다. 또한 굿의 원형과 연극성에 대
한 논란을 불러일으킨다.[643] 또 신파극 공연텍스트를 바탕으로 한 〈사
랑에 속고 돈에 울고〉에서는 신파와 악극의 실종된 연극성과 우리의
느낌을 탐색한다. 이를 통해 대중적이고 폭발적인 감정의 힘을 지닌
연극성이 오늘의 동시대에도 관객에게 설득력을 가지고 수용될 수
있는가에 대하여 실험한다.[644] 하이너 뮐러의 〈청부-어느 혁명가의
회상〉(1990년 초연, 극단 현대극장 제작)에서는 무대의 시간성과 공간성
을 해체하여 은유와 알레고리에 대한 작가의 인식을 통하여 참신하고
새로운 무대미학과 리얼리즘의 지표를 제시한다. 또 〈길 떠나는 가
족〉(김의경 작, 1991년 초연, 1992년 재공연, 극단 현대극장 제작)에서는 이
중섭이라는 한 인간의 이야기를 내면적인 정서의 흐름과 상황의 다양
성을 중심으로 극장주의에 근거한 연극성을 지향한다. 〈문제적 인간

---

642 위의 책, 42~49쪽.

643 이상일, 「오구-죽음의 형식」, 『한국연극』 7, 한국연극협회, 1990, 63~65쪽; 이윤택,
「굿과 연극에 대한 인식의 전환을 위하여」, 『한국연극』 8, 한국연극협회, 1990, 64~
67쪽.

644 이윤택, 「우리의 느낌을 찾아서」, 『우리극연구』 6, 우리극연구소, 공간미디어, 1995,
67~71쪽.

연산〉(1995년 초연, 이윤택 원작, 극단 유 창단공연)에서는 역사적 사실이
아닌 인간적 진실을 동시대적인 역사 현실로 해석한다. 또 삶과 죽음
의 문제를 동등한 관점에서 형상화하여 사실적인 연기가 아닌 양식적
인 방식으로 창출하고자 한다.[645] 이와 같이 다양한 시도와 노력들은
자신만의 연극방식을 통하여 새롭고 창의적인 한국적 공연문법과 공
연미학을 정립하기 위한 과정이며 그 목표를 지향한 것이라 할 수
있을 것이다.

따라서 이윤택의 〈햄릿〉 공연은 이러한 관점과 시도의 연장선상에
서 준비되고 실험된 공연으로서 그 목적성이 중첩되어 나타나고 있
다. 그는 이 공연에 주체적 관점이 결여된 모방적인 번역극과 단순한
민속적 양식의 차용을 거부한다. 또한 원전에 충실하면서도 독창적인
현대 한국적 연극의 공연양식과 연극성을 확보하는 것이 이 공연에
도전하는 목적이라고 밝히고 있다.[646] 이를 위해 서술적인 대사들을
삭제하고 독백은 한국적 정서로 수용하고 있다. 또 장면구성에 있어
서도 앞뒤의 장면을 전환 내지는 통합하거나 일부 삭제하기도 한
다.[647] 그 이유는 셰익스피어 극은 원전의 말의 구조를 지키면서 장면
구성은 연출의 해석에 따라 자유롭게 변용할 수 있기 때문이라는 것
이다.[648] 이는 〈햄릿〉의 동시대성과 보편성을 창출하기 위한 것이라
밝히고 있다.[649]

아울러 이러한 의도와 목적의 바탕에는 자신만의 시각에서 터득한

---

645 이윤택(1996), 앞의 책, 79~81쪽; 94~95쪽 참고.

646 위의 책, 15쪽.

647 이윤택(2001), 앞의 책, 20쪽.

648 김남석, 『난세를 가로질러 가다』, 연극과 인간, 2006, 355쪽.

649 이윤택(2001), 앞의 책, 20~21쪽.

동시대적 연극에 대한 목적의식이 깔려있음을 알 수 있다. 7, 80년대는 폭력적인 군부권력에 의한 정치, 사회적 활동의 통제가 이루어지던 상황이다. 이러한 시기에 그는 현실과의 외로운 자기투쟁이자 삶의 에너지를 얻기 위한 방편으로서 자신만의 예술적인 방법론과 이념을 찾고자 한다. 그 과정에서 시와 현실, 예술성과 현실성의 괴리를 겪으면서 예술성과 사회성을 동시에 혼용할 수 있는 장르로서 연극을 지향하는 목적성을 노정하고 있다. 또 그 목적을 구현하기 위한 다양한 방법론과 양식을 탐구하는 과정에서 특히 88년 〈산씻김〉, 89년 〈시민〉, 90년 〈오구-죽음의 형식〉 등을 가지고 지속적으로 서울 공연을 한다. 여기서 연희단거리패만의 전위적이며 진취적인 자세로 전력투구하여온 공연미학을 창출하고자 한 것으로 사정된다.

> 혹자는 벌써 이윤택 연극이 이전만 못하다고 방송을 해대고 있으나, 이게 목숨을 걸고 덤벼야 하는 일이라 이러지도 못하고 저러지도 못하는 입장이 되고 말았다. … 그러나 지금 심장에 시한폭탄을 달고 다니는 이 상태가 글쓰기와 연극에 오히려 긴장과 엄격성을 주고 있다고 생각을 한다. 나는 이런 긴장이 새삼스런 활기처럼 느껴진다.[650]

고 술회하고 있다. 이러한 과정에서 그는 기존 연극제도권으로부터 게릴라적인 문화양상으로 인식되면서 '문화게릴라'라는 별명을 얻게 된다.[651] 이윤택 자신이 스스로를 문화시민주의자라고 선언하고 있는 데서 그러한 의식이 나타난다. 그는 일상의 모습과 탈일상의 양식을 극적으로 대비시킨다. 또 언어의 일상성과 통속성을 교차시키면서 현

---

650 이윤택(1999), 앞의 책, 76쪽.
651 위의 책, 62쪽.

실을 바탕으로 새로운 현실을 창출하고자 시도한다.[652] 이러한 부분 역시 자신만의 공연문법과 양식을 구체화하기 위한 수단으로서 그 목적성이 표출되는 부분이라 할 수 있을 것이다.

3) 〈햄릿〉의 연출관점

이윤택이 연희단거리패 창단 이후 지속적인 실험과 도전으로 자신만의 독창적인 공연양식을 통해 추구한 궁극적인 관점은 동시대성과 한국적 정서에 근거한 정체성이다. 그는 창단 10주년을 맞이하는 시점에서 이러한 관점을 보다 체계적으로 구현하고자 한다. 이를 위한 첫 번째 텍스트로서 〈햄릿〉을 선택한다. 그는 자신들이 추구한 독자적인 공연방식인 말과 신체 그리고 이미지를 종합한 공연과 연극성을 창출하고자 한다.[653] 이에 본 장에서는 그의 〈햄릿〉 공연양식에 있어 핵심적 요소인 '놀이성'의 개념을 살펴보고, 이를 바탕으로 해체적 재구성을 통해 보편성과 세계성을 지닌 공연으로 형상화하고자 한 이윤택의 〈햄릿〉에 나타나는 연출관점을 분석하고자 한다.

(1) 공연에 있어 '놀이성'의 개념 고찰

놀이에 대한 기본적인 관점은 동서양을 막론하고 인간 사회에 전제되는 문화보다 오래된 것이라는 개념이다. 가장 저급한 동물적 단계에서도 놀이는 순수한 생리현상이나 심리적인 것 이상이라는 것이다. 또한 놀이 속에는 일상생활의 욕구와 본능적인 것을 뛰어넘는 의미를 갖고 있다. 다시 말해 그 자체의 본질 속에 어떠한 비물질적인

---

652 이윤택(1997), 앞의 책, 18~20쪽.
653 이윤택(1996), 앞의 책, 15~16쪽.

특성을 지니고 있는 것이다. 이는 놀이의 재미에 의한 열광이나 몰두하게 만드는 힘 속에 내재된 원초적인 성질이라고 할 수 있다. 이처럼 놀이는 일상적인 생활과 구분되는 한정된 특성을 지닌 행위이다. 또 거의 모든 분야에서 독특한 형식과 의미 내지는 사회적인 기능을 드러내는 것으로 존재하고 있다. 인간 사회의 주요한 원형적인 행위로서 의사소통의 도구인 언어, 원시시대 현상의 세계를 상상력을 통해 신적인 것으로 변형한 신화, 원시의례, 봉헌, 희생의식, 신비의식 등에 나타나는 제의성이 그것이다. 그리고 문명생활에서 생산되는 법과 질서, 상거래 행위, 각종 예술 활동, 시, 학문, 과학 등에도 놀이의 원형적인 개념이 포함되어 있다고 할 수 있다.[654]

그러나 기존의 서구 이성중심주의에 의한 이분법적인 사고는 정신과 육체를 구분한다. 근대적 놀이담론은 놀이를 육체적인 영역의 산물로 규정하고 있다. 그러나 1930년대 말에 이르러 요한 호이징하 (Johan Huizinga, 1872~1945)는 놀이를 초논리적 관점에서 일정한 규칙 하에 이루어지는 자발적인 행위로 규정한다. 다시 말해 일상적인 생활이 아니라 실제의 삶을 벗어나 일시적으로 자유로운 영역에 들어가는 것이다. 장소의 격리성과 시간과 공간의 한계성에 의해 일상적인 것과 구별되는 특징 그리고 엄격한 질서를 창조하고 긴장을 요구한다. 더 나아가 성스러운 놀이로서 제의나 다양한 종교의식 내지는 축제 등에도 원형적인 형태로 포함되어 있는 것이라 주장한다.[655] 이와 같이 문화의 연속체로 규정하기 전까지 근대적 '놀이' 내지는 '놀이성'의 개념은 문화보다 하위에 위치하는 분야였다. 또 정신적인 것과

---

654 요한 호이징하, 김윤수 옮김, 『호모루덴스』, 도서출판 까치, 2005, 9~15쪽.
655 위의 책, 19~39쪽 참고.

는 괴리된 육체적이며 감각적인 영역의 산물로 인식되어 왔다고 할
수 있다.

　놀이는 아무것도 생산하지 않고 본래의 상태로 돌아가는 무상성(無
償性)의 특징을 지닌다. 또 일상적이고 생산적인 활동과 차별성을 나
타낸다. 제약, 자유, 창의라는 관념과 결합하여 인접영역과 상호보완
적인 성향을 지니게 된다. 현실상황을 이용하는 능력이나 선택과 우
연이라는 결과에 따라 승패가 결정되기도 한다. 이처럼 모든 놀이의
규칙은 자의적인 동시에 강제적이며 결정적인 영향을 미친다고 할
수 있다.[656] 다시 말해 놀이는 경쟁과 장애를 극복하는 즐거움과 그것
을 즐기는 놀이하는 자의 역량에 따라 그 결과가 결정된다. 이는 자의
적이며 허구적인 것으로서 이것이 놀이의 본성이라는 것이다. 이것은
놀이 자체가 놀이의 목적임을 의미한다. 선택하고 향유하는 것은 놀
이하는 자의 자유이자 놀이의 무상성적인 특성을 보여주는 대목이라
고 하겠다.

　더 나아가 로제 카이와(Roger Caillois, 1913~1978)는 놀이를 그 규칙
성과 함께 인간의 일상적인 활동과는 다른 새로운 시공간적인 세계를
창출하는 것으로 파악한다. 그리고 놀이하는 자가 목적을 달성하기
위하여 어떠한 태도와 노력을 보이는가에 따라 네 종류의 영역－경쟁,
우연, 모의(模擬), 현기증－등으로 구분하여 그것을 범주화하고 있
다.[657] 먼저 경쟁적인 영역을 아곤(Agon)으로 명명한다. 이는 자신의
자질과 능력만으로 규칙에 따라 경쟁하여 승리하고자 하는 행위이다.
여기에 포함되는 문화적 형태에는 모든 스포츠 경기나 사냥, 바둑,

---

656 로제 카이와, 이상률 옮김, 『놀이와 인간』, 문예출판사, 1994, 10~22쪽 참고.
657 위의 책, 36~38쪽.

장기 등이 있다. 사회제도적 형태에는 기업 간의 경쟁, 시험, 콩쿠르 등이 있다. 극단적인 타락의 형태로는 폭력, 권력욕, 권모술수 등이 여기에 해당된다. 다음은 아레아(Alea)로서 아곤과는 정반대로 자신의 결정의지가 전혀 놀이에 영향을 주지 못하며 운명을 이기는 것이 핵심인 관점이다. 이러한 특성이 드러나는 문화적 형태에는 주사위놀이, 룰렛, 바카라, 제비뽑기, 복권, 카지노, 경마장, 경마도박 등이 있다. 또 사회제도적 형태로는 주식투기 등이 여기에 해당된다. 사회적 타락의 형태는 미신, 점성술 등이 있다. 세 번째는 미미크리(Mimicry)로서 허구적인 세계를 받아들이거나 즐기는 행위이다. 이는 변장을 하거나 가면으로 가장하여 어떤 인물을 모방하는 것이나 연기하는 것을 말한다. 이러한 문화적 형태에는 카니발, 연극, 영화, 스타숭배 등이 있다. 사회제도적 형태는 제복, 예의범절, 의식, 표현력을 요구하는 직업 등이 해당된다. 사회적으로 타락한 형태는 정신적인 광기나 소외감, 이중인격 등이 있다. 마지막 종류의 놀이로 일링크스(Ilinx)가 있다. 이는 일시적으로 지각능력을 파괴하고 현기증이나 공포상태를 일으키는 경우이다. 이와 같은 특성을 나타내는 문화적인 형태로는 암벽이나 고산등반, 스키, 공중서커스, 고도의 스피드를 즐기는 경우 등이 있다. 사회제도적인 형태로는 해당 활동이 현기증의 지배를 내포하는 직업 등이 여기에 속한다. 사회적인 타락형태로는 알코올 중독이나 마약에 탐닉하는 행위 등이 있다.[658] 이처럼 놀이의 기본적인 범주는 각각 사회화된 형태로 나타난다. 이들 중 긍정적인 형태로 사회화된 경우는 그 내용의 풍부함과 안정성으로 인하여 사회적인 집단이나 조직에 들어갈 수 있는 권리를 부여받기도 한다. 특히 미미

---

[658] 위의 책, 39~57쪽 참고.

크리의 경우 자신을 변장이나 가장의 방식으로 변화시켜 새로운 세계
를 창출하게 되는 영역이다. 이는 일상으로부터 벗어나 현실과는 다
른 존재가 되는 것이다. 자유와 자율성을 부여해 주는 것이며, 놀이의
새로운 영역을 구축하게 되는 경우라 할 수 있다.

한편 사회적 존재로서 인간은 이러한 규칙을 기반으로 하는 놀이
로부터 스스로를 유리시킬 수 있다. 반대로 집요하게 동참하도록 요
구할 수 있는 존재라 하겠다. 상상력은 모든 국면에서 인간의 총체적
인 현존재를 총괄한다. 상징을 통하여 감정을 느끼거나 찬탄하는 반
응을 보이는 것만은 아니다. 거기에 직접 참여하여 새로운 무언가를
창출할 수도 있는 것이다.[659] 그러나 장 뒤비뇨(Jean Duvignaud, 1927~
2007)는 호이징하와 카이와가 규칙성에 경도되어 놀이를 규칙의 범주
로 구조화하는 한계를 보인데 반하여 이를 예술로서 놀이이자 놀이
속에 존재하는 예술로 인식의 관점을 확대한다. 그는 단순한 놀이와
예술로서 놀이 즉 예술적 표현 행위, 작품의 창작 등과의 변별성을
부여한다고 할 수 있다.

프로이트는 일생을 통해 무엇이 인간행위의 근원인가라는 문제와
그 해결방향을 모색한다. 그는 최초 저서인 1895년 발간된『과학적
심리학 초고』에서 마지막 저서인『정신분석 개론』에 이르기까지 정
신분석을 통해 다양한 주제를 연구한다. 무의식, 억압, 성, 오이디푸
스 콤플렉스, 분석치료에서 감정의 전이 등에 대한 이론을 전개한다.
그중 하나인 쾌의 원리는 불쾌한 긴장에서 유발된다. 그것이 진행되
는 것은 불쾌한 긴장을 경감하는 것으로 해결할 수 있다는 것이다.
그는 여기서 발생하는 에너지의 흐름에 의한 정신기능의 논리적인

---

659 장 뒤비뇨, 김채현 역,『예술사회학』, 문학과 지성사, 1987, 15~20쪽 참고.

본질을 네 단계로 압축하고 있다. 첫 단계로서 결코 이루지 못할 완전한 경감을 추구하는 에너지 원천과 운동의 지속적인 자극이다. 두 번째 단계인 억압이라는 장애물이 이와 같은 에너지 운동과 대립한다. 세 번째 단계인 장애물을 초월하지 못한 에너지의 일부가 무의식 영역에 머물면서 자극의 원천으로 재가동된다. 네 번째 단계에서는 장애물을 통과한 에너지의 일정 부분이 무의식의 재현이라는 독특한 부분적인 쾌감형태로 밖으로 표출된다고 규정한다.[660] 이는 놀이나 예술 등의 표현을 욕망의 충족이나 쾌락 원칙의 실현으로 상정함으로써 놀이를 욕망의 자기만족을 위한 것으로 판단할 수 있는 여지를 남긴 것이라 하겠다.[661]

그러나 이러한 프로이트의 쾌락원칙에 대한 관점을 보다 실천적으로 발전시킨 인물은 영국의 소아과 의사이자 정신분석학자인 도날드 위니코트(Donald Woods Winnicott, 1896~1971)이다. 그는 유아기의 환경을 절대적 의존(dependance absolute) 시기와 상대적 의존(dependance relative) 시기로 나누고 있다. 특히 상대적 의존 시기(6개월에서 2살)에 유아는 엄마와 일체라는 착각의 시기(절대적 시기, 생후 첫 6개월)를 지난 후 환상이 현실과 다르다는 것을 알게 된다는 것이다. 이 시기가 지난 후 유아는 환멸을 경험하게 된다. 이때 나타나는 유아의 불안한 행동양상을 과도기 전이 현상이라고 지칭한다. 그는 더 나아가 이 시기에 어떤 대상을 이용하게 되면 이를 과도기 대상이라고 부른다. 이 현상과 대상은 내부현실과 외부현실의 중간지대에 위치하여 완충

660 나지오 외, 이유섭 외 옮김, 『위대한 7인의 정신분석가』, 도서출판 백의, 2001, 18~28쪽 참고.
661 김효(1992), 앞의 책, 63~64쪽.

역할을 한다는 것이다. 이 과도기적인 전이공간은 일생 동안 지속되면서 이것이 놀이나 아주 다양한 창조적 활동으로 승화될 수 있다고 주장한다.[662] 이처럼 내부와 외부 현실이 상호작용으로 관계가 이루어질 때 일어나는 놀이적 기능인 놀이성은 계속되는 긴장을 해소시켜주는 역할과 기능을 한다고 할 수 있다.

이상에서 살펴본 바와 같이는 현대적 담론에서 놀이는 육체적이며 감각적인 행위와 단순한 규칙의 범주를 넘어 인간의 정신적인 행위이며 사회와 세상을 인식하는 정신활동이라 하겠다. 따라서 놀이는 언어의 논리로 규정되는 정신과 육체의 이분법적인 근대담론이 규정한 육체적이며 감각적인 관점의 놀이가 아니다. 이는 호이징하가 주장한 '초논리'로서 정신적 인식활동인 놀이를 의미하는 것이다. 이를 구체적으로 실현하는 공연예술로서 연극은 동시대적인 사회에 대하여 다양한 방식으로 그 사회의 문제점들을 직간접적으로 비판하거나 제기한다. 그러나 그것의 구현여부와 관계없이, 인간이 창출하는 수많은 행위 가운데 예술 행위는 동시대적 의미를 넘어 또 다른 가치를 함의하는 것이다. 이는 그 행위가 사회와 그 사회 구성원들에게 놀이적인 효과를 창출하기 때문이라 할 수 있다. 따라서 예술은 무엇보다 놀이적 행위이며, 특히 관객과의 만남을 전제로 하는 공연예술로서의 연극은 그 무엇보다도 사회적인 놀이로서 그 속에 '놀이성'을 내재하고 있다고 할 수 있을 것이다.[663]

---

662 나지오 외, 이유섭 외 옮김(2001), 앞의 책, 235~237쪽.
663 김효(1992), 앞의 책, 74쪽.

(2) 〈햄릿〉의 연출관점 분석

이윤택은 변화무쌍한 〈햄릿〉을 배우와 시대적 상황 그리고 관객을 위해 원전의 작품성을 훼손하지 않으면서 오늘의 새로운 한국적 〈햄릿〉으로 형상화하고자 하는 기본적인 연출관점을 노정하고 있다.[664] 이러한 〈햄릿〉에 대한 연출관점은 자신이 추구하는 현대적 한국 연극의 '정체성'과 세계적인 '공연성'이 함축된 공연양식에 대한 관점을 보여주는 것이다. 이러한 그의 관점은 원전을 해체적으로 재구성한 〈햄릿〉에 적극적으로 반영되어 나타나고 있다. 먼저 원전의 언어적 특성을 한국적 정서와 말로 수용하고자 하는 특성이 드러나는 96년 6월과 9월 공연텍스트 중 3막 1장의 햄릿 독백 장면을 비교하여 거기에 나타나는 연출관점을 살펴보도록 하겠다.

(1) 96년 6월 공연텍스트 〈햄릿〉: 3막 1장 : 독백: (가)(두 사람 기둥 뒤에 숨는다. 햄릿, 흙을 뿌리며 무덤 속에서 일어선다. 거트루드, 무대 뒤편에 조용히 등장하여 햄릿의 말을 듣는다)

햄릿: (나)죽느냐 사느냐 이것이 문제로다, (다)가혹한 운명의 화살이여, 화난의 파도를 이 손으로 막아낼 수 있을까, 죽는다 잠든다 다만 그뿐 잠들면 끝이 아닌가, (라)마음과 육체가 받는 고통도 사라지고 고요한 죽음 끝없는 잠 속으로. 이것이야말로 내가 열렬히 원한 삶의 끝이 아니겠는가, 잔다 잠 속에서 꿈을 꾼다. (중략) (마)(단도를 빼들고 스스로 겨눈다, 멈칫) 오, 그러나 죽은 후의 세계, 알 수 없는 불안, 한 번 가면 영영 못 돌아오는 미지의 세계가 날 두렵게 한다. 차라리 알 수 없는 저세상으로 건너가느니 이대로 현실의 환난을 참아야 할까, 이래서 결국 살아있는 인간들은 다 겁쟁이가 되고 창백한 사색

---

664 이윤택(1996), 앞의 책, 7~10쪽.

으로 그늘이 지지, 의기충천하던 뜻은 한 발자국 두 발자국 옮기다 길을 잃고 실행을 포기하고 말지 않는가. (하략)[665]

(2) 96년 9월 공연텍스트 〈햄릿〉: 3막 1장 : 독백: (가)(두 사람 기둥 뒤에 숨는다. 오필리어가 의자에 앉아 있다)

햄릿: (나)죽느냐 사느냐 이것이 문제로다. (다)가혹한 운명의 화살이여, 환난의 파도를 이 손으로 막아낼 수 있을까, 죽는다 잠든다 다만 그뿐 잠들면 끝이 아닌가, (라)마음과 육체가 받는 고통도 사라지고 고요한 죽음 끝없는 잠 속으로 … 이것이야말로 내가 열렬히 원한 삶의 끝이 아니겠는가? 잔다 잠 속에서 꿈을 꾼다. (중략) (마)그러나 죽은 후의 세계, 알 수 없는 불안, 한 번 가면 영영 못 돌아오는 미지의 세계가 날 두렵게 한다. 차라리 알 수 없는 저 세상으로 건너가느니 이대로 현실의 환난을 참아야 할까? 이래서 결국 살아있는 인간들은 다 겁쟁이가 되고 창백한 사색으로 그늘이 지지, 의기충천하던 뜻은 한 발자국 두 발자국 옮기다 길을 잃고 실행을 포기하고 말지 않는가! (하략)[666]

위의 예로든 장면들은 햄릿의 여러 독백 대사 중 백미에 해당하는 것이다. 문학적인 운율과 시적인 리듬 그리고 철학적인 경구가 드러나는 대사라 할 수 있다. 그러나 이윤택은 원전에 나타나는 주관적인 사유의 세계가 표출되는 독백 상황을 변용적으로 재구성한다. 즉 위에 예로든 96년 6월과 9월 공연텍스트 장면(1)과 (2)의 지문(가)에 나타나고 있듯이 주관적 사유와 객관적 상황이 교차하는 복합적인 상황으로 변용한다. 또 원전의 문어체 어조의 대사, 예를 들어 '삶이냐,

---

665 서연호·김남석 공편(1996.6), 앞의 〈햄릿〉 공연텍스트, 188쪽.
666 이윤택 연출(1996.9), 앞의 〈햄릿〉 공연텍스트, 11쪽.

죽음이냐 이것이 문제다'[667] 등을 장면(1)와 (2)의 (나)처럼 '죽느냐 사느냐 이것이 문제로다' 식의 구어체와 (다), (라), (마)로 이어지는 운문체의 대사를 혼합하여 재구성한다. 이는 우리말의 일상적인 정서와 리듬 등 정체성을 살리고자 하는 연출관점이 드러나는 대목이다. 이것은 정형적이며 운율적 대사가 말이나 대사의 정서를 환기시키는 것에는 유효할 수 있다. 그러나 일상적인 말의 실재성을 표현하는 데는 한계가 있다. 따라서 음악적 선율과 시적인 리듬을 자신의 호흡으로 가다듬어 표현해야 한다고 주장하는 그의 표현기법과 관련된 것이다.[668] 이는 일상적이며 살아있는 삶의 느낌을 표현하기 위한 시도로 판단된다. 다음은 원전을 재구성하면서 동서양을 아우르고자 하는 보편적 연출관점이 나타나는 '극중극' 상황을 살펴보도록 하겠다.

(1) 96년 6월 공연텍스트 〈햄릿〉: 3막 3장 : 극중극:(전략) (가)(극중극 시작, 류시어너스 역의 배우가 등장. 호레이쇼가 류시어너스 역으로 등장한다)

햄릿: (나)저놈은 영주의 조카 류시어너스! 여, 살인자 시작해 사랑을 위하여 왜? 겁나니? 어서 독약을 숙부의 귓구멍에 들이부어 이 개자식아! 지금은 저 하늘에 울부짖는 까마귀밖에 없어 아무도 모르게 완벽하게 그러나 이 살인자야 까마귀가 복수를 부르짖는다. 까악까악.

류시어너스: (다)Thought black, hands apt, drugs fit, and time agreeing. Confederate season, else no creature seeing. Thy natural magic and dire property, On wholesome life, usurp immediately![669]

667 W. 셰익스피어, 김재남 역(1969), 앞의 책, 160쪽.
668 이윤택(2001), 앞의 책, 101~102쪽.
669 이 영문대사는 아래 비평판에 나오는 250행의 대사 중 일부를 인용한 것으로 판단된다. W. Shakespeare, Harold Jenkins ed.(1982), ibid., pp.303~304.

(중략) (라)(류시어너스, 극중 왕의 생명을 **빼앗고** 도망친다. 이 살해 장면에서 클로디어스는 무척 놀라나 애써 마음을 감춘다. 극중 왕의 움직임과 말은 유령과의 조우 장면과 동일하다. 호레이쇼가 극중 왕의 대사를 읊는다) (중략)

극중왕: (마)지금 이 나라 백성들은 조작된 죽음에 속고 있다 네 아비를 죽인 독사가 왕관을 쓰고 있다.

햄릿: 숙부가?

극중왕: (바)이 무슨 배신!

햄릿: 어머니! 당신의 왕비는 이 일을 알고 있소? (사)(거트루드, 비명을 지르고 장내는 아수라장이 된다. 극중 왕과 햄릿, 서로 손을 뻗어 다가선다. 클로디어스, 무대로 내려와 극중 왕을 무덤 속으로 내동댕이친다. 동시에 암전)

클로디어스: (아)빛을, 나에게 빛을!

폴로니어스: (자)불, 불, 불. (하략)[670]

(2) 96년 9월 공연텍스트 〈햄릿〉: 3막 2장 : 극중극:(전략) (가)(이때, 류시어너스로 분장한 제1배우 등장, 검은 옷에 손에는 독약 병을 들고 있다. 낯을 찌푸리며 위협적인 태도로 잠자는 왕 곁으로 엉금엉금 다가온다)

햄릿: (나)저놈은 삼촌의 조카 류시어너스. 여, 살인자 시작해. 염병할 부들부들 떨고 서서 인상만 쓰지 말고 실행을 하라니까. 사랑을 위하여 왜? 겁나나? 어서 독약을 숙부의 귓구멍에 들이부어 이 개자식아! 지금은 저 하늘에 떠서 울부짖는 까마귀밖에 없어. 아무도 눈치 채지 않게 완벽하게 까악까악 하하하. 그러나 이 살인자야 까마귀가 복수를 부르짖는다. 까악까악 어서 독약을 들이부어.

류시어너스: (다)Thought black, hands apt, drugs fit, and time agreeing, Confederate season, else no creature seeing. Thou mixture

---

670 서연호·김남석 공편(1996.6), 앞의 〈햄릿〉 공연텍스트, 195~197쪽.

rank, of midnight weeds collected, With Hecate's ban thrice
blasted, thrice infected, Thy natural magic and dire property
On wholesome life usurps immediately.[671] (라)(독약을 왕의
귀에 붓는다. 장면 다섯 번 반복, 왕이 창백해져서 휘청휘청
일어선다)

왕: (마)Give me light! 불을! 나에게 불을 (왕 퇴장)
왕비: (바)연극을 중지하라 햄릿! 연극을!
폴로니어스: (사)불이야! (하략)[672]

위의 장면은 원전 3막 2장에 나오는 '극중극' 장면을 원전의 극적
구조를 유지하면서 자신만의 독창적인 공연문법으로 해석하여 재구
성한 장면이다. 96년 6월 공연텍스트에서는 장면(1)의 지문(가)와 (라)
그리고 '류시어너스'의 영어대사(다)에 나타난다. 이는 복선적 구조와
함께 동양의 무언극적 요소와 서구적 언어의 충돌을 시도하는 것이다.
특히, 햄릿과 유령의 조우로 인하여 밝혀지는 선왕죽음의 음모를 호레
이쇼가 해설자 역할로 등장하여 (마)와 (바)의 대사로 표출되는 극중
극의 '극중 왕과 햄릿의 접신 상황으로 재구성한다. 또 96년 9월 공연
텍스트에서는 장면(2)의 지문(가)와 (다)에 극의 복선 구조와 상황을
보다 압축적으로 재구성하고 있다. 이 장면에서 류시어너스의 영어대
사(다)와 왕의 대사(마) 등으로 서구적 언어의 사용빈도를 확대한다.
이는 원전의 언어적 특성을 한국적인 상황과 충돌을 통해 새로운 극적
효과를 창출하고자 하는 것으로 판단된다. 〈햄릿〉을 단순한 복수극으
로 보는 것이 아니라 힘과 힘이 대결하는 또 다른 권력의지로 해석한
다. 이를 통해 접신구조에 의한 원형적인 극의 구조와 현실의 사건이

671 W. Shakespeare, Harold Jenkins ed.(1982), ibid., pp.303~304.
672 이윤택 연출(1996.9), 앞의 〈햄릿〉 공연텍스트, 14쪽.

투사된 반영극적으로 재구성한 것이다.[673] 이것은 변증법적인 복선과
극적 구조를 지향하는 연출관점이 드러나는 대목으로 상정된다. 다음
은 원전의 재구성을 통해 대중적 연극성을 지향하는 연출관점이 드러
나는 5막의 결투 장면의 마지막 상황을 살펴보도록 하겠다.

(1) 96년 6월 공연텍스트 〈햄릿〉: 5막 3장 : 결투(전략)

거투르드: 햄릿, 햄릿! (가)(거투르드, 술잔을 들고 무대 앞 무덤가로 쓰러
지면 햄릿이 안는다)

햄릿: 어머니!

거투르드: (나)햄릿, 잔에 … 독이 (쓰러진다)

햄릿: 음모다! (검을 들고 일어선다) 문을 잠그라 범인을 잡아라!

레어티즈: 범인은 여기 있소! 햄릿 전하도 목숨을 잃을 것이오. (중략)
당신 어머니는 독배를… 범인은 저 왕! (다)(햄릿, 칼을 들고
서서히 왕에게 다가간다. 거투르드, 햄릿 앞을 가로막고 클로
디어스를 보호한다. 그러나 곧 숨져 햄릿의 품에 안긴다)

클로디어스: 나를 보호하라, 나를 보호하라. (중략)

햄릿: (라)이 악마, 내 어머니 치맛자락을 잡고 가라! (클로디어스를
어머니 옆에 뉘어준다)

레어티즈: 우리 서로 죄를 용서합시다, 햄릿 (마)(손을 내민다. 햄릿, 그
손을 잡는다)

햄릿: 하나님이 우리 죄를 용서하기를… (바)(레어티즈, 숨을 거둔다)
(중략)

햄릿: (사)호레이쇼, 자네가 나의 죽음을 소중히 생각한다면 고생스
러울지라도 끝까지 살아남아 이 비극을 후세에 전해주게. (하
략)[674]

---

673 이윤택(2001), 앞의 책, 109쪽.
674 서연호·김남석 공편(1996.6), 앞의 〈햄릿〉 공연텍스트, 230~232쪽.

(2) 96년 9월 공연텍스트 〈햄릿〉 : 5막 3장 : 새로운 희망은 준비되고 있는가.

(전략)

왕비: 햄릿

햄릿: (왕비를 부축하며) 어머니

왕비: (가)술, 술잔에 독이…

햄릿: 음모다. 범인을 잡아라.

레어티즈: (나)범인은 여기 있다. 햄릿 당신도 목숨을 잃을 것이오. (중략) 당신 어머니는 독배를 … 더 이상 말할 기력이 없구나. 범인은 저 왕. (다)(왕비, 쓰러진다)

왕: 나를 보호해라, 이놈들아.

햄릿: (라)이 악마! (독검으로 왕을 찌른다) 진주알은 들었느냐? 내 어머니 치맛자락을 잡고가라. (마)(햄릿 서서히 쓰러진다)

햄릿: 호레이쇼. (호레이쇼, 햄릿을 안아 일으킨다)

햄릿: (바)시간이 좀 남아있나? 아직 세상에 대해 하고픈 애기가 있는데 … 자네 힘들더라도 끝까지 살아남아 내 이야기를 후세에 전해주게. 날 비난하는 사람에게까지도. 떨지 마시오. 여러분 이 비극은 앞에서 말 한마디 못하는 당신들은 세상의 방관자일 뿐. (하략)[675]

위의 예로든 장면은 원전에서 마지막 결투에 의한 주인공들의 비극적 죽음이 예견되고 있는 상황이다. 이는 96년 6월 공연텍스트 장면 (1)의 경우 지문(가), (다), (바)와 대사(나), (라), (사)로, 96년 9월 공연텍스트 장면(2)에서는 지문(다)와 (마) 그리고 대사(가), (나) 그리고 (라)로 표현되고 있다. 선왕의 죽음으로 시작된 클로디어스에 대한 갈등과 고뇌가 어머니의 죽음실체를 확인하는 순간 햄릿의 분노가 최고조로 폭발하면서 클로디어스를 살해한다. 레어티즈는 대사(나)

675 이윤택 연출(1996.9), 앞의 〈햄릿〉 공연텍스트, 25쪽.

에 나타나고 있듯이 마지막 순간 자신의 어리석음을 후회하고 용서를 빌면서 다른 주인공들과 함께 차례로 죽음에 이른다. 햄릿이 그의 사후처리를 호레이쇼에게 부탁하는 상황 등은 원전과 거의 유사한 극적 구성으로 전개된다. 그러나 96년 9월 공연테스트에서 햄릿은 마지막 대사(바)에서 비극적 사건에 대하여 방관자적인 태도를 비난 하고 있다. 이는 동시대 관객들의 사회성에 대한 경각심을 지적하는 연출관점이 드러나는 대목으로 상정된다. 이처럼 〈햄릿〉에 나타나는 예견되는 비극이자 오락적 특성이 내재된 마지막 결투와 그 결말이 창출하는 극적 상황은 텍스트의 핵심주제를 표출하는 것과는 직접적 인 연관성이 적다고 할 수 있다. 그러나 관객은 공연의 극 전개나 인물의 성격을 좇아가는 것이 아니라 예정된 비극의 순간을 지향하는 극적인 시간을 향유하고 즐긴다는 것이다. 그리고 관객에게 공연의 재미와 흥미를 유발한다는 점에서 중요한 연극성을 창출하고자 하는 연출관점이 드러나는 대목이라 할 수 있다.[676]

4) 무대형상화의 특성

이윤택은 해체적으로 재구성한 〈햄릿〉을 무대화함에 있어 원전의 극적 구조와 의미를 최대한 살리고자 한다. 이를 위해 원전의 설명적 인 부분들을 삭제하고 대사를 재번역하여 우리말의 정서와 말로 변환 한다. 아울러 장면의 에피소드적인 특성을 이용하여 원전의 의미를 훼손하지 않는 범위 내에서 신축성 있게 장면을 재구성한다. 이를 배우들의 말과 몸이 유기적으로 연결되는 공연양식을 통해 새로운 무대언어와 열린 연극성으로 창출하고자 한다. 이에 본 장에서는 이

---

676 이윤택(2001), 앞의 책, 140~141쪽.

와 같은 연출관점에서 표출되는 다양한 무대형상화 특성 중 (1) 변용된 극적 구조에 의한 '순환성' (2) 제시된 '언어'와 '무대공간' 그리고 '극적 리듬' 속에 나타나는 제한적 '자율성' (3) 등장인물들에 의한 창조적 '놀이성' 등을 중심으로 그 관점과 특성을 분석하고자 한다.

(1) 변용된 극적 구조에 의한 '순환성'

이윤택이 〈햄릿〉을 '해체적 재구성'하여 연출한 무대형상화 작업에 나타나는 중요한 특성 중 하나는 원전의 에피소드적인 특성과 자신만의 독자적 상상력 그리고 한국적 인식을 바탕으로 장면을 복선구조로 재구성한 것이다. 이것은 단순한 복수극이 아닌 인간의 본성과 권력의지가 표출되는 '순환성'에 의한 극적 관점을 보여준다. 특히 첫 장면과 마지막 장면에 등장하는 포틴브라스의 진군 상황 그리고 불가시적이며 신비적 상황인 햄릿과 유령의 조우 장면을 네 단계의 접신구조로 해석하여 가시화시킨 상황 등에서 이와 같은 관점이 잘 나타나고 있다. 이들 장면 중 접신구조는 1. 햄릿과 유령의 조우, 2. 극중극, 3. 오필리어에게로의 전이, 4. 햄릿의 유령 장면 등으로 전개된다. 먼저 원전의 1막 1장과는 달리 극의 시작 혹은 마지막 장면에서 포틴브라스가 등장하는 상황으로 재구성한 장면을 살펴보도록 하겠다.

(1) 96년 6월 공연텍스트 〈햄릿〉: 프롤로그: 포틴브라스의 진군. 극장 전체를 울리는 방송

　　　멘트: (가)나는 노르웨이 왕의 조카 포틴브라스. 폴란드를 칠 테니 길을 열어 주시오.
　　　병사: 앞으로! (고분이 서서히 열린다) (나)잠을 깬 무덤지기의 날라리 소리 길게 이어지면서, (포틴브라스 부대의 진군이 아닌) 배우들이 무대에 들어선다. 진지한 탐험가들처럼, 고분 천마

총 석실 내부에 들어서는 여행자들처럼 묻혀진 역사의 현장
속으로 걸어 들어가는 것이다.[677]

96년 6월 공연텍스트 〈햄릿〉: 5막 4장: 포틴브라스의 진군. (다)대포소리.
멀리서 진군하는 소리가 들려온다. (중략)

포틴브라스: (라)어딘가? 참변의 현장은.
  호레이쇼: 여깁니다.
포틴브라스: (마)이 시체들을 치워라. 이제 새로운 시대가 시작된다. (하
    략)[678]

(2) 96년 9월 공연텍스트 〈햄릿〉: 1막 1장: 주검 위에서의 키스: (가)장례식
으로 연극이 시작되며, 대관식으로 이어진다.

    왕: (나)사랑하는 나의 형, 햄릿 왕의 죽음은 아직도 내겐 현실적인
       느낌으로 다가 오지 않는다. 우리 모두 슬픔에 젖어, (중략)
       우리 살아있는 자들의 현실도 생각해야 하니까 (중략) 나는
       내 형수를 영원한 반려자로 맞이할 것이오. (하략)[679]

96년 9월 공연텍스트 〈햄릿〉: 5막 3장: 새로운 희망은 준비되고 있는가?
(전략)

포틴브라스: (라)(목소리)나는 노르웨이 왕의 조카 포틴브라스. 폴란드를 칠
       테니 길을 열어주시오. (행진곡에 맞춰 진군해 들어온다)
포틴브라스: (마)어디냐. 참변의 현장은?
  호레이쇼: 여깁니다.
포틴브라스: (바)이 시체들을 치워라. 이제 새 역사가 시작된다. (하략)[680]

---

677 이윤택 연출, 〈햄릿〉 공연영상. 동숭아트센터 대극장, 1996.6; 이윤택(2001), 앞의 책,
    66쪽.
678 서연호·김남석 공편(1996.6), 앞의 〈햄릿〉 공연텍스트, 232~233쪽.
679 이윤택 연출(1996.9), 앞의 〈햄릿〉 공연텍스트, 1쪽.
680 위의 공연텍스트, 25~26쪽.

위의 장면들은 원전의 1막 1장 시작 부분과 5막 2장의 마지막 상황을 해체적으로 재구성한 96년 〈햄릿〉 공연의 순환극적 특성이 드러나는 장면들이다. 원전 첫 장면에서는 유령의 출현이 예견되는 자정을 알리는 종소리와 극의 전도적 사건을 예시하는 버나아도의 역설적인 대사 '거 누구냐?' 등으로 극 초반의 전형적인 긴장감을 유발한다.[681] 그러나 이윤택은 〈햄릿〉을 단순한 궁정 복수극이 아닌 인간의 본성에 내재된 권력의지가 반복되는 것으로 해석한다. 이에 따라 원전의 4막 2장과 마지막 장면에 등장하는 '포틴브라스'의 진군 상황을 96년 6월 공연의 경우 장면(1)의 시작 부분의 대사(가) 그리고 마지막 장면의 지문(다), 대사(라)와 (마)로 재구성한다. 이는 포틴브라스를 햄릿과 동일한 권력의지를 지닌 인물로 형상화하여 극적인 구조를 순환극적 형식으로 마무리하고 있는 것이다.[682] 한편 96년 9월 공연에서는 6월 공연과는 달리 장면(2)의 지문(가)와 왕의 대사(나)처럼 선왕의 장례식 상황으로 극을 시작한다. 또 마지막 5막 3장 장면만을 원전의 마지막 상황과 유사하게 포틴브라스가 등장하여 대사(바)처럼 새로운 시대를 알리는 것으로 재구성하고 있다.[683] 이는 원전에 대한 해체적 재구성 관점에서 다양한 공연텍스트와 공연을 통해 새로운 공연양식의 구축을 시도하는 연출관점이 드러나는 대목으로 판단된다. 다음은 원전의 햄릿과 유령의 조우 상황을 다양한 접신구조로 해석하여 반복적이며 순환적인 상황으로 표출되는 장면들이다. 이 중에서 '오필리어에게로의 전이'와 마지막 장면에서 '햄릿 유령'이 등장하는 상황을 보

---

681 한명남 편저(1997), 앞의 책, 226~227쪽.
682 이윤택 연출(1996.6), 〈햄릿〉 공연영상.
683 이윤택 연출(1996.9), 〈햄릿〉 공연영상.

도록 하겠다.

(1) 96년 6월 공연텍스트 〈햄릿〉: 4막 5장: 미친 오필리어 (전략) (오필리어, 레어티즈 다시 등장)

오필리어: (노래) (가)내 가슴에 꽃을 꽂고 기약 없이 떠나갔지.
레어티즈: 오필리어?
오필리어: (나)꽃 속에 파묻혀 무덤으로 떠나가네. 사랑의 눈물 비 내리네.
레어티즈: 오필리어!
오필리어: 오빠, 노래를 불러야 해. 그분은 차디찬 땅 속에 파묻혀 버렸어. (다)그런데 참 나쁜 청지기도 다 있다. (왕을 가리키며) 주인의 여자를 도둑질했어!
레어티즈: 니 무의미한 말이 오히려 내겐 뼈저린 아픔으로 들리는구나.
오필리어: 내 말을 믿어 줘 이 꽃은 상사꽃 날 생각해 줘.[684]

    96년 6월 공연텍스트 〈햄릿〉: 5막 5장: 유령: 정적. 병사 하나, 어둠 속에 서있다. (라)자정 종이 울린다. 곳곳에서 서서히 유령들, 일어선다. 병사 놀라 도망간다. 유령들 무대를 지나 관객 속으로 걸어간다. 무덤 속에서 알몸의 햄릿 유령, 일어서서 걸어간다. 호레이쇼에게 손짓하고 천천히 돌아서서 무대 뒤편으로 사라진다.[685]

(2) 96년 9월 공연텍스트 〈햄릿〉: 4막 3장: 미친 오필리어. (전략)

오필리어: (노래)(가)내 가슴에 꽃을 꽂고 기약 없이 떠나갔지.
레어티즈: 오필리어!
오필리어: (나)꽃 속에서 파묻혀 무덤으로 떠나가네. 난 순결을 잃었어.
레어티즈: 그만해 오필리어.
오필리어: 창피해. (중략)
오필리어: 오빠, 노래를 불러야 해. 그분은 차디찬 땅속에 파묻혀 버렸어.

684 서연호·김남석 공편(1996.6), 앞의 〈햄릿〉 공연텍스트, 215~216쪽.
685 위의 공연텍스트, 233쪽.

(다)그런데 참 나쁜 청지기도 다 있다. 주인의 여자를 도둑질했어.
레어티즈: 니 무의미한 말이 오히려 내겐 뼈저린 아픔으로 드리는구나.
오필리어: 내말을 믿어줘 이 꽃은 상사꽃 날 생각해 주세요. (하략)[686]

위의 장면은 원전에서 햄릿과 유령과의 조우 상황을 접신구조로
해석하여 재구성 장면 중 세 번째와 네 번째에 해당되는 극적 상황이
다. 먼저 원전의 4막 5장에 등장하는 오필리어는 햄릿의 광기와 변심
그리고 아버지 폴로니어스의 급작스런 죽음에 대한 충격으로 이미
실성한 상태이다. 이후 죽음에 이르기까지 그녀와 유령과의 연관성은
극적 상황 어디에서도 묘사되고 있지 않다. 그러나 96년 6월과 9월
공연에서는 오필리어의 광기는 원전과 유사하게 장면(1)의 오필리어
의 대사(가)와 (나) 그리고 장면(2)의 대사(가)와 (나)로 진행되고 있
다. 그러나 그녀의 대사(다)를 통해 왕의 음모를 폭로시키고 있는 대
목에서 차별화된 접신구조의 관점이 드러나고 있다. 그리고 96년 6월
공연의 새롭게 재구성된 5막 5장 유령 장면에서는 지문(라)의 묘사처
럼 죽은 자들의 유령과 함께 햄릿이 유령으로 형상화된다. 이와 같이
그가 폐허의 공간을 헤매는 모습은 인간의 권력의지와 욕망이 반복되
고 순환되고 있음을 상징적으로 형상화시킨 극적 상황으로 판단된다.

(2) 제시된 '언어'와 '무대공간' 그리고 '극적 리듬' 속에 나타나는 제한적 '자율성'

이윤택이 원전을 해체적으로 재구성하는 과정에서 주목한 또 다른
관점은 현대적이며 우리 정서에 근거한 언어, 연극적 공간 속에서 창
출되는 배우를 포함한 무대 이미지 그리고 리듬의 자율성이다. 그것

---

686 이윤택 연출(1996.9), 앞의 〈햄릿〉 공연텍스트, 20쪽.

은 다름 아닌 연출에 의해 제시되고 설정된 리듬과 공간 안에서 이루어지는 자유스러움과 자율성을 의미하는 것이다. 이것은 배우의 말과 더불어 일정한 공간과 미적인 공감대를 형성하여 관객에게 무한한 상상력의 세계를 제공해야 한다는 지적과[687] 상통하는 것이다. 특히 96년 6월 공연 중 호레이쇼가 등장하는 1막 1장과 2장 장례식 장면의 왕의 연설 그리고 1막 6장 유령과의 조우 장면, 96년 9월 공연에서는 역시 1막 1장 장례식 장면의 왕의 연설과 2장 호레이쇼의 독백 장면 그리고 5장 전언 등의 장면에서 그러한 관점이 표출되고 있음을 알 수 있다. 먼저 96년 6월 공연의 1막 1장과 9월 공연의 1막 2장 장면에서 호레이쇼가 등장하는 상황을 보도록 하겠다.

(1) 96년 6월 공연텍스트 〈햄릿〉: 1막 1장 유령. (전략)

호레이쇼: (가)내 말해주지 소문은 이렇다네. 옛 번영을 자랑하던 로마도 시저가 칼 맞기 전에 무덤들이 갈라지고 수의를 입은 시체들이 거리로 뛰쳐나와 헤매고 다녔다네 (뒤쪽에서 유령 등장) 다가올 운명을 암시하는 재앙의 서막, 별은 불꼬리를 끌며 타다 사라지고, 핏빛 이슬이 내리고, 태양은 검은 흑점으로 병들었네, 바다에는 불길한 조각달… (하략)[688]

(2) 96년 9월 공연텍스트 〈햄릿〉: 1막 2장 유령. (전략) (나)(마셀러스, 버나도 유령을 쫓아 퇴장하고, 호레이쇼 독백)

호레이쇼: (다)성벽 위로 밤마다 붉은 별의 잔해가 떨어지고, 들끓는 망령들의 소리로 잠을 잘 수가 없구나. 옛 번영을 자랑하던 로마도, 시저가 칼 맞기 전에 무덤들이 갈라지고, 수의를 입은 시체들이

687 김남석(2006), 앞의 책, 363~364쪽.
688 서연호·김남석 공편(1996.6), 앞의 〈햄릿〉 공연텍스트, 157쪽.

> 거리로 뛰쳐나와 헤매 다녔다네. 다가올 운명을 암시하는 재앙
> 의 서막, 별은 불꼬리를 끌며 타다 사라지고, 핏빛 이슬이 내리
> 고, 태양은 검은 흑점으로 병들었네. (하략)[689]

위의 상황은 선왕의 유령이 등장하는 것을 확인하기 위해 보초병
인 마셀러스, 버나아도 등이 성벽을 감시하고 있는 상황에 나타나는
호레이쇼의 대사 중 하나이다. 장면(1)은 호레이쇼가 유령의 존재를
직접 확인한 후 대사(가)에 나타나듯이 병사들에게 역사적 사건에 대
한 징후를 장황하게 설명한다. 장면(2)의 경우는 똑같은 상황을 호레
이쇼의 독백으로 변용한 대목이다. 이 상황에서 다른 등장인물들이
유령의 등장에 불안해하며 극적인 긴장감을 보여준다. 그러나 호레이
쇼는 이들과 달리 일정한 극적 긴장의 거리를 유지하고 있다. 이는
객관적이며 나레이터적인 성격과 상황을 창출하고 있는 것이라 할
수 있다. 이와 같이 동일하게 주어진 극적 상황과 공간에서 드러나는
호레이쇼의 차별화된 성격과 시적인 리듬은 다른 등장인물들의 행동
과 대비되는 상황을 표출한다.[690] 이것은 관객들에게 자율적인 상상력
과 이 상황을 객관적인 시각에서 바라보고 감상할 수 있는 단초를
제공하고 있다고 하겠다. 다음은 장례식 장면을 주도하는 왕의 연설
에서 표출되는 극적 상황을 살펴보도록 하겠다.

(1) 96년 6월 공연텍스트 〈햄릿〉: 1막 2장: 장례식: (가)(국상. 왕가의 장례
행렬 입장. 선왕의 시신 앞에서 오열하는 거트루드)

클로디어스: (나)사랑하는 나의 형 햄릿 왕의 죽음은 아직도 내겐 현실적인

---

689 이윤택 연출(1996.9), 앞의 〈햄릿〉 공연텍스트, 3쪽.
690 이윤택(2001), 앞의 책, 24쪽.

느낌으로 다가오지 않는다. 우리 모두 슬픔에 젖어 지금 이 나라 전체가 비통한 심정에 휩싸이는 것은 당연한 일이다. 그러나 제군은 왕의 죽음을 애도하되 분별없이 슬픈 감정에 만 빠져서는 아니 될 것이다. 우리 살아있는 자들의 현실도 생각해야 하니까 (다)거투르드, 비명 섞인 울음. 선왕의 시신 무덤 속에 안치된다. 거투르드 오열하면 클로디어스, 안아 달랜다) (라)이는 이지러진 기쁨, 한 눈으로는 울고 한눈으로는 웃으며, 장례식은 즐겁게 결혼식은 슬프게, 기쁨과 슬픔을 똑같이 느끼면서, 나는 내 형수를 나의 영원한 반려자로 맞이할 것이오, (키스한다) (마)햄릿! 넌 오늘부터 내 아들이다.

햄릿: (바)(방백) 내 아버지? 삼촌이? 천만에, 싫다. (하략)[691]

(2) 96년 9월 공연텍스트 〈햄릿〉: 1막 1장: 주검 위에서의 키스. (가)(장례식으로 연극이 시작되어, 대관식으로 이어진다)

왕: (나)사랑하는 나의 형, 햄릿 왕의 죽음은 아직도 내겐 현실적인 느낌으로 다가오지 않는다. 우리 모두 슬픔에 젖어, 지금 이 나라 전체가 비통한 심정에 휩싸이는 것은 당연한 일이다. 그러나 제군은 왕의 죽음을 애도하되 분별없이 슬픈 감정에만 빠져서는 아니 될 것이다. 우리 살아있는 자들의 현실도 생각해야 하니까.

왕비: (다)(운다)

왕: (라)이는 이지러진 기쁨, 한눈으로는 울고 한눈으로는 웃으며, 장례식은 즐겁게 결혼식은 슬프게, 기쁨과 슬픔을 똑같이 느끼면서, 나는 내 형수를 영원한 반려자로 맞이할 것이오. (주검 위에서의 키스) (마)햄릿, 오늘부터 넌 내 아들이다. (하략)[692]

---

691 서연호 · 김남석 공편(1996.6), 앞의 〈햄릿〉 공연텍스트, 158쪽.

692 이윤택 연출(1996.9), 앞의 〈햄릿〉 공연텍스트, 1쪽.

위의 장면(1)과 (2)에 나타나는 선왕을 애도하는 왕의 연설은 전혀 다른 무대적 공간과 상황에서 진행된다. 먼저 96년 6월 공연인 장면 (1)은 왕의 대관식 상황이다. 그러나 실제 공연에서는 지문(가)에 묘사된 것과는 달리, 왕관을 든 시종을 앞세우고 화려한 의상으로 차려입은 왕과 왕비가 엄숙한 분위기로 등장한다.[693] 그리고 대관식을 거행하기 위해 왕의 자리에 올라선 다음 대사(나)를 시작하고 있다. 그러나 96년 9월 공연인 장면(2)의 경우에는 지문(가)의 묘사처럼 장엄한 조종소리와 함께 무대 중앙 전면에 설치된 시신 앞에서 장례식이 진행[694]된다. 검은 상복을 착용한 왕은 대사(나)와 (라) 그리고 (마)로 이어지는 연설을 한다. 이것은 같은 내용의 왕의 연설이자 대사이다. 그러나 전혀 다른 제한된 극적인 상황과 공간적 이미지를 형상화한다. 장면(1)에 나타나는 화려하고 자신에 찬 상황에서 전개되는 선왕의 죽음에 대한 연설은 제한된 극적 공간에서 의례적인 애도의 이미지만을 표출한다. 반면 장면(2)의 장중하고 암울한 상황에서 진행되는 왕의 연설과 왕비의 처절한 통곡소리는 선왕의 죽음에 대한 애도하는 극적 상황과 공간적 이미지를 창출한다고 할 수 있다. 그러나 두 장례식 왕의 연설 장면은 공통적으로 인간에 내재된 권력의지에 대한 본성을 드러낸다. 또 제한된 공간에서 함축적으로 표출하고 있다는 점에서 동일한 지향성을 보여준다. 또 다른 장면인 유령과의 접신이라는 극적 상황에서 나타나는 제한적 이미지를 살펴보도록 하겠다.

---

693 이윤택 연출(1996.6), 〈햄릿〉 공연영상.
694 이윤택 연출(1996.9), 〈햄릿〉 공연영상.

(1) 96년 6월 공연텍스트 〈햄릿〉: 1막 6장: 나는 지금 불가시의 세계와 만나고 있다. (전략) (가)(햄릿과 유령, 서로 다가선다. 접신이 일어난다)

유령: (나)(내 이야기를 들어 주겠니)
햄릿: 말하시오.
유령: (다)(내가 황천의 비밀을 단 한마디라도 누설한다면 네 영혼은 그 순간 엄청난 고통에 시달릴 것이다. (중략) 그런 고통을 감수할 수 있겠니)
햄릿: 내가 왜 그런 고통을 감수하면서 당신의 얘기를 들어야 하지?
유령: (라)(일찍이 네 아비를 사랑했거든)
햄릿: 아버지? (중략) (바)(닭 울음소리) (하략)[695]

(2) 96년 9월 공연텍스트 〈햄릿〉: 1막 5장: 전언. (전략)

햄릿: 말하시오. 빨리.
유령: (사)(나는 그날 오후 늘 하던 버릇대로 낮잠을 잤다. 니 숙부가 독약 병을 들고 들어와서 내 귀에 부어넣을 때까지(중략)맙소사! 생전의 악행에 대한 참회의 시간도 못가진채…)
햄릿: 어머니, 당신의 왕비도 이 일을 알고 잇소?
유령: (자)(네 어머니는 하늘에 맡겨라. 양심의 가시에 찔려 형벌의 세월을 살도록 그게 변함없는 내 사랑의 표현이겠지. 잘있거라, 날 잊지 말 아다오) (닭소리 세 번, 유령 사라진다) (하략)[696]

위의 장면(1)과 (2) 두 장면 모두 지문(가)에 묘사되고 있듯이 햄릿이 선왕의 유령과 조우하여 신체적인 접촉을 통해 접신이 이루어지는 상황이다. 장면(1)과 (2)는 공통적으로 유령의 느리면서도 격렬한 움직임의 '양식화된 동작'[697]으로 극적 상황을 표현한다. 이를 통해 새로

---

695 서연호·김남석 공편(1996.6), 앞의 〈햄릿〉 공연텍스트, 168~169쪽.
696 이윤택 연출(1996.9), 앞의 〈햄릿〉 공연텍스트, 5쪽.

운 공간적 이미지를 창출하는 특징을 보여주는 장면이다.(사진22) 즉 장면(1)의 유령의 대사(나), (다), (라) 그리고 장면(2)의 유령 대사 (사), (자) 등은 주변 등장인물들에게는 들리지 않고 오직 햄릿에게만 인지된다. 접신이라는 제한적인 극적 상황 속에서 '유령'은 이 대사의 내용을 내적인 리듬의 고저완급에 따라 다양한 외적인 움직임과 동작 으로 표출한다. 이러한 움직임은 새로운 공간적 이미지를 도출하여 이를 보는 관객의 상상력을 자극하는 것이다. 이것은 관객이 불가시 적인 세계를 가시적으로 수용할 수 있는 공연미학적인 공감대를 제시 하는 상황이라 할 수 있다.

(3) 등장인물들에 의한 창조적 '놀이성'

이윤택이 〈햄릿〉을 해체적으로 재구성한 관점의 하나는 우리의 정 서와 인식에 근거한 말과 생활 리듬에서 나오는 움직임의 조화에서 표현되는 연극적 본질인 '놀이성'의 창출이라고 할 수 있다. 이러한 관점은 텍스트의 핵심주제를 표출하는 것과는 직접적인 연관성이 변 별되는 상황이다. 그러나 관객에게 극적인 시간을 즐길 수 있는 연극 성이 드러나는 부분이라고 할 수 있다. 이러한 놀이적 특성이 드러나 는 장면으로는 96년 6월과 9월 공연 모두 공통적으로 배우들이 도착

---

697 특히 이 장면의 유령의 움직임은 덧뵈기춤의 동작을 응용한 것으로서 무릎을 살짝 구부렸다가 펴면서 몸을 천천히 움직이고 이동할 때는 골반에 머금었던 호흡을 내쉬 면서 하는 탈일상적인 움직임을 반복한다. 이러한 유령의 움직임은 멈춰있지만 멈춰 있지 않은 상태의 느낌으로 관객에게 전달된다. 이는 이윤택의 연기훈련에서 중요시 하는 부분 중 하나로서 호흡이 없는 정지는 생각도 느낌도 다 날아가고 자세는 풀어진 다는 것에 기초한 동작이라고 할 수 있다. 이용은, 「이원론의 해체-이윤택의 2005년 〈햄릿〉」, 『Shakespeare Review』 42, 한국셰익스피어학회, 2006, 78~79쪽. 이윤택, 『이 윤택의 연기훈련』, 공간미디어, 1996, 64~65쪽.

하는 장면(2막 5장과 2막 2장), 극중극의 마지막 상황에서 '연극만세'를 외치는 상황(3막 3장과 3막 2장), 그리고 5막 2장 오필리어의 장례식 장면 등에서 잘 나타나고 있다. 먼저, 배우들이 공연을 위해 도착하여 흥겨운 분위기를 연출하는 상황을 보면,

(1) 96년 6월 공연텍스트 〈햄릿〉: 2막 5장: 배우들 도착하다: (가)(배우들의 나팔소리) (중략) (나)(햄릿과 호레이쇼, 배우들 함께 어울려 한바탕 논다)

  햄릿: 잘 왔소. 여러분 반갑구료. 친구들 환영하오. (중략)
  호레이쇼: 어떤 장면이 좋으시겠습니까?
  햄릿: (중략) (다)특히 왕의 복수극을 그리는 장면이 좋았어. 아직 내 기억에 생생히 남아 있거든 꿈속에서도 한번 씩 나타나지.
  햄릿호레이: (라)호걸 파이러스! (배우들 〈호걸 파이러스〉 극중극을 시작한다.) (하략)[698]

(2) 96년 9월 공연텍스트 〈햄릿〉: 2막 2장: 실성, 그 자체가 삶의 본질(전략) (가)(배우들 등장)

  햄릿: 어서 오게, 나의 백성들! 아 아가씨도 오셨군. (중략) (나)오늘은 어떤 레퍼토리를 가지고 왔소. 어디 한 번 맛 좀 보여주구료. 아주 비장한 것으로 (중략)
  햄릿: (다)아, 왜 언젠가 들려준 것 있잖소? 호걸 파이러스! 특히 왕의 복수극을 그리는 장면이 좋았어! 아직 내 꿈속에서도 나타나지. (중략) (배우들의 무언극이 시작된다) (하략)[699]

위의 장면들은 실의에 빠진 햄릿을 위해 길덴스텐과 로젠크랜츠가

698 서연호·김남석 공편(1996.6), 앞의 〈햄릿〉 공연텍스트, 182~184쪽.
699 이윤택 연출(1996.9), 앞의 〈햄릿〉 공연텍스트, 9~10쪽.

한편의 연극을 위해 초대한 배우들이 등장하여 한판 놀이를 벌이는 상황이다. 장면(1)의 지문(가)와 (나) 그리고 장면(2)의 지문(가)에 설명되고 있듯이 단순히 등장하는 것이 아니라 나팔, 북, 징 그리고 현악기의 연주와 함께 등장하는 배우들은 얼굴에 가면을 착용하고 있다. 이들은 전통연희의 탈춤동작, 서구의 발레 동작 그리고 현대적인 춤사위를 변용한 다양하고 화려한 즉흥적인 동작으로 흥을 돋운다. 햄릿과 동료 그리고 배우들은 서로 어우러져 신명나는 놀이마당의 분위기를 창출한다. 이어지는 상황에서 햄릿은 장면(1)의 대사(다)와 (라) 그리고 장면(2)의 (나)와 (다)에 나타나고 있듯이 민담영웅 무언극 '호걸 파이러스' 공연을 요구한다. 이때 세 명의 배우가 전통적인 칼춤사위와 탈춤 혹은 꼭두각시놀이 등을 변용한 양식화된 움직임과 동작 등을 이용하여 흥겨우면서도 복수의 의미가 담긴 '극중극'을 시작한다.[700] 이는 관객에게 흥겨운 놀이를 통한 다양한 볼거리와 극적인 흥미를 제공하는 극적 상황이다. 즉, '놀이성'을 창출하고자 하는 무대형상화 관점이 드러나는 장면이라 하겠다. 다음은 위의 무언극 내용을 재구성하여 새로운 '극중극'으로 바꾼 공연을 통해 왕의 죄의식을 확인한 햄릿의 자신감과 의지가 나타나는 상황이다.

(1) 96년 6월 공연텍스트 〈햄릿〉: 3막 3장: 극중극. (전략)

    햄릿: (가)호레이쇼

호레이쇼: 네.

    햄릿: (나)자네 봤지.

호레이쇼: (다)봤습니다.

---

700 이윤택 연출(1996.6), 〈햄릿〉 공연영상; 이윤택 연출(1996.9), 〈햄릿〉 공연영상.

　　햄릿:　(라)독살장면.
호레이쇼:　(마) 봤어요.
　　햄릿:　(바)왕은 비극이 싫으시단다, 나에게 음악을! (음악이 흐른다, 감
　　　　　　격적으로) 연극 만세! (사)(햄릿, 호레이쇼, 극중극 배우들과 함
　　　　　　께 객석을 응시한다) (하략)[701]

(2) 96년 9월 공연텍스트 〈햄릿〉: 3막 2장: 극중극. (전략)

　　햄릿:　(가)자네 봤지.
호레이쇼:　(나)봤습니다.
　　햄릿:　(다)독살장면.
호레이쇼:　(라)봤습니다.
　　햄릿:　(마)왕은 희극이 싫으시단다. 연극만세!(배우들 춤추며 퇴장)
　　　　　　(하략)[702]

　　위의 장면은 '극중극'이 끝나갈 무렵 극의 내용에 자극을 받은 왕이 허겁지겁 연극을 중지시키고 불을 밝혀 사라진다. 이를 통해 햄릿은 현왕 클로디어스의 음모와 선왕의 죽음에 대한 진실을 확신하게 된다. 이때 햄릿이 친구 호레이쇼와 나누는 대화이다. 즉, 장면(1)의 햄릿의 질문(가), (나), (라)에 대해 호레이쇼는 (다)와 (마)로 확실하게 대답하고 있다. 또 장면(2)의 경우에서도 햄릿의 (가)와 (다)의 질문에 대하여, 호레이쇼는 (나)와 (라)로 응답한다. 이에 따라 자신의 의지를 재확인한 햄릿은 환희에 찬 대사 '나에게 음악을'과 '연극만세'를 외친다. 그러나 상황은 이 외침만으로 끝나는 것이 아니다. '극중극'을 공연한 배우들과 어우러져 흥겨운 나팔소리와 점차 고조되는 경쾌한

701 서연호·김남석 공편(1996.6), 앞의 〈햄릿〉 공연텍스트, 198쪽.
702 이윤택 연출(1996.9), 앞의 〈햄릿〉 공연텍스트, 14~15쪽.

북과 징의 연주 그리고 춤사위가 만들어내는 한판의 놀이마당으로 변화된다.[703] 이 상황은 새로운 에너지를 분출하는 공간이미지와 극적인 '놀이성'으로 형상화되고 있다. 이는 관객에게 극적 재미와 더불어 극의 흐름에서 햄릿의 심리에 내재된 '복수의지'가 소극적이 아닌 적극적인 형태로 부각되는 극적 효과를 창출하는 것으로 판단된다.

　　마지막으로 오필리어의 장례식 장면에서 나타나는 비극적 죽음의 상황을 보도록 하겠다.

(1) 96년 6월 공연텍스트 〈햄릿〉: 5막 2장: 산 사람이나 죽은 사람이나

똑같이: (가)(장송곡이 흐른다. 오필리어, 머리에 화관, 손에는 풀꽃 다발들을들고 등장. 홀로 무대를 누비며 꽃을 뿌린다. 그녀의 뒤로 장례식이 들어온다. 검은 상복의 레어티즈, 클로디어스, 거트루드, 레이놀도 등장. 오필리어, 꽃을 뿌리며 놀다가 무덤 앞에 서서 하늘로 꽃을 던진다. 정적. 오필리어, 발 앞에 자신의 무덤 발견. 오빠와 왕비, 왕에게 다가가지만 산자들, 죽은 자를 느끼지 못한다. 오필리어, 천천히 무덤 속으로 들어가 눕는다)

레어티즈: (나)오필리어, 니 무덤에 오랑캐꽃이 피어났으면 한다. (무덤에 꽃을 뿌리며) 천사가 내려앉을 수 있도록 아름다운 꽃밭이 되었으면 한다. (하략)[704]

(2) 96년 9월 공연텍스트 〈햄릿〉: 5막 2장: 산 사람이나 죽은 사람이나

똑같이: (가)(오필리어 장례식행렬이 도착한다)

레어티즈: (나)오필리어, 니 무덤에 오랑캐꽃이 피어났으면 한다. (무덤에 꽃을 뿌리며) 천사가 내려앉을 수 있도록 아름다운 꽃밭이 되었으면 한다. (하략)[705]

---

703 이윤택 연출(1996.6), 〈햄릿〉 공연영상; 이윤택 연출(1996.9), 〈햄릿〉 공연영상.
704 서연호·김남석 공편(1996.6), 앞의 〈햄릿〉 공연텍스트, 225쪽.

위의 장면은 오필리어의 비극적인 죽음을 또 다른 놀이의 형태로 형상화하고 있는 장례식의 상황이다. 장면(1)과 (2)의 지문(가)에 묘사되고 있는 무대적인 상황은 연출적 상상력이 돋보이는 장면으로 상정된다. 이는 장례식을 산자들의 정형화된 의식의 공간으로 바라보는 것이 아니다. 산자와 죽은 자가 동시에 존재하는 공간이자 시간으로서 불가시적인 세계와 가시적인 세계가 공존하는 창의적인 공간이미지로 변용하고 있다. 이에 따라 오필리어는 관이나 상여 위에 누워있는 것이 아니라, 죽었으되 불가시적 공간에 살아있는 존재로 등장한다. 산자들과 더불어 머리에 화관을 쓰고 꽃을 뿌리며 이별의 의식을 주도하는 것으로 형상화된다.[706] 이미 가시적 세계를 떠난 오필리어는 산자인 레어티즈의 대사(나) 등으로 표출되는 위로에 상관하지 않는다. 이는 그들을 위해 불가시의 공간인 주검의 무덤 위에서 스스로 펼치는 한판의 놀이이자 이별 의식인 것이다. 이러한 의식의 마지막 시점에서 자신을 위한 주검의 공간으로 걸어 들어가는 오필리어의 행동과 이를 끌어 앉고 울부짖는 레어티즈의 행동은 관객의 다양한 상상력을 자극하며 전향적인 죽음으로 형상화된다.[707] 이러한 비극적 놀이와 의식은 삶과 죽음의 경계 위에서 펼쳐지는 산자와 죽은 자 모두를 아우르는 또 다른 '놀이성'의 이미지로 수용된다고 할 수 있을 것이다.

---

705 이윤택 연출(1996.9), 앞의 〈햄릿〉 공연텍스트, 23쪽.

706 이윤택 연출(1996.6), 〈햄릿〉 공연영상; 이윤택 연출(1996.9), 〈햄릿〉 공연영상.

707 이 장면에 대하여 이용은은 한국적이지도 서양적이지도 않은 장면으로서 오필리어가 스스로 무덤 안으로 걸어 들어가는 것은 그녀의 죽음이 자살이었음을 이윤택적으로 전달한 성공적인 방법이라고 주장하고 있다. 그러나 본 연구자는 이를 좀 더 심화시켜 스스로 펼치는 하나의 놀이이자 이별의식으로서의 '놀이성'이 드러나는 상황으로 상정하고자 한다. 이용은(2006), 앞의 글, 76쪽 참고.

5) 공연비평과 관객의 수용양태 분석

이상일은 동시대 공연의 해체적인 양상을 전망하면서 낡은 형식으로 담을 수 없는 새로운 창조정신의 드라마를 독자나 관객이 받아들일 만한 심령적인 상태가 되어 있을 때 낡은 형식은 무너질 수밖에 없다고 지적한다.[708] 더 나아가 현대에 들어와 연극공연의 두드러지는 현상은 시간, 장소, 행위의 상관관계를 해체한다는 것이다. 이것이 드라마에 대한 고정관념을 깨뜨리는 계기는 될 수 있으나 결코 시간, 장소, 행위 자체의 해체를 의미하는 것은 아니라고 주장한다. 스토리성을 중심으로 한 드라마의 고정관념과 현대 연극공연에서 결여되고 있던 근원적인 몸짓언어로 환원하는 관점도 결코 드라마 형식의 해체는 아니며 연극 창조에 대한 이해의 폭을 넓히는 문제임을 제기하고 있다.[709]

이미원은 연희단거리패를 가리켜 끝없는 실험과 도전으로 연극계를 주도하면서 새로운 충격과 아름다움을 안겨주는 집단이라고 평가한다.[710] 그런 이유로 이들의 신작은 항상 기대와 긴장을 불러일으킨다는 것이다. 이런 점에서 연희단거리패 창단 10주년 기념공연으로 기획하고 있는 〈햄릿〉 공연에 대한 기대감을 개진한다. 이 공연의 무대가 가설 천막식 구조이며 극장공연뿐만 아니라 가설무대 공연도 가능하다는 점을 주목한다. 또 그 양식상의 새로움, 집단 앙상블과 원전에 충실하면서도 해외극과 한국 연극이 만나는 가능성을 지향하고 있다는 점을 지적한다. 이들이 어떤 형식으로 연극계에 충격을

---

[708] 이상일(2000), 앞의 책, 208쪽.
[709] 위의 책, 208~209쪽.
[710] 이미원(2001), 앞의 책, 201쪽.

주게 될지 기대가 크다는 평가와 관심을 표명하고 있다.[711]

김남석은 이윤택과 연희단거리패의 공연 작업에 대한 또 다른 시각은 이들이 연극을 개인과 개인의 대결로 보는 것이 아니라 집단과 개인의 대결구도로 본다고 진단한다. 이는 집단을 생각할 능력을 가진 자와 다수 대중 간의 대결을 의미한다. 지식인 또는 문학인으로서 분신인 지식과 세상의 문제를 가지고 대중에게 접근하고 호소한다. 그것이 때로 작위적인 측면을 드러낸다고 해도 이러한 성향은 창의적이며 개성적으로 표출된다는 것이다. 따라서 이윤택과 이들 집단이 펼치는 공연은 세상과 함께 놀기 내지는 사회 속에서 어울려 사는 기쁨 그 자체라고 하였다.[712]

이재명은 이윤택의 〈햄릿〉 공연을 원작을 크게 다치거나 재해석을 자제한 채 특유의 강도 높은 힘과 소란스러움, 광기로까지 이어질 법한 난폭함으로 무대를 가득 채운다고 평가한다.[713] 이 공연에서 이윤택은 역사의 순환을 암시하는 듯한 수미상관적인 장면 배치와 무덤의 이미지를 활용한 무대 장치를 통해 삶과 죽음에 대한 동시대적인 사유를 시도하고 있다. 따라서 자신의 관점은 한국적인 정서에 맞게 재해석되느냐가 평가의 대상이라고 밝힌다. 더 나아가 신정옥은 이윤택이 연출한 〈햄릿〉과 〈문제적 인간 연산〉을 유사한 극적 구조를 지닌 것으로 평가한다.[714] 셰익스피어의 언어적 미학보다는 인간의 몸을 통해 만들어지는 이미지와 율동에 새로운 해석을 시도한다는 것이다.

---

711 위의 책, 203~204쪽.

712 김남석, 『이윤택 연극의 미학적 시원』, 푸른사상, 2006, 7~8쪽.

713 이재명, 「1996년 번역극의 현황」, 『'90년대 연극평론 자료집(Ⅳ)』, 한국연극평론가협회, 1998, 228~229쪽.

714 신정옥(1998), 앞의 책, 170쪽.

이를 통해 관객의 자유로운 상상력을 자극하면서 공연을 축제 내지는
한 판의 살풀이굿으로 발전시킨다고 평가한다. 또 유령과 햄릿이 만
나는 장면을 접신으로 해석하고, 극중극에서 영어로 대사를 처리하여
극중극의 의미를 살리고 있다. 또 마지막으로 무덤 파는 일꾼들과
떠돌이 배우들을 통해 남사당 패거리와 같은 놀이형태를 표출한다.
무덤을 항상 중앙에 배치함으로써 삶과 죽음의 경계를 넘나들면서
인생의 고뇌를 느낄 수 있도록 시도한 부분은 가장 연출적 상상력이
돋보이는 부분이라고 호평하고 있다.[715]

이미원은 〈햄릿〉 9월 공연에 대하여 한국적 정체성에 대한 해석은
기대에 못 미치나 비교적 원전에 충실한 공연이라고 논평하고 있다.
그러나 해체적으로 재구성한 연출의 한국적 시각이 별로 부각되지
않은 공연이라는 다소 부정적인 평가를 한다. 6월 공연에서 보여준
천막공연의 거칠고 강력한 무대효과를 살리지 못하고 〈하멸태자〉를
잇는 한국적 〈햄릿〉에 대한 기대에 못 미친 공연으로 지적하고 있다.
그러나 헌신적이고 순결하기보다는 이기적이고 음탕한 오필리어로
부각한 점, 유약하고 인간적인 왕 등의 인물 성격설정은 설득력이 있
다고 언급한다. 극중극 장면에서 왕과 왕비는 무언극으로 행동하고
햄릿과 다른 배우가 영어로 대사를 처리한 것은 연출의 해석이 돋보
이는 부분으로서 원작을 무리 없이 형상화한 것으로 평가한다.[716]

최준호는 9월 〈햄릿〉 공연에 대하여 에너지 넘치는 연출, 질펀한
한판의 놀이로 평가하고 있다.[717] 새로운 볼거리의 제공에 대한 기대

---

715 위의 책, 170~171쪽.
716 이미원(2001), 앞의 책, 120~121쪽.
717 중앙일보, 1996년 9월 22일.

보다는 지난 6월 공연보다 다소 거칠고 드라마틱한 긴장이 다소 감소한 것으로 본다. 그러나 연출가의 특색이 잘 드러난 공연이라고 평가하고 있다. 거칠지만 힘이 넘친 공연이 정적인 장면의 연결로 바뀌면서 강한 인상을 남긴 몇몇 장면을 지적한다. 예를 들어 프로이트와 피에타 상을 연상케 했던 왕비와 햄릿의 극 후반의 장면들이 삭제된 것은 아쉬운 부분이라는 것이다. 반면 차분하게 잘 정리된 공연은 오히려 셰익스피어를 제대로 감상할 수 있는 기회를 제공하고 있다고 평가한다. 무대장치의 무거운 질감을 색채와 표면처리로 표현하고 철판이 겹겹이 무대공간을 에워싸게 처리한 것은 제압적인 이미지를 표출한다. 바닥을 무대 안쪽이 점점 높아가게 설치함으로써 발생하는 원근법적인 효과는 신비감을 도출할 수 있는 공간설정이라고 평가한다. 무대 중앙에 무덤을 설치해 처음부터 끝까지 연기공간으로 활용한 부분은 주제전달의 의미를 부각시키고 있다. 음악적인 면에서도 서구의 현악기 독주로 정적인 긴장을 유지한다. 현악협주곡으로 음량을 높여 감정의 양을 증폭시킨다고 보고 있다. 아울러 국악의 현악기로 리듬을 강화한다. 이를 통해 조화와 변화를 창출한 창의적인 공연이라는 긍정적인 평가를 한다.[718]

구희서 역시 원작의 줄거리를 해체하고 재구성하는 과격한 방법은 사용하지 않으나 우리 정서, 움직임, 소리들이 서구의 여러 요소와 결합하여 어울리는 것이 다소 생경하게 느껴진다고 지적한다.[719] 또 우리 어법으로 통일되지 않은 일관성이 부족하여 위화감을 주고 있다

---

718 위의 일간지.

719 구희서, 「서울연극제의 공식참가작 세 편을 보고」, 『한국연극』 10, 한국연극협회, 1996, 52쪽.

고 언급한다. 그러나 무대 위의 연기자들은 그들의 경력과 경험의
차이와 상관없이 조화되는 힘을 보여준다는 것이다. 햄릿과 유령의
접신장면이나 무대 앞쪽 중앙의 무덤설정, 마지막 장면에서 하얀 천
으로 뒤덮고 그 속에서 시체들이 움직이는 상황연출은 새로운 무대언
어로서 설득력을 창출한 것으로 긍정적인 평가를 하고 있다.[720]

김미도는 원작의 기본정신과 골격을 다치지 않으면서도 한국적 정
서를 듬뿍 가미해 독특한 동양적 양식화를 성취한 것으로 평가한다.
셰익스피어의 한국적인 수용에 성공한 공연으로서 자살한 오필리어
가 상복을 입고 무대 위에 출현하여 스스로 무덤 속으로 걸어 들어간
다. 그 위로 흙이 뿌려지는 가운데 산자와 나누는 마지막 통한의 장면
은 가장 아름다운 창조의 순간으로 지적한다.[721] 그러나 이러한 평가
와 지적에도 불구하고 이영미는 이 공연은 윤우영이 연출한 〈마로위
츠 햄릿〉 공연과의 비교를 통해 재평가되어야 한다고 주장한다. 그
이유는 이윤택 연출의 결정적인 아이디어가 그 공연에서 빌려온 것이
기 때문이라는 것이다. 이와 더불어 오필리어의 장례식 장면이나 클
로디어스와 오필리어의 간통 장면은 문제[722]가 있으며 전체를 관통하
는 재해석의 핵심이 약한 대신에 강렬함과 화려함에 치중한 공연이라
는 부정적인 평가를 하고 있다.[723]

---

720 구희서(1996), 앞의 글, 51~52쪽.
721 김미도, 『21세기 한국연극의 길찾기』, 연극과 인간, 2001, 71쪽.
722 이 장면에 대한 부정적인 시각과 평가에 대하여 이윤택은 초연부터 당시 많은 자료와
자문으로 조언을 해준 김동욱 교수의 아이디어에서 출발한 것이며, 서구의 다양한
해석과 공연에서 나타나는 〈햄릿〉에 내재된 전향적인 공연성에 대한 이해 부족에서
오는 것으로 상정된다고 본 연구자와의 인터뷰에서 술회하고 있다. 이윤택과의 전화
인터뷰(2011.9.26), 앞의 인터뷰 내용 참고.
723 이재명(1998), 앞의 글, 229쪽.

이혜경은 이처럼 이윤택의 〈햄릿〉 공연에 대한 긍정적 혹은 부정적인 다양한 평가를 주목한다. 더 나아가 그의 작품을 칼리니쿠스가 말하는 부르주아 모더니티와 문화적 모더니티 그리고 포스트모더니즘의 특성 안에서 조망해 보는 것이 그의 연극세계를 객관적으로 이해하고 평가하는데 새로운 지평을 열어준다고 말한다. 이것은 지금까지 그가 표방해온 현실인식과 자의식 그리고 그것들을 표출한 양식들이 실은 그다지 독창적인 것이 아니라 이미 서양 예술사에서 생성, 변형 또는 소멸된 사조들의 무대형상화 관점이기 때문이라는 것이다. 또 이윤택의 한계로 지적되어온 비관적인 현실인식과 독선적 시각 그리고 산만하고 유희적인 표현양식 역시 그만의 문제가 아니라고 지적한다. 이것은 모더니티의 이중적 실체에서 비롯된 것으로서 이윤택 만큼 긍정과 부정으로 양분된 평가를 보여주는 인물도 드물다고 진단하고 있다.[724] 따라서 이러한 이혜경의 제안은 좀 더 커다란 문화라는 맥락에서 평가하는 것이 이윤택에게 지나치게 경도되거나 몰입되어 있는 평자는 물론 그의 분망한 활동을 관망하면서 공연에 대한 긍정적인 평가 내지는 신임하기를 주저하는 논자들 모두에게 그를 좀 더 객관적으로 평가할 수 있는 사고의 지향성을 제시해준다는 점에서 의미 있는 평가관점으로 상정된다.

---

724 이혜경, 『연극의 현실인식과 자의식』, 현대미학사, 1997, 51~52쪽.

IV.
〈햄릿〉 공연사 연구의 성과와 앞으로의 과제

　　공연사 연구는 해당 텍스트의 작가가 생존했던 동시대의 특성 등 탄생 배경을 분석하는 것을 기초로 하여 시작된다. 따라서 해당 텍스트의 극적 구성만을 분석하는 단순한 텍스트 분석 작업과는 근본적인 차별성을 지닌다고 할 수 있다. 이는 해당 작가가 생존했거나 살고 있는 시대의 정치, 사회, 경제, 문화, 교육환경, 종교, 테크놀로지 그리고 사회 관습 등 다양한 영향 요소들에 대한 심도 있는 분석이 요구된다. 그리고 그 상호 간의 역학관계, 시대별, 사조별 해석과 관점에 따른 영향 문제 및 공연사적 흐름의 특성 등을 포괄적으로 고찰해야 하는 것을 의미하는 것이다.

　　본고에서는 1950년대에서 1990년대에 이르는 수많은 〈햄릿〉 공연과 연출가들 가운데 각 시대별로 새로운 공연미학이나 사조의 흐름에 따라 두드러진 공연활동을 펼친 공연예술가들 가운데 이해랑, 안민수, 기국서, 김정옥, 이윤택이 연출한 〈햄릿〉을 중심으로 공연에 나타나는 텍스트 〈햄릿〉에 대한 해석관점, 시대적 배경과 공연목적, 〈햄릿〉의 연출관점, 무대형상화 특성 그리고 공연에 대한 평가와 관객들의 수용양태 등을 중심으로 그 특성을 고찰하였다.

　　이해랑은 그가 일본 유학 시절 접하고 터득한 리얼리즘 연극에 대한 관점과 순수예술에 대한 신념을 바탕으로 기본적으로 햄릿의 성격을 고뇌하는 나약한 인물이 아닌 적극적으로 행동하는 모습으로 형상화하였다. 그는 공연으로서 연극은 주체적 존재인 배우의 연기와 문학으로서의 희곡텍스트 그리고 그것을 정신적으로 향유하는 관객이 함께 만들어가는 것이라 주장하였다. 이러한 관점에서 극적 흥미를 창출하는 구성, 앙상블에 의한 예술적 감동 그리고 관객의 반응 등을 고려하고 있다. 그는 〈햄릿〉을 운문과 산문이 뒤섞여 있으며 시적 언어가 주류를 이루고 있는 것으로 보았다. 이에 따라 외적인 흐름보다는 내적인 흐름에 역점을 두면서 창조적 관점에서 재해석과 각색을 시도하였다. 그 결과 그의 〈햄릿〉 공연에서 나타나는 무대형상화의 주요한 특성은 상반되는 두 개념이 나타난다. 즉 비논리적이며 오락적인 '극장성'과 일상적인 사실주의에 입각한 '사실성'의 변용적 조화, 배우가 창출하는 '내적 감성'과 그의 육체를 통한 '외적 행동'의 앙상블, 관객이 공연의 내용과 형식을 어떻게 받아들이느냐에 따라 이루어지는 '관객'과의 교감을 통한 창조적 무대 등이 그 특성으로 표출되고 있음을 파악할 수 있었다. 그러나 공연사적 연구 측면에서 연출자 본인의 사망으로 〈햄릿〉 공연에 대한 관점을 직접 의견수렴하지 못한 점이나 5, 60년대의 공연영상이나 무대 관련 자료들이 보존되고 있지 못한 점은 연구 논의와 분석에 많은 아쉬움을 주는 대목이라 하겠다.

안민수는 1970년대 초반 사실주의 연극과 무대양식이 주도하던 한국 연극계에 유학 시절 배운 동양연극과 뉴욕 등에서의 연극 활동으로 경험한 5, 60년대 미국의 아방가르드적 공연과 실험연극에 대한 관점을 적용하였다. 〈햄릿〉에 나타나는 시대적 배경과 상황 등을 동양 내지는 한국적 배경과 상황으로 변용한다. 그는 문화상호주의적 관점에서 번안하여 함축적이며 창의적인 공연텍스트인 〈하멸태자〉

로 재구성한다. 이는 원전의 기본적인 구성을 유지하면서 자신이 표현하고자 하는 주제와 인물의 성격과 갈등 등이 분명히 드러나게 하는 것이었다. 아울러 한국적 전통연극에서 나타나는 양식화된 요소를 어떻게 동시대적인 관점에서 형상화할 수 있는가의 문제였다. 따라서 그의 〈하멸태자〉 공연의 무대형상화 특성은 새로운 무대공간언어로서 인간의 감성에 호소하는 강력한 요소인 '소리'와 '음악'의 변용과 즉흥, 한국적 움직임과 동작 등을 응용한 것과 기존의 동양연극에서 나타나는 양식화된 형식을 부분적으로 차용한 '움직임'과 '동작'의 양식화, 감성적 요소인 빛에 의해 활성화된 공간과 등장인물과의 조화에 이루어지는 시간의 형상화에 의해 조화되는 '빛' 그리고 무대 '공간'과 '시간'의 상징성 등이 특성으로 창출되었다. 70년대 초반 이후 새로운 공연미학과 양식을 창출하고자 실험적인 공연을 시도했던 안민수에 대한 공연 자료들은 비교적 체계적으로 보존되고 있으며 많은 선행 연구들이 이루지고 있다고 할 수 있다. 그러나 본 연구 대상인 〈하멸태자〉의 경우 1976년 국내 초연인 드라마센터 공연영상이 확보되어 있지 않아 해외공연인 1977년 라마마 극장 공연영상을 참고하여 공연분석에 활용한 점에서 향후 공연사 연구 자료보존에 시사하는 바가 크다고 하겠다.

기국서의 1981년 이후 10여 년간 지속된 햄릿시리즈에 나타나는 관점은 동시대적 인간의 문제와 정치적 상황과의 연계된 해석이었다. 이는 필연적으로 텍스트에 대한 재해석과 함께 극적 구성에 있어 해체를 전제하는 것이다. 그는 줄거리를 등장인물의 호칭을 변용하거나 시공간에 대한 명확한 설정 없이 불특정 상황과 장면을 중심으로 막과 장을 해체하여 재구성한다. 이는 동시대의 정치, 사회적인 문제와 그 속에 내재되어 있는 인간의 욕망과 갈등을 파괴적이며 도전적

인 무대언어로 창출하기 위한 것이었다. 이에 따라 그의 햄릿시리즈
에는 연출가 자신의 사회인식과 미학적 가치관이 투사 변용되어 표
출된다. 그 무대형상화의 특성은 역사적 시각에서 정치권력의 암투
와 혁명의 반복을 무대언어로 전환하였다. 이는 무대공간의 확장과
극적 공간으로의 변용을 보여주는 '시간'의 반복과 '공간'의 극대화 관
점, 관객에게 소리 이상의 것을 표출하거나 상징하기 위한 것으로서
'소리-음향-음악'을 통한 이미지의 형상성, 개별화된 특성을 통하
여 보편적인 현상을 창출하기 위한 것으로서 '빛-조명-의상-소품'
에 의한 인물의 전형화 등으로 집약시켰음을 도출할 수 있었다. 그러
나 기국서의 햄릿시리즈 역시 공연영상자료 및 관련 자료 보존 측면
에서 많은 문제점을 보여주었으며, 이는 향후 공연사 연구 관점에서
공연 자료 수집 및 보존에 대하여 보다 체계적인 관리가 요구되는
부분이라 할 것이다.

　김정옥은 1960년대 중반 극단 자유를 창단하면서 본격적인 연출과
공연활동을 시작하였다. 당시 한국 연극계를 주도하던 매너리즘에 빠
진 리얼리즘을 지양하고 연극적 재미와 시적인 연극성이 표출되는
공연을 추구한다. 또한 자신의 공연텍스트의 핵심주제인 죽음의 문제
를 워크숍을 통한 배우 중심의 집단창조와 몽타주적 구성 그리고 총
체극 등의 방식을 통해 새로운 연극기법으로 표출하는 연출관점을
보여주었다. 이는 이미 정형화되어 있는 연극에서 새로운 연극형태를
창출하고자 하는 '제3의 연극' 내지는 '제3의 연극론'을 지향하는 것을
의미한다. 그는 이러한 관점에서 원전의 작품성을 훼손하지 않으면서
연속적인 장면과 비약적인 장면들을 혼합하여 몽타주적으로 구성한
다. 또 텍스트의 시대적 상황을 연대, 장소 등을 정확히 설정하지 않
고 불특정한 한국의 시대적 상황을 배경으로 〈햄릿〉을 재구성하였다.

작품의 주제인 죽음과 인간의 광기를 한국적 무속과 연계시켰다. 이는 서구적인 형식과의 충돌을 시도하는 것이다. 이에 따라 그는 한국적 현실생활 속의 움직임과 춤, 노래 그리고 사설 등을 무대언어로 변용적으로 차용하였다. 이러한 무대형상화의 특성은 관객들의 무한한 상상력과 연상 작용을 자극하는 '놀이적 시간'과 '시적 빈 공간'의 충돌과 조화에 의한 '극적 시공간'의 극대화 관점, 미학적 요소이자 죽음의 이미지를 형상화하는 시적 오브제로서 무대장치인 '장치—의상—소품—조명' 등에 의한 인물과 무대의 상징성, 극적인 재미와 관객의 집중을 유발케 하여 배우와 관객과의 만남에서 창출되는 '광대'들의 '놀이성'과 '제의성'에 의한 '제3의 연극성' 창조 등으로 표출하였다. 한편 본고의 연구 대상인 김정옥의 〈햄릿〉 공연영상 및 관련 자료들은 다른 연구 대상자에 비하여 비교적 양호하게 보존되어 연구에 많은 도움을 받은 경우라 할 수 있다. 이는 공연사 연구의 기초자료로서 공연 관련 자료보존의 중요성을 다시금 일깨워주었다.

이윤택은 1986년 연희단거리패 창단 이후 토착화된 공연미학과 방법론을 확립하지 못한 서구의 감상적 사실주의를 거부한다. 그리고 자신만의 독자적인 공연문법과 무대양식을 시도한다. 이는 모든 공연 텍스트를 한국적 인식으로 해석하고 한국적 정서로 느끼며 한국적 리듬과 이미지로 창출할 수 있는 방법론을 찾고자 한 것이었다. 아울러 이는 현대 한국 연극의 보편성과 세계적 공연성을 구체화하고자 한 것이라 할 수 있다. 그는 〈햄릿〉을 재구성하면서 텍스트의 동시대적인 특수 상황이나 사회적인 배경을 배제하고 있다. 또 연극의 원형적인 세계를 동서양 문화의 포괄적인 관점에서 재창출하고자 자신만의 창의적인 방식으로 원전을 해체적으로 재구성하였다. 〈햄릿〉을 단순한 권력 투쟁과 복수극이 아니라 인간의 본성과 의지에 대한 관점에서 접근하여 그 순환성에 주목하였다. 그는 이를 위해 대사를 우리말의 정서와 말로 변환한다. 그리고 장면의 에피소드적인 특성을 이용하여 원전의 의미를 훼손하지 않으면서 신축성 있게 재구성한다. 아울러 햄릿의 광기를 한국적 무속의 접신과정으로 풀이하여 자신만의 독자적인 서술구조와 시각에서 형상화하고자 시도하였다. 이러한 무대형상화의 특성은 변용된 극적구조에 의한 '순환성', 제시된 '언어'와 '무대공간' 그리고 '극적 리듬' 속에 나타나는 제한적 '자율성', 마지막으로 등장인물들에 의한 창조적인 '놀이성' 등으로 구체화되는 것을 알 수 있었다. 아울러 이윤택 연출의 〈햄릿〉 공연은 본 연구 대상자들 가운데 공연영상 및 관련 자료가 가장 풍부하고 잘 보존 관리되고 있는 경우라 할 수 있다. 특히 공연영상자료의 경우 90년대 이후 영상매체의 기술향상과 발전에 의한 것으로 판단되며, 향후 공연 자료 보존에 중요한 부분이라 하겠다.

한편 다양한 논자들이 향후 21세기 예술분야의 다양한 변화를 예상하거나 상정하고 있다. 이를 살펴보면, 먼저 이영묵은 향후 예술양상의 변화를 세 가지로 상정하고 있다. 첫째, 디지털 테크놀로지의 발전이 가져온 또는 가져올 변화 양상들(정보화)이다. 둘째, 전 지구화와 지역화의 동시 진행이 가져올 변화 양상들(전지구방화, glocalization)이다. 셋째, 좁게는 예술장르 간의 경계에서부터 고급문화와 저급문화의 경계는 물론 예술과 삶의 경계에 이르는 제반 경계나 이분법의 소멸의 양상들을 예술변화의 주요한 요인으로 상정하고 있다.[725] 아울러 김정옥은 이와 유사한 관점에서 새로운 세기의 새로운 예술 패러

---

725 이영욱, 「"지금 이곳"에서의 '새로운 예술'」, 『새로운 예술론: 21세기 한국문화의 전망』, 나남출판, 2001, 420~421쪽.

다임으로서의 가능성을 개진한다. 첫째, 각 장르 내부에서의 새로운 경향 내지는 새로운 영토를 개척하는 작업으로서 이것은 언제나 새로운 창조에 대한 갈망에서 나오는 예술적 창조의 본질이다. 둘째, 장르 간의 만남과 혼합 내지는 탈장르에서 오는 새로운 예술형태로서 지난 1970년대에서 80년대에 걸쳐 꾸준히 진행되어온 것이다. 이는 90년대에 가속도가 붙은 패러다임이라 하였다. 특히 영상매체가 중요한 예술적 표현수단으로 등장한다. '몽타주'와 '콜라주'의 수법과 사고가 유행하고 공연예술의 '신테시스(synthesis)' 연출적 사고가 수용된다. 셋째, 새로운 매체에 의한 새로운 예술로서 비디오, 디스크, 텔레비전, 컴퓨터, 디지털 시청각 매체 등의 발전과 멀티미디어 등에 의한 새로운 예술의 등장을 상정하고 있다.[726]

또 다른 관점에서 김명곤은 현대의 순수 공연예술이나 고급예술 그리고 민족예술은 점점 시민들의 문화 활동과 멀어지고 있다고 주장한다. 따라서 대중의 지지를 받는 대중예술로 전환하거나 문화재단이나 정부의 지원에 의존하는 경우 등 둘 중의 하나를 선택할 수밖에 없는 위기에 봉착해 있다고 지적하였다. 대중문화는 수용자 지향의 문화이기 때문에 수용자에 대한 분석과 대응력이 뛰어나다. 그러나 창작의 순수성이나 절대성의 깊이가 부족하다. 반면 순수 공연예술이나 민족문화는 창작력이나 문화적 방향성의 깊이는 뛰어나다. 그러나 수용자에 대한 대응이 대중문화보다 소극적이고 부족하다는 점을 인식해야 한다는 것이다. 따라서 고급문화나 민족문화 모두 엘리트적인 문화인식에서 벗어나야 한다고 주장하였다. 다시 말해 고급문화와 대

---

726 김정옥, 「혼혈과 제3의 예술」, 『새로운 예술론: 21세기 한국문화의 전망』, 나남출판, 2001, 312~313쪽.

중문화, 민족문화와 대중문화, 민족문화와 고급문화 식의 근시안적인 대립구도에서 벗어나 서로 간의 소통과 조화의 방안을 모색해야 한다는 것이다.[727]

더 나아가 손종호는 귀족이나 사제들이 향유하던 고급문화를 근대 이후 경제적 여유를 지니게 된 부르주아 내지는 상공인 중심의 신흥 계급이 전통적인 신분의 장벽을 넘어 즐기게 되었다. 이로 인해 가속화된 소위 문화의 세속화는 산업화시대의 특징이라는 것이다. 이른바 오늘날의 사회현상은 정보화, 세계화, 다원화로 요약된다는 것이다. 이와 같은 인류의 문화적 사고의 흐름과 관련된 변화의 구체적인 요인을 다음과 같이 요약하여 제시하고 있다. 첫째, 경제구조의 변화와 미래 전략산업화이다. 이천 년대 인류사회는 모든 분야에서 세계화, 다원화, 정보화, 민주화되고 소비주의와 함께 문화산업의 발달이 가속화된다고 보았다. 둘째, 소비주의의 확산과 프로슈머(Prosumer) 시대가 도래한다는 것이다. 컴퓨터와 인터넷으로 상징되는 정보통신기술의 비약적 발전은 소비주의를 확산시킨다. 따라서 문화 전반에 극적 변혁을 가져온다. 집단적 문화생산과 소비로부터 개성과 다양성의 시대로, 일방적이던 문화커뮤니케이션은 쌍방향의 시대로 그리고 생산자 우위는 소비자 결정 시대로 변화된다고 하였다. 셋째, 세계화, 다원화 시대와 문화 환경의 변화라고 지적하였다. 세계화란 인류공영의 정신적 가치를 지닌다. 경제의 상호 의존성이 심화되고 지식정보 시대 도래와 함께 무한 경쟁이 교차되는 특성으로 나타난다. 각국의 특색 있는 대중문화가 국경에 구애받지 않고 전 세계를 관통하며 세

---

727 김명곤, 「21세기의 민족예술과 시민사회」, 『새로운 예술론: 21세기 한국문화의 전망』, 나남출판, 2001, 330~331쪽.

계 어디서나 동일하거나 유사한 양상의 문화로 자리 잡게 된다는 것
이다. 넷째, 정보화, 민주화 사회와 문화의 역할로서 정보통신의 혁명
과 교통체계의 발전은 지구촌을 하나의 생활권으로 묶게 된다. 개인
간의 의사소통이 확장되고 사회 전반에 대한 이해가 가능해짐에 따라
자유와 민주화를 촉진시킨다. 쌍방향 멀티미디어로 인해 교육, 문화,
공공서비스 등에 혁신적인 전기를 마련한다. 특히 문화의 경우 문화
예술 정보의 데이터베이스화 작업과 정보망 구축 등으로 문화 복지를
앞당기고 문화향유의 균점화를 이루게 된다고 주장하였다.[728]

　이상에서 살펴본 21세기 새로운 문화예술의 방향에 대한 상정과
양상 그리고 그 방법론 등은 향후 공연사 연구의 방향을 가늠하는
데 있어 중요한 지표를 제시하고 있다. 이러한 규정과 양상 그리고
전망 등을 참고하여 본 연구자는 공연사 연구의 지향성과 앞으로의
과제를 다음과 같이 상정하고자 한다. 첫째, 21세기 공연사 연구의
주요한 지향성으로서, 첫째, 정보화, 다원화된 다양한 텍스트가 출현
하고 그것을 바탕으로 한 새로운 형태의 공연이 출현할 것을 대비하여
미래지향형 텍스트 즉 21세기 정보화, 대중화, 다원화 현상에서 창출
되는 다양한 공연텍스트의 선별화 작업과 지속적인 자료 구축작업에
대한 논구를 지속적인 연구방향으로 삼는다. 둘째, 21세기의 정치,
사회, 문화의 새로운 흐름과 장르 간 혼합과 혼성에 의해 형성되는
예술사조 내지는 새로운 형태의 공연미학과 무대형상화의 특성에 대
한 연구주제와 함께 멀티미디어와 영상문화 및 인터넷의 발전된 기술
을 활용하여 다양하게 창출되는 공연자에 대한 데이터베이스화 작업

728　손종호, 「문화의 흐름과 새로운 예술의 전망」, 『새로운 예술론: 21세기 한국문화의
　　전망』, 나남출판, 2001, 530~533쪽.

을 연구 대상으로 선정한다. 셋째, 멀티미디어와 인터넷의 발전으로 형성되는 쌍방향 소통방식이 창출하는 관객의 관심과 참여의식 변화에 적극적으로 대응해야 한다. 즉, 관객의 참여와 의식변화에 대응하기 위한 전략으로서 공연의 고급화와 대중성을 동시에 창출할 수 있는 공연미학과 방법론에 대한 지속적인 연구와 세미나를 개최하며, 이를 위해 공연의 고급화 및 대중화를 동시에 창출하는 전략적 방안 그리고 연구의 기초자료에 대한 지속적인 데이터베이스화를 추구한다.

아울러 이러한 지향성과 앞으로의 과제에 대한 연구를 통하여 지금 여기에서 이루어지고 있는 현실적인 공연에 대한 연구 논의를 진행한다. 더 나아가 21세기의 새롭고 독창적인 공연양식과 창의적인 무대형상화의 방식 그리고 관객의 다양한 요구와 수용관점을 적극적으로 파악해야 할 것이다.

V. 결론

　주지하는 바와 같이 1920년대 일본 유학파 중 한 사람인 현철에 의해 셰익스피어의 〈햄릿〉이 국내에 중역되어 소개된 이후 일제강점기를 지나 해방 이전까지 공연사적 측면에서 볼 때 공연다운 공연은 이루어지지 못했다. 해방 이후 기성 극단에 의한 본격적인 최초 전막공연은 한국전쟁 중이던 1951년 9월 대구 키네마극장에서 극단 신협에 의해 올려졌다. 이후 6, 70년대와 8, 90년대를 거치면서 동시대의 수많은 공연예술가들과 공연집단들에 의해 새롭고 다양한 해석과 형식으로 무대형상화 작업이 창출되었다. 이에 본고에서는 최초 전막공연이 이루어진 1950년대 초반부터 1990년대 중후반에 이르기까지 새로운 공연미학과 시대적 사조의 흐름에 따라 독창적인 공연활동을 펼친 것으로 판단되는 이해랑, 안민수, 기국서, 김정옥, 이윤택이 연출한 〈햄릿〉 공연에서 나타나는 텍스트 〈햄릿〉에 대한 해석관점, 공연의 시대적 배경과 목적, 〈햄릿〉의 연출관점, 무대형상화의 특성 그리고 공연에 대한 평가 등을 고찰하였다. 이는 단순히 한 개인의 연극철학과 공연양식에 대한 논의 차원을 넘어 동시대의 관점에서 그 시대를 풍미했던 문예사조와 미학 그리고 무대양식 등 공연미학 전반에 대한 연구의 단초를 제공한다는 점에서 그 의미가 크다고 하겠다.

　본 연구에 논의 대상이었던 이해랑, 안민수, 기국서, 김정옥, 이윤택은 50년대 이후 각기 독특한 공연문법과 양식으로 〈햄릿〉을 형상화하였다. 이해랑의 경우 자신이 1930년대 동경 유학 시절 접하고 배운 서구 근대극으로서 일생의 연극철학이던 리얼리즘과 연극 그리고 무대 앙상블의 관점을 중요시하였다. 안민수는 5, 60년대 미국 하와이대 유학과 활동에서 경험한 동양연극과 서구의 실험적인 공연양식을 기반으로 번안과 문화상호주의적 관점에서 새로운 공연언어에 의한 전향적인 무대형상화를 시도하였다. 기국서는 동시대의 정치, 사회적인 문제 인식과 관점에서 접근하여 파격적인 해체 및 동시대성을 지향하는 도전적인 무대언어를 추구하였다. 또 불란서 유학을 통해 5, 60년대 서구의 전위적인 공연과 영화를 경험한 김정옥은 워크숍에 의한 집단창조 방식과 몽타주적인 극적 구성으로 원전의 작품성을 훼손하지 않으면서 〈햄릿〉을 재구성한다. 여기에 한국적 무속을 무대언어로 차용하여 동서양문화의 충돌에 의한 새로운 제3의 방법론과 연극성을 창출하였다. 이윤택 역시 독자적인 공연문법과 양식으로 현대연극의 보편성과 세계적인 공연성을 아우르는 새로운 한국 연극의 정체성을 확립하고자 하였다. 그는 자신만의 독자적인 해체 개념과 놀이성의 관점에서 〈햄릿〉을 재구성하여 새로운 공연양식을 지향한다. 이처럼 각각의 연출자들은 자신만의 독특한 공연미학적 관점에서 〈햄릿〉에 대한 해석과 무대형상화를 시도하였다. 이에 따라 동일한 텍스트인 〈햄릿〉에 대한 해석과 연출관점, 무대형상화의 특성 및 공연의 목적성 등이 연출자 개인의 가치관과 미학적 관점 그리고 시대적 배경 등의 다양한 요인에 따라 차별된 무대언어로 형상화되고 있음을 알 수 있었다.

먼저 이해랑은 그의 나이 삼십 대 초반인 1949년 12월 서울 시공관 (12.14~15)에서 중앙대학교 연극부의 〈햄릿〉 공연을 연출한다. 이후 1951년 9월, 한국전쟁 중 대구 키네마극장에서 최초의 전막공연 〈햄릿〉을 비롯하여 네 번의 극단 및 개관 공연연출 및 두 번의 학생극 연출과 네 번의 재공연 연출을 포함하여 총 열 차례에 걸쳐 〈햄릿〉을 연출하였다. 이해랑은 그의 평생의 연극 작업을 통하여 리얼리즘 연극과 무대예술의 진실을 추구한 인물이었다. 그는 근현대의 시공간에서 동경 유학 시절 연극을 시작한다. 1945년 해방 후 격렬한 좌파 연극단체와의 대립상황과 1950년대 한국전쟁 그리고 전후 미국문화 시찰 과정 등을 거치게 된다. 이러한 동시대적 배경에서 심화되어 나타나는 그의 리얼리즘을 본 연구자는 이를 '순수한 리얼리즘'으로 규정하였다. 이는 일본 유학을 통하여 접한 서구 '리얼리즘'의 수용과 충돌에서 나타나는 또 다른 '제3의 무대언어'라 할 수 있다.

이러한 시대적 배경에서 이해랑이 〈햄릿〉에서 표출하고자 한 것은 기본적으로 '회의하는 햄릿'이 아닌 보다 적극적으로 '행동하는 햄릿'에 대한 연출관점이었다. 이를 통해 원숙한 인간의 세계-과거를 가진 인물, 고통받는 인간, 인생의 모든 것을 내면에 숨겨둔 한 인간의 매력과 성정을 표현한다. 아울러 자신이 평생 추구한 리얼리즘 연극과 그것을 심화시키기 위한 노력과 준비과정으로 창출되는 공연 그 자체였다고 할 수 있다. 이러한 공연의 중개자로서 연출은 현실적인 매력을 텍스트에 부여하고 그 관점을 배우를 통해 표출하는 것이다. 또 공연과 관련된 모든 부분-무대미술, 장치, 음악, 음향, 조명, 의상, 분장 등을 통합하는 존재이자 정신적인 배우로 보았다. 이에 따라 이해랑은 사실주의 연출관점에서 햄릿 공연에 나타나는 특성을 '극장성'과 '사실성'의 변용적 조화, '내적 감성'과 '외적 행동'의 앙상블, '관객'과의 교감을 통한 창조적 무대 등을 중심으로 그 관점을 구체화시켰다.

안민수는 그가 유학 시절 배운 동양연극과 미국 뉴욕 등에서의 연

극 활동에서 경험한 1950, 60년대 이후 나타나는 미국의 아방가르드
적 공연과 실험연극에 대한 관심과 열정을 국내 무대에 형상화하고자
하였다. 그러나 1970년대 한국 연극계는 여전히 사실주의 텍스트와
공연이 주도하고 있던 시기였다. 이러한 시대적 배경에서 실험적이고
전위적인 공연양식을 창출하고자 〈햄릿〉을 한국적 상황으로 번안한
다. 그의 이러한 원전에 대한 번안과 공연의 바탕에는 문화상호주의
와 그 연극개념이 자리 잡고 있다. 이는 문화 사이를 매개하는 형태로
서 동서양의 다양한 문화가 상호교류하고 각자의 특성과 가치를 존중
하면서 새로운 문화를 창출하는 것을 의미하는 것이었다.

안민수에게 있어 새로운 실험적 무대언어를 창출하기 위한 관점은
한국적 전통연극에서 나타나는 양식화의 패턴을 동시대의 입장에서
어떻게 형상화할 것인가의 문제였다. 그는 이를 위해 불필요한 장면
과 대사들을 삭제한다. 그리고 자신의 연출관점에 부합하는 새로운
대사나 장면을 창작 내지는 삽입하는 방식으로 원전 분량의 약 4/5를
정리한다. 따라서 그의 원전의 번안관점은 원전의 기본적인 구성을
유지하면서 표현하고자 하는 이야기를 선명하게 형상화하는 것이었
다. 또 등장인물들의 성격이 갈등하고 부딪치면서 에피소드가 발전할
수 있도록 만들기 위한 노력의 과정이었다고 할 수 있다. 이러한 관점
은 〈하멸태자〉 공연의 다양한 무대형상화 특성 중 '소리'와 '음악'의
변용과 즉흥, '움직임'과 '동작'의 양식화, '빛' 그리고 '공간'과 '시간'의
상징성 등을 중심으로 그 특성을 창출하였다. 그러나 한국적 전통과
동시대의 실험극적 토양이 열악한 상황에서 시도된 〈하멸태자〉의 공
연은 자신이 추구했던 목적과 이상과는 달리 국내 공연 시 한국적
정체성의 문제와 일본풍이라는 혹독한 비난과 평가를 받았다. 당시
연극계를 주도하던 리얼리즘의 무대양식을 극복하고 서구의 아방가

르드적 공연형식을 수용하기에는 환경적, 의식적, 미적인 토대가 성숙되어 있지 않았다. 또 서구의 아방가르드가 출현 상황과 달리 당시 한국적 현실은 어떠한 정치사회적 혹은 저항적 예술행위가 허용되지 않는 시점이었기 때문이라 상정할 수 있을 것이다.

기국서의 경우 1981년 국립극장 소극장 공연인 〈기국서의 햄릿〉 이후 십여 년간 지속적으로 공연된 그의 햄릿시리즈를 통해 동시대적이며 전위적인 해석과 해체를 통한 무대형상화를 추구하였다. 이러한 그에게 원전에 대한 관점은 기본적으로 동시대적 인간의 문제 및 정치적 상황과 연계된 해석이었다. 그는 원전을 고전성과 문학적 언어, 고귀한 영혼과 광적인 태도, 꿈과 무의식의 억눌림과 해방, 밑바닥 계층의 힘과 무기력 그리고 사랑과 예술 등으로 이루어진 것으로 분석한다. 그리고 이를 동시대의 정치적 사건과 상황에 비유하여 원전의 줄거리를 해체하여 재구성한다. 이러한 관점에서 기국서는 햄릿시리즈의 텍스트 대부분을 1부와 2부 그리고 3부로 나누어 구성한 〈햄릿4〉 등을 제외한—원전의 제목이나 등장인물들의 호칭을 변용하거나 시공간의 배경에 대한 명확한 설명을 하지 않았다. 또 새롭고 불특정한 상황에 따른 장면들을 중심으로 막과 장의 구분을 해체하여 텍스트를 재구성하는 관점을 보여주었다.

이러한 기국서의 햄릿시리즈에 나타나는 무대형상화 특성은 '시간'의 반복과 '공간'의 극대화 관점, '소리-음향-음악'을 통한 이미지 형상성, '빛-조명-의상'에 의한 인물의 전형화 등을 중심으로 그 관점이 표출된다. 기국서는 동시대에 대한 은유와 비약적인 상상력이 투영된 해석을 통해 텍스트에 나타나는 등장인물의 갈등구조보다는 그것을 극복하고자 하는 인간 심리상태에 초점을 두고 있음을 알 수 있었다. 그는 햄릿시리즈를 통하여 동시대 정치, 사회적 상황에 대한 아픈 기억을 승화시키면서 고통과 좌절을 넘어 자신의 꿈과 희망이 실현되는 아름다운 세상과 무대 그리고 다가오는 미지의 세기를 향한 새로운 도전을 지향한다. 그러나 1980년대 초반 기성의 연극 제도권 밖에 위치하고 있던 기국서의 햄릿시리즈 공연에 대한 평단의 시선은 처음부터 긍정적이거나 호의적인 것만은 아니었다. 그러나 〈하멸태자〉와 달리 〈기국서의 햄릿〉은 새로운 해석방법 내지는 기존의 정통적인 수법과는 또 다른 관점의 실험적인 공연이었다. 아울러 공연예술가로서 70년대 이후 실험적이고 전위적인 계열의 맥을 이어가는 돋보이는 연출이라는 평가를 받기도 하였다.

김정옥의 경우 1993년 연출한 토월극장 〈햄릿〉 공연을 중심으로 그 특성을 분석하였다. 1950년대 후반 불란서 유학에서 돌아온 김정옥은 이병복 등과 1960년대 중반 극단 자유를 창단하였다. 이후 시작된 본격적인 연출 작업 초기의 주된 작품성향은 매너리즘에 빠진 리얼리즘 연극을 지양한다. 그는 당시 연극계가 리얼리즘과 예술이라는 명분하에 따분하고 템포가 느린 공연으로 인하여 관객으로부터 외면당하고 있다는 판단한다. 이를 극복하기 위한 하나의 방법론으로서 연극적 재미 내지는 희극적인 것과 리얼리즘이 조화된 연극을 추구한 것이었다.

〈햄릿〉을 무대형상화하고자 한 김정옥에게 있어서 원전에 대한 관점은 기본적으로 인간 존재의 근원적 문제인 죽음과 연계된 해석이었다. 그는 이를 구체화하기 위한 방법론으로서 '워크숍'을 통한 '집단창조' 방식과 '몽타주' 개념을 차용한다. 또 원전에 대한 재해석과 함께 극적 구성에 있어 광대들에 의한 돌출적인 상황들과 연속적인 장면들 및 일부 비약적인 장면을 혼합하여 재구성한다. 원전의 무대를 한국으로 변용하고 장면연결을 몽타주적 수법으로 구성한다. 아울러 텍스

트의 시공간의 연대, 장소 등을 정확하게 설정하지 않았다. 다만 불특
정한 한국의 시대적 상황을 배경으로 추상적인 해체를 추구하면서
〈햄릿〉의 주제인 죽음과 인간의 광기를 한국적 무속과 연계하였다.
이는 서구적 형식과의 충돌을 시도하여 오늘의 새로운 한국적 〈햄릿〉
으로 형상화하고자 한 것이었다. 이를 위해 등장인물들의 의상이나
무대장치도 한국적인 느낌을 주는 것으로 제작한다. 그리고 한국적
현실생활 속의 움직임인 춤과 노래 그리고 사설 등을 구체적으로 변
용 내지는 차용하였다. 이러한 무대화의 특성은 '놀이적 시간'과 '시적
빈 공간'의 충돌과 조화에 의한 '극적 시공간'의 극대화 관점, '장치-의
상-소품-조명 등'에 의한 인물과 무대의 '상징성' 그리고 '광대'들의
'놀이성'과 '제의성'에 의한 '제3의 연극성' 창출 등이 그 관점과 특성이
었다.

　이윤택은 1986년 8월 연희단거리패를 창단하여 본격적인 연출과
공연을 시작하면서 자신만의 독자적인 공연문법과 무대양식을 찾고
자 하였다. 그와 연희단거리패의 다양한 창작텍스트 및 원작을 재구
성한 공연텍스트를 통한 공연들은 그들 나름의 공연문법과 무대미학
그리고 훈련 방법론을 찾기 위한 노력의 과정이었다. 아울러 〈햄릿〉
을 무대형상화하고자 한 이윤택은 원전에 대한 주체적 해석이 없는
모방적 공연을 지양한다. 또 원전에 충실하면서도 한국적인 현대연극
의 공연양식과 연희단거리패만의 독창적인 형식을 추구하였다. 동시
에 시대적 특수 상황이나 사회적 상징을 배제하고 〈햄릿〉에 내재되어
있는 연극의 원형적 세계를 동서양 문화의 포괄적이며 함축적인 의미
로 표출한다. 이는 〈햄릿〉의 동시대적 보편성과 세계적인 공연성을
창출하고자 한 것이었다.

　이를 위해 이윤택은 자신만의 독특한 방식으로 원전을 재해석하여

해체적으로 재구성한다. 그는 〈햄릿〉을 단순한 권력 투쟁과 복수극이 아니라 인간의 본성과 의지에 대한 관점에서 접근하여 그 순환성에 주목하였다. 햄릿의 광기를 죽음과 무속의 문제를 연계하여 해석한 김정옥의 한국적 무속에 대한 인식과 맥을 같이 하고 있다. 그러나 그는 자신만의 독자적인 서술구조와 해체적인 재구성 관점으로 〈햄릿〉을 형상화하였다. 또한 이윤택의 관점에서 볼 때 동시대의 한국 연극계에는 여전히 감상적 리얼리즘과 박제된 모더니티 그리고 미국식의 알레고리 미학이 주도하는 것으로 인식하고 있었다. 이를 극복하기 위하여 텍스트의 해체와 재구성을 통한 자신만의 독창적인 공연 문법과 '연극성'을 지향하였다. 그리고 지금까지 자신들이 추구해왔던 독자적인 공연방식인, 말과 신체 그리고 이미지를 종합한 보편적인 연극성을 추구하였다. 이와 같은 연출관점은 변용된 극적 구조에 의한 '순환성', 제시된 '언어'와 '무대공간' 그리고 '극적 리듬' 속에 나타나는 제한적 '자율성' 및 등장인물들에 의한 창조적 '놀이성' 등을 중심으로 무대형상화의 특성과 관점이 창출되었음을 상정하였다.

이와 더불어 본 연구에서 살펴본 텍스트 〈햄릿〉의 탄생 배경, 시대 사조별 해석관점, 다섯 연출가들의 〈햄릿〉 공연과 무대미학 등에 대한 분석은 21세기의 새로운 공연문화와 동시대의 관객들에게 부응할 수 있는 새로운 공연텍스트와 공연의 형식, 연출관점 그리고 공연미학의 방향성을 제시하기 위한 공연사 연구의 밑바탕이자 그 출발점을 제시하고 있다고 할 수 있을 것이다.

아울러 위의 사항을 종합하여 공연사 연구의 주요한 지향성으로서 다음 세 가지 방안을 제시하고자 한다.

첫째, 정보화, 다원화된 다양한 텍스트가 출현하고 그것을 바탕으로 한 새로운 형태의 공연이 출현할 것을 대비, 즉 21세기 정보화,

대중화, 다원화 현상에서 창출되는 다양한 공연텍스트의 선별화 작업
과 자료 구축 등 미래지향형 텍스트에 대한 논구를 지속적인 연구방
향으로 삼는다.

둘째, 멀티미디어와 영상문화 내지는 인터넷의 발전된 기술을 활
용하여 다양하게 창출되는 공연 자료에 대한 데이터베이스화 작업과
더불어, 21세기의 정치, 사회, 문화의 새로운 흐름과 장르 간 혼합과
혼성에 의하여 형성될 수 있는 예술사조 내지는 새로운 형태의 공연
이 창출하는 공연미학과 무대형상화의 특성을 다각적인 연구 주제와
대상으로 설정한다.

셋째, 관객의 참여와 의식변화에 대응하기 위한 전략으로서 공연
미학과 방법론에 대한 연구를 통해 공연의 고급화 내지는 대중화를
동시에 창출할 수 있는 전략적 방안 그리고 연구의 기초자료에 대한
지속적인 데이터베이스화를 추진한다.

또한 이러한 지향성과 앞으로의 과제에 대한 연구를 통하여 지금
여기에서 이루어지고 있는 현실적인 공연에 대한 연구 논의와 함께
전향적인 공연사 연구와 관련된 다양한 주제 그리고 상호 연관성 있
는 장르의 다각적인 연구 활동이 활성화되기를 기대해 본다.

그러나 본고에서 연구 고찰한 다섯 연출가들이 연출한 〈햄릿〉의
무대형상화와 독창성이 그 이후의 공연양식이나 미학에 어떠한 기여
와 영향을 미쳤는지를 명확히 분석하여 제시하지 못한 점은 아쉬운
부분이라 하겠다.

따라서 이를 본 연구자는 앞으로의 차후 연구과제로 삼고자 하며,
동시에 21세기의 새롭고 독창적인 공연양식과 창의적인 무대형상화
의 방식, 관객의 다양한 요구와 수용관점을 적극적으로 파악하고자
한다. 이를 통해 예술적 사유의 즐거움과 대중적 재미를 동시에 표출

하는 창의적인 방법론이 도출될 수 있도록 지향적인 연구 논의를 이어갈 것이다.

이와 더불어 본고에서 논의하지 못한 수많은 연출가와 공연에 대한 공연사적 연구고찰과 이들의 창의적인 공연양식과 무대미학에 대한 성찰의 장이 개진되고, 이를 통해 예술적 고급화와 대중성을 동시에 창출할 수 있는 제4, 제5의 공연예술 방법론이 도출될 수 있기를 바라마지 않는다. 아울러 본 공연사 연구가 이러한 연구 논의의 작은 밑거름이 될 수 있기를 희망하면서 본 연구를 마치고자 한다.

사진자료

1. 공연사진

(사진1)
〈햄릿〉
(이해랑 연출, 1949년, 시공관)

햄릿이 오필리어에게 수녀원으로 가라 외치는 장면
(출처: 『추억의 산책』)

(사진2)
〈햄릿〉
(이해랑 연출, 1951년, 키네마극장)

왕이 길덴스턴 그리고 로젠크렌츠에 햄릿에 대한 처리를 지시하는 장면
(출처: 이해랑 영상자료)

(사진3) 〈햄릿〉

(이해랑 연출, 1951년, 키네마극장)

햄릿이 오필리어에게 수녀원으로 가라는 장면
(출처: 이해랑 영상자료)

(사진4) 〈햄릿〉

(이해랑 연출, 1951년, 키네마극장)

〈햄릿〉의 출연진들, 이해랑, 김동원, 최은희, 주선태 외
(출처: 이해랑 영상자료)

(사진5)   〈햄릿〉
                        (이해랑 연출, 1962년, 드라마센터)

장민호, 김성원, 권영주, 천선녀, 김동원, 이해랑
(출처: 이해랑 영상자료)

(사진6)   〈하멸태자〉
                        (안민수 연출, 1977년, 라마마 극장)

호려소가 피리를 불고 하멸이 선왕의 죽음을 애도하는 장면
(출처: 서울예술대학 소장 영상자료)

(사진7)   〈하멸태자〉
                (안민수 연출, 1977년, 라마마 극장)

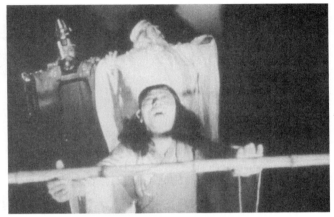

햄릿이 선왕지달 및 미휼왕의 유령과 조우하는 장면
(출처: 서울예술대학 소장 영상자료)

(사진8)   〈하멸태자〉
                (안민수 연출, 1977년, 라마마 극장)

햄릿(전무송)과 오필리어(이애주)의 사랑 장면
(출처: 『한국연극』 1977년 6월호)

(사진9) 〈하멸태자〉

(안민수 연출, 1977년, 라마마 극장)

마지막 결투 장면의 햄릿(전무송)

(출처: 『한국연극』 1977년 6월호)

(사진10) 〈하멸태자〉

(안민수 연출, 1977년, 라마마 극장)

대야손(여무영)이 오필녀를 위로하는 장면

(출처: 서울예술대학 소장 영상자료)

(사진11)   〈하멸태자〉

(안민수 연출, 1977년, 라마마 극장)

왕비(유인형)가 햄릿을 위로하는 장면

(출처:『한국연극』 1977년 6월)

(사진12)   〈하멸태자〉

(안민수 연출, 1977년, 라마마 극장)

마지막 결투 장면에서 독배를 마시고 왕비가 쓰러지자 혼란에 빠진 장면

(출처: 서울예술대학 소장 영상자료)

(사진13)   〈기국서의 햄릿〉

(기국서 연출, 1981년, 국립극장 소극장)

광대들의 대화 장면에서 방관자 등이 무대에 등장해 앉아 있는 장면

(출처:『연극, 우리들의 생존』)

(사진14)   〈기국서의 햄릿〉

(기국서 연출, 1981년, 국립극장 소극장)

마지막 장면에서 호레이쇼가 객석에서 올라와 왕을 총으로 살해하는 장면

(출처:『연극, 우리들의 생존』)

(사진15)　　　　　　　　　　**〈햄릿〉**

(김정옥 연출, 1993년, 토월극장)

햄릿(유인촌)이 꿈속에서 선왕의 죽음을 고뇌하는 장면

(출처: 『이병복 무대미술 30년』)

(사진16)　　　　　　　　　　**〈햄릿〉**

(김정옥 연출, 1993년, 토월극장)

햄릿이 오필리어(이소향)에게 절간에나 가라고 갈등하는 장면

(출처: 『이병복 무대미술 30년』)

(사진17)
〈햄릿〉
(김정옥 연출, 1993년, 토월극장)

햄릿이 참회하는 왕을 살해하려는 장면
(출처: 『이병복 무대미술 30년』)

(사진18)
〈햄릿〉
(김정옥 연출, 1993년, 토월극장)

극중극에서 광대 오필리어가 신이 내려 춤추는 장면
(출처: 『이병복 무대미술 30년』)

(사진19) 〈햄릿〉

(김정옥 연출, 1993년, 토월극장)

마지막 결투에서 죽음으로 쓰러진 햄릿, 레어티즈, 왕의 모습들
(출처: 『이병복 무대미술 30년』)

(사진20) 〈햄릿〉

(김정옥 연출, 1993년, 토월극장)

종이와 천으로 만든 인형이 위로부터 내려와 망자를 위로하는 장면
(출처: 『이병복 무대미술 30년』)

(사진21)

〈햄릿〉

(김정옥 연출, 1993년, 토월극장)

마지막 장면의 종이인형 조문객의 확대한 모습들
(출처: 『이병복 무대미술 30년』)

(사진22)

〈햄릿〉

(이윤택 연출, 1996년, 문예회관 대극장)

선왕 유령과의 조우 접신장면
(출처: 『햄릿과 마주보다』)

2. 공연포스터 및 홍보자료

(사진23)
〈드라마센터 개관〉
공연 포스터

(출처: 남해국제탈공연예술촌)

(사진24)
〈햄릿Ⅱ〉 공연포스터

(출처: 국립예술자료원)

(사진25)
〈햄릿과 오레스테스〉 공연포스터

(출처: 국립예술자료원)

(사진26) 〈햄릿4〉 공연포스터

(출처: 국립예술자료원)

(사진27) 〈햄릿5〉 공연포스터

(출처: 국립예술자료원)

(사진28)   〈햄릿〉 공연홍보 프로그램

(출처: 국립예술자료원)

(사진29)   〈햄릿〉 공연포스터

(출처: 『햄릿과 마주보다』)

(사진30)   〈햄릿〉 공연포스터

(출처: 국립예술자료원)

(사진31)   〈햄리트〉 공연홍보프로그램

(출처: 서울예술대학 예술사료팀)

(사진32)　　　　　　　　〈하멸태자〉 공연홍보프로그램(1)

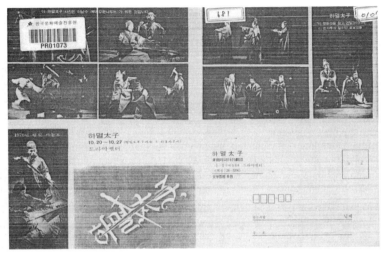

(출처: 국립예술자료원)

(사진33)　　　　　　　　〈하멸태자〉 공연홍보프로그램(2)

(출처: 국립예술자료원)

(사진34) 〈하멸태자〉 공연홍보프로그램(3)

(출처: 국립예술자료원)

(사진35) 〈하멸태자〉 공연홍보프로그램(4)

(출처: 국립예술자료원)

(사진36) 〈햄릿〉 공연홍보프로그램

(출처: 국립예술자료관)

참고문헌

1. 기초자료

〈공연 대본〉

기국서 연출, 〈기국서의 햄릿〉 공연텍스트(1981), 기국서 연출 재정리본.
_____, 〈햄릿Ⅱ〉 공연텍스트(1982).
_____, 〈햄릿과 오레스테스〉 공연텍스트(1984), 국립예술자료원 소장본.
_____, 〈햄릿4〉 공연텍스트(1990), 한국연극 1990년 3월호 수록본.
_____, 〈햄릿5〉 공연텍스트(1990), 기국서 연출 소장본.
김정옥 연출, 〈햄릿〉 공연텍스트(1993), 김정옥 연출 소장본.
안민수 연출, 〈하멸태자〉 공연텍스트(1976), 동국대 연극영화학과 『연극학보』
        24호 수록본 및 국립예술자료원 소장본.
이윤택 연출, 〈햄릿〉 공연텍스트(1996.6), 『이윤택 공연대본전집』 5 수록본.
_____, 〈햄릿〉 공연텍스트(1996.9), 국립예술자료원 소장본,
        「계간 우리극연구(1996)」 수록본 및 성균관대 김동욱 교수 소장본.
_____, 〈햄릿〉 공연텍스트(1998.5), 『이윤택의 극작실습』 수록본.
_____, 〈햄릿〉 공연텍스트(2000), 『연극작업: 햄릿읽기』 수록본.
_____, 〈햄릿〉 공연텍스트(2003 및 2005), 『연희단거리패: 햄릿』 수록본.
이해랑 연출, 〈햄릿〉 공연텍스트(1951), 남해국제탈공연예술촌 소장본.
유치진·이해랑 공동연출, 〈햄릿〉 공연텍스트(1962), 남해국제탈공연예술촌 소
        장본.
이해랑 연출, 〈햄릿〉 공연텍스트(1985), 국립예술자료원 소장본.
_____, 〈햄릿〉 공연텍스트(1989)

〈공연영상〉

김정옥 연출, 극단 자유, 〈햄릿〉, 1993년 예술전당개관기념 토월극장 공연, 김정
        옥 연출 소장본.
안민수 연출, 동랑레퍼터리극단, 〈하멸태자〉, 1977년 라마마 극장 공연, 서울예술

대학 예술정보센터 소장본.

이윤택 연출, 연희단거리패, 〈햄릿〉. 1996년 6월 동숭아트센터 대극장 공연, 서울
예술대학 예술정보센터 소장본.

_____, 〈햄릿〉, 1996년 9월 제20회 서울연극제 문예회관 대
극장공연, 연희단거리패 소장본.

이해랑 연출, 〈햄릿〉, 1985년 호암아트홀 개관 기념공연, 서울예술대학 예술정보
센터 소장본.

〈공연 프로그램 및 포스터〉

기국서 연출, 〈기국서의 햄릿〉 홍보자료, 국립극장 소극장, 1981.4.16.~4.21.
기획·제작/ 예니 소장본.

_____, 〈햄릿Ⅱ〉 공연포스터, 문예회관 소극장, 1982.11.20.~12.1.
국립예술자료원 소장본.

_____, 〈햄릿과 오레스테스〉 공연포스터, 문예회관 대극장, 1984.5.19~5.24.
국립예술자료원 소장본.

_____, 〈햄릿4〉 공연프로그램, 대학로 소극장, 1990.2.1.~3.5.
국립예술자료원 소장본.

_____, 〈햄릿5〉 공연프로그램, 문예회관 대극장, 1990.9.15.~9.20.
국립예술자료원 소장본.

김정옥 연출, 〈햄릿〉 공연프로그램 및 안내책자, 예술의전당 토월극장, 1993.3.
13~3.21. 국립예술자료원 소장본.

안민수 연출, 〈하멸태자〉 공연안내프로그램, 드라마센터, 1976.10.20.~10.27.
국립예술자료원 소장본.

이윤택 연출, 〈햄릿〉 공연프로그램 문예회관 대극장, 1996.9.14.~9.23.
국립예술자료원 소장본.

이해랑·유치진 공동연출, 〈햄릿〉 공연프로그램, 드라마센터, 1962.4.11.~5.31.
서울예술대학 예술사료팀 소장본.

이해랑 연출, 〈햄릿〉 공연프로그램, 호암아트홀, 1985.5.16.~5.22.
국립예술자료원 소장본.

_____, 〈햄릿〉 공연프로그램. 호암아트홀, 1989.4.15.~4.23.
국립예술자료원 소장본.

2. 단행본

〈국내 단행본〉

가스통 바슐라르, 곽광수 옮김, 『공간의 시학』, 동문선, 2003.

강명구, 『소비대중문화와 포스트모더니즘』, 민음사, 1993.

강나현·채승훈 공저, 『이해랑 연출교정』, 현대교육출판사, 1986.

강상중, 이경덕 외 역, 『오리엔탈리즘을 넘어서: 근대문화비판』, 이산, 1997.

강성학, 『셰익스피어의 정치철학』, 집문당, 1983.

강인숙, 『자연주의문학론』, 고려원, 1987.

강태경, 『희곡의 연출적 독서』, 만남, 2000.

강현두, 『大衆文化의 理論』, 민음사, 1980.

김광일, 『韓國傳統文化의 精神分析』, 시인사, 1986.

김남석, 『이윤택 연극의 미학적 시원』, 푸른사상, 2006.

_____, 『난세를 가로 질러가다』, 연극과 인간, 2006.

_____, 『한국의 연출가들』, 살림출판사, 2004.

김덕환 외, 『예에 살다』, 김동원 희수기념집 발간위원회, 1992.

김남흠, 『한국정치의 재인식』, 도서출판 풀빛, 1997.

김미도, 『세기말의 한국연극』, 태학사, 1998.

_____, 『한국현대극 연구』, 연극과 인간, 2001.

_____, 『21세기 한국연극의 길찾기』, 연극과 인간, 2001.

_____, 『한국 현대극의 전통 수용』, 연극과 인간, 2006.

_____, 『한국연극의 새로운 패러다임』, 연극과 인간, 2006.

김명철, 『한국근대번역문학사연구』, 을유문화사, 1975.

김문환, 『近代美學硏究(Ⅰ)』, 서울대학교 출판부, 1987.

_____, 『한국연극의 위상』, 서울대학교 출판부, 2002.

김방옥, 『열린 연극의 미학』, 문예마당, 1997.

김상환, 『해체론 시대의 철학』, 문학과 지성사, 1996.

김성곤 편, 『탈구조주의의 이해: 데리다·푸코·사이드의 문학이론』, 민음사, 1990.

김성신, 『탈구조주의 이해』, 민음사, 1988.

김숙현, 『안민수 연출미학』, 현대미학사, 2007.

_____, 『동시대 연극양상과 연출지형』, 현대미학사, 2008.

김용수, 『한국연극해석의 새로운 지평』, 서강대학교 출판부, 1999.

김용수, 『영화에서의 몽타주이론』, 열화당, 2006.

김용직, 『상징』, 문학과 지성사, 1988.

김용직 외 편, 『문예사조』, 문학과 지성사, 1990.

김용한, 『문화와 정치』, 도서출판 백의, 1996.

김욱동, 『포스트모더니즘과 예술』, 청하, 1991.

_____, 『포스트모더니즘과 포스트구조주의』, 현암사, 1992.

_____, 『모더니즘과 포스트모더니즘』, 현암사, 1995.

_____, 『바흐친과 대화주의』, 현암사, 1998.

김윤철, 『우리는 지금 추학의 시대로 가는가?』, 연극과 인간, 2000.

김인환, 『줄리아 크레스테바의 문학탐색』, 이화여자대학교 출판부, 2003.

김재남, 『셰익스피어 문학론』, 을유문고, 1986.

김정옥, 『詩人이 되고 싶은 광대』, 혜화당, 1993.

_____, 『예술가의 삶』, 혜화당, 1994.

_____, 『연극적 창조의 길』, 시각과 언어, 1997.

김정현, 『니체의 몸철학』, 문학과 현실, 2000.

김종환, 『셰익스피어와 타자』, 도서출판 동인, 2006.

김준오 외, 『구조주의』, 고려원, 1992.

김창남, 『대중문화의 이해』, 도서출판 한울, 2000.

김태원, 『서구현대극의 이론과 실천』, 현대미학사, 2003.

김헌식, 『대중문화심리로 본 한국사회』, 북코리아, 2007.

김현숙, 『무대의상 디자인의 세계』, 고려원, 1995.

김 효, 『현대연극의 쟁점』, 연극과 인간, 2004.

김흥우, 『연극 갈』, 앰에드, 2006.

구히서, 『연극읽기』, 도서출판 메타, 1999.

_____, 『연극읽기2』, 도서출판 메타, 1999.

권세호, 『셰익스피어試論』, 영남대학교 출판부, 1984.

권오숙, 『셰익스피어와 후기구조주의』, 도서출판 동인, 2007.

권의무, 『시간의 개념과 구조』, 계명대학교 출판부, 2000.

권택영, 『포스트모더니즘이란 무엇인가』, 민음사, 1992.

고부응, 『탈식민주의 이론과 쟁점』, 문학과 지성사, 2003.

고 은 외, 『문학과 예술의 실천논리』, 실천문학사, 1983.

G. B. 헤리슨, 이경식 역, 『셰익스피어槪說』, 탐구당, 1982.

G. 루카치, 이춘길 편역, 『리얼리즘美學의 기초이론』, 한길사, 1985.

_____, 홍승용 옮김, 『미학서설』, 실천문학사, 1987.

G. 루카치 외, 홍승용 역, 『문제는 리얼리즘이다』, 실천문학사, 1987.

노드롭 프라이, 임철규 역, 『비평의 해부』, 한길사, 1982.

니콜라이 하르트만, 전원배 역, 『미학』, 을유문화사, 1986.

데미안 그랜트, 김종운 옮김, 『리얼리즘』, 서울대학교 출판부, 1981.

데비스 제시카 밀너, 홍기창 역, 『소극』, 서울대학교 출판부, 1985.

들뢰즈 가타리, 이정우 역, 『의미의 논리』, 한길사, 2000.

래리 쉬너, 김정란 옮김, 『예술의 탄생』, 들녘, 2007.

리차드 쉐크너, 김익두 옮김, 『민족연극학』, 도서출판 신아, 1992.

리튼 스트레이지, 권세호 역, 『셰익스피어의 時代』, 형설출판사, 1992.

린다 부스·리처드 버트, 장원재 역, 『셰익스피어와 영상문화』, 연극과 인간, 2002.

레이먼드 윌리엄즈, 임순희 역, 『현대비극론』, 학민사, 1983.

레이몽 아롱, 이종수 역, 『사회사상의 흐름』, 홍성사, 1982.

로버트 브루스턴, 김태원 편, 『서구 현대극의 미학과 실천』, 현대미학사, 2003.

로버트 빠냐르, 박혜경 역, 『연출사』, 탐구당, 1983.

로제 카이와, 이상률 역, 『놀이와 인간』, 문예출판사, 2003.

롤랑 바르트, 정현 역, 『신화론』, 현대미학사, 1995.

_____, 김주환 외 역, 『기호의 제국』, 연음사, 1997.

루돌프 에른하임, 정용도 역, 『중심의 힘: 시각예술의 구성에 관한 연구』, 눈빛, 1995.

_____, 김정오 역, 『시각적 사고』, 이화여자대학교 출판부, 2004.

루이 옐름슬로우, 김용숙 외 옮김, 『랑가주이론 서설』, 동문선, 2000.

마단 사럽 외, 임헌규 편역, 『데리다와 푸코 그리고 포스트모더니즘』, 인간사랑, 1997.

마르치아 엘리아데, 이재실 역, 『이미지와 상징』, 까치, 1988.

마르틴 하이데거, 서동은 역, 『시간의 개념』, 누멘, 2009.

마리안 다비스, 이화연 외 공역, 『복식시각디자인』, 경춘사, 1990.

마이클 커스토, 허순자·정명주 옮김, 『피터 브룩: 현대연극의 표상』, 을유문화사, 2007.

M. M. 바다위, 전팔근 이상오 공역, 『셰익스피어의 배경』, 한신문화사, 1989.

M. 칼리니쿠스, 이영옥 외 옮김, 『모더니티의 다섯 얼굴』, 시각과 언어, 1994.

마크 포터, 백현미·정우숙 공역, 『현대이론과 연극』, 월인, 1999.

마틴 에슬린, 원제길 역, 『드라마의 해부』, 청하, 1991.

미셸 푸코, 김부용 역, 『광기의 역사』, 인간사랑, 1983.

_____, 이광래 역, 『말과 사물』, 민음사, 1987.

_____, 이정우 옮김, 『담론의 질서』, 새길신서, 1993.

민병욱, 『한국 연극 공연사 연표』, 국학자료원, 1997.

박기성, 『대중문화와 문화산업』, 평민사, 1992.

박성봉, 『마침표가 아닌 느낌표의 예술』, 도서출판 일빛, 2002.

박효선, 『삶의 政治思想』, 한길사, 1984.

박혜숙, 『추억의 산책』, 늘봄, 2010.

백낙청 편, 『리얼리즘과 모더니즘』, 창작과 비평사, 1984.

백현미, 『한국연극사와 전통담론』, 연극과 인간, 2009.

뱅상 아미엘, 곽동준·한지선 옮김, 『몽타주의 미학』, 동문선, 2009.

뱅상 주브, 하태환 역, 『롤랑 바르트』, 민음사, 1994.

뱅상 피넬, 심은진 옮김, 『몽타주: 영화의 시간과 공간』, 이화여자대학교 출판부,
        2008.

베른하르트 아우무트, 송전 역, 『드라마분석론』, 서문당, 2000.

빠뜨리스 파비스, 신현숙 외, 『연극학사전』, 현대미학사, 1996.

브라드미르 프리체, 김휴 옮김, 『예술사회학』, 도서출판 온누리, 1986.

브라디스라브 타타르키비츠, 김채현 역, 『예술개념의 역사』, 열화당 1987.

브랜든 테일러, 김수기 외 옮김, 『모더니즘, 포스트모더니즘, 리얼리즘』, 도서출판
        시각과 언어, 1998.

빈센트 B. 라이치, 권택영 옮김, 『해체비평이란 무엇인가』, 문예출판사, 1990.

새뮤엘 셀던, 김진식 옮김, 『무대예술론』, 현대미학사, 1997.

서연호, 『동시대적 삶과 연극』, 열음사, 1988.

_____, 『우리시대의 연극인』, 연극과 인간, 2001.

서연호·이상우, 『우리연극 100년』, 현암사, 2000.

서연호 편, 『한국연극의 쟁점과 새로운 탐구』, 연극과 인간, 2001.

서정철, 『기호에서 텍스트로』, 민음사, 1998.

세르게이 에이젠슈타인, 이정하 엮음, 『몽타쥬이론』, 영화언어, 1996.

_____, 정일몽 역, 『영화의 형식과 몽타쥬이론』, 영화진흥공사,
        1990.

수잔 K. 랭거, 이승훈 옮김, 『예술이란 무엇인가』, 고려원, 1989.

수잔나 밀라, 황순자 역, 『놀이의 심리』, 형설출판사, 1984.

스테판 코올, 여균동 옮김, 『리얼리즘의 역사와 이론』, 한밭출판사, 1982.

C. G. 융, 설영환 옮김, 『융, 무의식 분석』, 도서출판 선영사, 2002.

신복용, 『韓國政治史』, 박영사, 1991.

신아영, 『한국근대극의 이론과 역사성』, 태학사, 1999.

신정옥, 『韓國新劇과 서양연극』, 새문사, 1994.

_____, 『셰익스피어 한국에 오다』, 백상출판사, 1998.

신현숙, 『희곡의 구조』, 문학과 지성사, 1990.

_____, 『한국에서의 서양연극』, 소화, 1999.

_____, 『한국현대극의 무대읽기』, 연극과 인간, 2002.

신현숙 외, 『연극, 그 다양한 얼굴』, 연극과 인간, 2004.

_____, 『한국연극과 기호학』, 연극과 인간, 2006.

아놀드 하우저, 백낙청 외 역, 『문학과 예술의 사회사 - 현대편』, 창작과 비평사,
        1978.

아리스토텔레스, 천병희 역, 『시학』, 문예출판사, 1987.

아서 폴라드, 송낙헌 역, 『풍자』, 서울대학교 출판부, 1985.

안민수, 『연극적 상상·창조적 망상』, 연극과 인간, 2001.

_____, 『연극연출』, 집문당, 2007.

_____, 『배우수련』, 헤르메스미디어, 2007.

안치운, 『공연예술과 실제비평』, 문학과 지성사, 1993.

앙리 미테랑, 김미연 옮김, 『졸라와 자연주의』, 탐구당, 1993.

앙리 베르그송, 정연복 옮김, 『웃음』, 세계사, 2002.

양동안 외, 『현대한국정치사』, 한국정신문화연구원, 1987.

양승국, 『한근대연극비평사연구』, 태학사, 1996.

앤 서미싯, 남경태 옮김, 『(제국의 태양)엘리자베스 1세』, 들녘, 2005.

얀 코트, 김동욱 외 옮김, 『얀 코트의 연극론』, 도서출판 동인, 2002.

A. C. 브레들리, 이대석 역, 『셰익스피어 비극론』, 한신문화사, 1989.

A. 실버만, 이남복 편역, 『연극사회학』, 현대미학사, 1996.

에드워드 사이드, 박홍규 옮김, 『오리엔탈리즘』, 교보문고, 2009.

_____, 『문화와 제국주의』, 문예출판사, 2005.

에드워드 홀, 최효선 옮김, 『숨겨진 차원』, 한길사, 2002.

F. M. 왓킨스, 이홍수 역, 『近代政治思想史』, 을유문화사, 1981.

엘리엇 도이치, 민주식 옮김, 『비교미학 연구』, 도서출판 미술문화, 2000.

E. 고든크레이그, 남상식 역, 『연극예술론』, 현대미학사, 1999.

여석기, 『한국현대문화사대계』 1, 고대민족문화연구소, 1978.

_____, 『동서연극의 비교연구』, 고려대학교 출판부, 1987.

_____, 『한국의 공연예술』, 현대미학사, 1999.

오영미, 『한국전후 연극의 형성과 전개』, 태학사, 1996.

오세영, 『문예사조』, 고려원, 1962.

왈라스 K. 퍼커슨, 진원숙 옮김, 『르네상스사론』, 집문당, 1991.

요한 호이징아, 김윤수 역, 『호모루덴스』, 까치, 1981.

이광래, 『해체주의란 무엇인가』, 교보문고, 1989.

이경식, 『英國戱曲硏究 — 셰익스피어와 그의 동시대 극작가들』, 서울대학교 출판부, 1981.

_____, 『셰익스피어』, 서울대학교 출판부, 1985.

_____, 『셰익스피어본문 硏究』, 서울대학교 출판부, 1986.

_____, 『엘리자베스시대 悲劇의 세네카 傳統』, 서울대학교 출판부, 1991.

_____, 『셰익스피어의 生涯와 作品』, 서울대학교 출판부, 1994.

_____, 『분석서지학 — 이론과 실제』, 서울대학교 출판부, 1995.

_____, 『셰익스피어의 생애와 작품』, 서울대학교 출판부, 1998.

_____, 『아리스토텔레스의 〈시학〉과 신고전주의』, 서울대학교 출판부, 2004.

이남복 편저, 『연극사회학』, 현대미학사, 1996.

이달순, 『韓國政治史의 再發見』, 삼익학원 출판부, 1986.

이대석, 『셰익스피어 극의 구조연구』, 한양대학교 출판원, 1995.

_____, 『셰익스피어 극의 이해(희극편)』, 한신문화사, 2001.

_____, 『셰익스피어 극의 이해(비극편)』, 한양대학교 출판부, 2002.

伊東 勉, 서은혜 옮김, 『리얼리즘이란 무엇인가』, 청년사, 1992.

이두현, 『韓國新劇史硏究』, 서울대학교 출판부, 1990.

이미원, 『한국 근대극 연구』, 현대미학사, 1994.

_____, 『포스트모던 시대와 한국연극』, 현대미학사, 1996.

_____, 『세계화 시대 해체화 연극』, 연극과 인간, 2001.

_____, 『탈중심 연극의 모색』, 연극과 인간, 2007.

이병복, 『이병복 무대미술 30년』, 도서출판 한국무대미술가협회, 1997.

이상경,『노 가부키의 미학』, 태학사, 2003.

이상우,『근대극의 풍경』, 연극과 인간, 2004.

이상일,『축제와 마당극』, 조선일보사, 1986.

_____,『굿, 그 황홀한 연극』, 도서출판 江川, 1991.

_____,『변신이야기』, 밀알, 1994.

_____,『祝祭의 정신』, 성균관대학교 출판부, 1998.

_____,『전통과 실험의 연극문화』, 눈빛, 2000.

_____,『한국연극의 문화형성력』, 눈빛, 2000.

이성천 외,『알기쉬운 국악개론』, 풍남, 1995.

이승훈 편,『현대시사상: 예일학파의 해체비평』, 고려원, 1990.

이원경,『연극연출론』, 현대미학사, 1997.

이윤택,『해체, 실천, 그 이후』, 청하, 1980.

_____,『오구 – 죽음의 형식』, 도서출판 공간, 1994.

_____,『문제적 인간』, 공간미디어, 1995.

_____,『연기훈련』, 공간미디어, 1996.

_____,『웃다, 북치다, 죽다』, 평민사, 1997.

_____,『극작실습』, 평민사, 1998.

_____,『살아 있는 동안은 날마다 축제』, 샘터, 1999.

_____,『연극작업 – 햄릿읽기』, 우리극연구소, 2001.

_____,『해체와 재구』, 게릴라, 2003.

_____,『햄릿과 마주보다』, 도요, 2010.

이윤택 편,『연희단거리패의 햄릿』, 연희단거리패, 1996.

이완 아트, 조동구 옮김,『리얼리즘과 문학』, 지문사, 1985.

이정린,『아리스토파네스와 고대그리스 희극공연』, 한국학술정보, 2006.

이정하,『몽타쥬이론』, 예건사, 1990.

이진우,『포스트모더니즘의 철학적 이해』, 서광사, 1993.

이창복,『하이너 뮐러 문학의 이해』, 한국외국어대학교 출판부, 2002.

이–푸 투안, 구동회·심승희 옮김,『공간과 장소』, 도서출판 대윤, 2007.

이태주,『世界演劇의 미학』, 단국대학교 출판부, 1983.

_____,『연극은 무엇을 할 것인가』, 단국대학교 출판부, 1983.

_____,『충격과 방황의 한국연극』, 현대미학사, 1999.

이해랑,『또 하나 커튼 뒤의 인생』, 보림사, 1985.

이해랑, 『한국연극·무용·영화사』, 대한민국 예술원, 1985.

_____, 『허상의 진실』, 새문사, 1991.

이현우, 『셰익스피어: 관객, 무대 그리고 텍스트』, 동인, 2004.

이혜경, 『셰익스피어의 메타극』, 도서출판 동인, 1995.

_____, 『연극의 현실인식과 자의식』, 현대미학사, 1997.

_____, 『셰익스피어극의 해석 넓히기』, 도서출판 동인, 2002.

인나 살로미에바, 김태훈 편역, 『스따니슬랍스끼의 삶과 예술』, 태학사, 1999.

W. 셰익스피어, 김재남 역, 『세계문학전집』, 학원출판공사, 1990.

_____, 김재상 역, 『셰익스피어전집 1』, 휘문출판사, 1969.

_____, 신정옥 옮김, 『셰익스피어 4대 비극집』, 전예원, 1995.

_____, 이경식 옮김, 『셰익스피어의 4대비극연구』, 종로서적, 1987.

_____, 이태주 역, 『세계문학전집 6 - 햄릿』, 삼성출판사, 1984.

_____, 여석기 외 옮김, 『세계의 문학대전집 1 - 셰익스피어』, 동화출판
    공사, 1972.

_____, 정해근 옮김, 『셰익스피어의 4대 비극』, 巨巖, 1985.

_____, 최종철 역, 『햄릿』, 민음사, 1994.

W. V. 무디·R. M. 로베트, 이상오·이대석 공역, 『英國文學史』, 한신문화사, 1987.

유민영, 『韓國劇場史』, 한길사, 1982.

_____, 『韓國演劇의 美學』, 단국대학교 출판부, 1982.

_____, 『우리시대 演劇運動史』, 단국대학교 출판부, 1990.

_____, 『한국연극의 位相』, 단국대학교 출판부, 1992.

_____, 『한국 근대극장 변천사』, 태학사, 1998.

_____, 『李海浪 評傳』, 태학사, 1999.

_____, 『20세기 후반의 연극문화』, 국학자료원, 2000.

_____, 『한국연극운동사』, 태학사, 2001.

유재용, 『문화란 무엇인가』, 학연문화사, 1999.

자크 데리다, 김보현 편역, 『해체』, 문예출판사, 1996.

_____, 남수인 옮김, 『글쓰기와 차이』, 동문선, 2001.

_____, 김웅권 옮김, 『그라마톨로지에 대하여』, 동문선, 2004.

장 뒤비뇨, 김채훈 역, 『예술사회학』, 문학과 지성사, 1987.

장사훈, 『국악대사전』, 세광음악사, 1984.

_____, 『국악총론』, 정음사, 1985.

정명환, 『졸라와 자연주의』, 민음사, 1982.

장자크 루빈, 김애련 역, 『연극이론의 역사』, 현대미학사, 2004.

정정호, 『포스트모더니즘과 한국문학』, 도서출판 글, 1991.

정호순, 『한국의 소극장과 연극운동』, 연극과 인간, 2002.

정흥숙, 『복식문화사』, 교문사, 1981.

_____, 『서양복식문화사』, 교보문고, 1999.

지그문트 프로이트, 임인주 옮김, 『농담과 무의식의 관계』, 열린책들, 1997.

질 지라르, 윤학노 역, 『연극이란 무엇인가』, 고려원, 1991.

조셉 블라이허, 권순홍 옮김, 『현대해석학』, 도서출판 한마당, 1990.

조재희, 『셰익스피어와 정신분석』, 한국학술정보(주), 2006.

존 러셀 브라운, 김진석 역, 『열린 셰익스피어』, 현대미학사, 2001.

존 레웰린, 서우석 외 역, 『데리다의 해체주의』, 문학과 지성사, 1988.

존 멕켄지, 박홍규 외 역, 『오리엔탈리즘: 예술과 역사』, 문화디자인, 2006.

존 바튼, 김동욱 역, 『셰익스피어 연기하기』, 성균관대학교 출판부, 2005.

존 버거, 편찬부 역, 『이미지: 시각과 미디어』, 동문사, 1990.

줄리아 크리스테바, 『시적 언어의 혁명』, 동문선, 2000.

J. L. 스타이안, 원재길 옮김, 『근대극의 이론과 실제 1』, 탑출판사, 1995.

_____, 윤광진 역, 『표현주의 연극과 서사극』, 현암사, 1988.

차봉희, 『수용미학』, 문학과 지성사, 1981.

_____, 『비판미학』, 문학과 지성사, 1992.

찰스 마로위츠 외, 김윤철 옮김, 『마로위츠의 햄릿 외』, 현대미학사, 1994.

村上嘉隆, 유염하 옮김, 『계급사회와 예술』, 도서출판 공동체, 1987.

최문환, 『近世社會思想史』, 삼영사, 1979.

최상철, 『무대미술감상법』, 대원사, 1997.

최웅 외 공저, 『한국의 전통극과 현대극』, 북스힐, 2004.

최유찬, 『리얼리즘이론과 실제비평』, 두리, 1992.

_____, 『문예사조의 이해-그리스시대에서 포스트모더니즘까지』, 실천문학사, 1995.

최재서, 『셰익스피어 예술론』, 을유문화사, 1963.

최정호, 『예술과 정치』, 민음사, 1977.

_____ 엮음, 『새로운 예술론: 21세기 한국문화의 전망』, 나남출판, 2001.

최종태, 『예술가와 역사의식』, 지식산업사, 1986.

최한수 편저, 『한국정치의 이해』, 건국대학교 출판부, 2004.

C. V. 제임스, 연희원 옮김, 『사회주의 리얼리즘론』, 녹진글방, 1990.

칼 야스퍼스, 황문수 역, 『비극론』, 범우사, 1999.

칼 하인츠 보어, 최문규 옮김, 『절대적 현존』, 문학동네, 1998.

캐서린 래스키, 이나영 옮김, 『엘리자베스 1세 여왕: 튜더가의 붉은 장미』, 문학사
　　　상, 2005.

캐네스 E. 볼딩, 권순홍 역, 『현대해석학』, 한마당, 1996.

캘빈 S. 홀, 황문수 옮김, 『프로이드 입문』, 한림미디어, 1999.

케어 엘람, 이기한 외, 『연극과 희곡의 기호학』, 평민사, 1998.

크리스토퍼 인네스, 김미혜 옮김, 『아방가르드 연극의 흐름: 1892~1992』, 현대미
　　　학사, 1997.

클리포드 리치, 문양득 역, 『비극』, 서울대학교 출판부, 1985.

테니 콜먼, 최일성 옮김, 『로렌스 올리비에: 셰익스피어 연기의 대가』, 을유문화
　　　사, 2008.

테리 이글턴, 김명환 외 역, 『문학이론입문』, 창작과 비평사, 1986.

테리 호즈슨, 김익수 외 옮김, 『연극용어사전』, 한국문화사, 1998.

테오드르 생크, 김문환 역, 『연극미학』, 서광사, 1986.

　　　　　　　, 남선호 역, 『현대연극의 이론과 실제』, 청하, 1991.

파크 호넌, 김정환 옮김, 『셰익스피어평전』, 북폴리오, 2000.

페터 지마, 허창운 옮김, 『문예미학』, 을유문화사, 1993.

피에르 코니, 임채문 옮김, 『자연주의』, 탐구당, 1985.

피터 노에버, 김경준 역, 『뉴모더니즘과 해체주의①』, 청람, 1996.

피터 브룩, 김선 역, 『빈 공간』, 청하, 1989.

피터 N. 스크린 외, 천승찬 역, 『자연주의』, 서울대학교 출판부, 1986.

피터 피츠, 조상용 역, 『드라마속의 시간』, 들불, 1994.

프란츠 카프카, 이윤택 엮음, 『카프카의 아포리즘』, 청하, 1991.

프랑소와즈 라로크, 이종인 역, 『셰익스피어』, 시공사, 1999.

하혜성, 『셰익스피어 美學論』, 시낭사, 1997.

한국기호학회, 『문학과 기호』, 문학과 지성사, 1995.

한국 근·현대연극 100년사 편찬위원회, 『한국 근·현대연극사』, 집문당, 2009.

한국사회과학연구소 편, 『小說과 社會思想』, 민음사, 1982.

한국연극학회 편, 『탈식민주의와 연극』, 연극과 인간, 2003.

한국정치연구회 정치사분과 지음, 『한국현대사 이야기 주머니』, 도서출판 녹두, 1994.

한국평론가협회 편, 『70년대 연극평론 자료집』(I~V), 파일, 1989.

───────, 『80년대 연극평론 자료집』(I~V), 한국연극평론가협회, 1998.

───────, 『90년대 연극평론 자료집』(I~V), 한국연극평론가협회, 1998.

한명남, 『셰익스피어와 〈햄릿〉』, 중앙대학교 출판부, 1997.

한상철, 『한국연극의 쟁점과 반성』, 현대미학사, 1992.

─────, 『데리다의 해체주의에 대한 비판적 이해: 기호학과 정신분석학의 관점에서』, 철학과 현실사, 2001.

한영림, 『셰익스피어 공연무대사』, 도서출판 동인, 2007.

현대정신분석학회 편, 『우리시대의 욕망 읽기: 정신분석과 문화』, 문예, 1999.

호비 바바, 나병철 옮김, 『문화의 위치, 탈식민주의의 문화이론』, 소명출판, 2002.

홍기영, 『셰익스피어 희극의 세계』, 만남, 2000.

홍기창, 『셰익스피어 희곡론』, 서울대학교 출판부, 1995.

홍명희, 『상상력과 가스통 바슐라르』, 살림출판사, 2005.

황계정, 『메타드라마』, 연세대학교 출판부, 1992.

─────, 『셰익스피어 길잡이』, 도서출판 동인, 2000.

─────, 『셰익스피어의 미학적 수법』, 도서출판 동인, 2003.

허버트 J. 갠스, 강현두 역, 『大衆文化와 高級文化』, 삼영사, 1983.

허은·이주상, 『연극비평의 방법과 실제』, 경상대학교 출판부, 1999.

헬렌 길버트 외, 문경연 역, 『포스트콜로니얼 드라마-이론, 실천, 정치』, 소명출판, 2002.

휴 실버만, 윤호병 옮김, 『포스트모더니즘』, 고려원, 1995.

───────, 『데리다의 해체주의: 철학과 사상』, 현대미학사, 1998.

───────, 『텍스트성·철학·예술: 해석학과 해체주의 사이』, 소명출판, 2009.

H. 마르쿠제, 최현·이근영 역, 『美學과 文化』, 범문사, 1989.

〈국외 단행본〉

(1) 일본어 단행본

山口昌男, 『道化の民俗學』, 筑摩書房, 1985.

平內消謠, 『沙公全集』, 早大出版部, 1928.

平內消謠, 『新修ツェクスピア』, 中央公論社, 1935.

河竹登志夫,「日本にわけるシュークスピアの 受容」,『文學』4, 岩波書店, 1986.

_____ ,『日本のハムレット』, 南窓社, 1972.

_____ ,『續比較演劇學』, 南窓社, 1974.

(2) 영어 단행본

Aber, Edward ed. *A Transcript of the Registers of the Company Stationers of London, 1554~1640,* privately printed, 1875~1894, vol.3 in 5 volumes.

Adams, J. Q. *A Life of Shakespeare,* Constable and Company Ltd., 1923.

Aelman, Janet. *Suffocating Mothers: Fantasies of Maternal Origin in Shakespeare's Plays, Hamlet to Tempest,* Routledge, 1992.

Alexander, Peter. *William Shakespeare: The Complete Work,* Collins, 1951.

Appel, Willa. *By means of Performance: Intercultural Studies of Theatre and Ritual,* Cambridge University Press, 1990.

Appia, Adolphe. *Music and the Arts of the Theatre,* University of Miami Press, 1962.

Artaud, Antonin. *The Theatre and Its Double,* Grove Press, 1958.

Badawi, M. M. *Coleridge: Critic of Shakespeare,* Cambridge University Press, 1973.

_____ . *Background to Shakespeare,* Macmillan, 1981.

Baldwin, T. B. *William Shakespeare's Five-Act Structure: Shakespeare's Early Plays on the Background of Renaissance Theories of Five-Act Structure from 1470,* The University of Illinois Press, 1947.

Barton, Anne. *Shakespeare and the Idea of the Play,* Penguin Books, 1962.

Beckerman, Bernard. *Shakespeare at the Globe, 1599~1609,* Macmillan, 1962.

Benedetti, Robert. *The Director at Work,* Englewood cliffs, Prentice-Hall, 1985.

Benedikt, Michael. & Wellwarth, George E. ed. and trans, *Modern French Theatre: The Avant Garde, Dada and Surrealism: An Anthology of Play,* E. P. Dutton, 1964.

Bestocci, Angelo Philip. *From Symbolism to Baudelaire,* Southern Illinois University Press, 1964.

Bharucha, Rustom. *Theatre and the World,* Routledge, 1993.

Bloom, Harold. ed., *Modern Critical Interpretations, William Shakespeare's*

Hamlet, Chelsea House Publishers, 1986.

Boas, Frederick S. ed. *The Works of Thomas Kyd,* Clarendon Press, 1955.

Bogart, Anne. *A Director Prepares: Seven Essays on Art and Theatre,* Routledge, 2001.

Bosanquet, Bernard. *A History of Aesthetic,* Meridian Books, 1957.

Bowers, Fredson. *Elizabethan Revenge Tragedy,* Princeton University Press, 1940.

──────────. *Principles of Bibliographical Description,* Princeton University Press, 1949.

──────────. *Hamlet as Minister and Scourge,* Publications of the Modern Language Association of America, 1950.

──────────. *On Editing Shakespeare and the Elizabethan Dramatics,* University of Pennsylvania Libraries, 1955.

──────────. *Textual and Literary Criticism,* Cambridge University Press, 1959.

──────────. *Bibliography and Textual Criticism,* Clarendon Press, 1964.

──────────. *On Editing Shakespeare,* The University Press of Virginia, 1966.

──────────. *The Bibliographical Society of America 1904~1979: A Retrospective Collection,* The University Press of Virginia, 1980.

Bradley, A, C. *Shakespearean Tragedy,* Macmillan, 1992.

Braun, Edward. *The Director and the Stage: from Naturalism to Grotowski,* Methuen, 2005.

Brook, Peter. *The Empty Space,* Fairfield Graphics, 1968.

──────────. *The Open Door: Thoughts on Acting and Theatre,* Anchor Books, 2005.

Brown, John Russell. *New Sites for Shakespeare: Theatre, the Audience and Asia,* Routledge, 1999.

──────────. & Harris, Bernard. ed. *Hamlet,* Arnald, 1963.

Bruce, Wilshire. *Role Playing and Identity: the Limits of Theatre as Metaphor,* Indiana University Press, 1982.

Brustein, Robert S. *The Third Theatre,* Simon and Schuster, 1967.

Bulman, James C. ed. *Shakespeare, Theory, and Performance,* Routledge, 1996.

Calderwood, James L. *Shakespearean Metadrama in Hamlet,* University of Minnesota Press, 1972.

Calderwood, James L. *To Be And Not To Be: Negation and Metadrama in Hamlet*, Columbia University Press, 1983.

Chambers, E. K. *William Shakespeare: A Study of Facts and Problems*, Clarendon Press, 1930.

_____. *The Elizabethan Stage*, Clarendon Press, 1923.

Charney, Maurice. *Hamlet's Fiction*, Routledge, 1988.

Clemen, Wolfgang H. *Shakespeare's Dramatic Art*, Methuen, 1972.

_____. *The Development of Shakespeare's Imagery,* Methuen, 1977.

Cohen, Robert. *Creative Play Direction*, Prentice-Hall, Inc., 1974.

Cole, Susan Letzler. *Director in rehearsal,* Routledge, 1992.

Cole, Toby. & Chiny, H. Krich. ed. *Actors on Acting,* Crown Publishers, 1970.

_____. *Directors on Directing*, New York Bobbs-Merrill co., 1963.

Collinson, Patrick. *The Elizabeth Puritan Movement,* Oxford University Press, 2004.

Condee, William Faricy. *Theatrical Space: A Guide for Director and Designers*, Methuen, 1995.

Counsell, Colin. *Signs of Performance: An Introduction to the twentieth Century Theatre,* Routledge, 1996.

Coyle, Martin. ed. *Hamlet: New Casebooks*, St. Martin's Press, 1992.

Craig, Hardin. *A New Look at Shakespeare's Quartos*, Stanford University Press, 1961.

Crystal, Davis and Ben, Crystal. *Shakespeare's Words*, Penguin Books, 2002.

Culler, Jonathan. *The Pursuit of Signs: Semiotics, Literature, Deconstruction,* Routledge & Kegan, 1981.

Cunningham, Rebecca. *The Magic Garment-Principles of Costume Design,* Waveland Press Inc., 1984.

Dean, Alexander. *Fundamentals of Play Directing,* Holt, Rinehart and Winston, 1989.

Dessen, Alan C. *Elizabethan Stage Conventions and Modern Interpreters*, Cambridge University Press, 1984.

Dietrich, John E. & Duckwall, Ralph W. *Play Direction*, Prentice-Hall, 1983.

Dobson, Michael. & Wells, Stanley. ed. *The Oxford Companion to Shakespeare,* Oxford University Press, 2001.

Duthie, G. I. *The Bad Quarto of Hamlet: A Critical Study*, Cambridge University Press, 1941.

Dutton, Richard. *William Shakespeare : A Literary Life*, Macmillan, 1989.

Eagleton, Terry. *William Shakespeare : Rereading Literature*, Basil Blackwell, 1986.

Edwards, Phillip. ed. *Hamlet; Price of Denmark,* Cambridge University Press, 1985.

Einstein, Elizabeth L. *The Printing Revolution in Early Modern Europe*, Macmillan, 1983.

Eliot, T. S. *Hamlet and His Problems — The Scared Word: Essays on Poetry and Criticism,* Routledge, 1960.

Elsom, John. ed. *Is Shakespeare Still Our Contemporary?*, Routledge, 1989.

Elton, W. R. & Wells, Stanley. ed. *"Shakespeare and the Thought of His Age." The Cambridge Companion to Shakespeare Studied,* Cambridge University Press, 1986.

Evans, G. B. ed. *The Riverside Shakespeare*, Houghton Mifflin, 1974.

Fergusson, Francis. *The Idea of a Theatre: A Study of Ten Plays*, Princeton University Press, 1949.

Fortier, Mark. *Theory/Theatre,* Routledge, 1977.

French, Marilyn. *Shakespeare's Division of Experience*, Abacus, 1981.

Gallaway, Marian. *The Director in the Theatre,* Macmillan, 1963.

Gerrad, Ernest A. *Elizabethan Drama and Dramatists,* Cooper Square Publishers, 1971.

Goddard, Harold C. *The Meaning of Shakespeare*, Chicago University Press, 1973.

Goldman, Michael. *Shakespeare and the Energies of Drama*, Princeton University Press, 1972.

Granville-Baker, Harley. *Prefaces to Shakespeare,* Princeton University Press, 1946.

_____. & Harrison, G. B. ed., *A Companion to Shakespeare*

Studies, Cambridge University Press, 1977.

Greenblatt, Stephen. ed. *The Norton Shakespeare: Based on the Oxford Edition*, W. W. Norton & Company, 1997.

Greg, W. W. *'The First Folio and Its Publishers', 1623~1923 Studies in the First Folio for the Shakespeare Association*, Milford, 1924.

_____. *The Editorial Problem in Shakespeare: A Survey of the Foundation of the Text*, the Clarendon Press, 1954.

_____. *The Shakespeare First Folio: Its Bibliographical and Textual History*, the Clarendon Press, 1955.

Grove, Edwin M. *Arena Theatre-Dimensions for the Space Age*, The Winston Publishing Company, 1989.

Gurr, Andrew. *The Shakespearean Stage, 1574~1632*, Cambridge University Press, 1992.

Hamilton, Donna B. *Shakespeare and the Politics of Protestant England*, Kentucky University Press, 1992.

Harrison, G. B. ed. *The Reprint Series of The Bodley Head Quartos*, The Bodley Head Ltd., 1923.

Hattaway, Michael. *Elizabethan Popular Theatre: Plays in Performance,* Routledge, 1982.

Hilton, Julian. *New Directions in Theatre*, St. Martin's Press, 1993.

Hinman, Charlton ed. *The Norton Facsimile: The First Folio of Shakespeare*, Paul Hamlyn, 1968.

Hodgart, Matthew. & Caldwell, John. *Satire*, Weidenfeld, 1969.

Hodge, Alison. ed. *Twentieth Century Actor Training*, Routledge, 2000.

Hodge, Francis. *Playing Directing: Analysis, Communication and Style*, Englewood cliffs, Prentice-Hall, 1994.

Holand, Peter. & Scolnicov, Hanna. ed. *The Plays Out of Context: Transfering Plays from Culture to Culture,* Cambridge University Press, 1989.

Holden, Anthony. *William Shakespeare His Life and Work*, Little, Brown and Company, 1999.

Honan, Park. *Shakespeare: A Life,* Oxford University Press, 1999.

Hornby, Richard. *Drama, Metadrama, and Perception*, Associated University Press,

1986.

Hornby, Richard. *The End of Acting*, Applause, 1992.

Howard, Pamela. *What is Scenography?*, Routledge, 2002.

Hunt, Hugh. *The Director in the Theatre*, Routledge, 1954.

Hunter, G. K. *English Drama 1586~1642: The Age of Shakespeare*, the Clarendon Press, 1997.

Jenkins, Harold. ed., *The Arden Shakespeare Hamlet*, Methuen, 1982.

Jones, David Richard. *Great Directors at Work*, University of California Press, 1986.

Jump, John. ed. *Introduction in Shakespeare: Hamlet A Casebook*, Macmillan Publishers, 1968.

_____. *Hamlet: A Selection of Critical Essays*, Macmillan, 1968.

Kaye, Nick. *Postmodernism and Performance,* St. Martin's Press, 1994.

Kelly, F. M. *Shakespearean Costume for Stage & Screen*, Adams & Charles Black, 1973.

Kennedy, Dennis. *Foreign Shakespeare: Contemporary Performance*, Cambridge University Press, 1993.

Kermode, Frank. *The Age of Shakespeare*, Random House, Inc., 2005.

Kirby, E. T. *Total Theatre: A Critical Anthology*, E. P. Dutton, 1969.

Kirby, Michael. ed. *Happening*, E. P. Dutton, 1964.

Kirschbaum, Leo. *Shakespeare and the Stationers,* The Ohio State University Press, 1955.

Kittredge, G. L. ed., *Hamlet,* Ginn and Company, 1939.

Knights, L. C. *A Approach to Hamlet*, Stanford University Press, 1961.

Kott, Jan. *Shakespeare Our Contemporary*, W. W. Norton & Company, 1974.

Laan, Thomas F. Van. *Role-Playing in Shakespeare*, Toronto University Press, 1978.

Leiter, Samuel L. *From Stanislavski to Barrault: representative directors of European stage,* Greenwood Press, 1991.

Lentz, C. R. Swift. Green, Gayle and Neely, C. T. eds., *The Woman's Part: Feminist-Criticism of Shakespeare,* University of Illinois Press, 1980.

Levin, Harry. *The Question of Hamlet*, Oxford University Press, 1959.

Levin, Harry. & Bevington, David. ed., *20th Century Interpretations of Hamlet,* Prentice-Hall, 1968.

Lewis, C. S. Sacks, Claire and Whan, Edga ed., *Hamlet: Enter Critics,* Appleton Century-Crofts, 1960.

Ludowyk, E. F. C. *Understanding Shakespeare,* Cambridge University Press, 1954.

Luere, Jeane. *Playwright versus Director: Authorial Intentions and Performance Interpretations,* Westport, Conn.: Greenwood Press, 1994.

Macgowan, Kenneyh. & Melnitz, William. *The Living Theatre,* Prentice-Hall, Inc., 1962.

_____. *Golden Age of the Theatre,* Prentice-Hall, Inc., 1979.

Mangan, Michael. *A Preface to Shakespeare's Tragedies,* Longman, 1991.

Manoulian, Rouben. *Hamlet: A New Version,* The Bobbs-Merrill Company Inc., 1965.

McKerrow, R. B. *An Introduction to Bibliography for Literary Students,* the Clarendon Press, 1927.

_____. *The Relationship of English Printed Books to Author's Manuscripts in the Sixteenth and Seventeenth Centuries Sandars Lectures,* Cambridge University Library, 1928.

_____. *Prolegomena for the Oxford Shakespeare: A Study in Editorial Method,* Clarendon Press, 1939.

McManaway, James G. *Studies in Shakespeare, Bibliography, and Theatre,* The Shakespeare Association of America, 1969.

Mehl, Dieter. *The Elizabethan Dumb Show: The History of a Dramatic Convention,* Methuen, 1965.

Mitchell, Katie. *The Director's Craft: A Handbook for the Theatre,* Routledge, 2006.

Morgan, Joyce Vining. *Stanislavski's Encounter with Shakespeare,* UMI Research Press, 1984.

Muir, Kenneth. & Shoenbaum, S. *A New Companion to Shakespeare Studies,* Cambridge University Press, 1971.

Mulryne, J. R. & Shewing, Magaret. *Theatre of the English and Italian Renaissance,*

St. Martin's Press, 1991.

Murfin, Ross C. *The Scarlet Letter,* St. Martin's Press, 1991.

Murray, Gilbert. *Hamlet and Orestes,* Cambridge University Press, 1927.

Nelson, Robert J. *Play within a Play: The Dramatist's Conception of His Art: Shakespeare to Anouilh*, Yale University Press, 1958.

Pavis, Patrice. *Languages of the Stage*, Performing Arts Journal Publications, 1982.

_____. *The Intercultural Performance Reader,* Routledge, 1986.

_____. *The Play out of Context*, Cambridge University Press, 1989.

_____. *Theatre at the Crossroads of Culture*, Routledge, 1992.

_____. *Analyzing Performance: Theater, Dance and Film,* University of Michigan Press, 2003.

Peck, John. & Coyle, Martin. *How to Study a Shakespeare Play*, Macmillan Publishers, 1985.

Peters, Julie Stone. *Theatre of the Book 1480~1880: Print, Text, and Performance in Europe*, Oxford University Press, 2000.

Petrek, Josephin D. *Costuming to the Theatre,* Crown Publishers Inc., 1959.

Pollard, A. W. *Shakespeare Folio and Quartos: A Study in the Bibliography of Shakespeare's Plays 1594~1685*, Methuen, 1909.

_____. *A New Shakespeare Quarto*, Bernard Quaritch, 1916.

_____. *Shakespeare's Fight with the Pirates and the Problems of the Transmission of His Text,* Cambridge University Press, 1917.

_____. *Shakespeare's Hand in the Play of 'Sir Thomas More'*, Cambridge University Press, 1923.

Pratt, Norman T. *Seneca's Drama,* The University of North Carolina Press, 1983.

Raysor, Thomas M. ed. *Coleridge's Shakespearean Criticism,* Harvard University Press, 1930.

Reynolds, Peter. *Shakespeare: Text into Performance,* Penguin Books, 1991.

Rhodes, R. Crompton. *Shakespeare's First Folio*, Basil Backwell, 1923.

Ribner, Irving. *Pattern in Shakespearean Tragedy*, Barnes & Noble Books, 1960.

Rudd, Niall. *Essays on Classical Literature Selected from 'Arion' with an Introduction,* Heffer, 1972.

Russell, Duglas A. *Costume History and Style*, Prentice-Hall Inc., 1983.

Russell, Duglas A. *Stage Costume Design-Theory: Technique and Style*, Stanford University Press, 1973.

Sanford, Mariellen R. ed., *Happening and Other Acts*, Routledge, 1988.

Schanzer, Ernest. *The Problem Plays of Shakespeare*, Routledge, 1965.

Schechner, Richard. *Performance Theory,* Routledge, 1977.

_____. *The End of Humanism*, Performing Arts Journal Publications, 1982.

_____. *Performative Circumstances from Avant-Garde to Ramlila*, Seagull Books, 1983.

_____. *Between Theater and Anthropology*, Pennsylvania University Press, 1985.

_____. *Interculturalism and Performance Writings from PAJ*, PAJ Publication, 1991.

_____. *Performance Studies: An Introduction,* Routledge, 2003.

Schelling, Felix E. *Elizabethan Drama 1558~1642*, Archibald Constable & Co. Ltd., 1908.

Schmidt, Alexander. *Shakespeare Lexicon and Quotation Dictionary*, Dover Publications Inc., 1971.

Schoenbaum, S. *William Shakespeare: A Documentary Life,* the Clarendon Press, 1975.

Sconicov, Hanna. *Theatre Space, Theatrical Space and Theatrical Space without,* Cambridge University Press, 1987.

Scragg, Leah. *Discovering Shakespeare's Meaning*, Macmillan, 1994.

Senelick, Laurence. *Gordon Craig's Moscow Hamlet*, Greenwood Press, 1982.

Shewmaker, Eugene F. *Shakespeare's Language*, Checkmark Books, 1999.

Simard, Rodney. *Postmodern Drama: Contemporary Playwrights in America Britain,* Landham, Md: University Press of America, 1984.

Skura, Meredith Anne. *Shakespeare the Actor and the Purposes of Playing*, Chicago University Press, 1993.

Simpson, Percy. *Shakespearian Punctuation*, the Clarendon Press, 1911.

Smart, J. S. *Shakespeare: Truth and Tradition*, Edward Arnold & Co., 1928.

Smith, Willard. *The Nature of Comedy,* The Folcrafte Press, Inc., PA. 1969.

Southern, Richard. *The Seven Ages of the Theatre*, Hill and Wang, 1961.

Spencer, Hazelton. *The Art and Life of William Shakespeare*, Barones & Noble, Inc., 1970.

Spencer, Theodore. *Shakespeare and the Nature of Man,* Cambridge University Press, 1965.

Stall, Elmer Edgar. *Art and Artifice in Shakespeare,* Cambridge University Press, 1965.

Styan, J. L. *The Elements of Drama*, Cambridge University Press, 1963.

_____. *The Dramatic Experience*, Cambridge University Press, 1965.

_____. *Shakespeare's Stagecraft*, Cambridge University Press, 1975.

_____. *The Shakespeare Revolution: Criticism and Performance in the Twentieth Century*, Cambridge University Press, 1977.

_____. *Modern Drama in Theory and Practices 1: Realism and Naturalism,* Cambridge University Press, 1981.

_____. *Drama, Stage and Audience*, Cambridge University Press, 1982.

_____. *Perspectives on Shakespeare in Performance,* Peter Lang, 2000.

Thomson, Peter. *Shakespeare's Theatre*, Routledge, 1983.

Thondike, A. H. *The Relations of Hamlet to Contemporary Revenge Plays,* Publications of the Modern Language Association of America, 1902.

Waldock, J. A. *Hamlet: A Study in Critical Method,* Cambridge University Press, 1965.

Walker, A. *Textual Problems of the First Folio: Richard III, King Lear, Troilus and Cressida, 2 Henry IV, Hamlet, Othello,* Cambridge University Press, 1953.

_____. *Dynamics of Drama: Theory and Method of Analysis*, Alfred A. Knopt, 1970.

Walton, J. K. *The Quarto Copy for the First Folio of Shakespeare*, Dublin University Press, 1971.

Watson, Forster. *The English Grammar Schools to 1660,* Frank Cass & Co Ltd., 1958.

Weimann, Robert. *Shakespeare and the Popular Tradition in the Theatre*, John Hopkins University Press, 1987.

Weiner, Albert B. ed. *Hamlet, the First Quarto, 1603*, Baron's Educational Series, 1962.

Wells, Stanley. *A Dictionary of Shakespeare*, Oxford University Press, 1998.

_____. ed., *Shakespeare in the Theatre : An Anthology of Criticism*, Oxford University Press, 2000.

_____. & Yaylor, Gray. ed. *William Shakespeare: The Complete Works*, the Clarendon Press, 1988.

Welsford, Enid. *The Fool His Social and Literary History*, Gloucester, Mass. Peter Smith, 1966.

Wheel, G. W. ed. *Letter of Sir Thomas Bodley to Thomas James*, Constable and Co. Ltd., 1926.

Whibley, Charles ed. *The Tudor Translations Second Series*, Constable and Co. Ltd., 1927.

Wickham, Glynne. *Shakespeare's Stage,* Routledge, 1972.

Willford, William. *The Fool and His Scepter*, Northwestern University Press, 1989.

Wilson, Edwin. *The Theatre Experience,* Mcgraw-Hill Company, 1985.

Wilson, John Dover. *The Manuscript of Shakespeare's Hamlet and the Problems of Its Transmission: An Essay in Critical Bibliography*, Cambridge University Press, 1934.

_____. ed. *The New Shakespeare: Hamlet,* Cambridge University Press, 1934.

_____. *The Essential Shakespeare: A Biographical Adventure,* Cambridge University Press, 1967.

_____. *What Happens in Hamlet,* Cambridge University Press, 1976.

_____. *The Complete Works of W. Shakespeare*, Octopus Books Ltd., 1981.

3. 논문

〈국내논문〉

강문순, 「상여소리 연구: 죽음意識을 중심으로」, 이화여대 석사학위논문, 1982.

강석주, 「서구비극담론의 보수성과 셰익스피어」, 『Shakespeare Review』 42, 한국
　　셰익스피어학회, 2006.

강재철, 「≪햄릿≫에 나타난 질서의 붕괴」, 경상대 석사학위논문, 2001.

김경숙, 「셰익스피어 극의 몸주체 - 몸의 해부학적 이미지와 이데올로기적 물질
　　성」, 부산대 박사학위논문, 2004.

김권수, 「崔仁勳의 '둥둥 樂浪둥'과 셰익스피어의 '햄릿' 비교연구」, 동아대 석사학
　　위논문, 1998.

김균형, 「빈 공간의 탐구」, 『한국연극학』 9, 한국연극학회, 1997.

김대현, 「장면연출의 시간과 공간의 조성」, 『한국연극학』 32, 한국연극학회, 2007.

김덕옥, 「Shakespeare의 비극연구」, 『논문집』 9, 서울산업대학교, 1975.

김동욱, 「글로벌화로 완성된 〈햄릿〉: 이윤택이 연출한 〈햄릿〉(1996~2005) 공연연
　　구」, 『Shakespeare Review』 44, 한국셰익스피어학회, 2008.

김명화, 「오태석 희곡의 공간연구」, 중앙대 박사학위논문, 2000.

김미희, 「문화상호주의연극, 보편성인가, 문화제국주의인가」, 『연극평론』 21, 한
　　국연극평론가협회, 2001.

_____, 「탈식민주의와 극언어 번역 - 한국에서 공연된 외국연출가들의 연극에
　　나타난 탈식민주의」, 『2002년도 춘계학술 심포지움 발표논문집』, 한국연
　　극학회, 2002.

김방옥, 「희극에 있어서의 stock character와 그 기원」, 『연구논집』 7, 이화여대,
　　1978.

_____, 「한국연극의 공간표현연구」, 『연극교육연구』 2, 한국교육연극학회, 1998.

_____, 「몸의 연기론 Ⅰ」, 『한국연극학』 15, 한국연극학회, 2000.

_____, 「한국연극의 사실주의 연기론 연구」, 『한국연극학』 22, 한국연극학회,
　　2004.

김봉섭, 「이중구조의 공간구성에 의한 상징성 연구」, 중앙대 석사학위논문, 2000.

김사엽, 「웃음과 諧謔의 本質」, 『사조』 4, 사조사, 1958.

김상교, 「연극 연출 방법론에 있어서의 변천과 수용에 관한 역사적 연구」, 『논문
　　집』 16, 대구보건전문대학, 1996.

김세라, 「Hamlet에 나타난 정치적 죽음」, 『경기영문학』 6, 경기대학교영어영문학
　　회, 2000.

김숙경, 「한국연극의 저널리즘 비평연구: 80년대 일간지 비평을 중심으로」, 경성
　　대 석사학위논문, 1994.

김숙경, 「1970년대 이후 한국 현대극 연출에 나타난 전통의 현대화 양상 연구-김
　　　정옥, 오태석, 손진책, 김명곤, 이윤택을 중심으로」, 중앙대 박사학위논
　　　문, 2009.

김숙현, 「1970년대 드라마쎈타의 연출특성 연구-유덕형, 안민수, 오태석을 중심
　　　으로」, 동국대 석사학위논문, 2004.

김아영, 「공연예술에서의 영상 미디어 활용 연구」, 이화여대 석사학위논문, 2007.

김영규, 「바슐라르의 물질적 상상력에 관한 연구」, 홍익대 석사학위논문, 1987.

김영선, 「색채 서술어에 의한 색채의 심리적 차원에 관한 연구」, 고려대 석사학위
　　　논문, 1998.

김영희, 「1990년대 한국의 수정 사실주의 연극연출의 양상-창작극을 중심으로」,
　　　성균관대 석사학위논문, 2006.

김익환, 「셰익스피어 비극에서 정체성의 혼란과 광기」, 충북대 박사학위논문,
　　　2004.

김인식, 「롤랑 바르트 문학의 이론과 실천: 비평적 담론에서 소설적 글쓰기로」,
　　　성균관대 박사학위논문, 1994.

김인식, 「시간의 흔적을 주제로 한 도자기연구」, 서울산업대 석사학위논문, 2010.

김욱동, 「포스트모더니즘과 한국문학」, 『라쁠륨: 인간과 문학』 16, 문화공간, 2000.

김윤경, 「여석기의 연극비평에 관한 연구: 계간지 『연극평론』 간행과 70년대 비평
　　　활동을 중심으로」, 상명대 석사학위논문, 2005.

김윤식, 「엘리자베스시대 공설극장에서의 무대활용」, 동국대 석사학위논문, 1992.

김윤철, 「Constantin Stanislavsky의 性格創造理論에 대한 硏究」, 중앙대 석사학위
　　　논문, 1980.

金潤哲, 「문화상호주의 공연에 대한 도발적 단상」, 『연극평론』 49, 한국연극평론
　　　가협회, 2008.

김은향, 「아리안느 므누슈킨(Ariane Mnouchkine)의 연극작업에 나타난 문화상호
　　　주의 연구: 제방의 북소리(Tambours sur la Digue)을 중심으로」, 한양대
　　　석사학위논문, 2007.

김재상, 「Hamlet의 Delay」, 『The Shakespeare Review』 9, 한국셰익스피어학회,
　　　1985.

김지명, 「엘리자베스시대 대중극장(Public Theatre)과 극작술의 상호관련성 연구
　　　-윌리엄 셰익스피어의 〈햄릿(Hamlet)〉을 중심으로」, 한양대 석사학위
　　　논문, 1997.

김지수 외, 「연극의 기호학적 분석을 위한 비교연구」, 『기호학연구』, 한국기호
　　학회, 1995.

김진악, 「諧謔研究序說」, 『논문집』 3, 배제대, 1982.

김종석, 「연극 텍스트 해석에 나타나는 연극공간 기능에 관한 연구」, 서강대 석사
　　학위논문, 1992.

김종우, 「기국서의 ≪햄릿 공연사 연구≫ - ≪햄릿1≫~≪햄릿5≫를 중심으로」, 중
　　앙대 석사학위논문, 2002.

김종환, 「〈햄릿〉 비평: 18세기에서 1960년대까지」, 『동서문화』 27, 계명대학교
　　동서문화연구소, 1995.

_____, 「1970년대 이후의 〈햄릿〉 비평」, 『동서문화』 34, 계명대학교 동서문화연
　　구소, 2001

김찬자, 「어릿광대 연구」, 『동화와 번역』 2, 건국대 동화와 번역연구소, 2001.

김태현, 「장면연출과 리듬·템포: 장소와 장면의 고정성을 중심으로」, 『한국연극
　　학』 22, 한국연극학회, 2004.

김현란, 「튜더 영국인과 마키아벨리즘: 엘리자베스 1세를 중심으로」, 『서양사론』
　　96, 한국서양학회, 2008.

김현희, 「현대 한국 창작춤에 나타난 즉흥성향 연구」, 이화여대 석사학위논문,
　　2005.

김형기, 「연극성 개념의 변형과 확장」, 『한국연극학』 23, 한국연극학회, 2004.

_____, 「다매체시대 연극의 탈영토화: 연출가연극 - 춤연극 - 매체연극」, 『한국
　　연극학』 34, 한국연극학회, 2008.

김　효, 「유제니오 바르바의 연극인류학 탐구: 탈식민지성에 관하여」, 『한국연
　　극학』 18, 한국연극학회, 2000.

권유미, 「바우하우스 舞臺工房에 대한 연구 - 오스카슐렘머(OscarSchlemer) 중심
　　으로」, 한양대 석사학위논문, 2001.

권자인, 「빛의 조절이 공간조직의 인식과 인간 형태에 미치는 영향에 관한 연
　　구: 조각전시공간디자인에의 실험적 적용을 중심으로」, 이화여대 석사학
　　위논문, 1998.

권혜진, 「1990년대 한국 무대에서 셰익스피어의 〈햄릿〉 수용에 대한 연구」, 아주
　　대 석사학위논문, 2007.

고정석, 「Aristotle 비극론에 입각한 그리스비극과 셰익스피어비극의 비교 연구」,
　　성균관대 석사학위논문, 1986.

공응구, 「1990년 이후 국내〈한 여름 밤의 꿈〉에 나타난 공연양상연구: 문화상호주의(Interculturalism) 관점을 중심으로」, 동국대 석사학위논문, 2008.

노승희, 「이해랑의 낭만적 사실주의 연기술의 정착과정 연구」, 『한국극예술 연구』, 한국극예술학회, 2011.

노영숙, 「≪햄릿≫의 다원적 구조」, 경희대 박사학위논문, 1997.

도진경, 「인간행위의 중층적 설명」, 이화여대 석사학위논문, 1995.

명인서, 「연극에서 문화상호주의적 접근 방식의 문제점: 피터 브룩(Peter Brook)의 〈마하바라타 Mahabharata〉 공연을 중심으로」, 『한국연극학』 16, 한국연극학회, 2001.

박경희, 「현대극에 나타난 굿의 수용 양상연구」, 경희대 석사학위논문, 2001.

박미정, 「오브제의 낯선 만남을 통한 잠재의식의 시각화」, 홍익대 석사학위논문, 2006.

박영정, 「유치진 연극비평연구」, 건국대 박사학위논문, 1997.

박선희, 「〈햄릿〉의 한국적 수용 연구」, 한양대 석사학위논문, 2007.

박지향, 「처녀왕 엘리자베스의 신화」, 『영국연구』 11, 영국사학회, 2004.

방승희, 「셰익스피어 극중극의 극적효과와 의미」, 동국대 박사학위논문, 2008.

배수정, 「연극 르네상스 시대의 무대의상 연구: 엘리자베스 1세 시대를 중심으로」, 『복식』 48, 한국복식학회, 1999.

백미진, 「영화에서의 몽타주기법을 이용한 전시관 설계에 관한 연구: Sergei Eisenstein의 〈전함 포템킨〉의 충돌 몽타주 기법을 중심으로」, 경기대 석사학위논문, 2006.

배은영, 「피터 브룩의 '마하바라타' 공연에 나타난 연극언어연구」, 한양대 석사학위논문, 1997.

백로라, 「1960년대 한국현대극연출」, 『한국근·현대연극사』, 한국근·현대연극 100년사 편찬위원회, 집문당, 2009.

_____, 「1970년대 한국 실험연극의 담론: 초기 미국 아방가르드 형식미학의 수용을 중심으로」, 『한국극예술연구』 30, 한국극예술학회, 2009.

백현미, 「1950, 60년대 한국연극사의 전통담론연구」, 『한국연극학』 14, 한국연극학회, 2000.

_____, 「1970년대 한국연극사의 전통담론 연구」, 『한국극예술연구』 13, 한국극예술학회, 2001.

_____, 「1980년대 한국연극사의 전통담론 연구」, 『한국극예술연구』 15, 한국극

예술학회, 2002.

백현미, 「한국근현대연극사의 전통담론과 근대성」, 『한국극예술연구』 30, 한국극예술학회, 2009.

선근섭. 「영국사회에 끼친 Elizabeth 여왕의 영향」, 『여성문제연구』 9, 효성여자대학교 부설 한국여성문제연구소, 1980.

신겸수, 「셰익스피어극에서의 웃음의 연구」, 성균관대 박사학위논문, 1990.

_____, 「엘리자베스 시대의 복수극」, 『경기대학교논문집』 44, 경기대학교, 2000.

신용하, 「양식화에 의한 자연의 이미지연구」, 이화여대 석사학위논문, 1993.

신응재, 「20세기 영국의 〈햄릿〉 공연」, 『Shakespeare Review』 38, 한국셰익스피어학회, 2002.

신현숙, 「시-공 체계를 통한 서양연극의 동양화: 하멸태자〉」, 『한국연극학』 6, 한국연극학회, 1994.

_____, 「〈피의 결혼〉과 문화상호주의」, 『한국연극학』 14, 한국연극학회, 2000.

_____, 「번역극연출에 나타난 김정옥의 연극미학연구」, 『인문과학연구』 11, 덕성여자대학교 인문과학연구소, 2007.

손상영, 「셰익스피어 비극의 과정사상적 연구」, 한남대 박사학위논문, 2009.

손신형, 「To Be and Not to Be-이윤택의 〈햄릿〉의 공연미학」, 이화여대 석사학위논문, 2004.

손지나, 「피터 브룩의 셰익스피어극에 대한 현대적 접근 방법과 그 의의에 관한 연구」, 성균관대 석사학위논문, 1999.

송미란, 「해체주의 관점에서 본 ≪햄릿≫」, 성신여대 석사학위논문, 1996.

송유억, 「이윤택 희곡의 제의적 특성 연구」, 원광대 석사학위논문, 2002.

송윤석, 「연극인 이해랑 연구」, 동국대 석사학위논문, 1993.

안병순, 「창의적 움직임을 위한 즉흥무용의 표현방법에 관한 연구」, 세종대 석사학위논문, 1989.

안우규, 「〈햄릿〉 공연에 대한 이원론적 조명」, 『한국외국어대학교논문집』 30, 1997.

양 용, 「공연예술의상에 나타난 문화상호주의에 관한 연구: 국립극장 공연을 중심으로」, 성균관대 박사학위논문, 2010.

양태진, 「연출가의 해석에 따른 연출유형 비교연구」, 명지대 석사학위논문, 1999.

여석기, 「Shakespeare의 연극적 수용」, 『The Shakespeare Review』 9, 한국셰익스피어학회, 1985.

이강임, 「이윤택 민족극의 남근중심적 신화 해체하기」, 『한국연극학』 31, 한국연극학회, 2007.

이경미, 「현대 공연예술의 수행성과 그 의미」, 『한국연극학』 31, 한국연극학회, 2007.

이경식, 「현대 셰익스피어 비평」, 『영어영문학』 30, 한국영어영문학회, 1969.

_____, 「아리스토텔레스 비극론과 셰익스피어 비극론」, 『省谷論叢』 23, 省谷學術文化財團, 1992.

_____, 「本文確立의 수단과 방법: 셰익스피어의 本文을 중심으로」, 『學術論文集』 45, 대한민국학술원, 2006.

_____, 「햄릿왕의 혼령: 대표적 해석들에 대한 반성」, 『英學論集』 24, 서울대학교 인문대학 영어영문학과, 2000.

이경원, 「탈식민주의의 계보와 정체성」, 『비평과 이론』 2, 한국비평이론학회, 2000.

이기영, 「포스트모던 댄스에 있어서 즉흥(Improvision)의 역할과 활용에 관한 연구」, 중앙대 석사학위논문, 2002.

이근삼, 「The Third Theatre」, 『영어영문학』 42, 한국영어영문학회, 1972.

이대영, 「초기 사실주의 연극 양식의 특징에 관한 연구」, 중앙대 석사학위논문, 1999.

이덕수, 「비극적 갈등의 의미와 Shakespeare의 비극-Hamlet을 중심으로」 『The Shakespeare Review』 10, 한국셰익스피어학회, 1986.

이만식, 「포스트모던햄릿/〈햄릿〉」, 『논문집』 19, 경원전문대학, 1997.

이미원, 「한국 현대극의 전통 수용양상」, 『한국연극학』 6, 한국연극학회, 1994.

이미정, 「지속 가능한 발전을 위한 문화정책모델에 관한 연구」, 서울시립대 석사학위논문, 2000,

이병욱, 「셰익스피어 4대비극의 분석적 감상법」, 『정신분석』 18, 한국정신분석학회, 2007.

이어령, 「해학의 미적범주」, 『사상계』 64, 사상계사, 1958.

이옥희, 「건축의 예술적 가치에 관한 연구: 상징성 개념의 적용을 중심으로」, 국민대 석사학위논문, 1998.

이용은, 「이원론의 해체: 이윤택의 2005년 〈햄릿〉」, 『Shakespeare Review』 42, 한국셰익스피어학회, 2006.

이은경, 「〈햄릿〉(Hamlet)의 무대의상 디자인 연구」, 동덕여대 석사학위논문,

2000.

이은정, 「셰익스피어 〈햄릿〉 번역의 전환연구」, 숙명여대 석사학위논문, 2004.

이석란, 「김정옥 연출에 있어서 해외연극의 한국적 수용에 관한 연구-〈피의 결혼〉, 〈햄릿〉, 〈그 여자 억척어멈〉, 〈페드라〉를 중심으로」, 중앙대 석사학위논문, 2003.

이석만, 「제의와 놀이의 이중적 연극미학-이윤택 연극을 중심으로」, 『한국문화연구』 2, 경희대학교민속학연구소, 1999.

이선아, 「도시환경에 있어서 상징성 표현을 위한 디자인 모형사례 연구」, 이화여대 석사학위논문, 1996.

이시혁, 「연극에 있어서 배우와 관객 사이의 커뮤니케이션에 대한 일고찰」, 서강대 석사학위논문, 1986.

이정아, 「1980년 이후 한국에서의 셰익스피어 비극공연연구: 〈햄릿〉 공연에 나타난 연출가의 해석과 실험성을 중심으로」, 성균관대 석사학위논문, 1998.

이정호, 「21세기는 포스트모던시대이다」, 『라쁠륨: 인간과 문학』 16, 문화공간, 2000.

이지원, 「1570년대 엘리자베스정부의 종교정책」, 『학림』 23, 연세대학교 사학연구회, 2002.

이충환, 「저널리즘의 '사실성' 개념형성과 의미: 리얼리즘과 자연주의 문예사조의 영향」, 한양대 박사학위논문, 2007.

이태상, 「무대의 몽타주적 수법을 이용한 건축적 접근에 관한 연구: El Lissitzky의 무대디자인과 Bertolt Brecht의 극이론을 중심으로」, 인하대 석사학위논문, 1998.

이태섭, 「연극적 공간의 전이」, 『연극교육연구』 창간호, 연극교육학회, 1997.

이해랑, 「배우예술의 영역」, 『예술원보』 26, 대한민국예술원, 1982.

_____, 「레얼리즘 연극 演出敎程」, 『藝術論文集』 27, 대한민국예술원, 1988.

이현우, 「셰익스피어 관객 인식변화와 극의 발전과정」, 고려대 박사학위논문, 1993.

_____, 「셰익스피어의 연극미학에 대한 재고찰」, 『인문과학논총』 2, 순천향대학교인문과학연구소, 1996.

인미희, 「영국종교개혁에 관한 일고찰」, 고려대 석사학위논문, 1994.

오인철, 「Shakespeare 수용과정 연구-한국연극에 미친 영향과 관련하여」, 단국대 박사학위논문, 1987.

원은주, 「오태석과 이윤택 희곡의 대비연구: 비사실주의적 특성을 중심으로」, 이화여대 석사학위논문, 2005.

유 림, 「이미지의 연극 공연텍스트 창출방법에 대한 연구─로버트 윌슨, 리차드 포먼, 리 브루어의 공연작품들을 중심으로」, 중앙대 석사학위논문, 2000.

윤광진, 「연극 일루젼에 관한 일고찰」, 서강대 석사학위논문, 1980.

윤재은, 「해체주의 건축의 공간철학적 의미체계에 관한 연구」, 홍익대 박사학위논문, 2007.

장무경, 「셰익스피어 희곡 Hamlet의 무대의상 디자인 연구」, 경성대 석사학위논문, 1999.

장원제, 「상호문화주의(Interculturalism)와 한국적 특수성: 한국근대극운동을 중심으로」, 『한국문학이론과비평』 19, 한국문학이론과 비평학회, 2002.

장은수, 「브레히트 연극에 나타난 상호텍스트성과 문화상호주의」, 『외국문학연구』 25, 한국외국어대학교 외국문학연구소, 2007.

_____, 「독일드라마의 문화상호주의적 수용에 관한 연구: 폴커 루두비히의 〈지하철 1호선〉을 중심으로」, 『독일어문학』 29, 한국독일어문학회, 2005.

지유리, 「스타니슬라브스키와 무대 위의 '셰익스피어'」, 연세대 석사학위논문, 2002.

전시교, 「퍼포먼스에서 텍스트, 공연과 관객간의 관계에 관한 연구」, 홍익대 박사학위논문, 2003.

정덕준, 「현철연구」, 고려대 석사학위논문, 1976.

정명환, 「작가의 죽음과 텍스트의 열림」, 『외국문학』 9, 열음사, 1986.

정상순, 「스타니슬랍스키 시스템의 한국유입상태에 관한 연구」, 동국대 석사학위논문, 1997.

정수연, 「이윤택의 대중극 연구」, 한양대 박사학위논문, 2004.

정일균, 「〈햄릿〉, 〈멕베드〉 및 〈귀향〉에 대한 희곡 사회학적 접근」, 전북대 박사학위논문, 2006.

정진만, 「햄릿의 유령: 셰익스피어의 〈햄릿〉에 나타난 "형상"의 성격」, 『인문 학연구』 8, 경희대학교 인문학연구원, 2004.

정주영, 「劇團 '新協'史 硏究」, 동국대 석사학위논문, 2004.

정정호, 「포스트모더니즘은 무엇이었던가」, 『라쁠륨: 인간과 문학』 16, 문화공간, 2000.

정 철, 「한국 근대 연출사 연구」, 조선대 박사학위논문, 1999.

정홍숙, 「Shakespeare 희곡, Hamlet을 위한 무대의상 디자인 연구」, 『服飾』 36, 한국복식학회, 1998.

조병진, 「셰익스피어 극의 무대구성 스타일에 대한 연구」, 『靑藝論叢』 11, 청주 대학교 예술문화연구소, 1997.

──────, 「실험극 연출가들의 공연 공간 활용 스타일에 관한 연구─환경연극 (Environmental Theatre)의 공간 스타일을 중심으로」, 『淸大學術論集』 11, 청주대학교 학술연구소, 2008.

조영미, 「엘리자베스여왕의 양상적 전략과 르네상스의 양상성」, 『논문집』 9, 한국 산업기술대학교, 2007.

조창열, 「관객참여를 통한 공연의 강도 창출 방법연구」, 중앙대 석사학위논문, 1999.

조현아, 「우리나라〈햄릿〉 제작물에 나타난 드라마터지의 양상 연구」, 동국대 석 사학위논문, 1999.

차재명, 「공간구조로 본 소극장 무대조명에 관한 연구: 아르코예술극장 소극장, 자유소극장, 대학로 예술극장 소극장」, 상명대 석사학위논문, 2010.

천세기, 「무대조명의 역할 변천에 관한 연구」, 동국대 석사학위논문, 1998.

최 영, 「Renaissance와 Shakespeare」, 『The Shakespeare Review』 9, 한국셰익스 피어학회, 1985.

최영재, 「16, 17세기 영국청교도의 계약사상 연구」, 장로회신학대 석사학위논문, 2000.

최영주, 「한국의 셰익스피어 공연수용: 제3의 공간과 세계화된 지역문화를 위한 공연양식」, 『한국연극학』 24, 한국연극학회, 2004.

──────, 「한국문화상호주의 〈햄릿〉 공연의 세 가지 방식에 관한 연구: 초문화, 혼합문화, 글로벌문화 소통방식의 미학과 문제점」, 『드라마연구』 30, 태 학사, 2009

최은승, 「윌리엄 셰익스피어의 작품에 나타난 엘리자베스 연극의 무대관습에 관 한 연구」, 중앙대 석사학위논문, 1997.

최재오, 「글로벌시대의 문화상호주의 연극담론연구: 문화적 보편성과 특수성 논 쟁에 대한 해체적 관점」, 『한국연극학』 25, 한국연극학회, 2005.

최정아, 「피나 바우쉬의 〈봄의 제전〉에 나타난 몽타주에 대한 연구」, 성균관대 석사학위논문, 1998.

최진아, 「현대연극의 한 조류로서 문화상호주의 연극」, 『한국연극학』 29, 한국연극학회, 2007.

최치림, 「환경연극의 공간에 관한 연구」, 『창론』 14, 중앙대학교 예술연구소, 1995.

_____, 「연극에 있어서 공동창조의 본질에 대한 연구」, 『창론』 15, 중앙대학교 예술연구소, 1996.

_____, 「공연과 텍스트의 관계에 관한 연구」, 『한국연극학』 15, 한국연극학회, 2000.

한은주, 「동랑 레퍼터리 극단 연구: 1970년대 활동을 중심으로」, 동국대 석사학위논문, 2001.

한정이, 「연극 르네상스극에 나타난 개인주의」, 충북대 박사학위논문, 2009.

홍재웅, 「20세기 스웨덴연극의 상호텍스트성과 문화상호주의: 로버트 윌(Robert Wilson)의 〈꿈의 연극〉(Ett Ddromspel)에 나타난 문화상호주의」, 『외국문학연구』 22, 한국외국어대학교 외국문학연구소, 2006.

홍진희, 「비극론小考」, 『學術論叢』 17, 단국대학교 대학원, 1999.

황수정, 「르네상스 연극성과 셰익스피어」, 이화여대 석사학위논문, 2001.

허창은, 「문학적 소통이론으로서의 수용미학」, 『외국문학』 8, 열음사, 1986.

허필숙, 「셰익스피어의 극형식」, 연세대 박사학위논문, 1992.

〈국외논문〉

A. I. Klock, 'Robert Henke, Performance and Literature in the Commedia dell'arte', *Theatre Research International*, Vol.29, No.1, 2004.

B. Holm, 'Harlequin, Holberg and the (in)visible Masks: Commedia dell'arte in Eighteen−Century Denmark', *Theatre Research International*, Vol.23, No.2, 1998.

C. Molinari, 'Actor−Authors of the Commedia dell'arte: The Dramatic Writings of Flaminio Scala and Giambattista Andreini', *Theatre Research International,* Vol.23, No.2, 1998.

F. K. Barasch, 'Performance and Literature in the Commedia dell'arte by Robert Henke', *Shakespeare Bulletin*, Vol.21, No.2, 2003.

G. Beale & H. Gayton, 'The Drive to Communicate−The Use of Language in Commedia dell'arte', *Theatre Research International*, Vol.23, No.2, 1998.

L. Carroll, 'Robert Henke, Performance and Literature in the Commedia dell'arte',

Renaissance Quarterly, Vol.57, No.2, 2004.

M. A. Katritzky, 'The Commedia dellarte: An Introduction', *Theatre Research International,* Vol.23, No.2, 1998.

Maria Shevtsova, 'Interculturalism, Aestheticism, Orientalism: Starting from Peter Brook's ⟨Mahabharata⟩', *Theatre Research International,* Vol.22, No.2, 1997.

N. C. Schmitt, 'Commedia dell'arte: Characters, Scenarios and Rhetoric', *Text and Performance Quarterly,* Vol.24, No.1, 2004.

R. Kerr, 'Performance and Literature in Commedia dell'arte, by Robert Henkey', *Comparative drama,* Vol.37, No.3~4, 2003.

Senelick L, 'Meredith Chilton, Harlequin Unmasked: The Commedia dell'arte and Porcelain Sculpture', *Theatre Research International,* Vol.27, No.2, 2002.

4. 정기간행물

김경옥, 「전통극과 부조리극」, 『한국연극』 11, 한국연극협회, 1976.

김명화·이윤택 대담, 「번안과 번역을 진단한다」, 『연극평론』 45, 한국연극평론가협회, 2007.

김미도, 「상상력과 신명 그리고 센티멘탈리즘」, 『한국연극』 5, 한국연극협회, 1993.

_____, 「김정옥 선생과 함께－①시인에서 광대로」, 『한국연극』 8, 한국연극협회, 2001.

_____, 「김정옥 선생과 함께－②민중극장 시절」, 『한국연극』 9, 한국연극협회, 2001.

_____, 「김정옥 선생과 함께－③자유극장창단과 카페 떼아뜨르」, 『한국연극』 10, 한국연극협회, 2001.

_____, 「김정옥 선생과 함께－④제3세계 연극과 문화적 정체성」, 『한국연극』 11, 한국연극협회, 2001.

_____, 「김정옥 선생과 함께－⑤⟨무엇이 될고 하니⟩와 집단창조」, 『한국연극』 12, 한국연극협회, 2001.

_____, 「김정옥 선생과 함께－⑥세계무대로 본격 진출한 극단 자유」, 『한국연극』

1, 한국연극협회, 2002.

김미도, 「김정옥 선생과 함께−⑦'죽음'을 테마로 한 광대들의 연극」, 『한국연극』 2·3, 한국연극협회, 2002.

김방옥, 이해랑, 여석기, 유덕형, 「특별좌담: 드라마센타 개관 20주년을 맞아, 1962년 4월−그 이전과 그 이후」, 『한국연극』 4, 한국연극협회, 1982.

김승옥, 「앙상블·해체·죽은 연극」, 『공간』 3, 1990.

김우옥, 「연극에 있어서의 양식화 문제」, 『우리극연구』 6, 우리극연구소, 1995.

김의경, 신선희, 유민영, 정진수, 한상철, 사회: 안민수, 「신출대토론−리얼리즘 연극의 한국적 수용」, 『한국연극』 4, 한국연극협회, 1987.

김용수, 「몽타지이론에 입각한 연극사와 연극기법의 재고찰」, 『한국연극』 10, 한국연극협회, 1992.

김응수, 「토틀디어터/세계적인 현황」, 『한국연극』 4, 한국연극협회, 1985.

김재형, 「인터뷰/第1回 韓國演劇藝術賞 受賞者 安民洙씨」, 『한국연극』 4, 한국연극협회, 1976.

_____, 「世界 속의 韓國演劇」, 『한국연극』 6, 한국연극협회, 1977.

김정옥, 「연극적 공동사회와 전통예술」, 『한국연극』 7·8, 한국연극협회, 1981.

_____, 「〈집단창조〉와 나의 연출세계」, 『한국연극』 4, 한국연극협회, 1985.

김창화, 안치운, 이상일, 이혜경, 「해외극의 수용과 우리극」, 『우리극연구』 3, 공간미디어, 1994.

김태원, 기국서, 「지금우리에게 무엇이 남아있는가」, 『공간』 6, 홍진출판사, 1988.

구희서, 「범세계적 연극을 위한 일보 전진」, 『춤』 7, 1977.

_____, 「안민수론」, 『우리극연구』 5, 공간미디어, 1995.

_____, 「서울연극제의 공식참가작 세 편을 보고」, 『한국연극』 10, 한국연극협회, 1996.

박형섭, 「연극의 집단창조에 관한 소고」, 『공연과 리뷰』 여름, 1995.

서명수, 「연극의 커뮤니케이션과 메타커뮤니션」, 『한국연극』 3, 한국연극협회, 1993.

_____, 「이윤택의 〈허재비놀이〉」, 『우리극연구』 2, 우리극연구소, 1994.

서연호, 「연극의 재미와 가치−76년의 극계를 돌아보며」, 『한국연극』 12, 한국연극협회, 1976.

섹스피어 작, 玄哲 역, 「玄哲戲曲發掘作業: 하믈레트」, 『한국연극』 1~2, 한국연극협회, 1978.

안민수, 「나의 연출 작업」, 『한국연극』 2, 한국연극협회, 1976.

_____, 「실험과 최선의 의미로 다진 70년대」, 『연극평론』 겨울호, 연극평론사, 1979.

_____, 「보이지 않는 검열로부터의 자유」, 『한국연극』 9, 한국연극협회, 1987.

_____, 대담자 : 한상철, 「나의 연출 작업에 대하여」, 『공연과 리뷰』 17, 현대미학사, 1998.

안치운, 「아르토와 한국연극, 그 위험한 풍경-이윤택과 채승훈의 연극을 중심으로」, 『계간 우리극연구』 1, 우리극연구소, 1996.

이미원, 「집단창조무대의 허와 실」, 『한국연극』 12, 한국연극협회, 1992.

이원경, 「최근의 연출경향」, 『한국연극』 2, 한국연극협회, 1976.

이상일, 「기국서의 〈햄릿4〉」, 『한국연극』 3, 한국연극협회, 1990.

이선영, 「원작의 해체 구성적 연출」, 『연극평론』 50, 한국연극평론가협회, 2008.

이윤택, 「굿과 연극의 인식의 전환을 위하여」, 『한국연극』 8, 한국연극협회, 1990.

_____, 「연극은 현실의 일류견」, 『우리극연구』 1, 우리극연구소, 1994.

_____, 「호흡」, 『우리극연구』 1, 우리극연구소, 1994.

_____, 「우리에게 있어서 현대극이란 무엇인가?」, 『우리극연구』 3, 우리극연구소, 1994.

_____, 「우리들의 느낌을 찾아서-감정과 언어 사이에서」, 『우리극연구』 6, 우리극연구소, 1995.

_____, 「무엇이 연극적인가, 무엇이 한국적인가」, 『공연과 리뷰』 22, 현대미학사, 1999.

_____, 「해외공연의 허허실실」, 『한국연극』 4, 한국연극협회, 2001.

이태주, 「번안의 문제」, 『연극평론』 47, 한국연극평론가협회, 2007.

이해랑, 「잊을 수 없는 演劇」, 『한국연극』 8, 한국연극협회, 1976.

이해랑, 유민영, 차범석, 「좌담/해방 이후-연극」, 『한국연극』 9, 한국연극협회, 1981.

이해랑, 「演出의 創造的 實際」, 『한국연극』 1, 한국연극협회, 1985.

이해재, 「현실의 오려두기와 붙이기 혹은 변형」, 『우리극연구』 1, 우리극연구소, 1994.

여석기, 「연극인 김정옥」, 『한국연극』 2·3, 한국연극협회, 1983.

에리카 피셔-리히테, 심재민 역, 「기호학적 차이, 연극에서의 몸과 언어」, 『연극평론』 37, 한국연극평론가협회, 2005.

E. T. 커어비, 김석만 역, 「토틀디어터/상형문자의 상징표현」, 『한국연극』 4, 한국
　　　연극협회, 1985.
유덕형, 「나의〈초분〉이야기」, 『한국연극』 9, 한국연극협회, 1982.
유민영, 「새로운 제작, 기획팀 예니와 기국서의 〈햄릿〉」, 『신동아』 6, 1981.
＿＿＿, 「공연평」, 『한국연극』 9, 한국연극협회, 1982.
정진수, 「70년대 한국연극-문제작을 말한다」, 『연극평론』 18, 연극평론사, 1979.
차범석, 「신파극과 흥행극 그리고 신극」, 『우리극연구』 6, 공간미디어, 1995.
한상철, 「한국연극 10년, 그 의의」, 『연극평론』 18, 1979년 겨울호.

5. 일간신문 및 주간지 자료

경향신문, "〈하멸태자〉 20일부터 공연 동랑 레퍼터리 극단, 드라마센터서",
　　　1976.10.18.
＿＿＿, "미국화란 등서 48회 공연 8만 동원 18개 신문서 격찬", 1977.6.1.
＿＿＿, "한국판 〈햄릿〉 무대 오른다", 1990.1.13.
동아일보, "정치사회문제에 접근 〈깊이〉 없어", 1990.10.8.
문화일보, "앞지르기를 뒤 돌아본다", 1996.12.13.
서울신문, "인간문제의식의 추적을 연출목표로", 1976.3.9.
＿＿＿, "70년대를 돌아본다(2)", 1979.11.13.
세계일보, "극단 '자유'/ '한국형' 〈햄릿〉 무대 올린다", 1993.3.11.
＿＿＿, "극단 '자유' 〈햄릿〉 파리공연 성황/ 한국적 정서 서양연극형식에
　　　담다" 1993.4.28.
스포츠서울, "기국서씨 개작 〈햄릿4〉", 1990.2.2.
일간스포츠, "이해랑-예술에 살다(1회~57회)", 1978.5.29.~7.24.
주간조선, "정치극으로서의 〈햄릿〉", 1982.11.7.
＿＿＿(김성희), "실험정신 돋보인 기국서의 〈햄릿4〉", 1990.2.25.
중앙일보, "연극예술대상1회 수상자 안민수", 1976.3.12.
＿＿＿, "율동하는 조각, 조명예술의 극치", 1976.5.1.
＿＿＿, "움직이는 연극으로 해외공연서도 호평", 1977.6.15.
＿＿＿, "이해랑-남기고 싶은 이야기들(1회~49회)", 1978.11.1.~12.29.
＿＿＿(유민영), "기존 '연극의 틀'을 과감하게 깨뜨려 극단 〈자유〉의 '바람 부는

날···'을 보고", 1984.2.20.

중앙일보(유민영), "호암아트홀 〈햄릿〉 공연을 보고", 1985.5.18.

_____(유민영), "행동하는 '햄릿' 영감서린 무대", 1989.4.17.

_____(유민영), "예술의전당 개관기념 〈햄릿〉", 1993.3.5.

_____(유민영), "샤머니즘 양식 빌려 서양고전 절묘히 표현", 1993.3.20.

_____(최준호), "도처에 성실한 연출흔적: 이윤택 연출 〈햄릿〉", 1996.9.22.

조선일보, "공자, 석가, 예수의 공존", 1974.7.14.

_____, "연극화제-셰익스피어 비극 〈햄릿〉 청바지 70명이 실험공연",
　　　　　1981.4.15.

_____, "연작극 〈햄릿4〉 화제만발", 1990.2.10.

_____, "연극 〈햄릿〉 우리 굿판 접목 눈길", 1993.3.12.

_____, "극단자유 〈햄릿〉 주연 유인촌씨", 1993.3.26.

한국일보, "〈하멸태자〉, 〈태〉 구미서 호평", 1977.5.31.

_____, "하멸태자는 너무나 일본적", 1977.6.24.

_____, "〈햄릿〉 내일부터 극단76 국립극장", 1981.4.15.

_____, "기국서 연출 〈햄릿Ⅱ〉 20일부터 문예회관 소극장", 1982.11.17.

_____, "굿판 등 도입 한국판 〈햄릿〉 관심", 1993.3.2.

6. 인터뷰 자료

기국서와의 인터뷰, 장소: 대학로 학림다방, 일시: 2010.12.16.

_____ 전화 인터뷰, 일시: 2010.12.31.

_____ 전화 인터뷰, 일시: 2011.1.16.

_____ 인터뷰, 장소: 대학로 카페 가비아노, 일시: 2011.1.30.

_____ 인터뷰, 장소: 수유리 단군산장 자택, 일시: 2011.4.8.

_____ 인터뷰, 장소: 대학로 연극센터, 일시: 2011.4.25.

_____ 인터뷰, 장소: 수유리 단군산장 자택, 일시: 2011.5.29.

_____ 인터뷰, 장소: 대학로 학림다방, 일시: 2011.9.27.

김동욱과의 인터뷰, 장소: 성균관대 교수연구실, 일시: 2011.8.29.

김순국과의 인터뷰, 장소: 한국뮤지컬협회 사무실, 일시: 2011.9.8.

김정옥과의 인터뷰, 장소: 경기도 광주 얼굴박물관, 일시: 2011.6.15.

김정옥과의 인터뷰, 장소: 경기도 광주 얼굴박물관, 일시: 2011.9.1.
_____ 인터뷰, 장소: 아르코대극장 연습실, 일시: 2011.11.3.
_____ 전화 인터뷰, 일시: 2011.9.3.
김흥우와의 인터뷰, 장소: 국제탈공연예술촌 사무실, 일시: 2010.8.18.
_____ 전화 인터뷰, 일시: 2011.10.2.
박웅과의 전화 인터뷰, 일시: 2011.6.3.
_____ 전화 인터뷰, 일시: 2011.6.10.
박정자와의 전화 인터뷰, 일시: 2011.9.1.
백광수와의 인터뷰, 장소: 구로동 카페 지니, 일시: 2011.5.29.
송만조와의 인터뷰, 장소: 경기도 안산 서울예술대학 예술사료팀 사무실,
    일시: 2011.8.23.
안민수와의 인터뷰, 장소: 동국대학교 연극학과 사무실, 일시: 2011.9.9.
_____ 전화 인터뷰, 일시: 2011.10.10.
오사량과의 인터뷰, 장소: 사당동 자택, 일시: 2010.9.13.
이윤택과의 전화 인터뷰, 일시: 2011.9.26.

7. 웹 사이트

극단 연희단패거리: http://www.stt1986.com
극단 자유: http://perform.kcaf.or.kr/jayu
남해국제탈공연예술촌: http://www.namhaemask.com
서울예술대학: http://www.seoularts.ac.kr
아르코 예술정보관: http://library.arko.or.kr

저자 **안장환**

1955년 서울 출생
1974년 대신고등학교 졸업
1998년 성균관대학교 생물학과 졸업
2007년 중앙대학교 일반대학원 연극학과 졸업, 「한국 가면극 어릿광대 연기의 미학적 연구－코메디아 델알테 어릿광대 연기와의 비교를 통하여」(석사학위논문)
2012년 중앙대학교 일반대학원 연극학과 졸업, 「셰익스피어 〈햄릿〉의 한국 공연사 연구－이해랑, 안민수, 기국서, 김정옥, 이윤택이 연출한 〈햄릿〉(1951~1996) 공연을 중심으로」(박사학위논문)
2012년부터 2022년 현재 극단 신협 대표직 수행 중
1976년 세실극장공연 월리암 이지작 〈어두운 층계 위에서〉 의사 역으로 데뷔한 이후

권터 아이히 작 〈꿈〉에서 해설자 역
권터 아이히 작 〈엘쿠예드로〉 가지마라에서 오마르(도둑 역)
노르베르또 아비라작 〈하킴의 이야기〉에서 칼리프 역
페터바이스 작 〈탑〉에서 지배인 역
권터 아이히 작 〈자베트〉에서 자베트 외 1인 5역
스트린드베리 작 〈아버지〉에서 정신과 의사 역
오스뜨롭스끼 작 〈카테리나(원제 뇌우)〉에서 클리킨(학자) 역
루드비히홀베르 작 〈가장무도회〉에서 아르브(하인) 역
셰익스피어 작 〈맥베드〉에서 귀족 역
연극배우협회 불우이웃돕기기념공연 〈출세기〉에서 광부 역
막스프리쉬 작 〈산타쿠르츠〉에서 의사 역

에이브버러우스 작 〈선인장꽃〉에서 세일즈맨 역

머레이쉬스갈 작 〈타이피스트〉에서 남자주인공 역

안도연극 〈행렬〉에서 형사 역

극단 신협 창단60주년기념공연작품 하유상 작 〈스승과 제자〉 최삼 역

정진 작 모노드라마 - 〈일요일의 마네킹〉에서 주인공 역(정진 연출)

사무엘베케트 작 모노드라마 - 〈마지막테이프〉 주인공 역 및 연출

스트린드베리 작 〈사나운 날씨〉 연출

막스프리쉬 작 〈산타크루츠〉 연출

극단 신협 제155회 공연 루드비히 홀베르작 〈변해버린 신랑〉 연출

극단 신협 창단70주년 기념공연작품 셰익스피어 작 〈하믈레트(Hamlet)〉 연출

이외 약 50여 편 이상 출연 및 연출

햄릿 공연사 연구의 종합적 미학

2022년 7월 8일 초판 1쇄 펴냄

지은이 안장환
펴낸이 김흥국
펴낸곳 보고사

책임편집 황효은
표지디자인 김규범

등록 1990년 12월 13일 제6-0429호
주소 경기도 파주시 회동길 337-15 보고사
전화 031-955-9797(대표), 02-922-5120~1(편집), 02-922-2246(영업)
팩스 02-922-6990
메일 kanapub3@naver.com / bogosabooks@naver.com
http://www.bogosabooks.co.kr

ISBN 979-11-6587-338-7 93680
ⓒ 안장환, 2022